Caro(a) amigo(a)

Agradeço a Deus por tudo que Ele tem me permitido viver e alcançar.
Pela maravilhosa família que constituí.
Espero que você aprecie a minha intensa e verdadeira história.
Abrir o coração e compartilhar os aprendizados e as passagens da minha vida confesso que foi um ato de coragem e que teve como objetivo maior colaborar de alguma forma com a sua trajetória pessoal e profissional.
Um grande abraço,

Emilio Kallas

Emilio kallas

Emilio kallas

A HISTÓRIA DO FUNDADOR DO GRUPO KALLAS,
INCORPORADA E CONSTRUÍDA POR VALORES

POR ELIASAWAD

São Paulo, 2023

Emilio Kallas: a história do fundador do Grupo Kallas, incorporada e construída por valores
Copyright @ 2023 by Elias Awad
Copyright @ 2023 by Novo Século Editora

EDITOR: Luiz Vasconcelos
COORDENAÇÃO EDITORIAL: Letícia Teófilo
TRANSCRIÇÕES: Marcelo Romano
PREPARAÇÃO DE TEXTOS: Luciene Ribeiro dos Santos de Freitas
REVISÃO DE TEXTOS: Equipe Novo Século, Fabrícia Carpinelli Romaniv, Francine Castro e Marina Montrezol
PROJETO GRÁFICO E DIAGRAMAÇÃO: 3Pontos Apoio Editorial Ltda.
FOTO DE CAPA: Calão Jorge
CAPA: Ian Laurindo

Texto de acordo com as normas do Novo Acordo Ortográfico da Língua Portuguesa (1990), em vigor desde 1º de janeiro de 2009.

Dados Internacionais de Catalogação na Publicação (CIP)
Angélica Ilacqua CRB-8/7057

Awad, Elias
Emilio Kallas: a história do fundador do Grupo Kallas, incorporada e construída por valores/ Elias Awad. – Barueri, SP: Novo Século Editora, 2023.
456 p.

ISBN 978-65-5561-619-4

1. Empreendedores – biografia 2. Kallas, Emilio – Biografia 3. Negócios I. Título

23-3655 CDD 965.8

Índice para catálogo sistemático:
1. Empreendedores – biografia

GRUPO NOVO SÉCULO
Alameda Araguaia, 2190 – Bloco A – 11º andar – Conjunto 1111
CEP 06455-000 – Alphaville Industrial, Barueri – SP – Brasil
Tel.: (11) 3699-7107 | E-mail: atendimento@gruponovoseculo.com.br
www.gruponovoseculo.com.br

Sumário

Texto de abertura da
Família Kallas 9

Prefácio 13

Abertura
por Emilio Kallas 15

Abertura
por Elias Awad 19

Agradecimentos 23

Prólogo 25

1. O início em Passos 29

2. Trajetória empreendedora 82

3. Fazer do limão uma limonada 164

4. Empreender com conceitos 244

5. Grande legado a transmitir 323

Mensagem final: Emilio Kallas 391

Posfácio 415

Relação de entrevistados 419

Algumas obras de Elias Awad
(Novo Século): 421

Texto de abertura da Família Kallas

Caro leitor,

Decidimos conjuntamente registrar a representatividade que Emilio Rached Esper Kallas tem nas nossas vidas como marido e pai.

Independentemente do espaço, este será sempre pequeno para expressar a importância que ele tem como esteio familiar, amigo, empresário, patrão e todos os "papéis" que ele representa perante a sociedade.

Certo mesmo é que seu coração, sua bondade e seu humanismo são ainda maiores do que o sucesso empresarial por ele alcançado, sendo que tem como base os investimentos em conhecimento, está sempre engajado nas causas e se pauta pelos valores éticos e morais, colocando o respeito às pessoas à frente dos resultados.

Ter o privilégio de conviver com Emilio Kallas representa aprender, reinventar-se e progredir a cada instante. Ele não "baixa a guarda", e procura nos ensinar, emocionar e transformar com suas explanações e teorias assertivas, orientadas pelo senso de justiça.

Acompanhamos diferentes fases e momentos da trajetória empresarial de Emilio Kallas, desde a iniciativa de desenvolver a carreira solo, sua força e perseverança nos momentos difíceis, a capacidade de antever os fatos, seu apurado *feeling* nas tomadas de decisões, o altíssimo grau de empreendedorismo... Uma estrela que nasceu para brilhar!

Da mesma forma, vivenciamos o caminho da vida pessoal, na qual merecem registro a postura do filho zeloso e carinhoso, do marido atento e presente, do pai educador... do homem que ama, dedica-se e cuida da família, sempre preocupado em formar pessoas bem-preparadas para o mundo.

Em todas as nossas iniciativas, contamos com o apoio irrestrito do Emilio, que sempre fez questão de nos apoiar, mas registrando sua opinião, por vezes dura, mas sincera e potente o bastante para nos fazer reavaliar certos conceitos.

Desde que os filhos eram pequenos, ele os prepara para a vida, mostrando-lhes uma desigual realidade que certamente a condição a eles dada os preservaria de conhecer. Uma realidade na qual não há, em muitos casos, condições mínimas para uma vida digna.

Emilio nunca escondeu da família esse lado da realidade, fazendo então com que nós buscássemos valorizar cada gota de suor das conquistas e nos mantivéssemos também atentos aos valores que ele preza.

A você, que lê este livro, podemos registrar que está prestes a conhecer a trajetória de um dos mais admirados e respeitados empresários do país, e de um ser humano que veio a este mundo para praticar o verbo gerar no infinitivo.

Com seu ato de gerar riqueza para milhares de pessoas, Emilio permite que elas desenvolvam suas carreiras, construam seus patrimônios, estudem e formem seus filhos, viajem e conheçam outras culturas...

A espiritualidade do marido e pai é outro ponto a ser destacado. Em suas orações, Emilio tem por hábito muito mais agradecer do que pedir a Deus. Certamente, ele assim age por saber que Deus o abençoa em todos os sentidos, fato amplamente reconhecido por Emilio.

Dessa forma, a nós só resta seguir seu exemplo e agradecer também a Deus por colocar Emilio Kallas nas nossas vidas e nas de tanta gente, tornando-se assim um exemplo e modelo de marido e pai; um exemplo de ser humano a ser seguido e que veio ao mundo para transformar positivamente as formas de ser, pensar e agir das pessoas!

Emilio Kallas, este é o nosso pequeno registro de amor, carinho, respeito e admiração por você!

Obrigado por ser tão especial.

HELENA ESPER KALLAS
RAPHAEL ESPER KALLAS
THIAGO ESPER KALLAS

Prefácio

Uma bela e vencedora história para ser contada

Muitos conhecem Emilio Kallas como o grande empreendedor, construtor, incorporador, que há quarenta anos ajuda e ajudou milhares de famílias a realizar o sonho de ter sua casa própria, o seu apartamento.

Empresário de sucesso também nas obras públicas, expandiu suas empresas e áreas de atuação e busca, cada vez mais, inovar num mercado extremamente competitivo e qualificado.

Mas a história do Emilio, e dos Kallas, é muito mais do que isso! Com um texto leve e com detalhes saborosos, o livro, escrito pelo biógrafo Elias Awad, nos mostra uma grande e bela família que, como a minha, veio do Líbano (país que pudemos visitar juntos numa comitiva inesquecível liderada por mim, como prefeito de São Paulo, em 2009).

Os Kallas se estabeleceram em Passos, Minas Gerais, e investiram no comércio e na educação de suas crianças. Educação que acabou por trazer Emilio para São Paulo. Primeiro em Franca e, depois, para a capital, onde tornou-se um Politécnico da Universidade de São Paulo, como eu, até obter o título de PhD e de lecionar na faculdade.

Um grande engenheiro na teoria e, como podemos ver, na prática, nas obras.

Em São Paulo formou sua família e, como nos conta o livro, aplicou a mesma dedicação e atenção à formação dos filhos. Com a mesma ética e correção que aplica em seus negócios.

Podemos saber como enfrentou as inúmeras dificuldades que se apresentaram ao longo do período com as crises vividas pelos brasileiros, e a burocracia que tanto combatemos.

Uma história de dedicação familiar e de sucesso empresarial que merece ser conhecida. Tenho certeza de que será uma leitura proveitosa e saborosa para todos.

Parabéns, Emilio Kallas!

GILBERTO KASSAB

Abertura
por Emilio Kallas

Caros amigos leitores e amigas leitoras,

Sinto-me extremamente feliz e honrado em poder transportar as minhas experiências de vida e profissionais para um livro.

Todo o processo foi, e tem sido, bastante prazeroso, por me permitir relembrar passagens marcantes e que compõem a minha história.

Sabe por que aceitei esse desafio? Na verdade, eu fui "vencido" pelo incentivo que recebi da minha esposa, Maria Helena Esper Kallas, a Helena; dos meus filhos, Thiago Esper Kallas e Raphael Esper Kallas, assim como de parentes, amigos, colaboradores e parceiros de negócios.

Avalio esta biografia como uma excelente oportunidade de registrar aquilo que tenho vivido, a forma como tudo vem acontecendo e como tenho me portado na condução da minha trajetória. É também um espaço importante para valorizar os esforços da minha mãe, Manira Rached Esper Kallas, e do meu pai, Jorcelino Esper Kallas, que me ensinaram e transmitiram a importância da religiosidade, do conceito de família, dos valores éticos e morais, e investiram pesado nos estudos da minha irmã, Marcia, do meu irmão, Luiz Roberto, e meu.

Um desses pontos de comportamento é fazer tudo com amor e engajamento. Dinheiro é consequência; não pode ser a finalidade, e sim o meio de consolidar uma carreira ou empresa próspera.

Explico: como engenheiro civil e fundador do Grupo Kallas, eu não posso simplesmente construir prédios para ganhar dinheiro. A sequência perfeita é: trabalhar com qualidade e afinco; contratar profissionais competentes; estar em dia com os impostos e as exigências legais; adquirir materiais de qualidade; construir obras com alto padrão técnico; realizar sonhos e superar a expectativa dos nossos clientes.

Converso bastante com a minha equipe profissional e observo a dedicação do time; quando trabalhamos com seriedade, os resultados aparecem. Não hesito em afirmar que conseguimos constituir uma das melhores equipes técnicas e administrativas do Brasil, com altíssimo nível e capacidade pessoal, bem como profissional.

Sim... O lado humano, na minha avaliação, é decisivo. Um grande ser humano pode se qualificar e se tornar um excelente profissional, mas, infelizmente, a recíproca nem sempre é verdadeira.

Por isso, temos colaboradores com muitos anos de casa, alguns estão conosco há décadas. A empresa dá a eles condições para ampliarem suas atividades e habilidades, assim como traçarem suas trajetórias e carreiras. E, claro, com o desenvolvimento do Grupo Kallas, contratamos colaboradores para agregar em qualidade, força de trabalho, técnica e comprometimento! Sim... temos um grupo de empresas interligadas.

Você conhecerá como tudo tem acontecido na minha trajetória, mas posso afirmar, sem medo de cometer um erro, que a grande matéria-prima, o grande "segredo do sucesso", como muitos gostam de dizer, é o conhecimento.

Particularmente, rejeito essas "fórmulas" de segredos do sucesso. Muito menos aceito a "tese" de que "para alcançar o sucesso, é preciso ter sorte", sendo que muitos ainda trocam o S pelo $, o cifrão: "$orte"!

Avalio que sucesso é uma forma simplória de definir e enumerar uma porção de aptidões e qualidades que as pessoas têm: perseverança, conhecimento, crença, criatividade, organização, estratégia, empreendedorismo, humanismo... e por aí vai.

E como explicar o fracasso? Ora... pela ausência de muitos desses fatores que só se revertem no chamado "Sucesso" ao serem somados e aplicados em demasia.

Para isso, você deve também estar pronto para fazer renúncias – em especial, as pessoais.

Mas não vou me prolongar muito nestas palavras iniciais. Prefiro que você leia a minha biografia, conheça a minha história e, aí sim, ao final do livro, eu retornarei para poder externar mais alguns dos ensinamentos que a vida tem me deixado.

E afirmo mais uma vez: é incrível como aprendo mais e mais a cada dia!

Boa leitura!

EMÍLIO RACHED ESPER KALLAS
Presidente do Conselho do Grupo Kallas

Abertura
por Elias Awad

Um dos setores econômicos que serve de termômetro para a economia do Brasil é o da construção civil. Confesso que biografar um empresário desse segmento estava entre os meus objetivos. Assim, mergulhando em sua profundeza, seria possível conhecer a essência daqueles que realizam os sonhos de tantas pessoas com suas obras e, principalmente, a exatidão com que tocam seus projetos e empresas, o equilíbrio que buscam entre suas vidas pessoais e profissionais.

Mais uma vez recebi como presente Divino o aceite do engenheiro Emilio Rached Esper Kallas, o dr. Emilio, fundador e presidente do Conselho do Grupo Kallas, um dos mais importantes e respeitados conglomerados de empresas do setor no país, para que pudéssemos nos conhecer e conversar um pouco sobre a ideia.

A primeira dessas conversas aconteceu dias antes do Natal de 2021. Recebi uma ligação do dr. Emilio com o objetivo de uma apresentação mútua e de assumirmos o compromisso da retomada dos diálogos logo após as festas, o que realmente veio a acontecer.

Eu já havia também me reunido com alguns executivos da empresa e encantei-me pela forma como eles falavam com carinho, admiração e entrega sobre a empresa e seu fundador, por quem demonstravam cultivar grande respeito.

"Excelente", pensei, "o fundador desperta sentimentos positivos e se pauta pelo humanismo!".

Na nossa segunda conversa, a primeira presencial, a afinidade que estivera presente na ligação telefônica ganhou "musculatura". Tivemos uma agradável e enriquecedora troca de ideias e, pela objetividade do dr. Emilio, já definimos os passos seguintes.

Assim começava o caminho que levou a este livro. De lá saí com a seguinte impressão, confirmada com o andamento das conversas com o dr. Emilio e com tantos outros entrevistados: um homem organizado, planejado, atento aos detalhes e perfeccionista, empático, assertivo, altamente empreendedor e gerador de riqueza, pautado pela ética e conduta ilibada. É um homem focado naquilo que faz, tanto que na sala de reuniões há uma placa com os seguintes dizeres: "Se possível, desligue o celular. Obrigado!".

Sim... o dr. Emilio apresenta essas tantas qualidades e modelo de personalidade, e segue a linha de conduta que o livro pretende mostrar: um somatório de legado familiar, experiências e escolhas feitas durante a vida.

Um empresário extremamente bem preparado, tanto pela prática quanto pela teoria, resultado de suas qualificações como docente e que o levaram a conquistar os títulos de mestrado e doutorado, assim como das suas diversas e aprofundadas leituras.

Este é o 37º livro que escrevo, tendo biografado alguns dos principais empreendedores brasileiros, grupo no qual o dr. Emilio está incluso.

Cada um dos meus biografados tem características e estilos próprios; são provenientes dos mais distintos cantos do Brasil ou de outros países, mas são movidos pelo mesmo combustível: o amor pelo que fazem!

Se eu pudesse apontar um diferencial do dr. Emilio em relação aos outros gênios empreendedores, destacaria a sua preocupação em estudar e agregar conhecimento, assim como a forma como ele incentiva e permite o acesso aos estudos a tantas pessoas.

Tenho a certeza de que você, assim como eu, vai se encantar e se impressionar com a trajetória do estoico dr. Emilio Kallas.

Estoico? Bem... logo você irá se familiarizar com a palavra e sua definição. Se você for um estoico, vai se identificar com o dr. Emilio. E se você não conhece esse conceito, logo o compreenderá. E espero que se afeiçoe com o tema no transcorrer do livro.

Boa leitura!

ELIAS AWAD
Escritor, biógrafo e palestrante

Agradecimentos

Quero agradecer à família Kallas por todo o apoio e confiança no desenvolvimento e escrita deste livro. À sra. Helena, Raphael e Thiago Kallas;

À Marly Melo Pereira, Fabiana Gonçalves Cabral e Luiz Antônio Costa Júnior, pela ampla colaboração na execução do livro.

Aos queridos amigos, o dr. Luiz Paulo Kowalski, o dr. Fábio de Abreu Alves e o dr. Julio Cesar Gambale, brilhantes profissionais da área da saúde e que praticam a profissão com o coração e humanismo.

Ao querido e especial Ibrahim Georges Tahtouh, maior referência do turismo brasileiro e ombro amigo de todas as horas. Ao querido amigo e brilhante conferencista e escritor, Cesar Romão. Ao querido Luiz Vasconcelos, à Letícia Teófilo e equipe e ao Grupo Novo Século pelos 20 anos de parceria.

Às mulheres da minha vida: minha esposa Lúcia, minhas filhas Camille e Nicole e minha mãe Maria, amo vocês.

E um agradecimento especial ao dr. Emilio Rached Esper Kallas, pela confiança e liberdade para a produção e escrita do livro, que registra o meu ciclo de 20 anos de carreira como escritor e biógrafo, e a quem aprendi a respeitar e admirar como brilhante empresário e ser humano na acepção da palavra!

ELIAS AWAD

Prólogo

"Dr. Emilio... A obra do Sky House foi embargada... Recebi agora essa informação... O que faremos?"

A notícia, transmitida a Emilio pelo diretor administrativo, traçava um marco na trajetória do empresário e fundador da Kallas Engenharia Ltda.

A ousada obra, que estava sendo construída na Vila Leopoldina, na Rua Carlos Weber, zona oeste da capital paulista, inicialmente idealizada para ter dois blocos de quarenta e trinta e nove andares, e projetada para ser o mais alto arranha-céu do estado de São Paulo, estava ameaçada.

De onde partira a ameaça? Pasmem: de um vizinho, funcionário público, que comprara um apartamento de cobertura, no 29° andar do prédio ao lado. Incomodado por ter a vista de sua janela parcialmente obstruída, o magistrado simplesmente bloqueou o projeto judicialmente. Tudo porque, em vez de visualizar um trecho da cidade de São Paulo, ele agora teria o Sky House como parte da paisagem. Dessa forma, ele inflamou os ânimos de outros moradores do prédio.

Era o ano de 2006. Assim que o colaborador saiu da sala, Emilio começou a pensar na própria trajetória, iniciada no município de Passos, interior de Minas Gerais e localizado a 370 quilômetros da capital, Belo Horizonte.

Ele ainda conseguia ouvir a mãe, Manira Rached Esper Kallas, conversar com ele, a irmã, Marcia, e o irmão, Luiz Roberto, além do pai, Jorcelino Esper Kallas, explicando que só o estudo de qualidade poderia direcionar, ou mesmo redirecionar, a trajetória de alguém.

Manira também gostava de dizer algumas frases, do tipo quebra-cabeça, que deveriam ser montadas. Uma delas, que ela aprendera com o pai, era: "A roda nem sempre gira para o mesmo lado...". A expressão veio naquele momento à mente de Emilio, que a escreveu numa folha de rascunho e pensou: "Esse, justamente, é um momento em que a roda gira para o lado oposto".

O casal Manira e Jorcelino se completava: ele era o provedor, e ela, uma mulher de grande visão, que avistava muito além de seu tempo. As lembranças prosseguiram:

> "Passos... Franca... depois a vinda para estudar em São Paulo... se formar na Escola Politécnica, a Poli... ser engenheiro... os aprendizados nos estágios e na empresa na qual se manteve no cargo de diretor por alguns anos... as titulações acadêmicas de mestre e doutor... a carreira catedrática como professor universitário de vários níveis e qualificações... o início da Kallas..."

E naquele momento, praticamente duas décadas depois, o embargo da obra Sky House trazia muita preocupação a Emilio. Dentro do seu modelo de gestão, a estrutura e o caixa seguro da Kallas suportariam as dificuldades que viriam pela frente, embora ele antevisse que não seria um caminho tranquilo nem fácil.

Mas o que realmente o incomodava era o sentimento de impotência de ação; pois, mesmo estando rigorosamente munido de toda a documentação aprovada e enquadrada nas exigências legais, o embargo estava decretado. Aliás, Emilio não admitia iniciar uma obra se não fosse daquela forma, com tudo legalmente autorizado e regularizado.

Sentiu um aperto do lado esquerdo do peito. As mãos se entrelaçaram, e o pensamento fixou-se em como buscar resolver o problema.

Ali ele estava só. Pensou em ligar para a esposa, Helena, mas entendeu que seria melhor uma conversa a dois, reservada, em casa. Havia muitos fatores em jogo: a segurança dos colaboradores, de sua esposa e de seus filhos, de seus pais... e, de algum modo, da própria Kallas. Tal situação poderia colocar muito a perder: dinheiro, profissionais, tempo, parcerias... credibilidade. E esta última ele jamais deixaria que nada abalasse!

Na mesma hora, ele começou a rabiscar e a fazer contas, avaliando quanto tempo poderia levar para desembargar a obra e, ainda, quanto isso lhe custaria. Alguns números eram otimistas; outros, assustadores. Quanto mais tempo levasse para retomar a obra, mais investimentos teriam que ser alocados. Por fim, ele chegou a um último número, bastante crítico.

Tentou se enganar, dizendo consigo mesmo que era uma gota de suor, mas... ele acabara de verter uma lágrima. E ficou apenas naquela gota; pois, como era do feitio do engenheiro e empresário, ele logo se recompôs e prometeu a si mesmo:

"Estou disposto a investir tudo que tenho e construí em mais de trinta anos de carreira. Não há dinheiro no mundo que compense estar com a consciência tranquila e com o nome da minha família intacto. Aprendi isso com os meus pais. A minha empresa se chama Kallas, e este é meu maior patrimônio. Nem que eu tenha que começar de novo, do zero, arcarei com todas as despesas necessárias. Mas vencerei essa batalha! Confio em Deus, nas minhas capacitações, nos meus profissionais e no suporte jurídico que tenho para reverter a situação. Sairemos vitoriosos, renovados. Tenho a certeza de que, além de um processo vitorioso, será um marco de fortalecimento e grande aprendizado."

Extremamente organizado, o engenheiro logo foi buscar algumas pastas, nas quais todo o histórico do Sky House estava guardado.

Na sequência, antes de começar a ler a papelada, Emilio ligou para a mãe, Manira. Afinal, nada como ouvir da mãe "Deus te proteja e abençoe" num momento como aquele.

Assim que desligou, nova ligação. Agora para Helena e, mesmo sem contar o real motivo de preocupação, disse que se atrasaria para o jantar e chegaria mais tarde. Ele precisava de alguns momentos de solidão, para melhor entender e analisar a situação.

Naquele momento, Emilio se lembrou de outra frase do avô, sempre reforçada pela mãe: "Primeiro a gente faz o fermento...". Sim, antes de crescer, é preciso ter o ingrediente principal para isso, representado por alguns fatores: organização, credibilidade, estrutura e segurança financeira.

Isso o deixou ainda mais tranquilo e mais confiante, fazendo-o pensar: "O fermento da Kallas está pronto e é de excelente qualidade".

Avós paternos de Emilio Kallas – Maria (Marian) e Felipe (Felis) Kallas

O pai de Emilio, Jorcelino Esper Kallas

- (Ao centro) Felipe, avô de Emilio, com os filhos na loja Au Bon Marchê

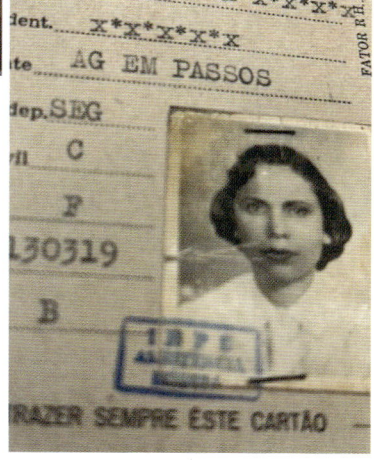

Documento do INPS de Manira, a mãe de Emilio

Desde criança Emilio sempre foi dedicado aos estudos

Primeira Comunhão de Emilio em 1968, realizada na Capela do Educandário de Passos – MG

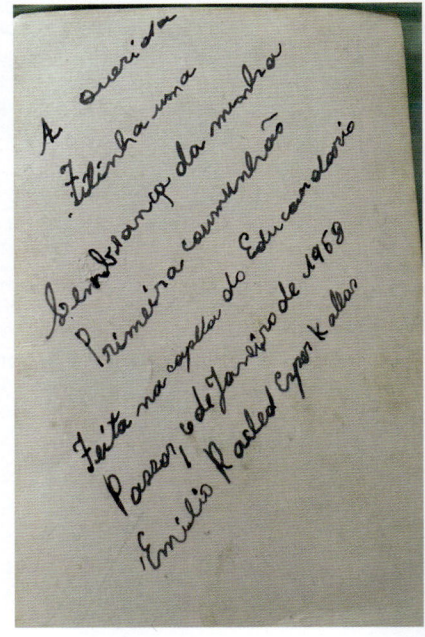

Uma lembrança carinhosa feita por Emilio para a sua tia Maria Lucia Abib, conhecida como Filinha

(Segunda da esq. para dir) – Manira, com uma amiga (ao centro) e as irmãs (esq.) Filinha, Adelia e Olga

Emilio Kallas nos tempos da POLI e a turma com quem se formou no curso de Engenharia, em 1973

Emilio com Ana Lucia Abib de Barros, no Baile de Debutantes da sua prima, que foi realizado no Clube Círculo Militar de São Paulo

Manira Kallas em um dos seus momentos favoritos, as viagens

O casal Helena e Emilio Kallas, nos primeiros anos de namoro e matrimônio

Os irmãos (esq.) Thiago e Raphael Kallas

Emilio e o filho Thiago Kallas

Emilio Kallas com os pais, Jorcelino e Manira, e os irmãos (dir.) Marcia e Luiz Roberto

Helena e Emilio com o seu irmão (esq.) Luiz Roberto Kallas e o (dir.) primo Márcio Millani

O casal Helena e Emilio com os filhos Raphael e Thiago em momentos de viagens e lazer

capítulo 1

O início em Passos

A chegada dos Kallas ao Brasil

Estávamos nas décadas finais do século XIX quando Felis Kallas aportou no Brasil vindo do Líbano para tentar a sorte na América. Depois de se apresentar ao cartório de registro civil, saiu de lá com o registro de Felipe Kallas; muitos foram os casos de mudança de nome, em função de equívocos dos escriturários.

Durante a viagem de navio, conheceu alguns jovens que também apostavam no Brasil; entre eles, o primeiro integrante da família Matarazzo, que migrou da Itália para o país, assim como o pioneiro dos Maluf. A maioria desses jovens optou por iniciar a vida em São Paulo, mas Felis escolheu viver em Passos, no sudoeste de Minas Gerais, e para lá seguiu a cavalo.

Diferente daquilo que se conhece hoje em dia – com várias faculdades, por volta de 120 mil habitantes e bastante desenvolvida na pecuária –, naquela época, Passos era um pequeno município, com ruas de terra e sem acesso às estradas.

Nessa cidade, depois de mascatear e seguindo a tradição árabe, Felipe Kallas tornou-se um comerciante, instalando sua loja, a *"Au Bon Marchê"*. Assim que conseguiu se estabelecer e prosperar, organizou a vinda da prima e noiva, Marian, do Líbano para o Brasil; logo que a moça chegou, eles se casaram e constituíram família.

Assim como a *"Au Bon Marchê"*, que vendia um pouco de tudo, desde agulhas de costura até cimento para construção, e chegou a ocupar mais de meio quarteirão, a família Kallas também cresceu. Maria, cujo nome de registro foi igualmente modificado, e Felipe, ou Marian e Felis, tiveram onze filhos: Esper, Angelina, Fuad, Nadra, Jorcelino, Arlindo, Napoleão, Alfenas, Reina, Maria Antonieta e Ester. Nesse meio tempo, o patriarca também adquirira o título de coronel, algo comum naqueles tempos.

Os filhos homens passaram a trabalhar com o pai no comércio, e cada um constituiu a própria família. Um deles, Jorcelino, rapaz inteligente, cativante e empreendedor, casou-se com Manira, moça da tradicional família Rached, de Franca, interior de São Paulo. Manira, de personalidade forte e muito determinada, adorava uma boa leitura de livros, revistas e jornal diário.

Ela tocava piano e dirigia automóveis, algo incomum para a época. Era uma grande líder, conduzia a família com habilidade e pulso firme!

Manira era filha de Marafu e Abrão, homem de palavras sábias e que, para familiarizar-se com o idioma, contratara um professor de português para a família – o que já demonstrava ser ele diferenciado e preocupado em saber se comunicar melhor. Manira tinha seis irmãos: duas mulheres, Adelia e Olga, e quatro homens: Nascib, Nagib, Roberto e Emilio; além de uma irmã de criação, Maria Lucia Habib, apelidada carinhosamente de "Filinha", por ser pequenina.

Jorcelino abriu sua própria loja, a Casa São Luiz. Muito bem situado, o estabelecimento ficava na esquina de uma das ruas centrais e mais importantes de Passos, onde se oferecia uma vasta linha de produtos.

O comércio, especializado em materiais de construção, ficava no térreo; e na parte de cima ele construiu uma confortável casa, para viver com a esposa e os filhos, três ao todo: o primogênito foi Luiz Roberto Rached Esper Kallas, depois nasceu Marcia Rached Esper Kallas e, por último, Emilio Rached Esper Kallas, que veio ao mundo em 30 de agosto de 1950 – sendo, portanto, dois anos e meio mais novo que a irmã e cinco anos mais novo que o irmão.

Tempos depois, Jorcelino ampliou os negócios, montando uma fábrica de móveis para ajudar um primo de Manira; apesar de aparentemente promissora, a iniciativa da sociedade não prosperou, e a fábrica acabou sendo vendida. A esposa montou uma loja de presentes, interligada ao comércio do marido. Assim, o estabelecimento ficou dividido em três partes: materiais de construção em geral, cimento e equipamentos pesados, e a nova área sob responsabilidade de Manira, onde se vendiam presentes, cristais e louças.

O patrono Jorcelino era um grande administrador; enquanto ele cuidava da gestão, compras e parte fiscal, a esposa ficava no atendimento aos clientes e no caixa. Precavida, ao final de expediente, ela retirava um valor do faturamento diário e o guardava, dizendo: "Este dinheiro aqui é uma reserva para investir nos nossos filhos!". Convenhamos: era ela a mente empreendedora da família, que incentivava e impulsionava o marido a ampliar os negócios e a crescer empresarialmente.

A moradia da família Kallas, respeitada e considerada entre as famílias mais bem-sucedidas de Passos, tinha três andares e uma área total de 360 metros quadrados. No piso térreo estavam as lojas; com acesso pela escada, chegava-se ao segundo andar, onde ficava a moradia composta por copa e cozinha, sala de jantar e quatro quartos (um para o casal, e os outros para cada um dos filhos). E, pasmem: havia um banheiro dentro da casa, além de outro na área externa, no alpendre, entre duas escadas. Naquela época, construir casas com um banheiro interno não era regra; muito pelo contrário. Tanto que Jorcelino chegou a ser criticado pelo seu "arrojo" e "inovação".

Mais um lance de escada e se chegava ao terceiro andar, onde ele projetou uma área descoberta: uma grande laje na qual os filhos e os amigos podiam brincar e se divertir – não apenas na infância, mas ainda muitos anos depois, quando eles se tornaram adolescentes e adultos.

Ali também aconteciam as comemorações das festas de aniversário e mais tarde os bailes, programados e organizados na adolescência pelos filhos e seus amigos. O terreno ainda compreendia um quintal enorme, onde havia uma parreira. A casa era abastecida com frutas, legumes e verduras plantados no sítio da família para subsistência, sendo parte distribuída para os parentes. No quintal também ficava Rex, o cachorro de estimação da família.

Quanto ao terreno, este se posicionava no centro, região valorizada do município, próximo ao Clube Passense e à Praça Central de Passos.

Sob a batuta da prendada matriarca, a mesa da casa era sempre muito farta. A família tinha crédito ilimitado nos comércios da cidade; mas, mesmo assim, nada de desperdícios! Outro ponto importante a destacar era o cuidado com os funcionários da casa – entre eles, uma excelente cozinheira –, bem como com os empregados da loja, para quem Manira organizava o almoço e o lanche da tarde todos os dias.

O *point* dos Kallas

A residência dos Kallas, um verdadeiro centro de encontros e convivência, vivia cheia: fosse de parentes que vinham visitar ou eram ali hospedados, de amigos da família ou dos filhos. Em especial do primogênito, Luiz Roberto, que recebia a turma para conversar e se divertir; pois lá havia uma mesa de pebolim e outra de tênis de mesa, e a mãe sempre cuidava para que eles estivessem bem-alimentados, preparando deliciosas refeições e lanches.

Nas férias, eles também recebiam os sobrinhos e as sobrinhas, como Maria Helena Rached – que anos depois, em 1968, se casou e agregou Aidar ao sobrenome, vindo morar em São Paulo.

Com a caminhonete lotada, Manira levava todos os filhos e sobrinhos até as cachoeiras de Furnas, onde estavam as comportas (cujas obras foram iniciadas em 1958). Logo que chegavam, ela montava um saboroso piquenique.

Nessas oportunidades, ela aconselhava os sobrinhos com as mesmas palavras que dizia para os filhos: "Estudem! Assim vocês terão carreira sólida e um futuro seguro. E sempre façam o bem para as pessoas".

Nas épocas de Carnaval, era certo que, depois dos bailes, os jovens comparecessem em peso à casa dos Kallas. Como todos chegavam famintos, Manira deixava uma farta mesa posta, com várias delícias, como pizzas, tortas, pães, doces e bolos.

Os jantares na residência deles eram também bastante prestigiados por políticos. Manira e Jorcelino recebiam desde integrantes da política local até do alto escalão, como o presidente do país. Sim... numa dessas reuniões, os convidados foram o presidente do Brasil, Juscelino Kubitschek, e o governador do estado de Minas Gerais, João Tavares Correia Beraldo, que programaram uma visita à Usina Hidrelétrica de Furnas durante a construção.

Aliás, aqui cabe um parêntese: de certa forma, Jorcelino Kallas estreitou algumas relações com Juscelino Kubitschek. Quando foi negociada a expansão da distribuição dos veículos da Volkswagen, que havia iniciado as atividades no Brasil em 1953, o presidente propôs a ele: "Você não gostaria de montar uma loja da marca, uma concessionária?".

Um convite tentador... Mas, algum tempo antes, Jorcelino havia firmado sociedade com um primo da esposa, para ajudá-lo. O novo negócio não ia nada bem: deu prejuízo. Ele então declinou a possibilidade, mas transferiu-a a um primo – que encarou o desafio e se deu muito bem empresarialmente.

Meses depois, ele contou à esposa que recebera uma oferta para ser representante autorizado de vendas da Volkswagen em Passos e na região, mas rejeitara o convite. Manira ficou inconformada e disse: "Se eu estivesse com você, teríamos dito 'sim'."

Um momento especial da semana era o almoço familiar de domingo; e o cardápio que o caçula Emilio mais apreciava, além dos pratos árabes, era o arroz com feijão, quiabo e frango ensopado. Havia também os jantares em que o padre da igreja de Passos era convidado; Jorcelino ia buscá-lo e depois levá-lo até em casa. Os Kallas eram bastante religiosos e não faltavam às missas dominicais.

Educar com duras lições

O casal sempre registrou a preocupação com o futuro dos filhos e achava importante, em especial, que investissem nos estudos e tivessem uma profissão. Jorcelino dizia aos filhos: "Estudem, porque, se entrar o comunismo, vocês terão uma profissão e não vão abrir valas! Quem tem um bom diploma, como o de engenheiro, pode ter um trabalho melhor. Em qualquer regime econômico e político, as pessoas mais bem-preparadas terão uma vida menos sacrificante".

Mas foi justamente o caçula, Emilio, que trouxe uma luz especial àquela casa. Quando era ainda bebê, sofria com dor de garganta e não conseguia dormir; Manira passava noites e noites acordada, com o filho no colo, cuidando do menino.

À medida que crescia, o garoto começava a demonstrar sua personalidade: divertido, educado, carinhoso, dedicado, organizado, sempre ficando contrariado quando mexiam nas coisas dele.

Seu caderno escolar estava sempre impecável, e ele tirava excelentes notas. Durante as refeições, pedia para a mãe colocar a comida no prato sem misturá-la: arroz de um lado, feijão do outro, carne ao lado... Ele e os irmãos tiveram uma infância bastante agradável, e ele era o único dos três que conseguia quase sempre escapar das broncas e castigos impostos pela mãe; já os irmãos, Marcia e Luiz Roberto, não tinham a mesma sorte.

Emilio, que adorava brincar no balanço que havia no alpendre da casa, era apaixonado por cavalos e desde cedo aprendeu a montar muito bem. Mas, por vezes, aprontava das suas.

Os fazendeiros da região, ou "fregueses", como eram chamados na época, chegavam a cavalo e deixavam o animal na entrada da loja. O garoto ficava à espreita e, assim que o cliente entrava e começava a conversar com o casal, ele montava e saía galopando.

Os pais ficavam desconcertados, preocupados com a atitude que os clientes tomariam. Mas nenhum deles nunca arrumou confusão por aquilo. Pelo contrário: logo que o menino voltava numa montaria bem-feita, eles se divertiam com a travessura e o elogiavam pela qualidade da cavalgada.

Infelizmente, nem todos levavam na esportiva. Assim que os clientes se despediam, Emilio sabia que iria sobrar aquela conversa reservada com Manira. Apesar da bronca, pelo feito e pelo receio de que o filho se machucasse, e de algumas palmadas, como era a forma de educar da época, ter estado por alguns minutos no manejo do cavalo valia qualquer sacrifício.

Aliás, aqui cabe a narrativa de uma passagem: Manira era realmente severa com os filhos e, de acordo com a peraltice deles, utilizava correias na hora do "corretivo". Pois, certa vez, quando o alvo era Marcia, Emilio se posicionou entre a irmã e a mãe, e tomou a correia das mãos dela, dizendo: "Mãe, não bate nela! Dá uma bronca. Dói mais do que a surra!". Eram palavras maduras, em especial quando vindas de uma criança. A partir daquele dia, as formas de repreensão da mãe se tornaram mais brandas.

Bem, retomando a passagem sobre os cavalos dos clientes: para evitar que esse tipo de situação voltasse a se repetir, Jorcelino conversou com a esposa, e juntos decidiram: "Melhor comprar um cavalo para o menino!". O que veio realmente a acontecer, para delírio de Emilio.

Assim, o pai adquiriu um cavalo pampa (malhado, em branco e castanho), que ficava no sítio da família. Emilio logo batizou o lindo animal de Tarzan. Mas os pais só deixavam o garoto cavalgar nas férias; e, dessa forma, além de o animal não ter sido domado, o menino pouco praticava.

Certa vez, o garoto passou por um apuro. Ao ser montado, o indócil Tarzan empinou e o jogou no chão. Como ele era franzino, o tombo não provocou consequências mais graves. Quando soube do ocorrido e correu para socorrer o filho, Manira fez aquela cara de quem já sabia que aquilo poderia acontecer...

A matriarca levava a criação e educação das crianças com pulso firme. Assim como repreendia Emilio, quando saía cavalgando os cavalos dos clientes, o mesmo acontecia com Marcia e Luiz Roberto que, por ser mais velho, já vivia outra fase, comparada às dos irmãos.

Certa vez, Luiz Roberto, que tinha uma turma grande de amigos, entrou na fase de conhecer e falar palavrões. Com certeza, ele tinha aprendido esses termos com aquele pessoal. No entanto, Manira buscou "cortar o mal pela raiz": na primeira palavra feia que ele soltou, ela pegou o filho pelo braço, tacou-lhe pimenta na boca e o trancou no banheiro.

Isso pode causar estranheza nos dias atuais, mas a rigidez era utilizada para educar os filhos na época quando estes passavam dos limites.

O menino Emilio

"Emilinho..."

Era assim que o garoto Emilio Rached Esper Kallas era carinhosamente chamado por todos. Mesmo ainda cursando o então primário – parte inicial do ensino fundamental – no Colégio Venceslau Brás, uma escola pública, ele ouvia dos pais com frequência que os filhos deveriam sair de Passos para ir estudar em outros lugares, onde o nível escolar fosse mais elevado.

Em nenhum momento os pais enxergavam os filhos tocando o comércio deles, mas sim estudando, se formando e seguindo suas carreiras em respeitadas empresas, ou mesmo estabelecendo seus próprios negócios.

O desempenho de Emilio na escola era excelente. Chamava ainda atenção o seu humanismo: todos os dias, ele pedia para a mãe preparar dois lanches, sendo que um deles seria entregue para a Dona Esther, uma senhora gentil que trabalhava e ajudava os alunos no grupo escolar. Além disso, eram notórias sua disciplina e dedicação para realizar tudo de forma bem-feita.

Lazer em família

Um dos locais de lazer dos pequenos da terceira geração dos Kallas (ou Kallás, como assinava parte da família) era escorregar no largo corrimão de madeira da escada que havia na casa do avô e patrono, Felis.

Emilio era o mais novo de todos e, por isso, virou o xodó dos primos – como Meire Esper Kallás, que sempre alertava: "Vamos ter atenção com o Emilinho!". Em 1965, quando Emilio estava com 14 anos, ela se casou com um primo que veio do Líbano, Georges Mikhael Kallás; e, na sequência, o casal se mudou de Passos para Itajubá, e ali constituiu um comércio.

Outro local em que a criançada adorava brincar era a Fazenda Três Ilhas, adquirida pelo avô e que ficava no Rio Grande – o maior rio da região que, alguns anos depois, em 1958, começou a ser desviado para a construção da primeira unidade da Usina Hidrelétrica de Furnas, ao lado de Passos. Felis adorava lotar a charrete de netos e ir para a fazenda; levava também o lanche da turma – geralmente esfirras, feitas por alguma das filhas.

Jorcelino seguiu o exemplo do pai e adquiriu um sítio na saída da cidade. Ele sempre lotava sua caminhonete de crianças – os filhos, sobrinhos e amiguinhos deles – e as levava para passar o dia no campo: era diversão na certa! No sítio, a área mais apreciada pela turminha era a piscina. A garotada ficava por horas nadando, jogando futebol e pescando – entre eles Elisabete Marques, afilhada de Manira e Jorcelino.

E, para completar a alegria de todos, sempre havia uma cesta com *rás* (quibe recheado, para ser assado na brasa com manteiga). Era certo que, depois de tantas brincadeiras, e pela comida típica e saborosa, na hora da refeição quase não se ouvia ninguém falar.

A tradição de se interessar pela vida rural já estava enraizada nos Kallas. Digamos que eles cultivavam o típico modo simples, agradável e seguro da vida interiorana.

* * *

Apesar de ter construído um bom patrimônio, a situação de Felis se complicou depois de alguns anos. A esposa Maria faleceu, e o homem fez alguns investimentos que reduziram drasticamente seu patrimônio. A loja *"Au Bon Marchê"* foi vendida. Quando idoso e doente, passou a ser cuidado pelo zeloso filho Jorcelino.

No entanto, é inegável que Felis Kallas foi um importante empresário de Passos e que ele disseminou o empreendedorismo para os filhos.

* * *

Tempos depois, Jorcelino fez uma nova aquisição imobiliária: um apartamento em Santos, litoral de São Paulo, onde os Kallas passavam as férias escolares e alguns feriados prolongados. Nas férias, era sempre certo que levassem junto com eles pelo menos sete ou oito sobrinhos, para que aproveitassem a praia e os momentos de lazer com os filhos.

Estudar em Franca

"Filho, você vai se mudar para Franca, assim como fizeram seus irmãos, Marcia e Luiz Roberto, que já estão lá estudando. Do mesmo modo que os seus irmãos, você vai morar com a vovó Marafu!"

Foi Manira quem deu a notícia a Emilio. Ele tinha apenas 10 para 11 anos e iniciaria o então primeiro ano do ginásio, parte complementar do atual Ensino Fundamental, na cidade de Franca. Assim como Marcia, que já estudava lá desde os sete anos, e Luiz Roberto, que havia chegado dois anos antes, Emilio foi matriculado no Colégio Marista Champagnat, que apresentava uma linha educacional qualificada e alinhada às importantes instituições de ensino da capital, São Paulo.

Havia quem se espantasse com o fato de, mesmo ainda muito jovens, os três filhos do casal Kallas já estudarem fora de Passos e morarem em outro local. Mas aquela era a primeira etapa, pois o destino deles era mesmo a grande metrópole – São Paulo, para onde Luiz Roberto foi dois anos depois.

Quando perguntavam a Manira: "Vocês não têm medo de deixar os seus filhos morarem longe dos pais tão cedo"?, ela respondia: "A nossa obrigação é a de criar os filhos para o mundo. Isso os ajuda a tomar as rédeas das próprias decisões!".

Investir nos estudos dos filhos era o objetivo maior do casal. Quando Marcia pedia ao pai que a levasse de volta a Passos, sempre que eles visitavam a menina, Jorcelino balançava com o pedido e os argumentos da filha; mas Manira era firme: "Marcia, você precisa se adaptar à escola e à nova vida. Agora pode parecer difícil de você entender e aceitar, mas no futuro vai valorizar a experiência que está vivendo".

Assim como aconteceu com a irmã, a adaptação inicial de Emilio foi um pouco mais complicada: saudade dos pais, dos amigos, dos professores do grupo escolar de Passos, de ir ao sítio e de andar a cavalo... Saudade do Clube Passense, onde as diversões preferidas eram o futebol, o tênis de mesa, a piscina... era uma vida simples e feliz!

Não bastasse isso, Emilio ainda era vítima de um garoto que o perseguia e até chegava a rasgar seu caderno. O pequeno Kallas era um "forasteiro" que se destacava nas aulas, tirava as melhores notas, respondia com assertividade às questões colocadas pelos professores, ganhava medalhas de primeiro lugar da classe e tinha grande carisma. Isso o fazia conquistar quase que a totalidade da turma e, em contrapartida, despertar ciúmes naquele jovem menos preparado. Se é que se pode assim dizer, as dificuldades apresentavam um lado positivo, pois Emilio se mostrava fortalecido para enfrentá-las.

O garoto também sabia que estar em Franca representava um "trampolim" oferecido pelos pais, para que ele alçasse voos maiores. Franca era mais desenvolvida do que Passos e uma melhor fonte de preparação para, em alguns anos, estudar e morar na capital paulista.

A irmã Marcia foi um importante alicerce para ele nessa chegada a Franca. Por ser dois anos e meio mais velha, ela protegia Emilio na infância; mas, como o avançar da vida, foi irmão quem passou a ser o seu porto seguro.

Os tios e tias que viviam em Franca, irmãos de Manira, também davam todo o suporte e proteção aos pequenos – principalmente a tia Filinha, que era muito querida por todos. Ela sempre dizia ao sobrinho: "Emilinho, não deixe que nenhum incômodo atrapalhe sua felicidade e os seus estudos. Estou aqui para apoiá-lo e protegê-lo se for preciso".

Tudo foi se encaixando...

Um dos fatores que ajudou Emilio a logo se ambientar na cidade de Franca foi frequentar o Clube dos Bagres, junto com a irmã Marcia – praticamente todos os dias, das 15h às 18h. Ele jogava basquete, futsal e praticava judô, entre outras atividades.

O casal Manira e Jorcelino também fazia seus esforços, não somente financeiros, para manter os três filhos em bons colégios e custear suas atividades extracurriculares, como as aulas de piano de Marcia e os cursos de inglês por correspondência.

O pai, de forma íntegra, continuava a exercer sua função como provedor. Era contabilista de formação e, como é natural para quem trabalha no comércio ou varejo, convivia com os altos e baixos e as dificuldades de quem todos os dias precisa levantar as portas da loja para vender, utilizando-se das melhores técnicas de negociação que se tinha na época – como a do "fiado" e a garantia no "fio do bigode". E, claro, prezava a credibilidade: jamais atrasou um salário ou um pagamento sequer.

Ele nunca falava em família na primeira pessoa do singular, mas sempre na primeira do plural: "A nossa casa", "Nós temos uma loja", "Vamos para o nosso sítio", "O nosso carro", "O capital que temos reservado"...

Entre tantos exemplos, no legado de Jorcelino havia ainda a dedicação e o engajamento no trabalho. Aos domingos, depois da missa e do almoço em família, ele descia para a loja, fazia a contabilidade, escrevia à máquina alguns documentos e registros. Ali permanecia pelo resto da tarde e, por vezes, parte da noite. Só subia para casa na hora do jantar.

A cada quinze dias, o casal Kallas saía de Passos e viajava até Franca; a distância não era tão grande, em torno de 140 quilômetros; mas, como a rota era feita por estradas de terra, levava seis, sete e até dez horas, de acordo com as condições do percurso.

A cada viagem para ir ao encontro dos filhos, Manira preparava uma boa compra de alimentos, entre grãos, frutas, verduras, legumes e carnes. Eram mantimentos para abastecer a geladeira e a despensa da casa em que, além dos filhos, moravam a irmã e a mãe dela, mulher bondosa e viúva. Aliás, era a irmã de Manira que comandava a cozinha, preparando deliciosos pratos. Os sobrinhos pediam um deles em especial: "Tia Filinha, faz *belewa!*" – tradicional doce da culinária árabe.

Aos poucos, tudo foi entrando nos eixos. Emilio mantinha o foco, se diferenciava nos estudos e tirava boas notas. No mais, o carinho da avó, das tias e dos tios dava o toque familiar. Ele passou a se relacionar com os jovens da cidade e a fazer amigos, a frequentar e curtir o clube. Sempre que tinha oportunidade, fosse em Franca ou nas idas para Passos, andava a cavalo.

Quanto ao garoto que o perturbava, algo que posteriormente veio a ser conhecido como *bullying*, tudo foi superado; era apenas coisa de crianças.

Quando Emilio retornava para Passos, nas férias, ele se tornava o centro das atenções. A turma queria saber como era estudar e morar em Franca, onde ele até jogava basquete – esporte tradicional na cidade.

Desde muito jovem, não se via mais vivendo em sua terra natal. Que futuro ele teria por lá? Talvez o de tocar as lojas dos pais e, assim como observava nos rapazes de mais idade, se formar na faculdade, trabalhar, depois constituir família e... se acomodar.

Não. Realmente, esse tipo de vida não estava nos planos de Emilio, e muito menos haveria respaldo dos pais para tal conduta. Manira e Jorcelino repetiam constantemente que estudo e conhecimento transformariam a vida dos filhos no futuro. Um futuro que estava longe de Passos... mais especificamente, num grande centro, como São Paulo, ou até mesmo em outra capital.

Esse destino já estava traçado. Em meados dos anos 1960, Marcia seguiu de Franca para a capital paulista e passou a morar com a tia Olga; o irmão, Luiz Roberto, estava hospedado na casa da tia Filinha, a qual se casara e também se mudara de Franca para São Paulo. Algum tempo depois, Manira alugou um apartamento no mesmo prédio em que morava Olga, na Rua Teixeira da Silva, no Bairro do Paraíso, para acomodar os dois filhos – e, posteriormente, Emilio.

Depois de se formar no ginásio, em 1964, foi a vez de Emilio seguir para São Paulo, para juntar-se aos irmãos e iniciar os estudos do colegial – que veio a ser denominado Ensino Médio. O rapaz foi matriculado em um dos mais fortes colégios de São Paulo: o Bandeirantes, que ficava próximo ao apartamento onde moraria com os irmãos.

Antes de enviar os filhos para São Paulo, os Kallas ficaram divididos, pois pensavam também em enviá-los para outro grande centro: Belo

Horizonte. Mas, como Manira tinha parentes residindo em São Paulo, entendeu que essa seria a melhor opção, principalmente, se os filhos precisassem de apoio e atenção familiar.

A chegada a São Paulo

Último dos irmãos a chegar à capital paulista, Emilio Rached Esper Kallas estava com 14 anos quando se instalou no apartamento em que já moravam Marcia e Luiz Roberto.

Conviveu pouco com o irmão mais velho; devido à diferença de idade entre ambos, Luiz Roberto tinha saído de Passos muito tempo antes, já cursava faculdade e estagiava. Assim, os encontros mais prolongados ficavam praticamente restritos às férias e a uma ou outra viagem com os pais. Seis anos depois, Luiz Roberto se casou e constituiu família, deixando então de morar com os irmãos.

A chegada de Emilio se deu em 1964: ano da revolução, golpe militar ou contrarrevolução, como também é chamada a tomada de poder feita pelos militares. Um ato que se iniciara praticamente três anos antes, em agosto de 1961. O então presidente, Jânio Quadros, entregara a carta de renúncia; mas o que Jânio e alguns de seus pares não contavam é que ela seria realmente aceita.

Dessa forma, no lugar de Jânio, assumiu o vice, João Goulart (também conhecido como Jango), em desalinhamento com ministros militares. Num primeiro momento foi adotado o parlamentarismo no país. Mas, por meio da realização de um plebiscito, o presidencialismo foi restituído e, assim, Jango assumiu de fato a presidência.

Os ideais comunistas do agora reconhecido presidente decididamente ampliaram a linha de conflito ideológico com os militares. Tal situação foi agravada pelos pronunciamentos de Jango durante uma viagem à China, onde afirmou a intenção de criar no Brasil uma república popular, utilizando as seguintes palavras: "*Seria necessário contar com as praças para esmagar o quadro de oficiais reacionários*". Esses fatores, aliados a outros que geraram grande instabilidade política e social, levaram à tomada de poder pelos militares na madrugada de 31 de março de 1964. Mas a vida dos irmãos Kallas em São Paulo não se parecia em nada com a de Passos, ou mesmo com a rotina na cidade de Franca. A começar pelos ciclos de amizades e de atividades, muito mais restritos.

A gigante São Paulo já não era a cidade em que se conhecia todo mundo. Aquela fase de ter muitos amigos havia passado, e seria preciso reconstruir o círculo social e de amizades. Quase não sobrava tempo para isso, pois o convívio ficava mesmo restrito ao ambiente escolar; e, aos fins de semana, Emilio e Marcia, que fazia cursinho e queria prestar Medicina, estudavam ou iam à casa de algum parente. Luiz Roberto já vivia outra fase: terminara o colegial, no Colégio Arquidiocesano, e cursava a Faculdade de Engenharia Mauá; portanto, já tinha sua turma de amigos e momentos de lazer mais definidos.

Mesmo sem deixar que isso o abatesse, Emilio sentia certo desconforto pelo comportamento de alguns dos colegas da capital, que criavam apelidos para os estudantes que tinham vindo do interior; alguns eram chamados pelos nomes das cidades em que nasceram. A rotina se resumia a estudar na escola ou em casa e a cuidar um pouco dos afazeres domésticos, embora houvesse uma funcionária contratada por Manira. O casal Kallas vinha visitar os filhos uma vez por mês; ela ficava por uma semana, mas Jorcelino fazia as compras no atacado em um ou dois dias e já retornava para Passos por causa da loja.

Os filhos visitavam a cidade natal em alguns feriados prolongados; e foi justamente numa dessas idas para a casa dos pais que Emilio presenciou uma passagem que o marcou bastante, pois demonstrou como a relação familiar é importante e presente nas horas mais difíceis.

Com os três filhos estudando e morando em São Paulo, além de sustentar a si mesmo e a esposa, as despesas de casa, pagar os funcionários e abastecer a loja, as despesas e investimentos de Jorcelino eram bem altos. Surgiu então um período de queda nas vendas, e assim ele precisou recorrer a um "socorro" financeiro – um pedido de empréstimo junto ao cunhado Nagib Rached, que prontamente o ajudou.

Justamente no fim de semana em que Emilio estava em Passos, Nagib foi visitar a irmã e o cunhado. O rapaz presenciou a conversa entre o pai e o tio, sem que eles percebessem: "Nagib, pegue este envelope. Aqui está o dinheiro que você me emprestou e mais um valor extra, que calculei de juros pelo empréstimo".

Certamente, Jorcelino não compartilhou aquela situação com os filhos, para não levar preocupação a eles. Por um lado, Emilio ficou apreensivo por saber que o pai chegara a pedir dinheiro emprestado; mas, por outro, estava duplamente feliz! Primeiro, porque o pai conseguira devolver o dinheiro, o que demonstrava que as dificuldades haviam sido superadas; além disso, a postura do tio o sensibilizou e despertou nele um sentimento de gratidão eterna, além de deixar uma grande lição.

Nagib, depois de separar algumas notas daquele bolo, devolveu-as a Jorcelino, e disse: "Cunhado, não vou aceitar juros pelo empréstimo. Sei da sua idoneidade e, certamente, se a situação fosse inversa, você agiria da mesma forma. Conte sempre comigo, porque sei que posso igualmente contar com você. Somos uma família".

Os rumos começam a se definir

Certo tempo depois que Emilio se mudou para São Paulo, Marcia entrou na Faculdade de Medicina de Santos, no litoral sul paulista, onde passou também a morar. Apenas em alguns fins de semana ela retornava para ficar com os irmãos.

Bastante engajado nos estudos, Emilio ia bem e tirava boas notas nas matérias do primeiro ano do Colégio Bandeirantes, onde se trabalhava fortemente o raciocínio e a matemática com os alunos. Mas havia uma das matérias, Desenho Geométrico, que o rapaz tinha dificuldade de aprender, devido à metodologia das aulas ministradas pelo professor. O homem só dava aulas teóricas e, mesmo assim, aplicava exercícios complicados nos trabalhos e provas.

Preocupado em entender o conteúdo e passar na matéria, Emilio recorreu à orientação do irmão. Luiz Roberto indicou-lhe um dos melhores livros sobre o tema da época, assinado pelo Professor Marmo. Emilio comprou-o e estudou sozinho com afinco para, finalmente, dominar o tema e tirar uma nota excelente na prova.

Quando estava para terminar o segundo ano do então colegial, Emilio ficou dividido: não sabia se faria matrícula no cursinho para o ano seguinte em exatas, seguindo os passos da Engenharia, ou migraria para a área da saúde, para estudar e prestar vestibular para Medicina. A dúvida surgiu quando ele fez a seguinte reflexão: "Como engenheiro, terei um cliente; mas, como médico, posso ter vários pacientes...". Apesar do dilema, a indefinição não se sustentou; e ele decidiu seguir mesmo os passos da Engenharia.

Fase decisiva

No terceiro ano do colegial, a vida de Emilio ficou ainda mais apertada. Além do puxado Colégio Bandeirantes, ele ainda se matriculou naquele que era considerado o principal cursinho preparatório para o vestibular da época: o Anglo Latino.

A agenda do rapaz era cheia: estudava pela manhã no Bandeirantes, entre 7h e 12h30; no período da noite no Anglo, entre 18h e 23h45; e, durante a tarde, ainda revisava as matérias das dez aulas diárias. Chegava do colégio, almoçava e estudava das 14h às 17h. Depois disso, ia de ônibus de casa até o cursinho, no bairro da Liberdade. Aos fins de semana, era certo que, no sábado pela manhã, Emilio tivesse aulas no Bandeirantes ou no Anglo Latino.

Graças ao fato de ser muito organizado e de ter como qualidade absorver e gravar na mente o conteúdo ensinado pelos professores, Emilio conseguia cumprir com excelência a rotina de aulas e tarefas.

Foram tempos de muito estudo e pouco sono – tanto que, por estar distraído, ele chegou a ser atropelado, mesmo sem maior gravidade, ao atravessar uma rua quando ia de casa para o Colégio Bandeirantes.

Também foram tempos de muito estudo e quase nenhum lazer. A maior "extravagância" – aliás, os únicos momentos de descontração que tinha aos fins de semana – eram as refeições que ele fazia nas casas dos tios, entre eles, o casal João e Olga Rached Millani, que residia no mesmo prédio. Emilio sempre cultivou grande apreço e eterna gratidão pelos tios, assim como pelo primo Márcio, na época com três anos. Mas as visitas eram jogo rápido, pois logo após o almoço ele retornava para casa, onde estudava por algumas boas horas.

Perto do apartamento dele e dos irmãos, moravam também a tia Maria Lucia Abib de Barros, a Filinha, e o tio Orlando Gonçalves de Barros, com quem Luiz Roberto havia morado quando chegou a São Paulo. Emilio apreciava estar com os tios e os primos Orlando Filho, Luiz Fernando, a pequena Ana Lucia e José Emilio, que recebera esse nome em sua homenagem. Ele adorava o arroz com feijão, o bife acebolado e a salada de tomate preparados pela tia, que aos fins de semana também montava uma mesa com as delícias da culinária árabe.

Assim como Filinha sempre fizera, defendendo Emilinho, quando alguém na mesa de refeições pedia algo a ela, logo o rapaz intervinha: "Vamos deixar a tia comer tranquila... Ela já trabalhou demais por todos nós. Então, se alguém quiser algo da cozinha, é só se levantar e ir lá buscar..." – palavras que arrancavam um carinhoso olhar e sorriso da tia.

Às vezes, depois do almoço, Emilio embalava nas partidas de baralho, buraco ou tranca com os tios e primos. Mas logo voltava para casa, pois tinha que estudar.

Aliás, era justamente para se dedicar mais aos estudos que Emilio pegava no pé da prima, a pequena Ana, que mesmo ainda criança sabia que os "conselhos" eram para o bem dela. A tia Filinha ficava encantada com a atitude de Emilio para com a filha e sempre lembrava:

– Desde pequeno, o Emilinho sabia o que queria e tinha os objetivos traçados. Na escola, ele era o aluno que tirava as melhores notas e apresentava os trabalhos mais bem-feitos. Ele tem muita paixão pelo que faz.

Se durante os meses letivos as casas de Olga e Filinha eram os pontos de encontro da família, nas férias, as atenções se voltavam para Passos. Ali, Olga, Filinha e os filhos passavam dias ou semanas na casa dos Kallas, onde eram recepcionados por Manira e Jorcelino.

A garotada se esbaldava brincando no clube da cidade, nos piqueniques organizados por Manira e no sítio dos Kallas, onde Emilio certa vez teve seu momento de herói. Estavam na piscina a irmã Marcia e com ela o primo Márcio, que não sabia nadar. O menino começou a se afogar e agarrou-se à prima, que assim não teve como agir e socorrê-lo, pois começou a se afogar também. Assim que percebeu o perigo que os dois corriam, Emilio interveio, tirando-os da água e colocando-os sãos e salvos na borda da piscina.

Altas despesas

Eram tempos de muitos gastos e investimentos dos pais nos filhos. Naquele período, Manira e Jorcelino arcavam com os pagamentos de quatro instituições de ensino: o Colégio Bandeirantes e o cursinho, para Emilio; a faculdade de Medicina para Marcia, em Santos; e a Faculdade Mauá, para Luiz Roberto. Mas as despesas não paravam por aí: arcavam ainda com os aluguéis das moradias deles em São Paulo e Santos, compras de livros e materiais, abastecimentos das casas, funcionários... E todos os recursos provinham do trabalho do casal no comércio.

O alto nível de dedicação de Emilio aos estudos, abrindo até mão do lazer, foi duplamente recompensado. A primeira etapa foi cumprida com sucesso: ele passou direto, sem fazer exame de recuperação, pelos três anos do colegial.

Chegava então o grande momento de colocar toda essa dedicação à prova. Digamos que essa nova etapa era igualmente difícil ou ainda mais complicada de ser vencida: em fins de 1968, Emilio prestaria o vestibular.

Naquele ano, a prova classificatória foi modificada, pois, pela primeira vez, um mesmo vestibular, denominado MAPOFEI, definiria as vagas para três faculdades: Instituto Mauá de Tecnologia (Mauá), Escola Politécnica da Universidade de São Paulo (Poli) e Faculdade de Engenharia Industrial (FEI). Até então, o exame que definia as concorridas vagas para a Poli era realizado separadamente. A prova dissertativa do MAPOFEI foi extremamente difícil, trazendo dez questões com alto grau de complexidade.

Dias depois do vestibular para Engenharia, Emilio teve um merecido descanso. O rapaz foi convidado a passar uma semana com as tias Violeta e Geny (que, na verdade, eram primas de Manira, mas ele as chamava carinhosamente de tias) e seus primos em Campos do Jordão, município turístico paulista na Serra da Mantiqueira; um local extremamente agradável, de estilo suíço. Emilio ficou encantado com o conhecimento dos primos sobre música – em especial das canções dos Beatles, algo que ele pouco ou nada conhecia.

O tio Chafic Farah Nassif, marido de Violeta, era um homem muito justo e um empresário bem-sucedido. Mesmo tendo tantas posses, era uma pessoa simples, acessível e afável, que soube transmitir o legado aos filhos. Chafic elogiava continuamente o sobrinho, dizendo: "Emilio, seu futuro será promissor". Eram palavras de grande incentivo para o rapaz, que via no tio um modelo de conduta a ser seguido.

Justamente naquele final de semana, seria divulgada a lista dos aprovados na Poli – a Escola Politécnica da Universidade de São Paulo, primeira opção de Emilio.

Desde que se decidira pela Engenharia, tanto o rapaz como sua mãe se aprofundaram nas leituras das matérias e informações sobre a mais respeitada das faculdades de Engenharia de São Paulo e uma das principais do Brasil. Mas, na verdade, o grande idealizador do caminho de Emilio em São Paulo foi o irmão, Luiz Roberto. Depois de se aconselhar com amigos e professores, ele disse para a mãe e o irmão: "Para entrar na melhor faculdade de Engenharia, que é a Poli, o Emilio precisa estudar no Colégio Bandeirantes". A dica dele foi essencial para a melhor preparação de Emilio.

Claro, o rapaz estava muito ansioso. Como ele faria para saber o resultado? Entrar na internet? Pesquisar no site da Poli? Não... essas opções só surgiram muitos anos depois. Naquela manhã, logo que acordou, Emilio recorreu ao único modo possível: foi até a banca mais próxima, comprou um jornal de grande circulação e começou a folhear página por página, até chegar ao caderno do vestibular...

Quem acredita sempre alcança

A frase "Quem acredita sempre alcança" é o título e faz parte do refrão de uma forte e bela canção escrita por Renato Russo e Flávio Venturini, que ainda diz: "Se você quiser alguém em quem confiar, confie em si mesmo". A mensagem tem tudo a ver com o momento que era vivido por Emilio: passar no vestibular. E, assim como descreve a música, ele estava muito confiante.

Ansiosamente, o rapaz buscou pela lista da Poli. Assim que a encontrou, fez certo mistério... começou a percorrer com o dedo posição por posição, nome por nome. Nessa busca, conseguiu encontrar um ou outro colega de sala do Colégio Bandeirantes. "E o meu?" – ele se perguntava... Até que, após algum tempo de busca, lá estava seu nome entre os aprovados: Emilio Rached Esper Kallas.

Aquele momento de vibração era só dele. Não havia ninguém para comemorar, compartilhar, brindar. Ele teve que se conter no meio da rua; mas em seu íntimo vibrou, socou o ar, gargalhou e chorou. O jovem não via a hora de contar e, em especial, agradecer a duas pessoas tão importantes em sua vida: Manira e Jorcelino, seus pais, que tinham feito tantos esforços para que ele alcançasse aquela conquista.

Em poder do "troféu", ou melhor, do jornal com a lista dos aprovados, Emilio retornou para a casa e, com bastante moderação, contou às tias e aos primos a grande notícia. Afinal, naquela sala havia outros rapazes que igualmente tinham prestado vestibular, mas até aquele momento não haviam sido aprovados. Apesar dos cuidados de Emilio ao transmitir o feito, todos fizeram a maior festa e o parabenizaram com elogiosas e merecidas palavras.

As tias Violeta e Geny, também eufóricas com a notícia, sugeriram quase ao mesmo instante: "Ligue para a Manira e o Jorcelino e compartilhe logo com eles!".

Acatando a sugestão, Emilio utilizou um dos telefones mais reservados da casa, onde poderia expressar melhor a alegria e as emoções ao relatar sua conquista.

Por sorte, foi Manira quem atendeu à ligação. Emilio fez rodeios, perguntou sobre ela e o pai... e começou a preparar o terreno:

– Mãe... eu tinha comentado com a senhora que neste domingo sairia a lista dos aprovados na Poli. Lembra? Pois eu comprei o jornal... fui até a banca...

Ela interrompeu o filho:

– Conta logo, menino! Quer me matar do coração? – brincou.

Agora não era mais preciso segurar a euforia, e Emilio disse em "letras garrafais":

– EU ENTREI NA POLI!

Manira nem esperou que ele continuasse, e começou a falar:

– Jorcelino, o Emilio entrou na Poli! Nosso filho vai ser engenheiro! Ele entrou na Poli! – e ainda foi possível ouvir o pai dizer, ao fundo: "Graças a Deus, meu bom Pai".

Do outro lado, Emilio continuou a falar:

– Mãe... me escuta! É o momento mais feliz da minha vida! Hoje sei mensurar o valor de uma conquista! Para mim está muito claro: nossos resultados são proporcionais ao tamanho dos nossos esforços!

A essa altura, a emoção já tinha tomado conta de quem estava de ambos os lados do telefone. O rapaz discorreu um lindo discurso que, mesmo improvisado, expressava todo o seu sentimento; era, certamente, uma das passagens mais emocionantes de sua vida:

– Mãe, esse resultado é fruto muito mais dos empenhos da senhora e do papai do que meu! Vocês se esforçaram e me deram todas as condições possíveis para que eu entrasse numa excelente faculdade. Claro, eu aproveitei essa oportunidade e dei tudo de mim para passar no vestibular. Mas nada disso seria possível sem a confiança e a dedicação de vocês. Obrigado, mãe... A senhora e o papai são meus verdadeiros heróis!

Dito isso, silêncio... Nenhum dos dois conseguiu soltar mais uma só palavra, tentando em vão segurar o choro.

Assim que conseguiu se recompor, Emilio pediu para a mãe:

– Fale com o papai e tentem vir para São Paulo, pois merecemos comemorar. Agora deixa eu falar com o "Seu" Jorcelino e agradecer a ele também!

Assim que desligou, como sempre foi do feitio pragmático de Emilio, ele logo avaliou os próximos passos e definiu consigo: "A partir de agora, que entrei na faculdade, sei que vou acrescentar na minha rotina mais um verbo, também na conjugação do infinitivo: daqui por diante, é estudar e... trabalhar!".

Nova etapa

"Bem-vindo ao mundo dos adultos!"

Sim... o menino cresceu, amadureceu e passou a ganhar responsabilidades. Conforme antevira, agora os verbos que ele praticaria eram: estudar e trabalhar. Então, hora de arregaçar as mangas!

Aos 17 anos de idade, ainda entre a notícia da aprovação no vestibular e o início das aulas na Poli, Emilio começou a trabalhar como professor. Ele foi contratado para dar aulas de Cálculo – matemática, álgebra, trigonometria e geometria – no Cursinho Oswaldo Cruz, que ficava na Avenida Angélica, localizada entre os bairros de Santa Cecília e Higienópolis.

Tempos depois, passou também a dar aulas em outros dois cursinhos: Singular e Ativo. Por indicação do professor Cid Guelli, ele ainda assumiu algumas aulas no Cursinho Anglo Latino, onde havia se preparado para o vestibular.

Mesmo estando muito bem-preparado, Emilio se mostrava temeroso no primeiro dia de aula, por dois motivos: ter que enfrentar e liderar as classes, e ainda porque alguns alunos tinham o dobro de sua idade. O visual também não ajudava: como era de praxe na época com os "bixos", forma de apelidar os calouros que tinham acabado de entrar na faculdade, Emilio tinha passado pelo trote dos veteranos e estava com a cabeça raspada.

Estrategicamente, ele chegou bem antes do início da aula e, à medida que os alunos chegavam na sala, antes mesmo de ser confundido com um colega de classe, ele já se apresentava como professor da matéria.

Pela simpatia, amabilidade e, principalmente, pelo alto nível de aprendizado que oferecia nas aulas, fruto da preparação prévia, e por responder com exatidão às questões colocadas pelos alunos, Emilio conquistou o respeito e também a amizade deles. O mesmo aconteceu em relação aos diretores e outros colaboradores dos estabelecimentos de ensino em que lecionava. Uma marca que sempre o perseguiu por todos os lugares onde passou e ministrou aulas.

Com relação à Poli, os anos iniciais versaram sobre conteúdos unificados de várias áreas da Engenharia. Somente no terceiro ano os alunos seriam divididos em doze turmas de cinquenta alunos cada, correspondentes às diversas áreas de habilitação. Emilio deu seguimento à graduação em Engenharia Civil e passou a ter aulas no campus da Universidade de São Paulo (USP).

* * *

No Colégio Bandeirantes, por dois motivos em especial, pautados pelo ato de "investir", Emilio fez poucos amigos. O primeiro deles foi a falta de recursos financeiros para acompanhar a turma nos encontros e festas; o outro era o fato de ele ter "investido" todo o tempo que tinha fora das aulas numa única atividade: a de estudar.

Nos tempos da Poli, a carga ficou ainda mais pesada, pois era acrescida da dura rotina de trabalho. Sobrava então pouquíssimo tempo para que ele se dedicasse ao convívio social.

Foi realmente um árduo e necessário sacrifício para que Emilio atingisse os seus objetivos. Mas ele sempre teve grande facilidade e talento para fazer amigos. Tanto que, com o decorrer do tempo, desenvolveu inúmeras relações pessoais e profissionais que se transformaram em boas amizades, além de recuperar contatos com colegas de turma do colégio e da faculdade quando sua rotina retomou a normalidade.

Motorizado

Diariamente, Emilio precisava se desdobrar bastante para ir de casa para a Poli e depois ainda dar aulas. Quando estava com 18 anos, e como prêmio por ter entrado na faculdade, Jorcelino presenteou-lhe com um carro, para também facilitar a vida do garoto.

O veículo escolhido era um dos mais simples destaques da época: um Fusca azul, da marca VW, também chamado carinhosamente de "Fuscão". Aos fins de semana, junto com o primo Márcio Rached Millani, que tinha apenas seis anos e mais se divertia do que ajudava, Emilio lavava o veículo na garagem do prédio, deixando-o impecável. Depois, os dois saíam para dar uma volta e, como recompensa, o menino ganhava um saboroso sorvete! O rapaz tinha um carinho especial por Márcio e pelos pais dele, tanto que eles eram muito próximos e curtiam uma relação de irmãos.

Ainda naquele período, o universitário interessou-se pelo sistema de Imposto de Renda, aprendendo então a fazer as declarações e passando a apresentá-las à Receita Federal dali em diante.

Olhar atento de mãe...

Quando Emilio cursava o terceiro ano da Poli, numa das vindas de Manira para São Paulo para estar com os filhos, a matriarca não gostou nada do que viu: o caçula, que tinha 1,75 metro de altura, estava muito magro, pesando 55 quilos. Claro, ele mal conseguia se alimentar, em função das três atividades, além do tempo de deslocamento entre um local e outro. E também pouco dormia: às 5h30 o rapaz já estava de pé e só ia se deitar perto da 1h da madrugada.

Bastante preocupada, Manira esperou o final de semana chegar e teve uma conversa reservada com o filho:

– Emilio, você e seus irmãos sabem muito bem que seu pai e eu sempre os incentivamos a estudar, a aprender e a crescer na vida.

Nesse momento, ela se ajeitou na cadeira, pegou na mão do filho e franziu a testa, dizendo com tristeza:

– Emilinho, ver você tão magro me deixa assustada. Assim como o conhecimento, a saúde também é importante. Liguei e conversei com o seu pai, e ele me pediu para lhe disponibilizar um valor mensal, para que você deixe de dar aulas no cursinho.

À espera de que Emilio aceitasse, a fisionomia de Manira estava agora mais suave. Mas não foi bem isso que ela ouviu:

– Mãe, a senhora e o papai são muito especiais. Mas espero que vocês entendam os meus motivos: eu não estou cursando a faculdade, fazendo estágio e dando aulas pelo dinheiro que, claro, ajuda bastante. O maior dos ganhos não são os salários, e sim o aprendizado adquirido.

Ao ouvir aquilo, a expressão da mãe ficou ainda mais suave, pois os motivos de Emilio se mostravam muito nobres e convincentes. Realmente, as palavras dele deixavam claras toda a sua determinação, foco, comprometimento e maturidade. Manira encerrou aquela conversa dizendo:

– Emilinho, eu e seu pai nos orgulhamos muito de você e dos seus irmãos. Vocês terão muito sucesso na vida, meu filho!

Mesmo sem admitir claramente para a mãe, Emilio também prezava o dinheiro que recebia, pois sabia que os pais tiveram que abrir mão de seu conforto para investir o quanto ganhavam nos filhos.

O rapaz nunca comentara com os pais, mas observava que Manira começara a trocar as marcas dos produtos que comprava: as mais tradicionais, como as de sabonete, café, arroz, feijão etc., passaram a ser substituídas por outras desconhecidas e, automaticamente, mais baratas. Eram medidas necessárias de economia, em função do grande dispêndio financeiro para manter os filhos morando e estudando em São Paulo por tantos anos.

A importância do estágio

O desenvolvimento profissional que Emilio Kallas experimentava era inegável. O estágio permitia que ele entendesse na prática aquilo que aprendia nas aulas, e a atividade docente nos cursinhos o ensinava a ser desembaraçado, a saber se colocar e falar em público, e a se comprometer com os alunos, buscando não só ensinar e aplicar as aulas, mas também esclarecer as dúvidas.

Emilio começara a dar aulas em cursinho muito cedo, com 17 anos. Ele sabia que, entre os alunos, havia quem tivesse interesse nas mais diversas áreas e, por isso, cada qual buscava absorver o melhor aprendizado.

Entre tantos proveitos, algo o incomodava: ele queria ter mais tempo para se dedicar à faculdade. O rapaz passava de ano sem sufoco, mas sabia que, se não tivesse dois empregos, poderia se empenhar mais nas aulas. Inclusive, ele não conseguia assistir a algumas delas, devido aos compromissos profissionais; e, para ter o conteúdo das matérias, o jovem tinha que se desdobrar.

Era comum que alguns alunos aplicados, que assistiam às aulas e faziam suas anotações, tirassem cópias mimeografadas do material, apelidadas de "panelas", e vendessem por um preço bem acessível para os colegas que tinham dificuldade em assistir às aulas ou mesmo entender o conteúdo. Em poder das "panelas" adquiridas, Emilio lia, estudava o material e conseguia, então, tirar boas notas.

No quarto ano da Poli, a experiência como estagiário da construtora Forma Espaço fez com que Emilio travasse contato com a realidade da vida de engenheiro.

Durante o expediente, ele era bastante acionado e, além disso, mostrava-se voluntário para aprender e atuar já como um profissional da área. Reportava-se a engenheiros, gerentes, diretores e acionistas da empresa. Já ficava clara para ele a grande diferença entre a academia e o universo profissional; entre a sala de aula e o mundo da Engenharia e das obras.

Algo que o marcou muito foi o tratamento que todos, principalmente o gerente, dispensavam ao presidente executivo da empresa, e que curiosamente era também professor de Emilio na Poli. Era um homem vaidoso, rude e de pouca inteligência emocional, tanto que não conseguia liderar a equipe. Tratava-se de uma relação irreal, corrosiva, na qual as pessoas bajulavam o ocupante do cargo e não tinham respeito pelo profissional em si.

Certo dia, o gerente chegou ao cúmulo de elogiar o carro esportivo comprado pelo dirigente, um SP-2 – modelo lançado no início dos anos 1970 pela VW e produzido no Brasil –, e adquiriu um idêntico. Ao presenciar tal situação, Emilio definiu: "Sei que tenho um grande caminho pela frente; mas quando eu me desenvolver na profissão, na carreira, e alcançar um alto cargo de liderança, não quero bajuladores ao meu lado, e sim uma equipe competente e formada por profissionais com grande capacidade. Quero pessoas que agradem não a mim, e sim à empresa. Quando eu estiver numa condição de liderança, vou me pautar sempre pela justiça, tomando então a decisão mais equilibrada".

Sim... estamos falando da meritocracia, sobre a qual Emilio já havia definido que pautaria sua trajetória profissional.

As recompensas

Dormir quatro a cinco horas por noite era regra. Mas o grande retorno se apresentava no crescimento profissional e pessoal, pois Emilio passou a se relacionar com os importantes profissionais e *players* do mercado.

Além disso, com duas fontes de renda, o rapaz conseguia acumular um significativo capital, que lhe permitia então passar a usufruir certas regalias e momentos de lazer. Um deles era viajar nas férias e feriados, inclusive com frequência, para o Rio de Janeiro.

Ele apreciava a beleza da cidade carioca e tinha ali alguns amigos – entre eles, o médico Flávio Ribeiro Campos, que namorava sua amiga de infância de Passos, Elisabete Marques Campos. Flávio se mudou para Passos em 1971 e se casou com ela em 1975.

Reta final

Quando estava no segundo semestre do quinto ano da Poli, além de toda a dedicação aos estudos (pois o nível de ensino da instituição sempre foi bastante elevado), Emilio continuava a dar aulas nos cursinhos e fazia estágio na Forma Espaço.

A indicação para o emprego partiu do irmão Luiz Roberto, que trabalhava na Delfin – empresa do setor de crédito imobiliário – e havia sido transferido de São Paulo para uma filial do Rio de Janeiro. No entanto, antes de se mudar, ele dava aulas em um cursinho em Guarulhos, cujos donos decidiram montar a Construtora Fundamenta Ltda. Foi ali que Emilio conseguiu ingressar como *trainee*, atuando na construção de diversos edifícios e conjuntos de casas residenciais.

Na Fundamenta, ele ficou de setembro de 1973 a junho de 1974, nos cargos de gerente de planejamento e gerente financeiro; a empresa vivia em dificuldade financeira e encerrou as atividades.

Na sequência, Emilio foi contratado pela Companhia Construtora Pederneiras, onde teve curta passagem como engenheiro fiscal de obras, de julho a dezembro de 1974; mas, assim como ocorrera no emprego anterior, a empresa enfrentava um período financeiro crítico e, igualmente, não se sustentou e fechou as portas.

Com o "canudo" nas mãos

Passados cinco anos de muita dedicação, Emilio alcançou sua primeira grande conquista. No final de 1973, quando estava com 23 anos, ele se formou engenheiro na Poli. Como se dizia na época, ganhou o "canudo", ou diploma!

Mesmo com dificuldades, ele cursou os cinco anos na Poli e conseguiu se diferenciar e registrar sua passagem com os professores e os alunos.

A festa de formatura ocorreu no Palácio das Convenções do Anhembi, e os membros das famílias Kallas e Rached foram prestigiar os formandos.

Mesmo já tendo vivido a mesma experiência de formatura com os outros filhos – a médica Marcia e o engenheiro Luiz Roberto –, os pais de Emilio estavam muito emocionados. Agora, seus três filhos estavam formados!

Enquanto assistia às convocações de cada um dos formandos, Manira se lembrava da família reunida em Passos, dos almoços familiares de domingo, das idas para ver os filhos em Franca, das viagens para São Paulo, para ficar com os três filhos, das formaturas de Marcia e Luiz Roberto... E das orações, enfim, para que a família estivesse bem e os filhos encaminhados.

A primeira viagem internacional

A vida era sacrificada: aulas no cursinho, cursar Engenharia na Poli, estágio, deslocamentos de um lado para o outro, abrir mão do lazer e das viagens... tudo para evitar gastos desnecessários.

Logo que Emilio recebeu a notícia de ter sido aprovado no quinto ano e, portanto, encerrando ali a graduação, ele propôs a um amigo estrearem nas viagens internacionais: "Vamos para a Europa?". A sugestão foi aceita de bate-pronto.

Os dois então programaram circular em terras europeias por quarenta dias, num sistema que os jovens costumavam chamar de mochilar, ou seja, colocar uma mochila nas costas com algumas roupas e circular livremente, desbravando locais desconhecidos.

Assim, alugaram um carro e conheceram vários países. Eles se viraram como puderam e, para economizar, hospedavam-se em pensões e hotéis baratos, onde as "estrelas" eram eles.

Num desses locais onde pernoitaram, o amigo ficou no carro, e Emilio, como bom negociador que era, foi barganhar o valor com a proprietária. Daquela conversa, ele saiu com um trunfo: "Consegui uma diária de U$ 8, com café da manhã... e a mulher ainda perguntou: 'Vocês comem muito?'" – situação que arrancou boas gargalhadas de ambos.

Ao final do período, eles estavam maravilhados com a experiência. Além de terem passado por diversos locais (foram mais de vinte países!), puderam vivenciar e conhecer múltiplas culturas, passando por distintos hábitos e costumes. Assim como diferentes sistemas de governos, como a divisão ideológica e política que havia na época entre as duas Alemanhas, separadas pelo Muro de Berlim – que perdurou de 1961 até 1989, quando o país foi reunificado.

O padrinho

No ano de 1974, Emilio ficou feliz com o convite recebido da prima Ana Lucia Abib de Barros, que completaria 15 anos, para ser o padrinho dela no baile de debutantes.

Na bela festa, que aconteceu no Clube Círculo Militar, na zona sul de São Paulo, Emilio dançou com Ana no momento mais nobre da comemoração. Enquanto bailavam, ele aproveitou para dizer algumas palavras de motivação e apoio à prima, mostrando-lhe o importante ciclo que se iniciava a partir daquele dia.

Aliás, foi também com muitos conselhos que, três anos depois, Emilio atendeu a uma solicitação da prima, para emprestar-lhe um dinheiro. Preocupado, na condição de padrinho, mas receoso de invadir a privacidade dela, ele emprestou o valor solicitado; mas fez inúmeros alertas, na tentativa de preservá-la de qualquer mal que pudesse atingi-la. E disse ainda: "Cuidado para não fazer besteira e estragar a sua vida". Ana agradeceu bastante pelo valor emprestado e pelo carinho das palavras, e foi embora.

Dias depois, quando soube para qual destino o dinheiro havia sido utilizado – um curso de mergulho –, Emilio trocou os conselhos por um sermão. Até porque, sem que ele soubesse, havia financiado um curso que os pais da jovem não queriam que a moça fizesse. Anos depois, a passagem virou motivo de boas risadas entre os primos.

* * *

A irmã de Emilio, Marcia Rached Esper Kallas, formou-se em Medicina, especializando-se posteriormente em Pediatria e Gastroenterologia. Ainda durante o curso de graduação, Marcia se transferiu de Santos para São Paulo para se casar.

Luiz Roberto Rached Esper Kallas se casou aos 28 anos, mudou-se para o Rio de Janeiro com a esposa e passou a trabalhar em uma multinacional. Mas depois seguiu carreira solo e montou a própria empresa na área de propaganda.

Retroceder agora, para avançar depois

"Você aceita a nossa proposta? A Schahin Cury é uma construtora que tem potencial de crescimento no mercado."

Era início do ano de 1975. Como Emilio não estava confortável com o trabalho que tinha em uma pequena construtora da época, a Pederneiras, ele então decidiu fazer uma minuciosa busca no caderno de empregos do jornal de domingo.

Uma das ofertas despertou-lhe a atenção: era uma vaga na Schahin Cury Engenharia e Comércio Ltda., empresa fundada pelos sócios Milton Schahin, Salim Schahin e Claudio Alberto Cury.

O grande incentivador para que Emilio iniciasse na nova companhia, e que fez os contatos iniciais, foi um consultor da empresa que todos chamavam de "Seu" Flores. O homem ficou admirado pelo currículo do rapaz e pelo fato de ele estar em vias de cursar uma pós-graduação na FGV.

Como era seguro com o dinheiro e nunca fora de fazer extravagâncias, Emilio sabia que as reservas guardadas dariam resguardo nesse primeiro momento de novo emprego; e, claro, apostava numa promoção rápida. Ele também entendeu ser uma excelente oportunidade de crescimento, aprendizado e também de promoção, com a possibilidade de alcançar um posto de diretor de departamento.

Como forma de expressar todo o carinho que tinha pelos pais, assim que recebeu o primeiro salário, Emilio comprou um aparelho de televisão de tela grande e colorida, presenteando-os na primeira oportunidade que teve de levar o aparelho a Passos.

Em relação à nova empresa, a área comercial de empreendimentos ficava a cargo de Claudio Alberto Cury, e a de engenharia sob a responsabilidade de Milton Schahin. A decisão de Emilio – de aparentemente recuar ao trocar de emprego – logo se mostrou acertada.

Apesar de estar ainda no início das atividades, a Schahin Cury atuava na área da engenharia que Emilio mais apreciava: incorporação e empreitadas de edificações. Na avaliação dele, isso lhe abriria boas oportunidades profissionais.

Emilio soube aproveitá-las e logo se tornou gerente de planejamento de obras; mostrava-se já um líder em ascensão. Ele e outro engenheiro, o Mauro Esteves, eram profissionais muito respeitados na empresa.

Professor universitário

Após o término do curso de Engenharia, Emilio entendeu que não haveria tempo para relaxar e deu sequência aos estudos. Afinal, queria dar aulas em faculdades.

Dessa forma, ele pediu demissão do cursinho em que era professor e foi contratado pela FTDE (Fundação para o Desenvolvimento Tecnológico da Engenharia), fundação de direito privado, independente e sem fins lucrativos, criada para apoio às atividades e projetos desenvolvidos para o mercado com tecnologia oriunda da Escola Politécnica da Universidade de São Paulo. Ali, Emilio começou a ministrar aulas na turma de pós-graduação para engenheiros.

Ele sempre tivera empenho na atividade de professor, mas não há como negar que a carreira acadêmica exige demais – principalmente quando, ainda sendo um recém-formado, se assume aulas para uma turma de sessenta alunos graduados, todos já atuantes e experientes no mercado de trabalho.

Sempre pautado pela capacidade técnica e pelo bom relacionamento, Emilio conquistou não somente aquela, mas também as outras turmas que vieram depois. Nas suas aulas, as salas ficavam lotadas. O relacionamento entre Emilio e os alunos era tão estreito, que muitos deles passaram a contratá-lo como consultor para suas empresas.

Ele preparava muito bem as apresentações e conhecia a fundo o conteúdo de cada disciplina. O programa das aulas era rigorosamente planejado por ele, devido ao seu profundo respeito pelos estudantes: "Preciso preparar a melhor aula para ensinar meus alunos e superar as expectativas deles em relação ao nível de aprendizado", pensava Emilio.

Certa vez, numa das aulas de pós-graduação, um aluno levantou o braço e, impressionado com o nível da aula ministrada, perguntou a Emilio:

– Professor, você não tem medo de transmitir tanto conhecimento para nós?

Com um sorriso no rosto diante da dúvida do rapaz, ele respondeu:

– Se vocês absorverem tudo que eu sei em seis meses ou um ano, isso quer dizer que eu não tenho tanto conteúdo assim para transmitir. – Uma fala que conquistou ainda mais a turma pela segurança transmitida.

Mesmo que seja um exemplo proveniente de outra área, vale aqui o registro de uma reflexão daquele que é conhecido como "Papa do Marketing", Philip Kotler, e tem a ver com a mensagem transmitida por Emilio aos alunos: "Demora dias para se aprender Marketing. Infelizmente, leva-se uma vida inteira para ser um mestre".

Curso de especialização

Como o seu objetivo era realmente seguir na área acadêmica, ministrando aulas, Emilio também sabia que, para isso, teria que investir em cursos de titulação: especialização, mestrado e doutorado.

E o primeiro desses significativos passos foi dado, juntando-se a outra instituição de alta qualidade e respeitabilidade: já em 1974, ele ingressou no CEAG (Curso de Especialização em Administração para Graduados), na Pós-graduação em Administração Contábil e Financeira, sob a chancela da Escola de Administração de Empresas da Fundação Getúlio Vargas (FGV). Seria um importante complemento ao curso de Engenharia, tanto para a gestão das obras quanto, no futuro, para comandar a própria empresa e também aplicar os conceitos nas finanças pessoais.

Além da riqueza de aprendizado – pois o curso deu-lhe amplitude de visão gerencial das obras e das empresas, já que estudou as áreas financeira e administrativa, em que eram abordados temas como Direito, Imposto de Renda e Contabilidade –, Emilio fez e cultivou ali boas amizades, tanto nos aspectos pessoais quanto profissionais.

Mas ele desenvolveu uma estratégia para ir bem e tirar boas notas: como sua agenda era apertada, com muitas atividades além do curso, e pela facilidade que tinha de aprender, Emilio focava e prestava muita atenção nas aulas. Aquilo bastava para que ele conseguisse reter o aprendizado e tirar boas notas nas provas e trabalhos, além de lhe poupar horas de estudos.

Emilio caminhava assim para conquistar sua próxima titulação; sabia da importância de tal conquista, e também que daria prosseguimento com novos cursos, como o mestrado e o doutorado. Quanto mais titulações tivesse, mais respeito conquistaria na academia, pois pretendia seguir com a carreira de professor.

Em 1976, aos 26 anos, ele concluiu o curso que já o qualificava como um docente de ensino superior titulado. O mercado começou a observar aquele jovem engenheiro, formado pela Poli e pós-graduado pela FGV.

Tal conquista fortaleceu sua carreira acadêmica, e ele passou a ministrar aulas nos cursos de graduação, especialização, mestrado e doutorado na Poli nas seguintes matérias: Introdução à Engenharia, Canteiro de obras, Gerenciamento de empreendimentos e Conjuntos habitacionais, entre outras.

Um detalhe importante: Emilio sabia adequar a linguagem para os diferentes públicos, que vinham de várias localidades; pois, quanto mais elevado o nível dos alunos, mais aprofundados eram os conceitos ministrados. Ele estava certo: o grau de discussão com alunos de mestrado e doutorado era mais elevado do que com os de graduação.

Também entendeu a importância da orientação materna no processo, pois Manira sempre o incentivara a investir nos estudos e nas qualificações, e pensou: "Ter alguém para nos orientar é muito importante. Esse é um aprendizado que também irei aplicar no futuro, na trajetória dos meus filhos".

Quanto ao estilo didático dele, dar aulas em cursos de Engenharia numa faculdade como a Poli exige enorme entrega e conhecimento, assim como liderança dos alunos na sala de aula.

Mas, convenhamos: os estudantes também conheciam e respeitavam o currículo do professor. Emilio era igualmente graduado pela Poli e estava em curso para completar seu mestrado pela mesma instituição. Além disso, profissionalmente era importante executivo de uma das representativas construtoras e incorporadoras do mercado, o que lhe agregava ainda mais respeitabilidade.

Assim, as aulas dele traziam a necessária teoria do aprendizado, mas também sua aplicabilidade prática. Aliado a isso, ele ainda apresentava detalhes e pontos pertinentes ao dia a dia da rotina de trabalho, o que enriquecia o aprendizado, sabendo ainda aliar uma boa dose de humor, na medida certa.

E quando surgia uma pergunta, sempre havia uma pronta resposta, em função do conhecimento da área, o que transmitia segurança e credibilidade às turmas.

Por isso, as salas em que ministrava aulas ficavam lotadas do início ao fim. Emilio foi autodidata na arte de ser professor, no processo que desenvolveu para a dinâmica das aulas e na forma de se comunicar, sabendo como individualizar o aprendizado dentro das expectativas de cada aluno.

Certamente, foi uma metodologia que ele aplicou na sua vida e carreira, criando modelos de comunicação dentro da linha de receptividade e entendimento das informações e dos processos individuais.

* * *

Uma das práticas esportivas de Emilio era o caratê ou *karate*, que em japonês significa "mãos vazias". Outra delas era o hapkido, ensinado pelo professor Park, natural da Coreia do Sul. Como sócio do Clube Círculo Militar de São Paulo, ali ele frequentava as aulas dessas artes marciais.

Os objetivos das artes marciais, também difundidos aos alunos, eram o de promover o movimento físico e também o de aplicar a doutrina do esporte na vida, bem como na conduta pessoal e profissional. Emilio adorava as aulas de caratê, que o tornaram bastante reflexivo e agregavam valores, principalmente nos aspectos disciplinares e comportamentais.

Base ou verniz?

A primeira importante aquisição de Emilio foi a compra, em 1976, de um imponente carro da época: um Puma, destaque entre os modelos esportivos.

Realmente, com alguns poucos anos de carreira, ele já poderia ser considerado, como engenheiro e professor, um profissional bem-sucedido. Com isso, permitia-se ter uma conduta econômica mais folgada.

Mesmo assim, ele decidiu fazer uma análise no tipo de vida e comportamento que tinha: era bastante comprometido com o trabalho, um professor de referência e que mantinha suas salas cheias de alunos, gostava de ter uma vida confortável, de se vestir bem, de ter um bom carro...

Na carreira, ele se dedicava ao extremo e, na vida pessoal, não tinha grandes reponsabilidades, já que se eximia de arcar com despesas maiores, como o sustento de uma família – pois ainda era solteiro. Além disso, seus pais, mesmo com sua ajuda periódica, viviam bem com suas posses.

Apesar da pouca idade, a maturidade o fez definir duas situações: saber deliberar o que era base e o que era verniz.

Na concepção de Emilio, base seria investir o dinheiro em algo sólido, como imóveis, por exemplo. E verniz, para melhor explicar, seria a compra do Puma, ou seja, fazer gastos ou investimentos em algo que poderia ficar para uma segunda fase da vida. Se ele tivesse outro projeto, e o carro fosse interferir, ele certamente não o teria comprado.

A partir daquele momento, Emilio mudou a forma de pensar e, em especial, de agir. E decidiu: "Primeiro vou montar e investir na minha base econômica, para depois pensar em gastar com aquilo que considero verniz!".

E, realmente, foi dessa forma que ele passou a pautar sua trajetória.

A vinda dos pais para São Paulo

Com os três filhos fora de Passos, formados e encaminhados, e com a chegada dos netos – pois em 1975 Marcia teve a primeira filha, Tatiana, e em 1976 nasceu Rodrigo, filho de Luiz Roberto –, Manira e Jorcelino se sentiam sós, apesar dos parentes e amigos que tinham no município mineiro.

O casal também estava em busca de uma vida mais tranquila; tomar conta do comércio, com as duas lojas, a de presentes e a de materiais de construção, já não era tão motivador.

Depois de conversar entre si e de ter o aval dos filhos, que há tempos já indicavam a necessidade de a família estar próxima, eles se desfizeram da maioria dos bens e das lojas, e se mudaram para São Paulo.

O filho Emilio ficou muito feliz com a decisão; ele sentia falta de estar com os pais e, com tantas atividades, viajar para Passos ficava cada vez mais difícil. Só mesmo nas férias ou feriados prolongados.

Assim, em 1979, os Kallas voltaram a se reunir na capital paulista. Manira também estava feliz por ir morar perto das queridas irmãs Olga e Filinha, com quem sempre tivera grande afinidade e que haviam sido tão importantes no apoio aos seus três filhos em São Paulo. Todos os dias, as irmãs se encontravam e conversavam.

O casal Kallas foi residir num bom apartamento que Jorcelino havia comprado na Alameda Lorena, no bairro dos Jardins, zona sul de São Paulo. Na época, Emilio ainda era solteiro.

O canto deles na Alameda Lorena se tornou o ponto de encontro dos filhos. Durante a semana, Emilio e Marcia – que teve mais uma filha, Juliana – viviam se revezando na casa dos pais e eram cativos nos almoços aos domingos, em que também participavam alguns tios e primos.

Em 1981, Marcia se divorciou e contou com total apoio da família; assim como acontecia na infância, quando ela cuidava e protegia Emilio, agora era a vez do irmão caçula assumir esse papel.

Em relação aos pais, Emilio fez uma profunda análise da situação e passou a administrar os negócios. Jorcelino tinha reservas econômicas, algumas propriedades, como o apartamento no qual moravam, e um bom terreno, ambos em São Paulo, além da propriedade em Passos que ele doou aos filhos.

Numa conversa, o pai demonstrou interesse em ter um sítio nas proximidades de São Paulo, mas o dinheiro era pouco para tal investimento. Emilio então conversou com os irmãos, e os três entenderam que o melhor seria vender a propriedade de Passos e o terreno, e reforçar o capital dos pais. Jorcelino ainda não tinha 70 anos, e ainda lhe restavam muitos anos de vida. Para ele, passara desapercebido o fato de que o custo de vida de São Paulo era bem mais elevado do que o de Passos; na verdade, ele já tinha vivido essa experiência quando os três filhos moravam e estudavam na capital paulista.

Ou seja: os pais de Emilio precisariam de recursos para custear as despesas em geral: condomínio, assistência médica, remédios, além dos custos extras que surgissem... Jorcelino ainda se sentia provedor e, assim como Manira, gostava de presentear e fazer seus mimos para os netos.

Os três filhos ajudavam como podiam, e Emilio, à medida que prosperava, passou a sustentar os pais. Mas o fez de uma forma leve, suave e que dava a entender ao pai que ele ainda era o esteio da família.

O casal Kallas se mostrava muito agradecido a Emilio, que dizia às pessoas próximas que o elogiavam: "Faço tudo por eles. Os pais dão tudo para os filhos, que jamais podem esquecer de retribuir".

O mestre Emilio

No ano de 1979, Emilio firmava outro importante passo na carreira acadêmica, dando assim sequência ao seu projeto de titulação: aos 28 anos, iniciava o mestrado em Engenharia Urbana e de Construção Civil.

A instituição escolhida para o mestrado não poderia ser outra: a Escola Politécnica da Universidade de São Paulo (USP). Emilio fez valer o ditado: "O bom filho à casa torna", pois ele se graduara em Engenharia na Poli no ano de 1973.

Em 1981, Emilio defendeu a dissertação intitulada "Método de Controle de Custos Operacionais na Construção Civil", recebendo assim o título de Mestre em Engenharia Urbana e de Construção Civil.

* * *

No mesmo período, Emilio tornou-se consultor na área de Avaliação Econômica das Habitações do Instituto de Pesquisas Tecnológicas (IPT), exercendo a atividade entre 1981 e 1983. Na sequência, nos anos de 1984 e 1985, o engenheiro atuou como consultor na Área de Obras da SABESP. Essas foram algumas das inúmeras consultorias que Emilio Kallas prestou para órgãos públicos e empresas privadas.

Vida a dois

Férias no litoral sul paulista. Para curtir um pouco os momentos de lazer, Emilio apreciava viajar para o Guarujá, uma das praias mais bem--frequentadas na época.

Ele então alugava um apartamento com alguns amigos, e se dividiam entre a praia e a piscina na área de lazer do edifício. No final de tarde e à noite, saíam para jantar e se distrair um pouco.

Em um desses passeios pela calçada da praia, ele conheceu Graciela Tronco. Ali nasceu uma amizade, que virou namoro, um relacionamento sério e, finalmente, o casamento em 1979. A cerimônia, que contou com a presença de familiares, parentes e amigos, foi realizada em Limeira, interior de São Paulo.

Um fato curioso: no universo masculino, o estereótipo do homem bem-sucedido, do empresário e executivo de alto cargo, conforme certas peças e filmes promocionais apresentavam na época, eram as pessoas calvas, obesas, vestidas de terno e suspensórios, que bebiam whisky e fumavam charuto. Mas Emilio, em seu íntimo, questionava aquele tipo de personagem e entendia que o visual apresentado não era nada saudável: estar acima do peso, ingerir bebida alcoólica e fumar. Ele então agia de forma contrária: nunca fumou, bebia raramente e socialmente, e sempre procurou cuidar da saúde e do corpo, mantendo-se saudável.

Na visão dele, era também uma forma de respeito à parceira e cônjuge: "Percebo que as pessoas se casam e relaxam... começam a cultivar certos hábitos e ganham um peso excessivo. Entendo que se cuidar é uma obrigação que assumimos com nós mesmos e com quem amamos. Um ato de empatia" – habituou-se a explicar Emilio.

A compra do primeiro imóvel

Uma das obras em que Emilio esteve à frente na empresa em que trabalhava – sendo o engenheiro responsável pela aquisição do terreno, pelo projeto e pela construção – foi um prédio de alto padrão, de um apartamento por andar, no bairro de Moema.

A obra realmente foi muito bem administrada e resultou num empreendimento de altíssimo nível. Emilio encantou-se pelos apartamentos, a ponto de conversar com o presidente da companhia para negociar a compra de uma das unidades.

Deu certo! Emilio adquiriu o apartamento do 14º andar. O pagamento foi feito da seguinte forma: grande parte com as economias e o restante com financiamento bancário. Além do aspecto patrimonial, comprar aquele apartamento elevou sua autoestima, pois confirmava que ele estava sendo bem-sucedido em sua carreira.

A família cresce

No dia 19 de outubro de 1983, nasceu Thiago Esper Kallas. Naquele momento, Emilio vivenciou uma sensação especial de segurança, realização, felicidade e paternidade. Era o primeiro filho do casal, e a irmã Marcia foi a escolhida para ser madrinha do menino.

Quando Thiago nasceu, Emilio o segurou no colo e fixou o olhar na criança. Imediatamente, ele pôde compreender um pouco do sentimento de amor que Manira e Jorcelino despertavam pelos filhos.

Nos momentos em que não estava no trabalho ou dando aulas, ele passava cada minuto que podia ao lado do filho. Nas férias ou mesmo nos fins de semana prolongados, ele alugava um imóvel no Guarujá e viajava com a família, a irmã Marcia e as sobrinhas Juliana e Tatiana. Eram dias especiais de descanso e lazer, e para curtir o pequeno Thiago!

Querer o bem

Quando Márcio Rached Millani estava lá com seus 20 anos, cursando Odontologia, Emilio conversava bastante com o primo, transmitindo um pouco da experiência que havia adquirido com a vida.

Os dois tinham longos e produtivos diálogos, abordando aspectos pessoais. Emilio procurava passar para Márcio situações cotidianas e que, certamente, ele viria a enfrentar. Também buscava incutir otimismo, compartilhar palavras positivas e que ajudariam o primo no início de sua trajetória profissional.

A conversa sempre iniciava com palavras positivas, do tipo: "Como você está bem, Márcio!" ou "Parabéns pela sua dedicação aos estudos!".

Emilio jamais teve por hábito colocar as pessoas para baixo com seus comentários, que poderiam ser duros, mas sempre traziam uma crítica construtiva.

Quando Márcio se formou e montou o seu consultório, Emilio foi um dos seus primeiros clientes; e só precisou de um novo dentista quando o primo optou por migrar de carreira.

* * *

"Augusto, que prazer em reencontrá-lo! Revê-lo é como relembrar dos bons tempos da Poli."

Essas palavras de Emilio eram dirigidas a Augusto Ferreira Velloso Neto, mais um colega de classe do curso de graduação de Engenharia. O amigo trabalhava na construtora Augusto Velloso, empresa familiar iniciada pelo avô, também graduado pela Poli em 1928.

Depois daquela conversa, eles continuaram a manter contato e trocavam informações sobre o mercado e obras realizadas – tanto pela Schahin Cury, onde Emilio era executivo, quanto pela empresa de Augusto, que na época iniciava também na área de incorporação.

O fim do casamento

Em 1984, quando ele estava com 34 anos, após cinco anos de matrimônio e uma sequência de conversas, Graciela e Emilio decidiram de forma consensual se separar. Além da tristeza pelo fim do relacionamento, havia uma grande preocupação: o pequeno Thiago.

O primeiro ombro que acolheu Emilio foi o da mãe, Manira. Ela era do tempo em que os casais pouco se separavam. Mas, como já dito, a matriarca se posicionava realmente como uma mulher muito além do seu tempo.

Manira tinha a lucidez de entender que, se a relação continua estremecida, mesmo depois de tentativas de reconciliação, talvez a separação fosse a decisão mais lúcida, mesmo não sendo a melhor ou a mais esperada.

Ela sempre amparou alguns casais que decidiram tocar a vida separadamente, com palavras de amor e carinho, de otimismo, evitando assim que o fim da relação levasse a uma situação tumultuada e turbulenta entre os dois. Em determinados casos, Manira sempre alertava: "A relação conjugal pode ter chegado ao fim, mas há um elo entre vocês: um ou mais filhos".

E por que não agir da mesma forma com o próprio filho? Emilio já havia confidenciado há tempos as dificuldades que enfrentava no casamento, e como isso o deixava infeliz. A mãe fez tudo o que pôde: orientou a nora e o filho a buscarem contornar a situação, a reacender a chama do amor que os unira alguns anos antes. Mesmo assim, a decisão de ambos foi colocar um ponto-final na relação.

Graciela e Emilio se separaram, mas entre eles havia uma criança, o filho Thiago Esper Kallas. Diante disso, Manira não só aceitou como buscou entender os motivos e conversou com os dois, a ex-nora e o filho.

Entre suas falas e orientações, a mais direta foi: "O filho não pode pagar pela decisão dos pais de se separarem. O amor entre vocês pode ter chegado ao fim, mas o respeito e a relação, mesmo que de uma forma diferente, precisam continuar harmoniosos. E o maior motivo para isso tem nome: Thiago".

E Manira soube inteligentemente fazer a transição, mantendo-se ao lado de Graciela, respaldando o filho e entregando ainda mais amor e carinho ao neto.

Momento político marcante

Passado o período de 21 anos de comando do governo militar no Brasil, quando as transições foram feitas pelos generais Ernesto Geisel e João Baptista Figueiredo, dois últimos presidentes do regime, o país passou a ter novamente no mais alto posto um civil na presidência.

O primeiro movimento nesse sentido foi frustrado quando, em abril de 1984, o Congresso rejeitou a Emenda Dante de Oliveira, que buscava restabelecer as eleições diretas para presidente da República. O movimento ficou conhecido por Diretas Já.

De qualquer forma, o primeiro passo havia sido dado. Em janeiro de 1985, por eleição indireta, Paulo Salim Maluf, pela Arena, foi derrotado por Tancredo Neves, do MDB, no Colégio Eleitoral; foram 480 votos a favor de Tancredo, 180 para Paulo Maluf e 26 abstenções.

Mesmo assim, Tancredo Neves não chegou a ser empossado, em função de sérios problemas de saúde. Na data da posse, 15 de março de 1985, o vice, José Sarney, assumiu o posto.

A situação delicada de Tancredo mobilizou o país e causou uma comoção nacional: em 21 de abril, o político mineiro veio a falecer. No dia seguinte, 22 de abril de 1985, José Sarney foi oficializado na presidência, consolidando assim a transição de poder político no Brasil.

A inflação corroía a economia do país. Uma das medidas para tentar combatê-la foi a oficialização do Plano Cruzado, em 28 de fevereiro de 1986, tendo como destaque o congelamento de preços.

Apesar de cair nas graças do povo num primeiro momento, e de contar com apoio de alguns dos líderes políticos do país, as ações não se sustentaram, o que provocou o lançamento de outros planos econômicos.

A cada novo plano, maior endividamento e índices inflacionários: de 1986 a 1987, alcançou 367% ao ano; em 1988, depois de outra tentativa, com o Plano Cruzado II, a inflação anual atingiu 1.000%; em 1989, mesmo com a implantação do Plano Verão, a inflação se elevou ainda mais: disparou e bateu os 1.972,91% ao ano.

Um ato marcante do governo Sarney foi a renovação da Constituição Brasileira. Em fevereiro de 1987, uma Assembleia Constituinte foi criada, da qual participaram destaques de muitos segmentos da economia do país. E, em 1988, em substituição àquela elaborada pelos militares em 1967, a nova Constituição foi oficializada.

A Constituinte projetava, entre outras medidas, a realização de eleições diretas para presidente, governadores e prefeitos, reafirmando o regime presidencialista e restringindo a atuação das Forças Armadas, garantindo a independência dos Três Poderes.

O governo Sarney chegou ao fim em 15 de março de 1990, quando tomou posse o novo presidente.

* * *

Durante o Plano Cruzado, no governo de José Sarney, Jorcelino Kallas havia negociado uma de suas propriedades, justamente aquela em que a família havia morado e mantido seu comércio por muitos anos.

Por sorte, antes de assinar o contrato, o pai consultou Emilio, que o orientou a refazer algumas cláusulas. Se a venda fosse fechada nas condições inicialmente propostas, haveria uma grande perda monetária para os Kallas.

O homem decidiu então seguir os conselhos do filho e entregou a ele a responsabilidade de definir juridicamente a melhor forma contratual de consolidar o processo. Emilio assumiu o comando do processo de venda, promoveu as alterações contratuais necessárias, e o negócio foi finalizado sem prejuízo para Jorcelino.

O doutorado

Como etapa derradeira dentro dos objetivos acadêmicos, em meados da década de 1980, Emilio Kallas prosseguiu sua saga nos estudos, agora com a iniciação do curso de doutorado na sua conhecida "casa" educacional, a Poli.

Foram quatro anos de empenho até a defesa da tese, denominada "Método para Gerenciamento de Empreendimentos Imobiliários", escrita em dois volumes. Assim, em 1989, aos 39 anos, Emilio recebeu o título de PhD (*Philosophiæ Doctor*) em Engenharia, equivalente ao título de Doutor.

Paralelamente às inúmeras atividades acadêmicas e profissionais, Emilio ainda escrevia artigos para representativas revistas e veículos de comunicação do setor da construção civil, como a *Revista Politécnica*, a *Revista de Engenharia Mackenzie*, a *Dirigente Construtor*, além de conceder entrevistas e realizar palestras em eventos do segmento. Havia ainda uma extensa participação em encontros técnicos.

Refazer a vida pessoal

"Emilio, quero te apresentar a Helena. Ela está cursando Direito e vai cobrir as férias da sua secretária."

Estávamos em 1985. Destino... *Maktub* ("Está escrito", como dizem os árabes). Você acredita nisso? Pois deveria! E em amor à primeira vista, você acredita? Se ainda duvida, deveria acreditar também!

A secretária de Emilio dificilmente saía de férias, mas daquela vez decidiu tirar um período de descanso. A jovem contratada, Maria Helena Sacchi, de 24 anos, só aceitou o emprego para ganhar um pouco de experiência e tentar, assim, migrar para a área jurídica da empresa; ela cursava o segundo ano de Direito, no período noturno.

Na primeira oportunidade que Helena teve de entrar na sala do diretor da companhia – no caso, Emilio Kallas –, para despachar alguns documentos e falar sobre a declaração do Imposto de Renda dele, os olhares se cruzaram... e não se descruzaram mais!

O relacionamento entre eles se manteve profissional ainda por um bom tempo, mas a proximidade aumentava. Além da beleza da moça, Emilio encantara-se com sua inteligência, bondade e comprometimento com o trabalho. A recíproca era verdadeira.

Aquele primeiro mês da cobertura de férias passou rápido! A secretária de Emilio retomou o posto, mas a jovem conseguiu se manter trabalhando na empresa exatamente onde pretendia: no departamento jurídico.

Uns quatro meses depois daquele primeiro "encontro" na sala de Emilio, por volta de meados de 1985, os dois fizeram uma aposta, sendo o prêmio uma garrafa de vinho. Helena levou a melhor... era a deixa que Emilio precisava:

– Vou comprar o vinho e pagar a aposta. Mas você pode tomar esse vinho comigo?

Helena aceitou o prêmio e o convite. E enquanto jantavam e saboreavam o vinho, ele fez o pedido:

– Quer namorar comigo?

O olhar e o sorriso de Helena eram os principais sinais do aceite. Como os olhares continuavam cruzados, a reposta de Helena só poderia ser:

– Sim!

O casal sabia dos limites que separavam a relação pessoal da profissional. Então, preocupado para que tudo acontecesse de forma transparente, Emilio conversou com o presidente da companhia e contou sobre o início de seu vínculo amoroso com Helena.

No ambiente de trabalho, tratavam-se formalmente e, quando possível, almoçavam juntos. O namoro só acontecia fora do horário comercial. Logo Emilio foi apresentado à família de Helena, e vice-versa.

Um detalhe importante: quando se conheceram, Emilio havia se separado da esposa há alguns meses. Da relação, havia o pequeno Thiago. Por isso, ele teve uma conversa com Helena, esclarecendo a situação:

– Você bem sabe que sou separado e tenho um filho, o Thiago, de um ano e meio. Apesar de não haver, digamos, nenhum impedimento para que possamos nos relacionar, eu trago comigo uma importante responsabilidade do casamento anterior. Então, Helena, ao nos relacionarmos, você passa a fazer parte da minha vida, do meu histórico. E nele, com grande destaque, está o Thiago. Digo, então, com total transparência, que se ele não estiver feliz, eu também não conseguirei estar.

Helena, mulher inteligente e de muita maturidade, entendeu perfeitamente a mensagem de Emilio, referente ao valor que ele dava para o aspecto familiar, e o apoiou de forma incondicional.

Naturalmente, tudo foi se encaixando. Emilio procurava sempre estar com Thiago, e Helena o acompanhava nesses momentos, complementando a relação familiar com uma posição materna.

Ela se apegou ao menino, e vice-versa. Tanto que, quando cresceu um pouco mais, e dentro da ingenuidade de uma criança, Thiago dizia para Emilio: "Pai, namora com a Helena". Era a confirmação buscada por Emilio: a de que o caminho que estava seguindo contava com a aprovação do filho.

No entanto, a rotina conjunta deles na Schahin Cury não durou muito tempo. Emilio amadurecia a ideia de se desligar da companhia, algo que veio a se confirmar. Ele tinha os seus motivos, sentia que havia um mundo a ser descoberto fora dali. E queria mesmo desbravá-lo.

Oficializar o namoro

Na comunidade árabe e libanesa, é natural que os casamentos aconteçam entre "patrícios". Mas Manira e Jorcelino nunca colocaram isso em questão na família. Entre os filhos, apenas Marcia havia se casado com um descendente de libaneses.

Na primeira oportunidade em que Helena foi apresentada aos pais de Emilio, um almoço na casa deles foi marcado. Manira e Helena simpatizaram uma com a outra desde o primeiro momento que se conheceram; Jorcelino, com seu bom coração e jeito afável, logo a acolheu como filha.

Aos poucos a relação foi se estreitando entre Helena e os pais de Emilio. A sogra e a nora mantinham demoradas e enriquecedoras conversas, principalmente sobre conselhos e orientações sobre o jeito de ser, pensar e agir de Emilio.

A logística para ver o filho

Para estar com Thiago, Emilio não media esforços. Em 1985, o menino e a mãe passaram a morar em Limeira, no interior de São Paulo, onde residia e estava estabelecida empresarialmente a família dela. Por isso, a cada 15 dias, ele viajava com Helena para estar no final de semana ao lado do menino. E, em Limeira, o casal buscava atividades que pudessem entreter e divertir o garoto.

Nos outros fins de semana, ele tinha o direito de trazer o filho para São Paulo, para também estar com ele e Helena; ou mesmo irem à praia, no Guarujá.

Por vezes, a agenda apertava e ele não conseguia buscar Thiago, missão que ficava para Jorcelino, que ia com Manira pegar o neto no interior, para entregá-lo a Emilio, responsável por levá-lo de volta até a casa da mãe.

Bater asas e voar

Depois de treze anos de trabalho na Schahin Cury, onde fincou raízes, atingiu o posto de diretor de algumas áreas da companhia e construiu uma sólida trajetória, com muitas realizações e conquistas, estando à frente de obras importantes e que ajudaram a impulsionar a empresa, Emilio decidiu constituir o próprio negócio.

Era um sonho que a cada dia caminhava para se materializar. Um caminho sem volta. O que pesou em sua decisão? A vontade e, em especial, a certeza de que havia um caminho vencedor a ser seguido, no comando de uma empresa criada por ele.

Assim, por opção própria, no início de 1987 e com 37 para 38 anos, Emilio Kallas iniciou a carreira solo. Sua trajetória na Schahin Cury chegava ao fim.

Na verdade, o processo levou mais tempo do que ele gostaria; o fato de estar separado, ter responsabilidades financeiras com a ex-esposa e o filho Thiago, assim como dar um suporte aos pais, e também viver um novo relacionamento, deixava-o um pouco receoso e inseguro para investir em alguma iniciativa empreendedora.

Além disso, ele ainda participou ativamente de inúmeros lançamentos e implantações da empresa, como dos departamentos de planejamento operacional, de custos, de orçamento e concorrências, da central financeira, entre outras iniciativas.

Emilio tinha se cansado das promessas feitas por um dos acionistas, durante anos, de que receberia uma participação da empresa. Alguns pequiníssimos bônus chegavam e Emilio investiu na compra de um belo apartamento do qual ele havia participado da construção e gestão da obra, mas nada da confirmação de ele assumir o posto de diretor-executivo ou

CEO da companhia, ou mesmo de participar da composição societária. Uma espera que já durava cinco anos...

Pesou ainda na decisão do engenheiro o desejo de continuar a estudar, cursar o idioma inglês e se qualificar, situações que nunca foram incentivadas pela direção da companhia, nem com palavras e muito menos com participação de algum apoio financeiro; tanto a pós-graduação quanto o mestrado e o doutorado haviam sido pagos com recursos próprios.

Quando completou a pós-graduação em finanças na Fundação Getúlio Vargas, Emilio recebeu um prêmio por ter sido o melhor aluno: morar e estudar por um ano no Japão, com a obrigatoriedade de, no retorno, dar aulas na instituição. Mas, como estava envolvido em um importante projeto na empresa na qual trabalhava, pesou a veia empreendedora: ele declinou do convite e da oferta de bolsa, pela oportunidade de ficar com 5% dos rendimentos de um prédio – valor que resultou em um lucro significativo e que ele investiu na aquisição de uma valorizada propriedade.

Nesses treze anos, Emilio passou por alguns postos e assumiu a Diretoria de Planejamento. Com qualidade técnica, capacidade e habilidade, soube organizar o departamento. Desenvolveu com talento a equipe e assumiu a liderança do grupo.

Mesmo com a decisão de sair e encerrar um ciclo profissional na Schahin Cury, Emilio demonstrou sua gratidão, pois ali ele aprendera muito sobre incorporação e gestão de obras, além de ter construído uma trajetória marcante e vencedora.

Afinal, em mais de uma década, a Schahin Cury se desenvolvera significativamente. Emilio participou de forma proativa desse processo e soube também agregar crescimento pessoal e profissional para sua vida e carreira. Com inteligência, criou um bom patrimônio financeiro e social, deixando muitos amigos em todos os níveis de cargos da organização; gente que torcia por ele, como Claudio Alberto Cury, um dos donos e que tempos depois saiu do quadro societário da companhia.

Em conversas com pessoas próximas, com quem compartilhava a notícia de que pedira demissão, para seguir carreira solo e abrir a própria empresa, de grande parte ouviu:

– Você está louco? Perdeu o juízo? Ganha um belo salário, tem prestígio na empresa em que trabalha e quer lagar tudo isso?

Mas de sua mãe, aquela que sempre fora sua grande base, confidente e mentora, Emilio ouviu:

– Filho, você tem a vida pela frente. Se o seu coração lhe diz para sair do emprego e montar a própria empresa, vá em frente. Eu o apoio incondicionalmente. Conhecimento e capacidade não lhe faltam. Vá em busca da realização do seu sonho!

Em seu íntimo, também não havia nada de aventura e muito menos de duvidoso, e sim a certeza de estar numa empreitada empreendedora que se mostrava altamente promissora.

Em relação ao mercado, mesmo tendo bons relacionamentos, Emilio sabia que precisava ampliar seu círculo de contatos: fazer cursos, participar de eventos e entidades... Ele tinha como opção se qualificar cada vez mais.

Tempos antes, até imaginara seguir com profundidade a carreira acadêmica, mas tal condição exigiria dele dedicação exclusiva. Ele mesclava grandes conhecimentos técnicos, tanto teóricos quanto práticos. Mas agora a prioridade era outra: sair do emprego e iniciar a própria empresa; a própria incorporadora e construtora.

Os recursos por ele acumulados seriam suficientes para iniciar a carreira solo, mas a continuidade dependia bastante do sucesso do primeiro empreendimento.

Sim, ele tinha um bom capital para lhe dar segurança, mas o montante era, digamos, "enxuto" para quem imaginava criar uma incorporadora num setor que já tinha seus "leões" do mercado; além do patrimônio imobiliário, ele conseguira reservar algo em torno de 500 mil dólares, fruto das economias dos salários recebidos desde o primeiro emprego como professor, em 1968.

Medo de começar a incorporar e construir? Insegurança? Receio de trocar a garantia do salário fixo pela incerteza da entrada de dinheiro? Realmente, eram sentimentos que ele tinha, mas, digamos, a motivação estava fundamentada na seguinte certeza: "Vou me empenhar bastante para que meu primeiro empreendimento tenha muito sucesso. Isso será determinante para a continuidade da empresa".

E nos momentos de indecisão, ele ainda relembrava as palavras finais ditas por Manira: "Conhecimento e capacidade não lhe faltam. Vá em busca da realização do seu sonho!".

Num primeiro momento, ele já tinha negociado a realização de consultorias para algumas companhias do setor da construção civil, como a Augusto Velloso, em função de seu respeitado histórico no mercado, além do alto nível técnico e cultural; Emilio era admirado pela conversa eclética.

Pensando em solidificar ainda mais o nome no setor, ela fazia uma exigência a cada contratação: que as obras tivessem a assinatura "Gerenciamento de Emilio Kallas", algo prontamente aceito pelos contratantes.

De forma paralela, desde fins de 1986, ele e um amigo decidiram iniciar uma incorporadora, a Kadiz. A razão social escolhida nasceu das junções de seus dois sobrenomes.

Os primeiros passos aconteceram assim que Emilio se desligou da Schahin. Eles logo conseguiram financiamento para a construção de duas casas no Bairro de Interlagos, na zona sul de São Paulo. Daí em diante, os projetos e as construções começaram a entrar e a seguir em bom fluxo.

Mas, à medida que a empresa se desenvolvia, começaram a surgir divergências na gestão. Aquilo incomodou Emilio, que passou a ter certas dificuldades de acesso aos números contábeis. Assim, em comum acordo, e conforme veremos adiante, eles decidiram interromper as atividades e só encerraram a empresa depois de quitar todos os débitos oriundos das operações.

Digamos que essa curta experiência como empresário do setor tenha servido como *test drive* para que Emilio tivesse a certeza de querer seguir a trajetória empreendedora como engenheiro e proprietário de uma incorporadora.

Ele já vinha conversando com a namorada Helena, para que ela o ajudasse a encontrar uma empresa para ser adquirida. Claro, seria mais fácil entrar com a papelada e abrir um CNPJ, mas Emilio já pensava longe e estava em busca de uma companhia que estivesse constituída há alguns anos, sem pendências, e que pudesse participar de concorrências públicas das obras governamentais.

Há um ditado que diz: "Quem procura acha!". E a busca de Helena e Emilio veio mesmo a reforçar que a tese é verdadeira.

O casamento

Em meio ao desenvolvimento profissional do engenheiro, e após um ano e meio de namoro, Helena e Emilio se casaram em 27 de julho de 1987.

Foi uma cerimônia simples, numa quinta-feira, apenas oficializada com o casamento no civil. Mas o padre que abençoou o casal fez um depoimento impactante, trazendo a responsabilidade do casamento, da união familiar, da criação dos filhos, do crescimento econômico do casal. Entre os convidados estavam os parentes e alguns poucos amigos. O nome da esposa passou a ser Maria Helena Esper Kallas.

Terminado o jantar, no qual os noivos recepcionaram os convidados, todos foram embora. Helena foi para a casa da mãe, e Emilio seguiu com Thiago para aquele mesmo apartamento do 14º andar em Moema, no qual iria morar com a esposa; o único quarto todo decorado era justamente o reservado a Thiago. Uma década depois, o imóvel foi trocado pelo da cobertura, no mesmo prédio.

Devido à agenda de trabalho de Emilio, eles só seguiram para a lua de mel na semana seguinte. O casal viajou para Gramado, no Rio Grande do Sul; foi um período curto, de apenas três dias, mas bastante marcante e agradável.

capítulo 2

Trajetória empreendedora

Nasce a Kallas

"Emilio, encontrei uma empresa fundada em 1983 e cujos sócios aceitam negociá-la. Encaixa-se perfeitamente no perfil que você busca."

O ano era 1988. Ao receber a grande notícia de Helena, que ainda trabalhava na Schahin Cury, Emilio ficou ainda mais confiante. Era importante e decisivo ter uma razão comercial "limpa", para dar continuidade a algumas negociações, e que se enquadrasse perfeitamente no perfil por ele traçado.

Denominada Nova Forma Projetos, Administração e Construções Ltda., a empresa havia sido constituída em maio de 1983 e tinha ao menos três anos de balanços lançados, o que permitiria participar de concorrências públicas.

Mas... será que Emilio não corria o risco de comprar, como se diz, "gato por lebre"? Poderia haver algo de ilícito na transação? Por que os donos aceitavam negociar a companhia?

Apesar do suporte jurídico, o que o deixou mais tranquilo foi conhecer algumas das exigências dos proprietários, transmitidas por Helena: "Eles estão preocupados em saber o motivo que o leva a querer comprar a empresa. Buscam ainda saber quem você é, assim como informações sobre a sua idoneidade... exigem referências suas".

Aquilo lhe dava ainda mais motivos para ter tanta certeza do sucesso e da segurança em seguir adiante com o negócio.

Assim ele agira em prol da organização na qual trabalhou por treze anos; assim ele agiria agora com a própria companhia. Mesmo com tanta confiança, era um grande passo a ser dado. Grande e decisivo passo!

A dinâmica monetária sofreria significativas mudanças: dali em diante, não haveria mais a garantia de receber bons salários nos primeiros dias de cada mês, além de certos direitos como décimo terceiro, férias, benefícios... Ao invés disso, a posição se inverteria, pois haveria salários, responsabilidades fiscais e benefícios a serem pagos.

Emilio tinha trabalhado numa companhia conhecida e respeitada no mercado. Agora, ele teria que transformar a própria empresa numa corporação de credibilidade!

E como ela se chamaria? Emilio pensou em algumas opções de siglas, razões sociais e nomes fantasia para representar a marca como a empresa seria conhecida no mercado. Mas prevaleceu aquilo que, para ele, era mais imponente. Um nome que ele já carregava há 37 anos: Kallas.

E se não desse certo? Ele "queimaria" o sobrenome da família? Essa possibilidade nem passava pela mente de Emilio, que justificava a decisão:

– Dar à empresa o nome Kallas é importante pelo histórico que tenho no segmento, o que levará as pessoas a associá-la a mim. Além disso, quem coloca a credibilidade como forma de validar a própria empresa demonstra segurança para consolidar o negócio.

Assim, com grande confiança, esperança, otimismo e competência técnica, nasceu a Kallas Engenharia Ltda. O quadro societário apresentava Emilio como sócio majoritário, e o pai, Jorcelino, com uma pequena participação.

Depois do surgimento da Kallas, Helena pediu demissão e foi trabalhar com o marido, atuando como advogada na parte jurídica de incorporações e revisando os contratos das vendas dos imóveis construídos pela empresa.

Logo que a Kallas passou a operar, Emilio continuou a ser contratado pelos alunos dele, que o respeitavam profissionalmente, para realizar consultorias em empreendimentos. Com o extenso e qualificado currículo que tinha, o engenheiro cobrava valores significativos, mas os resultados alcançados com suas consultorias justificavam o valor investido.

Manter os pais em atividade

Algum tempo depois que Manira e Jorcelino vieram morar em São Paulo, Emilio atendeu a um desejo deles: o de darem continuidade à sua atividade profissional. E, claro, pela história do casal, só poderia mesmo ser no comércio, com uma loja. Além disso, eles queriam ter um lugar para receber as irmãs e os irmãos, para passarem as manhãs e tardes juntos, conversando.

A fim de satisfazer o desejo dos pais, Emilio deu total respaldo e encontrou um bom ponto comercial na mesma rua em que os dois moravam, na Alameda Lorena, no bairro dos Jardins.

Ali, foi montado um minicomércio de roupas infantis e enxovais para bebês. Como era do desejo de Manira, sempre acompanhada das irmãs Adelia, Filinha e Olga, que abria e fechava o estabelecimento, ela ficaria no atendimento da clientela, enquanto Jorcelino cuidaria da parte administrativa.

Por ser um sobrado, com três quartos e um banheiro na parte superior, Emilio também indicou o endereço como sede da recém-criada Kallas Engenharia Ltda.

Num dos rotineiros dias de trabalho, Emilio desceu pelas escadas, para almoçar, e se deparou com o mensageiro, o *office boy* da empresa, encostado num canto. Aquilo chamou a atenção de Emilio, que perguntou ao garoto, de uns 15 anos:

– E você, não vai almoçar?

Acanhado, o menino respondeu:

– Estou sem fome, Seu Emilio.

A resposta não o convenceu, pois percebeu que a falta de fome era, na verdade, falta de dinheiro para comprar o alimento. Emilio saiu para comer algo e trouxe também uma refeição para o jovem, que agradeceu e a recebeu com largo sorriso.

Naquela mesma tarde, sensibilizado, Emilio pensou: "Se a empresa que estou criando não for capaz de fornecer nem mesmo comida aos meus colaboradores, então é melhor nem ser iniciada". Assim, ele determinou que, a partir daquele dia, fosse fornecido almoço a todos os funcionários.

Aquela passagem operou nele uma grande transformação, e Emilio passou a estar ainda mais atento às condições de vida das pessoas que estavam ao redor dele e da família.

Quanto à loja, havia toda a parte administrativa, fiscal e burocrática, feita pelo cunhado de Manira. E, na verdade, nunca deu lucro, mas bastante dor de cabeça! Como certa vez, quando um fiscal "baixou" por lá e pediu para ver toda a documentação. Ali, como sempre, estava Olga, irmã de Manira.

O rapaz vasculhou a documentação e, olhando para Jorcelino, apontando para Olga, perguntou: "Cadê o registro dessa funcionária?". Ao ouvirem o questionamento, Manira e Olga tiveram vontade de dar risada, mas se contiveram. Funcionária? Ali estavam duas irmãs... eram como unha e carne, que nunca se largavam.

Mesmo assim, tentaram em vão demover o sujeito de autuar a empresa. Aquilo serviu de lição para o iniciante empresário; e, enquanto Emilio assistia o fiscal preencher a multa, pensou: "O Brasil não é um país onde seja fácil empreender".

Começar em meio à crise

Existe uma pergunta que persegue as iniciativas empreendedoras: "Há hora certa para abrir um negócio?". As respostas podem se dividir entre "Sim", "Não" e "Talvez".

Se Emilio tivesse que escolher uma das alternativas, seria a segunda: "Não". Prova disso é que a Kallas nasceu em 1988, momento crítico para a política e economia brasileiras. Como já citado, naquele período, a inflação anual atingia em torno de 1.000%; na temporada seguinte, alcançou a casa dos 1.972,91% ao ano.

A grande dificuldade enfrentada por Emilio e pelo setor da construção civil no governo de José Sarney foi a tablita. Como ele costumava explicar:

– Numa loja que vende em três, cinco, seis ou mais parcelas, o comerciante ou varejista já acrescenta naturalmente os juros. Quanto a nós, construtores e incorporadores, no governo de José Sarney, tínhamos que utilizar uma tablita. Dessa forma, os valores das nossas prestações mensais sofriam perdas monetárias.

Embora o governo declarasse não haver inflação, a realidade era outra:

– Na construção civil, por exemplo, vendíamos em cem parcelas de um determinado valor em moeda da época. A segunda parcela era aquele valor mais a inflação; a terceira era o valor inicial mais a inflação dos dois meses... e assim por diante. Mas, no governo Sarney, em função do sistema aplicado, os compradores nos pagavam o valor inicial deflacionado! Ou seja, a cada parcela, a prestação ficava menor, mais barata. A última, então, não valia praticamente nada. Assim que foi anunciado o Plano com deflação ou tablita, já no primeiro Plano do governo Sarney, denominado Cruzado I, percebemos que não funcionaria para o nosso setor. Infelizmente, muitas empresas quebraram, e isso foi deixando os construtores e incorporadores preocupados.

Assessoria jurídica

"Tácito e Palma, quero terminar a sociedade que mantive por alguns poucos anos. Pagamos todas as despesas provenientes do processo, tanto operacionais quanto administrativas, e agora então o melhor é encerrar as atividades."

A conversa de Emilio com os advogados Antonio Palma e Tácito Barbosa Coelho Monteiro Filho, ocorrida em 1989, foi direta e clara. O engenheiro pretendia consolidar sua saída da empresa Kadiz, da qual estava já afastado, embora tenha mantido sociedade com um amigo de faculdade, logo depois que pediu demissão do emprego.

Ao mesmo tempo, Emilio já desenhava seu voo solo com a Kallas e, portanto, todos os seus esforços estavam voltados para essa empreitada.

Daquele primeiro contato, nasceu uma relação profissional e de amizade entre Emilio e Tácito. Já nessa primeira conversa, o advogado o definiu como muito pragmático na área empresarial e atento aos detalhes, com visão global do setor em que atua e também de todo o contexto social, político e econômico do país e do mundo.

Na opinião de Tácito, o pragmatismo de Emilio já o fazia antever no futuro algum possível problema que poderia surgir se a sociedade não fosse imediatamente encerrada.

Conforme solicitação de Emilio, o processo da saída dele da sociedade foi iniciado e concluído a contento, sem que deixasse sequelas profissionais e muito menos pessoais com o ex-sócio. Eles continuavam a se relacionar na condição do melhor estilo da frase "Amigos, amigos, negócios à parte". Isso foi possível justamente pela capacidade de Emilio racionalizar todas as alternativas envolvidas numa ação.

Outro ponto em comum e que só foi descoberto quando a conversa entre eles ganhou um tom amistoso: o pai de Tácito morava num dos prédios construídos por Emilio e no qual o engenheiro também morava; ou seja, eram vizinhos. Tácito ainda confidenciou que o pai dele considerava Emilio um querido amigo e com ele travava agradáveis e enriquecedoras conversas.

* * *

Em função da grande sequência de negócios realizados pela Kallas, o advogado Tácito Barbosa Coelho Monteiro Filho, mesmo sendo um parceiro comercial, cumpriu expediente por um período na Kallas, ora advogando, ora contratando profissionais jurídicos terceirizados; e também era membro do Conselho Consultivo.

Até 2018, Tácito prestou serviços, tanto para a Kallas quanto para os assuntos pessoais de Emilio, seguindo depois outros rumos profissionais.

Estratégia

Conforme registrado, apesar de ter um capital inicial, embora insuficiente para qualquer incorporação, Emilio buscava fugir da possibilidade de ter que comprar o terreno para incorporar, pagando então com área construída. Isso era praticamente impossível de acontecer para uma empresa sem tradição como a Kallas.

Pois... o primeiro grande parceiro comercial estava muito mais próximo do que Emilio imaginava: Ricardo Sayon, médico e amigo de longa data, com quem mantinha convívio social e de quem tinha sido seu padrinho de casamento. Eles eram ainda companheiros de tranca, tradicional jogo de cartas; o irmão dele, Aristides Sayon Filho, fora colega de turma de Emilio, na Poli.

O espaço cedido ficava no Bairro do Ipiranga, colado a uma comunidade, considerada a maior de São Paulo, denominada Heliópolis, na Estrada das Lágrimas. Ali, Sayon tinha alguns problemas de invasão da propriedade.

Num dos encontros e conversas entre eles, Emilio contou sobre a criação da Kallas e que estava em busca de bons terrenos para incorporar e construir prédios.

Bem, digamos que a notícia dada por Emilio gerou uma importante iniciativa para ele e Sayon, que de imediato colocou o terreno do Bairro do Ipiranga à disposição do amigo, para idealizar um empreendimento imobiliário. Assim nasceu o Portal do Ipiranga. O pagamento da área poderia ser feito posteriormente, com as vendas das unidades.

Alguns meses depois, surge o segundo empreendimento da Kallas, também num terreno de propriedade de Ricardo Sayon e do sócio dele, Roberto Salim Saba, localizado na Rua Rocha, esquina com a Rua Itapeva, na região da Bela Vista. Ali funcionava um estacionamento.

A princípio, a obra seria desenvolvida pelo engenheiro Aristides Sayon, que sugeriu fazer um estudo de viabilidade para a construção de um empreendimento. Dessa forma, Ricardo Sayon consultou o amigo Emilio, que com sua empresa EK (Emilio Kallas Gerenciamento de Empreendimentos Ltda.) fez o estudo e o entregou em abril de 1988 aos construtores.

Mas Aristides optou por não seguir com a construção e, assim, Emilio se apresentou como comprador do terreno no lugar dele. Ali seria feito um prédio comercial.

Então, em setembro de 1988, o contrato foi assinado com a Kallas Engenharia Ltda., e Emilio construiria o imóvel no terreno e o pagaria aos proprietários em área construída.

A obra vinha se encaminhando bem, mas passou por um processo de retificação do terreno quando já estava na quarta laje. Mas os vizinhos foram compreensivos, não contestaram e sustentaram a verdade apresentada pela Kallas sobre a metragem do terreno. Sendo assim, um processo que poderia se arrastar foi resolvido entre sessenta e noventa dias. Isso provocou certo atraso na liberação dos recursos pelos bancos parceiros. Mas logo tudo se solucionou, e o empreendimento Itapeva Office Center foi concluído com sucesso.

O resultado dos dois empreendimentos agradou tanto Emilio quanto Saba e Sayon, que disse ao amigo e parceiro comercial:

– Você é um grande empresário, detalhista, e terá ainda mais sucesso. Emilio, admiro sua coragem e ousadia, além da extrema competência que você tem na execução da atividade.

A partir de então, Sayon e Saba aprovaram a sociedade com Emilio e, além da amizade, as parcerias em outros empreendimentos prosseguiram.

A chegada de mais um filho

Como já dito, Helena trabalhava com Emilio na Kallas, mas a parceria profissional não durou muito. Meses depois do casamento, Helena trouxe uma notícia que deixou o marido extremamente feliz: "Meu amor, estamos grávidos!".

Sempre preocupado com Thiago, o casal contou junto a notícia e procurou transmiti-la de uma forma que o menino entendesse que o irmão a caminho seria seu amigo e companheiro:

– Thiago, a Helena está grávida, e teremos mais um filho. Será o nosso segundo filho. Além de você, teremos ele também, que batizaremos de Raphael. Ele é seu irmão, e não seu meio-irmão – realçou Emilio. – Vocês serão muitos próximos e felizes lado a lado.

Nos primeiros meses, Helena se manteve trabalhando; mas, como teve uma gravidez de risco, logo interrompeu as atividades e os estudos – ela estava para concluir a faculdade. Para proteger o bebê, precisou ficar algumas semanas deitada, locomovendo-se muito pouco.

Foi um período duro, difícil e de união do casal, mas que, em 9 de outubro de 1989, trouxe ao mundo Raphael Esper Kallas. Curiosamente, o segundo filho de Emilio nascia dias antes do aniversário do irmão, Thiago, comemorado em 19 de outubro, quando este completaria 5 anos.

A partir daí, a família seguiu completa e unida: Helena e o marido Emilio, e os dois filhos Raphael e Thiago.

Cada um desempenhava seu importante papel na história da família. Viajavam, iam a restaurantes, visitavam parentes e amigos, e curtiam todas as atividades sempre juntos.

O casal vivia em função dos filhos, e Helena em prol da família. Mesmo tendo acordado com Emilio que ela não trabalharia na empresa e ficaria na gestão da família, da casa e do patrimônio, Helena retomou a faculdade quando Raphael tinha dois anos, em 1991, e graduou-se em Direito. Ela assistia às aulas, estudava e fazia todas as atividades, não deixando que nada interferisse nos papéis de mãe, esposa e dona de casa.

Depois de formada, Emilio retomou a conversa, para saber se a esposa gostaria de voltar a trabalhar na Kallas, mas ela manteve seu posicionamento.

Helena preservava Emilio de todos os assuntos domésticos, mesmo que envolvessem os meninos, e fechava a porta do quarto do casal, para que ele pudesse descansar e estar disposto para enfrentar o dia seguinte de árduo trabalho, enquanto ela alimentava as crianças, tentava cessar o choro ou fazê-los dormir.

Aliás, tudo aconteceu do modo como Emilio idealizava. O sobrenome deles reforçava a ideia de uma família com casal e dois filhos, pois Helena abdicara do nome de solteira e todos tinham o mesmo sobrenome: Esper Kallas.

Com muita confiança, cumplicidade e companheirismo, o casal não poupava esforços para que aquela família desse certo.

Novo Plano

A partir de janeiro de 1989, a equipe econômica do então presidente do país, José Sarney, sob a responsabilidade de Maílson da Nóbrega, que havia assumido o Ministério da Fazenda, divulgou o quarto Plano Econômico do governo.

Denominado Plano Verão, aquela foi mais uma tentativa de estabilizar a inflação; os Planos anteriores havia sido: Cruzado I, Cruzado II e Bresser.

Como ações básicas, o Plano Verão propunha: alteração na rentabilidade da Caderneta de Poupança, que era a aplicação de renda fixa mais utilizada pela população e cuja correção passou do IPC (Índice de Preço ao Consumidor) para as LFTs (Letras Financeiras do Tesouro, atual Tesouro Selic); aplicação, por tempo indeterminado, de mais um congelamento de preços; controle de gastos públicos; criação de nova moeda, o Cruzado Novo; elevação dos juros; e extinção da URP (Unidade de Referência de Preços).

Começo satisfatório

O sucesso nos dois primeiros empreendimentos trouxe confiança não só para Emilio, mas também para o mercado. Tanto que, em 1990, ele foi consultado sobre o interesse em fazer parceria com uma construtora, a Ferreira de Souza – cujo dono era Moacir Ferreira de Souza, com quem veio a travar um bom relacionamento.

Apesar de sua empresa construir apenas imóveis de alto padrão, Moacir demonstrou interesse em disponibilizar a Emilio uma grande área em São Miguel Paulista, bairro da zona leste de São Paulo, para a construção de casas populares.

Naquele momento da Kallas, a oferta se mostrava como uma boa oportunidade, pois a proposta era de que a empresa acertasse o valor do terreno com um bom prazo, apenas no retorno, ou seja, com o resultado das vendas.

O acordo foi fechado, e logo o projeto foi aprovado na prefeitura. Mas, para iniciar a obra, seria necessário um financiamento, acordado com a Caixa Econômica Federal. Emilio tinha pressa em fechar o contrato, que ficava pendente pela burocracia do banco.

Ele conseguiu encurtar o período de espera, e o contrato foi assinado no dia 9 de março, após o recebimento de um fax da central do banco em Brasília; a regra dizia que o contrato só deveria ser finalizado com o recebimento físico do documento, o que poderia levar mais de dez dias.

A intervenção de Emilio, na forma de agilizar o processo, foi determinante não só na liberação dos recursos para a obra, mas também porque o então presidente José Sarney, atendendo solicitação do presidente eleito, Fernando Collor de Mello, tinha decretado um feriado bancário de três dias (14, 15 e 16 de março), ou seja, antes que o novo dirigente assumisse o governo do país.

Fechar aquele contrato com a Caixa Econômica fez com que as taxas se mantivessem mais baixas, além de que os modelos de empréstimos passaram a ser menos vantajosos. Além disso, a partir dali aquele tipo de financiamento seria extinto pelo banco estatal.

O contrato foi assinado numa sexta-feira, dia 9; na quarta-feira seguinte, os bancos foram fechados para a divulgação daquele que ficou conhecido como Plano Collor I. Muitas negociações bancárias em andamento foram interrompidas.

Assim como as anteriores, a obra de São Miguel Paulista foi um sucesso de produção e de vendas, o que permitiu a Emilio quitar o valor do terreno acertado com o empresário Moacir Ferreira de Souza. Ele sabia da importância de arcar com os compromissos; aprendera isso com os pais, que jamais atrasaram um pagamento de fornecedor, e também com o mercado, pois a credibilidade é o maior patrimônio do empresário.

Também com o financiamento bancário, houve sobra de recursos, o que permitiu que ele já negociasse novos terrenos para outros empreendimentos.

E mais projetos foram fechados, resultando em importantes obras. Uma delas foi junto ao Departamento Rodoviário S/A (Dersa), numa grande reforma na rua Guaicurus, na Lapa. Outra envolveu contrato com a Companhia Metropolitana de Habitação de São Paulo (Cohab-SP), oportunidade dada a Emilio por um ex-aluno, sendo que a Kallas ficou responsável pela construção de um conjunto de cem apartamentos; uma atividade tão intensa que o fazia trabalhar de dezesseis a dezessete horas por dia, inclusive aos fins de semana.

Pode-se dizer, então, que dois anos depois do início das atividades com a Kallas, Emilio tinha nas mãos uma empresa estruturada e sólida. Sim... o tempo foi curto, mas o sucesso precoce veio em função da qualidade da gestão das obras e de seus respectivos rendimentos.

Às 6h da manhã, Emilio já saía de casa e estava à frente de todas as etapas das operações: fazia as compras, cuidava das áreas financeira e jurídica, negociava com os prestadores de serviços, fazia os cálculos, cuidava da empreitada, da construção... e ainda era o responsável pelos relacionamentos com os clientes, funcionários, prestadores, parceiros comerciais, e pela fiscalização das obras.

Daí em diante, Emilio definiu: "Vou atuar em várias frentes". E dessa forma aconteceu. A Kallas passou a fechar obras de habitação popular, moradias de luxo, empreitada de escolas, obras em geral, reformas de residências; nunca rejeitava um bom contrato.

Mas vale a ressalva: Emilio era muito atento com o capital de giro, uma regra que o acompanhou por toda a vida. Não gastava nem um tostão com supérfluos.

Assim foi o início dele e da Kallas: cuidando do caixa e trabalhando de forma séria e qualificada.

Ampliando o círculo de contatos

Em 1989, Emilio Kallas negociava a possibilidade de iniciar o projeto de uma obra num terreno. Foi quando ele conheceu Odair Garcia Senra, executivo da Gomes de Almeida Fernandes, importante imobiliária. Era um contato de grande importância para ele.

Dentre outros assuntos ali tratados, como a possibilidade de dar início às parcerias comerciais, ambos comentaram sobre o interesse e a importância de participarem do Secovi-SP, além de outras entidades que reuniam construtores, incorporadores e empresas do setor imobiliário paulista e brasileiro.

Apesar daquele primeiro contato, Odair já tinha ouvido falar de Emilio, da sua ética e qualidade profissional. E também avaliou como inteligentes alguns investimentos que ele vinha fazendo, com a aquisição de *flats*, grande tendência que se iniciava na época, intermediando, inclusive, algumas dessas negociações.

Os contatos passaram a ser constantes, e Odair, além das impressões iniciais, admirava Emilio pelo interesse em conhecer a fundo os assuntos e negócios, as tendências e as boas oportunidades que o setor apresentava para novos investimentos e obras.

O gosto por presentear

Sempre que viajava, Emilio trazia presentes para a família. Além da esposa Helena e dos filhos Thiago e Raphael, era certo que ele presenteasse a mãe, o pai, a irmã Marcia e as sobrinhas Tatiana e Juliana, que se encantavam com as novidades que o tio trazia de fora do Brasil.

Certa vez Emilio chegou à casa da irmã com duas sacolas, uma cor-de-rosa e outra azul, com deliciosos chocolates e balas que não se encontravam no Brasil, além de brinquedos; uma situação marcante para Tatiana e Juliana, que saborearam os doces e guardaram a passagem com carinho.

Ele raramente se autopresenteava. Como quando retornou da Europa, tendo passado pela Suíça, a "terra dos relógios". Mesmo sem comprar nada para ele, entregou um relógio para Manira e outro para Marcia. A mãe, ao receber o lindo presente, perguntou:

– E para você, o que comprou?

Emilio olhou para a Manira e disse:

– Mãe, preferi presentear vocês duas, ao invés de trazer algo para mim.

A dedicação de Emilio à família sempre foi uma de suas marcas, ajudando e cuidando dos pais, da irmã e das sobrinhas, que eram presenças certas nas férias, quando Emilio passava dias com Helena e os filhos na praia, no Guarujá, parte nobre do litoral paulista naqueles tempos.

Um duro período político

"Ao fazê-lo, volto o pensamento para a nossa bandeira, símbolo da Pátria. Nela, vemos retratados a dimensão territorial, os recursos naturais, a multiplicidade de regiões e o apreço do povo brasileiro pelo progresso e pela paz. Meu compromisso na Presidência da República é realizar um governo digno das melhores qualidades da nação, um governo capaz de erguer o Brasil à altura do valor de sua gente e do lugar que merece no concerto das nações."

Em 15 de março de 1990, essas foram as palavras que encerraram o discurso de posse de Fernando Collor de Mello, do Partido da Reconstrução Nacional (PRN), de 40 anos de idade. Era o primeiro presidente brasileiro eleito pelo voto popular desde 1960, quando o povo se definiu na maioria por Jânio Quadros. Dali em diante, as eleições diretas haviam sido interrompidas, em função do período de 21 anos de Regime Militar, compreendido entre 1964 e 1985.

O então presidente assumia um país fragilizado pela alta inflação; ao final do ano em que Collor foi eleito, 1989, o Instituto Brasileiro de Geografia e Estatística (IBGE) apresentou como inflação oficial acumulada um número assustador: 1.972,91%.

A década de 1980, durante o governo de José Sarney, padeceu pelo mesmo problema da luta contra a inflação, e os quatro Planos lançados se mostraram ineficientes.

Foi o mesmo José Sarney que acatou o pedido do novo presidente, ao decretar feriado bancário de três dias antes da posse de Fernando Collor.

De um lado, a população estava otimista com a força transmitida pelo jovem presidente; de outro, o feriado bancário trouxe dúvidas e insegurança.

A primeira medida de Collor, divulgada no dia seguinte à sua posse, foi a implantação do Plano Brasil Novo, que ficou conhecido como Plano Collor I. Entre as medidas, estavam: a substituição da moeda (o cruzado novo cedia espaço ao já conhecido cruzeiro); além de enxugamento da máquina administrativa pública, por meio de uma série de medidas, como a redução de ministérios, demissões no funcionalismo e congelamento de salários e dos preços.

Dentre os pontos que compunham o Plano, um dos mais significativos anunciava o confisco dos depósitos bancários de valores acima de 50 mil cruzeiros por um prazo de dezoito meses. O objetivo, conforme justificativa, era o de reduzir o volume de moedas em circulação, mudanças no formato de cálculo da correção monetária e no modelo de aplicações financeiras. O Plano Collor I, que tinha à frente a Ministra da Economia, Zélia Cardoso de Mello, passou pelo Congresso Nacional, onde teve aprovação.

No entanto, mediante vários indícios – como denúncias contra os assessores e auxiliares diretos, fracasso dos Planos Econômicos (Collor I e Collor II) e atuação com considerados erros técnicos –, foi instaurada uma Comissão Parlamentar de Inquérito (CPI). Em primeiro de outubro de 1992, cravou-se o processo de *impeachment* de Fernando Collor de Mello e, consequentemente, o afastamento dele no dia seguinte, em 2 de outubro de 1992.

Em função do andamento do processo, objetivando escapar do impedimento e garantir seus direitos políticos, Collor renunciou à presidência. Mas foi em vão, pois o Congresso já tinha aprovado em votação a deposição dele em 29 de dezembro daquele ano. O vice, Itamar Franco, assumiu o país em 29 de dezembro de 1992.

Ao final do governo de Collor, houve retração de 2,06% do Produto Interno Bruto (PIB) e de 6,97% da renda *per capita*. Quanto à inflação, grande "inimiga" da economia brasileira, embora apresentasse uma redução, continuava a agir fortemente: quando Collor assumiu, a inflação anual era de 1.972,91%; na saída dele, alcançou 1.119,91%.

Não há como negar as complicações ocorridas no país durante o conturbado período. No setor da construção civil, não foi diferente; principalmente para quem ainda estava criando musculatura como empresário do setor. Sim, o confisco fez o dinheiro sumir do mercado num sentido de mão dupla: para quem construía e para quem comprava imóveis, sendo que o mesmo valia para todos os setores dentro dos seus modelos de negócios.

Com o confisco, havia um temor que rondava o pensamento de Emilio e de milhões de brasileiros: "Eu nunca paguei nada atrasado e não posso deixar de cumprir as minhas obrigações".

Como efeito das complicações dos Planos do governo Collor, a Kallas precisou renegociar com os clientes suas parcelas referentes ao pagamento das unidades adquiridas de um prédio de escritórios construído pela empresa. Afinal, os recursos financeiros estavam naquele momento nas "mãos" do Governo Federal.

Vale recordar que a economia brasileira já vinha com suas dificuldades, oriundas e ocorridas durante o governo de José Sarney.

A luta contra a inflação, infelizmente, não foi vencida; o combate à corrupção, prometido por Collor ao assumir o país e que lhe valera o *slogan* de Caçador de Marajás, infelizmente, também não.

Sequência política

Após a posse de Itamar Franco, em maio de 1993, Fernando Henrique Cardoso, o FHC, foi convidado para migrar do Ministério das Relações Exteriores e assumir o Ministério da Fazenda. O adversário continuava a ser o mesmo: a hiperinflação.

Numa das primeiras medidas no posto, FHC anunciou a substituição do cruzeiro pelo cruzeiro real; era a sétima mudança de moeda no país.

Mas a ação mais marcante foi, em fevereiro de 1994, a publicação da Medida Provisória nº 434, para a implantação do Plano Real, que trazia consigo ações de estabilização e reformas econômicas.

A primeira delas foi o equilíbrio das contas públicas; na segunda, criou-se a Unidade Real de Valor (URV), apresentando regras de conversão e uso de valores monetários; e a derradeira foi a consolidação do padrão monetário denominado Real.

O sucesso do Plano Real fortaleceu nacionalmente FHC, que se manteve como ministro da Fazenda de maio de 1993 a março de 1994, quando se desligou para se candidatar à presidência. Tanto que ele se elegeu no mesmo ano, em 1994, e se reelegeu em 1998.

Especificamente para o setor da construção civil e a Kallas, as trocas de moedas confundiam as negociações com o governo. Emilio explica:

– As regras do Plano Real foram aplicadas e exigiram uma rápida absorção da nação. Tivemos dificuldades na época, porque os órgãos públicos não sabiam como transformar os valores da moeda antiga naquela que passou a vigorar, o Real.

Mas a Kallas apostou forte na nova moeda e no aquecimento da economia, e realizou importantes lançamentos, como o do empreendimento Portal das Artes, com 320 unidades de médio padrão no Bairro da Freguesia do Ó, e também o Forest Park, na Zona Norte, com 600 unidades de apartamentos.

A confidente mora ao lado

Como já dito, a relação de Emilio com Manira sempre foi intensa, de cumplicidade. Ele conversava e se aconselhava com a mãe, embora tomasse as decisões baseado em seus conceitos e estratégias.

Dotada de grande inteligência emocional, herança transmitida ao filho, Manira sabia escolher as palavras certas e ideais para cada momento. Como fazia com as frases de efeito ditas pelo pai dela, Abrão Rached, às quais conseguia dar novas leituras; inclusive, ela sabia como adequar perfeitamente os conteúdos aos pontos e contextos das conversas que travava com Emilio.

Entre elas: "Faz o fermento que depois o bolo cresce", sendo que Manira traduzia o "fermento" como saber guardar e administrar dinheiro para investir no negócio; e "Nem sempre a roda gira para o mesmo lado", onde ela apresentava o "girar para o lado oposto" como a preparação que se deve ter para enfrentar e vencer adversidades que acontecem na vida e no mundo empresarial.

Esse era mais um dos pontos que explicavam a relação de idolatria com que Emilio tratava Manira. Mas, convenhamos: Emilio entendia perfeitamente as mensagens da mãe pela sinergia de pensamentos.

Desde que se mantinha com a mesada e também no início da carreira, Emilio guardava uma parte do que ganhava e, assim, estava sempre seguro em relação ao amanhã. Como empresário, a mentalidade de manter um caixa fortalecido ganhou ainda mais força. O engenheiro costumava dizer: "Algumas culturas econômicas, como a norte-americana, baseiam-se no seguinte pensamento: 'Por que ter amanhã, se você pode ter hoje?'. É preciso, sim, poupar para o futuro, e também para ter nas mãos capital para investir e dinamizar o próprio negócio".

Tempos depois, Emilio passou a exemplificar seu pensamento com uma pesquisa que leu, oriunda da Universidade de Havard, sobre *milk--shakes*. A seguinte pergunta era feita para crianças: "Você quer tomar um *milk-shake* agora ou prefere tomar dois daqui a quinze minutos?".

O acompanhamento e desenvolvimento delas continuou a ser observado pelos pesquisadores e, anos depois, o resultado mostrou o seguinte: aqueles profissionais que, quando crianças, optaram por aguardar quinze minutos para receber dois *milk-shakes* se saíram melhor na vida e carreira.

Certamente, se Emilio tivesse participado dessa pesquisa na infância, faria também a escolha dos que mais triunfaram, justamente pela conduta e capacidade de avaliar ganhos nas mais diversas situações e de saber abrir mão hoje para receber uma compensação no amanhã. Tanto que, aos 32 anos, ele já era um executivo bem-sucedido, e aos 40 um empresário que caminhava para ter grande sucesso, sabendo que precisava manter dinheiro no caixa para adquirir terrenos e ter recursos para construir empreendimentos e pagar as contas.

Família unida

No início dos anos 1990, o irmão de Emilio, Luiz Roberto, separou-se da esposa. Alguns anos antes, ele já tinha retornado com a família para São Paulo, depois da experiência vivida no Rio de Janeiro, onde foi executivo de uma importante multinacional.

Quando se separou, Luiz Roberto tinha dois filhos: Rodrigo Moreira Kallas, de 14 anos, e o caçula, Conrado Moreira Kallas, de 6 anos. Luiz e o filho Rodrigo passaram um ano morando com Manira e Jorcelino.

Os almoços na casa da *um* e *jida* (que quer dizer mãe e avó, em árabe) e do *baba* e *jido* (cujas traduções são pai e avô, respectivamente) eram sempre fartos e recheados de carinho e comidas típicas que os filhos e seus pares, assim como os netos, adoravam: quibe, esfirra, charuto de folha de uva, tabule, homus... Nesses almoços, sempre estavam também presentes uma ou outra irmã ou irmão, e os sobrinhos de Manira.

Um dos integrantes da nova geração, Rodrigo, adorava aqueles dias de casa cheia de gente. Helena, Emilio e os primos Raphael e Thiago eram parte confirmada nos encontros familiares dominicais; assim como Marcia com as filhas Tatiana e Juliana.

Bastante observador, Rodrigo apreciava como os avós eram reverenciados pelos filhos e a forma de carinho expressada por Emilio para com a mãe; ele se fazia bastante presente, tanto durante a semana quanto aos sábados e domingos. Manira tinha o papel de matriarca da família.

Para Rodrigo, o tio Emilio tinha uma postura mais séria, de conversas produtivas e muito preocupado com os estudos da turma mais jovem. Deixava transparecer ser contido nas emoções, uma fortaleza, além de ter o controle geral das situações nas mãos. O sobrinho sabia que ser árduo trabalhador se mostrava como uma característica familiar, e com Emilio não era diferente; o tio nunca se referia diretamente ao dinheiro, mas sim ao fato de buscar com frequência ser produtivo, investir em conhecimento e na valorização das pessoas.

Um fiel escudeiro

Em maio de 1990, Helena e Emilio decidiram contratar um motorista para levar os filhos para as atividades escolares e esportivas, bem como para buscar e levar Thiago a Americana, quando o garoto ia visitar a mãe.

Outro motorista que trabalhava com eles indicou o sobrinho, Marcelo Cyrillo dos Santos, que logo se adaptou à rotina e à família Kallas, e vice-versa. Os meninos se apegaram a Marcelo, então os pais ficavam seguros com a atuação do funcionário; tanto que Marcelo passou a atender exclusivamente Raphael e Thiago. Em algumas viagens, Marcelo também acompanhava os quatro membros da família.

Tempos depois, o rapaz começou a prestar serviços para a Kallas, ficando responsável pelos deslocamentos de Emilio e de alguns executivos.

Na convivência diária com o patrão, Marcelo conhecia a cada dia um pouco mais da personalidade de Emilio, sempre cortês, preocupado em saber se estava tudo bem com ele e a família. Em algumas situações difíceis que Marcelo teve de enfrentar, contou com o apoio irrestrito de Emilio, que se apresentava como um ponto de segurança, um porto seguro.

O empresário tratava a própria agenda diretamente com ele. Como sempre foi de seu hábito, sabia elogiar os acertos e, de forma lúdica, deixar seu recado quando algo não saía como ele esperava.

Em algumas oportunidades, Marcelo também conduzia Manira e Jorcelino para a casa dos filhos ou em outros passeios, e os dois aproveitavam para registrar o carinho e a admiração, dizendo:

– O Emilio está sempre cuidando da gente. Ele é muito presente: quando pode, faz as refeições conosco na semana, além dos nossos almoços de domingo. Assim como os irmãos, ele é um filho abençoado.

A troca do carro

Preocupado com o melhor atendimento ao cliente, algo que se notabiliza como um dos diferenciais da Kallas, Emilio prezava pela satisfação e a melhor experiência vivida por aqueles que escolhessem comprar um apartamento da empresa, para que estivessem satisfeitos com o imóvel e o tratamento recebido.

Ele confirmou a importância de tal atitude quando, em 1992, foi com Helena e os filhos comprar um carro de valor significativo, numa importante concessionária de São Paulo, localizada num bairro nobre.

A família entrou na loja e foi recepcionada pelo vendedor. O rapaz não parecia muito interessado em atender e muito menos em concluir a venda. Até que, em determinado momento do atendimento, Raphael, de quatro anos, passou inocentemente a mão em um dos carrinhos de miniatura expostos no *showroom*.

Insensível, o vendedor deu uma bronca em Raphael, sem levar em consideração o fato de que, para uma criança, aquelas pecinhas aguçam a curiosidade.

Emilio se impôs na mesma hora, explicando ao sujeito que aquela não era a melhor forma de reagir, repreendendo duramente uma criança de quatro anos.

Chateado com a situação, ele desistiu de comprar naquele lugar e de investir num carro daquela marca. O empresário então saiu com a família e se dirigiu a uma representante de outra fábrica, onde foi muito bem atendido e fez uma aquisição que o agradou, tanto pela qualidade do veículo e quanto pelo atendimento recebido.

Ao final, ele procurou compartilhar com a família o aprendizado daquela passagem, ou seja: como a gentileza, a educação e o profissionalismo pesam na avaliação dos clientes.

A primeira decepção com obras públicas

> *"Os ditados não são formados à toa. Essa ideia de 'Não colocar todos os ovos na mesma cesta' é importante. Mas eu aprendi isso pela dor. Um aprendizado que deve ter me custado alguns fios de cabelos brancos..."*

As palavras de Emilio expressam como ele passou a avaliar a atuação da Kallas em concorrências para obras públicas. E a "dor" a que ele se referiu se expressa pela decepção de, mesmo agindo de forma legal e correta nas concorrências públicas, e respeitando rigorosamente os contratos, ter sido vítima de questionamentos e, principalmente, do descumprimento dos pagamentos, sob alegações que não condiziam com o que fora oficializado.

Também como costuma dizer Emilio: "Uma das qualidades que os empresários precisam ter é a de saber ganhar e também perder. Claro que trabalhamos para ganhar em todas as negociações, respeitando igualmente a necessidade de ganhos das outras partes envolvidas, mas é muito difícil aceitar perder de forma injusta".

As perdas que a Kallas acumulou vieram justamente em obras contratadas pelo governo de São Paulo, estadual e municipal. A primeira delas se apresenta com uma obra realizada para a prefeitura de São Paulo, na gestão de Luiza Erundina, que se manteve no posto entre 1989 e 1993.

A Kallas participou de concorrências entre 1990 e 1991, para a realização de algumas obras, e venceu a disputa. Mas a prefeitura não honrou com os compromissos, e o único caminho que restou à Kallas foi o da justiça. Um processo foi iniciado, mas a conclusão só aconteceu mais de trinta anos depois, conforme veremos mais adiante.

A segunda decepção com obras públicas

No início dos anos 1990, as obras públicas em São Paulo estavam aquém da real necessidade da representatividade nacional do estado.

Então, em 1993, durante a gestão do governador Luiz Antônio Fleury Filho, que ficou no posto de 15 de março de 1991 a 1º de janeiro de 1995, apareceram algumas possibilidades importantes de as empresas do setor da construção civil participarem de licitações. Entre elas, a construção de dez cadeiões com capacidade de acomodar quinhentos presos cada; individualmente, as obras estavam orçadas em torno de 10 milhões de dólares. O projeto havia sido importado dos Estados Unidos, onde já existiam construções semelhantes.

Mas o que realmente reforçou a necessidade do projeto dos cadeiões foi, em 2 de outubro de 1992, a rebelião de presos do Complexo do Carandiru, onde 341 policiais da Tropa de Choque de São Paulo invadiram o Pavilhão 9 da Casa de Detenção, no Complexo do Carandiru.

O resultado do ocorrido, que ficou conhecido como Massacre do Carandiru, foi a morte de 111 detentos. Após as reformas, em 2002, o complexo penitenciário foi desativado e demolido.

Algumas dessas unidades chegaram a ser construídas, como em Praia Grande, Osasco, Piracicaba, entre outros locais do estado de São Paulo. Os cadeiões, nesse caso, dariam também suporte para acomodar parte dos presos do Complexo do Carandiru.

Mas havia um senão: muitas das construtoras não demonstraram interesse em participar daquelas concorrências, inclusive, algumas delas com vasta atuação e experiência em obras públicas. O motivo: o modelo de negócio apresentado. A companhia que ganhasse a concorrência deveria investir e construir os cadeiões, em 1993, com recursos próprios e, no ano seguinte, em 1994, receberia então do governo estadual o valor contratado pela licitação. Os pagamentos, após a execução das obras e na entrega das chaves, estando os cadeiões munidos com todos os equipamentos de segurança, seriam feitos em dez parcelas.

Ou seja, muitas das grandes organizações desistiram da disputa justamente porque, digamos, desconfiavam ou temiam que as condições acordadas não seriam cumpridas à risca pelo governo estadual paulista.

Não bastasse isso, havia uma cláusula no edital com a determinação de que, caso houvesse atraso na entrega das construções, a empresa deveria arcar com uma multa de 40% do valor contratual.

Pois Emilio decidiu entrar na disputa e venceu duas das licitações, numa grande estrutura de parceria com fornecedores de produtos e serviços, para construir com qualidade as unidades de São José do Rio Preto e de Santo André. A Kallas já tinha expertise em obras públicas.

Prestes a iniciar os trabalhos, Emilio se reuniu com a equipe governamental, onde estavam presentes Luiz Antônio Fleury Filho e também o secretário estadual de segurança pública, Michel Temer. Dentre os pontos discutidos, Emilio quis ter a certeza de que os pagamentos seriam cumpridos, ouvindo então do governador: "Emilio, os cadeiões são prioridade do meu governo. Pode contar com isso".

Durante os anos de 1993 e parte de 1994, as obras sob a responsabilidade da Kallas transcorreram com perfeição. Mas aí chegou o dia do pagamento do valor total do contrato, o governo cumpriu com o pagamento de apenas 20%. Isso valia para todas as empresas contratadas, sendo que muitas não resistiram e até pediram concordata. A Kallas também sofreu, pois o desfalque abalou seu fluxo de caixa, o capital de giro.

As discussões entre fornecedores e membros do governo persistiu. Mas, em primeiro de janeiro de 1995, Fleury entregou o governo ao novo eleito: Mário Covas Júnior, engenheiro de formação pela Poli-USP, assim como Emilio.

As conversas sobre os pagamentos tiveram continuidade, e Covas contestou os preços, sob alegação de que eram altos. Ou seja, além do não pagamento, o governo ainda questionava os valores cobrados.

Uma verdadeira afronta a quem, como Emilio Kallas, buscava se pautar pela ética e cumprimento dos contratos fechados.

Mesmo depois de uma sequência de reuniões, não se chegou a um acordo. Algumas foram acaloradas e com Covas tendo postura intransigente, protestando em relação aos valores contratuais.

Mas Emilio não se intimidou e, num dos encontros, de forma educada, pediu a palavra e explicou:

– Governador, se o questionamento dos preços incluísse apenas a confecção dos cadeiões, talvez houvesse alguma lógica... Mas, além da construção, o orçamento apresenta ainda o componente do financiamento dos projetos e o que está previsto nas propostas apresentadas. Cada um de nós financiou todas as obras, de areia, cimento, tijolos aos componentes de segurança. Por isso, entrego aqui a vocês um estudo que realizei, no qual estão computados todos os pontos que compõem o trabalho que realizamos.

O governador ouviu atentamente o engenheiro, concordando com as ponderações. E, por orientação do próprio Covas, montou-se então uma comissão para auditar os contratos, estudar as condições e propor os acordos. Mesmo assim, os analistas resistiam em aplicar os reajustes contratados pelo período.

As propostas continuaram a não ser interessantes e, assim, foram rejeitadas pela maioria das empresas que prestaram serviços. Como houve mudanças de padrão monetário, instituídas nas gestões do presidente José Sarney, Fernando Collor de Mello e Fernando Henrique Cardoso, além de não honrar com os contratos, representantes do governo estadual queriam aplicar a tablita, o que desvalorizaria significativamente os valores a serem recebidos.

Pelo menos num dos contratos, o do Cadeião de São José dos Campos, mesmo com perdas, Emilio aceitou fazer um acordo para o recebimento de 70% do valor devido. O processo ficou conhecido no mercado como "Buraco Negro".

Mas, em relação à unidade de Santo André, não restava então outro caminho, a não ser o de entrar com processo e seguir com a demanda judicial. Além do prejuízo moral e financeiro, Emilio sabia que haveria uma longa trajetória pela frente até a decisão final.

Em 1996, a Kallas Engenharia deu início ao processo, contando com trabalhos jurídicos do advogado Tácito Barbosa Coelho Monteiro Filho. Durante o desenrolar jurídico, quando tinha decisão favorável à Kallas, e a empresa estava prestes a receber, uma Proposta de Emenda à Constituição (PEC) era criada e o acerto prorrogado.

Mesmo com a decisão declarada em seu favor, foram 22 anos de espera para que a Kallas recebesse o dinheiro do cadeião de Santo André. Em 2018, por opção da Kallas, a dívida foi transformada em precatório e, dessa forma, sofreu um desconto de 40% no montante.

Enfrentar tantas dificuldades fez com que Emilio, naquela época, já questionasse e não priorizasse as construções públicas, focando em negócios privados.

A economia nos anos 1990

A década de 1990 foi marcada por crises em alguns países e regiões, que respingaram mundialmente.

Em fins de dezembro 1994, teve início a crise mexicana. O problema invadiu o ano seguinte, quando se iniciou o mandato do presidente Fernando Henrique Cardoso, o FHC. Os principais motivos foram os intensos desarranjos econômicos, como o déficit na balança de pagamentos, fuga de capitais e especulação financeira, entre outros.

O governo de FHC foi realmente marcado por desequilíbrios econômicos mundiais, pois, em 1997, no último ano do seu primeiro mandato, ecoou a Crise Asiática, que atingiu expressiva parte dos países do continente, entre eles, os chamados Tigres Asiáticos, que são os países emergentes que compõem o Sudeste Asiático, como Coreia do Sul, Taiwan, Cingapura e a região administrativa de Hong Kong – anos depois, foram incorporados Filipinas, Malásia, Vietnã, Tailândia e Indonésia, que ficaram conhecidos como os Novos Tigres Asiáticos.

Mas foi na Tailândia onde tudo se iniciou. A moeda local foi deslocada, o que levou o governo do país a tornar o câmbio flutuante. Pouco tempo depois, países da região comprometida recorreram a empréstimos junto ao Fundo Monetário Internacional; o Brasil também precisou pedir ajuda ao FMI.

O período, batizado de Crise Financeira Asiática ou Contágio Asiático, que afetou a economia mundialmente, foi considerado como a primeira grande crise dos mercados globalizados.

Na sequência, em 17 de agosto de 1998, já no segundo mandato de FHC, nova crise financeira: a da Rússia, na época presidida por Boris Iéltsin.

As primeiras medidas do governo russo foram a desvalorização do rublo e o anúncio de uma moratória, programada para ter a princípio a interrupção dos pagamentos externos pelo prazo de noventa dias. Aliados a isso, os confrontos na Chechênia foram retomados, e eclodiu outro embate entre os separatistas e o governo russo.

A crise traz consigo um novo presidente, com a eleição de Vladimir Putin, responsável pela reorganização do Estado russo. E com Putin, de 1999 em diante, a Rússia entrou fortemente no rumo do crescimento acelerado.

Um importante executivo

Justamente em meio às crises do fim dos anos 1990, Emilio contrata como reforço para a Kallas o engenheiro Roberto Gerab. Ambos haviam se formado pela Poli, mas não chegaram a estudar juntos, pois estavam em anos letivos distintos. Quando Emilio se formou, em 1973, Gerab concluiu o terceiro ano.

Eles se conheceram tempos depois, como altos executivos do mercado; Emilio era diretor da Schahin Cury, e Gerab, da Construtora Presidente. Os escritórios eram próximos: um na Avenida São Luís e o outro na Praça da República, ambos no centro da cidade de São Paulo.

A primeira possibilidade de trabalharem juntos aconteceu ainda nos anos 1980, quando Emilio convidou o colega para conhecer a empresa na qual era diretor. As conversas avançaram, mas Gerab recebeu uma boa proposta e decidiu aceitar. Emilio voltou a procurá-lo, mas ele sempre se mostrava fiel ao empregador.

Retomando então o período do final dos anos 1990, depois de dez anos, a empresa na qual Gerab era diretor começou a passar por dificuldades. Mesmo assim, ele recebia os salários em dia e integralmente.

Num final de semana, Gerab viajou para o município de Campos do Jordão, onde marcou de se encontrar com Emilio. Mesmo num momento de lazer, o tema vida profissional veio à tona. Ele confidenciou que estava inseguro pela situação da empresa; pois vivia um segundo casamento, com muitas despesas, já que pagava pensão alimentícia à ex-esposa.

Ao ouvir aquilo, Emilio entendeu que o amigo estava preocupado e decidiu convidá-lo para iniciar na Kallas, pois um dos seus diretores estava de saída. Mesmo feliz com a possibilidade, Gerab ainda resistiu, dizendo que iria pensar.

Mas, na quarta-feira da semana seguinte, o presidente da empresa na qual ele trabalhava chamou-o e disse que só conseguiria continuar empregando-o se reduzisse o salário pela metade. Deixou-o à vontade para decidir se aceitava a condição ou seguia outro rumo. Na mesma hora, ele passou a mão no telefone e ligou para Emilio, colocando-se à disposição. Eles marcaram uma conversa e se acertaram profissionalmente.

Assim, pela admiração que Gerab tinha pelo engenheiro e amigo, em 1998 ele iniciou na Kallas, onde as atividades eram bastante intensas. Além da agenda durante a semana, aos sábados era certo que eles se encontrassem e saíssem bem cedo, visitando as obras e indo em busca de novos e bons terrenos para construir. O dia de trabalho seguia até perto das 19h.

A rotina perdurou por alguns anos, mas com o crescimento da Kallas, e a contratação de profissionais e ampliação do quadro de funcionários, Emilio fixou-se mais na gestão executiva da empresa.

Certo dia, depois de já estar há alguns anos na Kallas, Emilio fez uma confidência a Gerab e que o deixou muito feliz:

– Gerab, naquele momento em que eu abri a possibilidade de contratá-lo, confesso que você não era a minha primeira opção. Eu buscava um profissional de perfil extremamente técnico; quanto a você, é excelente na parte técnica e alia tal qualidade à visão comercial. Mas o que pesou na minha decisão foi a sua postura ética de rejeitar os meus convites anteriores, por fidelidade ao seu antigo patrão. Levei muito em consideração o seu caráter.

Ao ouvir aquilo, o amigo agradeceu as palavras e respondeu:

– Sabe, Emilio, por ter esse perfil comercial e por estar sempre em busca de bons negócios, eu sinto que estou correspondendo à contratação e me "autopagando", ou seja, fazendo jus aos esforços que a empresa faz para me manter como colaborador.

Uma lição para a vida

No ano de 1991, Helena e Emilio foram passar o final de semana com os filhos em Campos do Jordão, aconchegante município montanhoso na Serra da Mantiqueira, com arquitetura de estilo suíço, bastante frequentado, em especial, nos meses de inverno.

Empolgada com o passeio, a esposa propôs que comprassem uma casa naquele local, embora o marido preferisse um sítio em Jundiaí. Eles continuaram procurando nos dois lugares, até que, em Campos do Jordão, por acaso, surgiu uma bela área, um sítio, do jeito que o casal queria. Como tudo aconteceu por acaso, o sítio não poderia ter outro nome: Rancho do Acaso!

Logo foi iniciada a construção da casa, onde os Kallas ficariam acomodados, e a família passou a curtir maravilhosos momentos de lazer. Emilio, apaixonado por cavalos desde a infância, fez então a compra de alguns animais.

Sempre que estavam em Campos do Jordão, além dos tradicionais desafios de exercícios de matemática e de bastante descontração, Emilio e Thiago começavam o dia andando a cavalo. E depois circulavam pelo sítio, conversando sobre temas de interesse do garoto; claro, Emilio buscava puxar a conversa para algo que agregasse conhecimento ao filho.

Numa dessas andanças, encantado por estar com o pai num momento de carinho e num ambiente tão maravilhoso, Thiago disse:

– Pai, você me promete que nunca vai vender o sítio?

Emilio agachou-se, segurou os ombros do menino e respondeu ao questionamento, olhando-o fixamente:

– Filho... Nessa vida, eu vendo tudo o que temos. Só não vendo vocês, que são a minha família – e abriu um doce sorriso.

A resposta causou um pouco de descontração e dúvida em Thiago. Como assim? O pai venderia tudo? Só não venderia a família? Ele não era apegado ao que tinha conquistado?

Talvez Thiago não tivesse alcançado a extensão da preciosidade do ensinamento daquela resposta. Mas, com o passar do tempo, certamente ele compreenderia aquilo que Emilio queria transmitir.

No mundo dos negócios, realmente não se deve apegar a nada. A um carro, uma casa, uma fazenda, à empresa... Sendo um negócio que renda lucro e permita realizar outro ainda melhor, toda proposta é bem-vinda e aceita. E a resposta para a venda pode ser "sim" ou "não", dentro da viabilidade e conveniência da operação.

Apesar da resposta em tom de brincadeira dada por Emilio, com o passar do tempo ele veio a confirmar o quanto aquele canto seria importante para sua família, tornando-se um símbolo para os Kallas, e não parte dos negócios.

Propriedade rural

Em 1994, já recuperado dos desfalques com obras públicas, Emilio decidiu investir em algo que ele já pensava em fazer há alguns anos: uma qualificada fazenda no Centro-Oeste para trabalhar com agropecuária.

Depois de várias pesquisas, achou a terra ideal em Goiás: uma área de 370 alqueirões, que batizou de Fazenda Santa Helena, em homenagem à esposa.

Mesmo à distância, Emilio conseguiu montar uma boa equipe de trabalho; e o gerente da fazenda era alguém da sua mais estreita confiança. O empresário estava feliz com a iniciativa:

– Trabalhei muito na engenharia civil, mas sempre tive um olho no agronegócio e na agropecuária. A relação com a natureza está na minha essência: adoro o convívio com a água, as árvores, as plantações, os animais...

Tudo ia muito bem, e na fazenda se criava em torno de 5 mil cabeças de gado; até que o rapaz resolveu se separar da esposa e deixar a gerência. Aquilo deixou Emilio desgostoso, principalmente pela dificuldade de estar presente no local.

Dessa forma, em 1999, ele optou por vender a área rural e, com o valor recebido, fez a aquisição de alguns bons terrenos para construir edifícios.

Em 2000, Emilio adquiriu outra fazenda, exatamente no trajeto em que tinha interesse: entre São Paulo e Taubaté, município localizado a pouco mais de 120 quilômetros da capital São Paulo, onde ele conseguiria estar com maior frequência.

A propriedade ganhou o nome de Fazenda do Acaso, justamente porque a compra aconteceu mais uma vez casualmente.

A terceira decepção com obras públicas

Em 1996, a Kallas estava muito bem-posicionada no setor e com várias obras em andamento. Naquele ano, o presidente do Brasil, Fernando Henrique Cardoso, e o governador Mário Covas, sendo ambos do mesmo partido, o PSDB, assinaram um acordo para desativar a Casa de Detenção de São Paulo (o Complexo Penitenciário do Carandiru), num projeto que foi orçado em 117,2 milhões de reais; desse valor, o governo federal arcou com 80%, ficando o restante sob responsabilidade do governo de São Paulo.

A iniciativa era parte do Plano Nacional de Direitos Humanos, idealizado pelo governo federal. O projeto incluía a construção, só no estado paulista, de nove presídios, sendo seis de segurança máxima, dois de segurança média e uma casa de detenção. Havia ainda projetada uma segunda fase do plano, na qual seriam construídos ainda mais 25 presídios, na época orçados em 257 milhões de reais.

As concorrências públicas para a primeira fase foram abertas. A Companhia Paulista de Obras e Serviços (CPOS) ficou responsável pela gestão do projeto.

Em 1997, interessado em produzir algumas dessas obras, Emilio participou das disputas com três empresas de propriedade dele: Kallas, Renome e HTR. O engenheiro teve sucesso e venceu três das construções de Presídios de Segurança Máxima: nos municípios de Iperó, Casa Branca e Presidente Venceslau. A empresa vencedora deveria apresentar o menor preço, com qualidade produtiva.

Mas, no ano seguinte, em 1998, o empresário foi pego de surpresa, com a seguinte notícia:

– Dr. Emilio, o Ministério Público entrou com uma liminar para bloquear os seus bens. A alegação é a de que a participação das concorrências ocorreu com três empresas, com três CNPJs diferentes!

Bloquear os bens? O que teria causado uma atitude tão extrema? Aquele tempo, no qual Emilio recebeu a notícia do responsável pelo seu departamento jurídico, pareceu levar uma eternidade...

Para explicar o caso, Emilio participou das concorrências, para a construção das três obras. Assim, como tinha vários CNPJs, em função de desenvolver diversos empreendimentos simultâneos, ele decidiu entrar com razões sociais distintas para cada disputa, mas com um detalhe: nas três empresas, ele era o diretor e o engenheiro responsável, inclusive, pela assinatura das propostas. Ou seja, não houve má-fé!

Emilio fez uma grande reflexão:

– O que eu mais faço na minha vida é trabalhar. Acordar cedo, dormir tarde, gerar empregos, ajudar as pessoas a realizarem seus sonhos, concretizando também os meus. Agora, alguém que imaginou equivocadamente uma determinada situação entra com uma liminar, querendo se apropriar das minhas conquistas. E o juiz ainda aceita!

O mesmo caminho que o fizera ter de prestar contas à justiça teria agora de ser percorrido para que ele apresentasse suas justificativas legais e interrompesse o processo.

A defesa, apresentada por seus representantes jurídicos, alegou a verdade: as disputas foram vencidas pela Renome, HTR e Kallas, sendo que todas elas tiveram como representante Emilio Rached Esper Kallas, que pretendia assim criar histórico e tradição para tais empresas.

Em nova análise, após os pontos colocados pela defesa, a situação se reverteu em benefício de Emilio Kallas, e a continuidade das obras foi liberada.

Aquilo foi um duro golpe para o empresário. Certeza de conseguir solucionar o problema, o que veio mesmo a acontecer, ele tinha. Mas a tristeza, também logo superada, mostrava-se presente ao fazer uma autoanálise e pensar:

"Trabalho duro desde muito jovem. Abri mão da juventude e do lazer para estudar e trabalhar. Durmo no máximo cinco horas por dia. Gero empregos, pago meus impostos, luto para desenvolver minha empresa, cumpro os preceitos éticos... e sou vítima da 'suspeita' de alguém do Ministério Público que não me conhece e imaginou que busco fazer algo de errado... e ainda bloqueiam os meus bens!"

Não bastasse a situação do bloqueio, houve um novo "calote" governamental nos pagamentos das obras, que tiveram gerenciamento da Companhia Paulista de Obras e Serviços (CPOS); Emilio teve vários embates com os gestores da empresa governamental, justamente porque outra vez eles buscavam desvalorizar o trabalho, os custos e o preço dos projetos.

De novo, o curso jurídico precisou ser seguido, e houve uma longa espera de décadas para, então, conseguir receber o valor devido.

Assim, Emilio reforçava cada vez mais a possibilidade de manter o foco na incorporação e construção de projetos privados, deixando de lado as obras públicas.

* * *

Entre as obras realizadas, devemos dar destaque à criação do Parque do Carandiru. O antigo imóvel ocupado pelo presídio foi transformado pela Kallas em um maravilhoso complexo de lazer e esporte. A área foi desenvolvida dentro de um grande jardim, projetado pela arquiteta e paisagista Rosa Grena Kliass.

* * *

Ainda no ano de 1996, depois de conversar com vários amigos da colônia árabe, Emilio decidiu adquirir um título do Clube Monte Líbano, na zona sul de São Paulo. A condição financeira já permitia tal ação. Foi uma iniciativa acertada, pois o Clube proporcionava agradáveis momentos sociais e de lazer para Helena, Emilio e os filhos.

Educar é preciso

"Raphael, para de brincar com esse carrinho de corda. Além do barulho, o brinquedo bate e machuca a parede."

Claro, explicar isso para um adulto é fácil, mas para um menino de oito anos... Por isso, Raphael continuou a se divertir com seus carrinhos de corda, mesmo sendo avisado e repreendido pelo pai algumas vezes. Não havia nada de malcriação no menino, mas ele estava muito entretido com o brinquedo.

Mas há um momento em que os pais precisam impor limites e, quando excedidos, devem aplicar possíveis penalidades – como aconteceu com Raphael.

Os avisos continuaram: "Raphael, pare com isso", "Raphael, você vai ficar de castigo", "Raphael, eu vou lhe tomar os carrinhos"... Até que, certo dia, os alertas e avisos se tornaram ação. Emilio levantou-se do sofá, perguntou ao filho de qual dos carrinhos ele mais gostava e, assim que Raphael apontou para um deles, agarrou-o com a mão e o atirou pela janela.

O menino ficou chocado, triste e chateado com o pai. Nem ao menos chorou ou demonstrou abatimento. Apenas calou-se. Foi então para o quarto e ficou curtindo aquilo que, num primeiro momento, parecia ser uma decepção. Mas, enquanto Emilio descia para pegar o brinquedo, que não seria devolvido ao filho tão cedo, Raphael começou a refletir que o pai nunca agira daquela forma; era sempre calmo, conversador e educador. Sem bater, sem gritar...

Ele então percebeu que Emilio tinha sido mais educador do que nunca. Sempre educou com amor, e ali educava com a dor. E Raphael concluiu: "Realmente, eu passei dos limites... e não foi por falta de avisos".

Quanto mais o tempo passava, mais aquela passagem ganhava sentido e importância na vida de Raphael.

O estoicismo

Naquele período, ter passado pelas dificuldades enfrentadas com as obras públicas sem se deixar abalar emocionalmente fez com que Emilio buscasse leituras sobre o tema da superação. Ele pesquisou, pesquisou, e encontrou o estoicismo, identificando-se com suas definições.

Estoicismo é uma escola de filosofia helenística fundada por Zenão de Cítio em Atenas, na Grécia, no início do século III a.C. Os estoicos, como Sêneca e Epiteto, defendem e fundamentam-se nos conceitos de que "a virtude é suficiente para a felicidade" e que "um sábio é imune ao infortúnio".

Tendo esses pensamentos como base, os dicionários definem os estoicos como:

Aqueles que não se deixam levar por crenças, paixões e sentimentos que são capazes de tirar a racionalidade de uma pessoa na hora de agir, como desejos, dor, medo e prazer. Isso porque essas circunstâncias são infundadas e irracionais.

Ou ainda:
Doutrina que aconselha a indiferença e o desprezo pelos males físicos e morais. Firmeza; austeridade; constância no infortúnio.

E também:
Que permanece inabalável perante uma desgraça: impassível, imperturbável, inabalável, inquebrantável, resignado.

Outra definição:
Enfrentar sem se abalar, sem se deixar abater, sem se diminuir, ser firme, austero, permanecer inabalável perante uma desgraça.

Depois de ler, assistir e ouvir muito sobre o tema, e ao repensar a força interior que teve para superar os problemas com as obras públicas, mesmo estando, digamos, ainda em início de trajetória empresarial, Emilio definiu:

– Eu sou estoico. Procuro não me abalar e sempre crescer nas adversidades.

Família no negócio

No ano de 1997, a Kallas recebeu um reforço profissional familiar: Antonio Carlos Sacchi, irmão de Helena e cunhado de Emilio. Justamente pela relação próxima que havia entre eles, houve uma conversa preliminar:

– Acredito que temos duas relações de convívio que não se misturam: a pessoal e a profissional. Assim, digamos que, de acordo com o ambiente no qual estejamos, teremos que virar a chave para a direita ou esquerda – disse Emilio, mostrando as diferenças necessárias para que os papéis não se confundissem.

Dentro dessa clareza com a qual foram apresentadas as situações, o próprio Antonio Carlos decidiu se reportar ao presidente da empresa como "Dr. Emilio", deixando as informalidades para os momentos familiares, quando voltava a chamá-lo simplesmente pelo nome.

Outro ponto de destaque: os temas profissionais sempre ficaram restritos ao ambiente do escritório, e os familiares nunca adentraram a porta da empresa, conforme relata Antonio Carlos:

– Aos fins de semana, o Emilio equilibra descanso, lazer e trabalho. Em algumas oportunidades em que estávamos juntos na sua casa de campo, num fim de semana ou feriado, ele foi para o escritório que mantém na casa e de lá mesmo me mandou um e-mail, em vez de aproveitar que estávamos juntos e tirar a dúvida. Ele é muito regrado e organizado!

Antes de iniciar na Kallas, Antonio Carlos graduou-se em Administração com ênfase em Análise de Sistemas e atuou na área financeira de algumas grandes empresas. Com o convite de Emilio, ele se manteve no setor, mas agrupou uma área de interesse, a de TI (Tecnologia da Informação).

Mas o trato era de que ele se mantivesse no posto por um ano – que viraram dois, cinco, dez, mais de vinte... ou seja, ele constituiu uma importante trajetória naquele que veio a se tornar o Grupo Kallas, conforme constataremos no desenrolar da história.

Em tantos anos de trabalho conjunto, Antonio Carlos nunca deixou de levar a ferro e fogo uma frase que ouviu de Emilio ainda no início de sua trajetória profissional na Kallas: "O fluxo de caixa pode quebrar a empresa" – demonstrando assim a preocupação do presidente para que a Kallas tivesse sempre, de forma metafórica, "sangue correndo em suas veias".

No dia a dia, Antonio Carlos conheceu também o visionarismo de Emilio, sempre antevendo fatos e tendências do mercado, algo que o fazia estar à frente nos negócios, principalmente na aquisição de bons terrenos que ganhavam valorização com o tempo.

Um olhar tão ou até mais preciso que um estudo de viabilidade, pois, além de avaliar os casos, o diagnóstico vinha acrescido do *feeling* para os negócios: "Se você desenhar uma linha, o Emilio já enxerga o quadro pronto", costuma dizer o cunhado, retratando também o dinamismo e a facilidade do empresário em lidar com os números e fazer contas de cabeça.

Mais um ex-aluno no mercado

Durante o período em que se manteve como professor da Poli, muitos foram os contatos feitos com os alunos e, como já registrado, alguns deles contrataram Emilio para consultorias em suas construtoras ou nas empresas em que tralhavam.

Por volta de 1993, entre esses estudantes estava Alessandro Vedrossi. Mesmo tendo poucas aulas com Emilio, admirava o professor pela didática, mesclando teoria com explicações de como aplicá-la na prática. Muitos dos professores eram basicamente acadêmicos, e Emilio (embora também fosse altamente titulado, pois tinha doutorado) trazia um olhar diferente sobre a profissão e o mercado de trabalho.

A trajetória de Alessandro seguiu o rumo da qualificação, fazendo o mestrado, e depois ele foi contratado por uma multinacional norte-americana.

Como a gestão da empresa decidiu encerrar as atividades, Alessandro resolveu viver a experiência de morar fora do país. Cumprido o período, em 2005, ele retornou ao Brasil e criou a própria empresa, a Valora Investimentos, com foco na captação de recursos no mercado junto aos investidores, para repassá-los às incorporadoras; uma alternativa de financiamento.

Era o caminho da engenharia empreendedora seguida por Emilio e tantos outros talentos que se formaram na Poli e em outras instituições de ensino de destaque.

Assim que a empresa de Alessandro iniciou as atividades, ele procurou o ex-professor e iniciou uma sequência de reuniões com o objetivo de desenvolver uma parceria comercial com a Kallas.

Mesmo com as conversas, Emilio optou por não levantar capital externo. Mas Alessandro soube do ex-professor sobre a imponente obra e projeto do Sky House, que o ex-aluno chamava de "arranha-céu".

Viagens internacionais

Na vida pessoal, tudo seguia muito bem. Emilio era bastante presente na família. Procurava estar sempre com Helena e os filhos, fosse em casa, nos momentos de lazer ou nas viagens que o casal programava. Ora eles estavam em Campos do Jordão, ora na praia, brincando com os cachorros, participando das atividades esportivas dos filhos e, nas férias prolongadas, viajando para fora do país.

Depois de completar 40 anos, Emilio fez várias viagens internacionais, por diversos países e continentes; por isso, ele seguia firme nos estudos do idioma inglês.

O casal Kallas não abria mão das viagens familiares, oportunidades para que Helena, Emilio e os filhos estivessem juntos. Era também uma possibilidade de conhecer outras culturas, ganhar conhecimento e agregar experiências.

As viagens, baseadas numa mescla de esporte e lazer, eram programadas de duas a três vezes por ano, por um período de dez a doze dias, para lugares como Chile, Argentina, México, Estados Unidos, Alemanha, França, Itália, Dinamarca, entre tantos outros países.

Quando estiveram na África do Sul, onde os quatro se divertiam nos safáris, Emilio aprendeu com Thiago o que era um *guepardo*, ou chita, felino de corpo amarelado e coberto com pintas pretas, considerado o mais veloz entre os mamíferos existentes.

Em algumas viagens, Manira os acompanhava. Um dos países que mexeu muito com o íntimo de Emilio, justamente pela descendência árabe, foi o Líbano, local de nascimento de seus ancestrais, onde esteve por duas oportunidades.

A importância do aprendizado

Uma das preocupações de Helena e Emilio sempre foi a de preparar os filhos para a vida. Um exemplo era a prática esportiva, como as artes marciais e, em especial, a natação.

Isso fazia com que os filhos pudessem saber se virar em situações difíceis – como aconteceu com Raphael, quando tinha cinco anos. Os pais estavam com os filhos e um casal de amigos na piscina. A criança caiu na água, e rapidamente Emilio foi até o filho, mas ele já estava seguro. O menino se lembrou das aulas de natação e das orientações da professora: "Quando cair na água, bata os pés, mexa os braços e agarre na borda da piscina". E foi exatamente assim que o pai o encontrou.

Para desenvolver o raciocínio e também a competitividade dos filhos, Emilio criava desafios matemáticos; primeiro foi com Thiago e, quando ganhou mais idade, com Raphael. Ele preparava questões matemáticas, e os garotos tinham que resolvê-las.

O pai tem sua forma de avaliar o nível geral de ensino oferecido, que poderia ter uma agenda mais ampla:

– Meu olhar para o aprendizado é muito rígido. As pessoas perdem muito tempo sem aprender. São três dos doze meses do ano para as férias! É um período longo sem tomar contato com o ensino, e o ideal é que as pessoas busquem outras formas de ganhar conhecimento fora da escola.

Meu pai, meu herói

Quando Emilio Kallas dizia para Helena e os filhos: "Vamos para Campos do Jordão", Raphael e Thiago vibravam, pois ali era certo que teriam o pai só para eles.

Depois de tomarem o café da manhã com Helena, eles saíam para cavalgar. Terminada a primeira etapa, Emilio andava pela propriedade com os filhos, conversando de temas variados, para provocar e levá-los a refletir sobre aquilo que era falado.

Ele não preservava os garotos da dura realidade da vida, mesmo abordando os temas de maneira lúdica e leve, comentando sobre o que acontecia no mundo em geral, as culturas diversas, as distintas realidades sobre a pobreza e a riqueza... e que nem sempre tudo acontecia como imaginávamos e gostaríamos. Era a explanação da realidade, nua e crua.

Terminado o passeio, era hora de voltar para casa? Que nada... Emilio se mantinha com eles na área externa, sempre encontrando uma atividade para que eles estivessem entretidos. Estar em Campos do Jordão era viver o dia de atividades intensamente.

E havia um momento especial: o de comer alcachofra com os filhos, quando eles se sentavam e conversavam. Os diálogos, assim como as alcachofras degustadas num molho especial, eram saborosos.

No domingo, eles retornavam, mas não iam para casa antes de Emilio passar em algum dos plantões e medir o "termômetro" das vendas.

Aquilo encantava Raphael, que desde pequeno já dizia: "Quando eu crescer, vou ser engenheiro civil". E quando era primeiro de maio, Dia do Trabalho, o pequeno se trajava a caráter: de terninho.

Em relação aos filhos, Emilio se mantinha crítico, elogiando os acertos e repreendendo os erros. Se Raphael, que gostava de desenhar, apresentasse uma figura que não agradasse o pai, mesmo recebendo sinal positivo de Helena, Emilio jogava duro:

– Não gostei, Raphael, você tem capacidade e potencial para desenhar algo muito melhor.

Talvez naquele momento nem tudo fizesse sentido; mas, com o passar dos anos, os meninos entenderam e valorizaram a postura do pai.

Estilos distintos

Como Helena convivia mais com Raphael e Thiago, ela observava com atenção as diferenças entre eles.

Mesmo sendo tão ligados, ambos do mesmo signo, de libra, o comportamento deles era bem diferente. À medida que cresciam, isso ficava mais evidente.

Thiago é bastante racional, crítico. Tem um olhar analítico de avaliar as situações. Por estilo, busca ser mais reservado e, em determinadas ocasiões, envolve-se emocionalmente com as pessoas, relacionando-se com maior ou menor intensidade, de acordo com a impressão que cria e mantém sobre elas.

Raphael tem estilo sorridente, de alto astral e bom humor. É muito ligado ao irmão e aos pais. Na aparência, assemelha-se mais a Helena, mas pensa e age como o pai. O rapaz é bastante preocupado com Emilio, com quem tem ligação estreita. Tanto que, ainda bebê, a primeira palavra que pronunciou foi "Papai".

Desde criança, é apaixonado pela Disney, onde esteve com os pais e o irmão em diversas oportunidades. Na primeira vez em que assistiu à interpretação do clássico "Rei Leão", o menino chorou muito e se agarrou ao pai.

Nas ocasiões em que Emilio tem algum contratempo de saúde, Raphael fica bastante preocupado. Claro, assim como Helena e Thiago.

Um colaborador para o haras

No ano de 1999, Emilio precisou contratar um profissional para o haras; a sugestão partiu do administrador, que indicou Cristiano Mazutti dos Santos. O rapaz tinha boa experiência, por ter trabalhado na Hípica de Santo Amaro e também em outros haras.

O primeiro contato com Emilio aconteceu uns dois meses depois de ele ser contratado, e ali Cristiano já identificou o patrão como uma pessoa extremamente educada e direta nas colocações e naquilo que pretende que seja realizado ou mudado.

Mesmo sendo um bom conhecedor de cavalos, ele não tinha ainda trabalhado com a raça mangalarga marchador, criada por Emilio, mas foi em busca de conhecimento e logo se especializou.

A raça é tida como de animais fortes, resistentes e de porte elegante; são também calmos, dóceis, ágeis, fáceis de conduzir e lidar, ideais para fazer passeios em ruas e andar em trilhas, aptos para serem utilizados por todas as idades.

Depois da chegada de Cristiano, os cavalos do Haras do Acaso participaram de competições e ganharam algumas provas de enduro equestre. Disputaram ainda cavalgadas de três a quatro dias na região de Campos do Jordão, mas passaram a estar somente nas exposições.

Tempos depois, o administrador se desligou do haras, e Emilio ofereceu então a Cristiano a oportunidade de assumir o posto, desafio que foi aceito.

Com a convivência, o rapaz conheceu outras qualidades e características do patrão, como se pautar pelo justo e ser firme na tomada de decisões e na forma de colocar aquilo que deseja. Emilio ainda faz aconselhamentos para que o melhor modelo de gestão seja aplicado ao haras.

Mas, às vezes, Emilio joga indiretas e fala por parábolas; o funcionário aprendeu a fazer a leitura dessas situações, cujas conversas são sempre particulares, nada de chamar a atenção em público.

A capacidade profissional de Cristiano é amplamente aprovada por Helena, Raphael, Thiago e Emilio, que conta sua expectativa com a criação de animais no haras:

– Desde que eu me formei em engenharia, cultivava o sonho de ter cavalos. Esse olhar foi transmitido para a minha esposa e os meus filhos. Mas não mantenho isso como uma atividade econômica. Há criadores que mudam a linha de acordo com as tendências. Quero ter cavalos bonitos. Por isso, a criação, respeitando-se as regras da Associação Brasileira dos Criadores do Cavalo Mangalarga Marchador (ABCCMM), não segue o que está na moda.

Fim do ciclo

Ainda no ano de 1999, por mais que essa atividade o preenchesse, Emilio fez uma grande reflexão e decidiu colocar um ponto final na trajetória acadêmica.

A rotina intensa da Kallas, com as reuniões e a gestão da empresa, visitas às obras, aos *stands* de vendas, e a procura por novos terrenos tomavam cada vez mais a sua agenda – e ele, a partir de certa hora do dia, precisava se desligar dessas ações para rever as aulas que seriam ministradas e se locomover até a Poli, no Bairro do Butantã, dentro do complexo da Universidade de São Paulo, onde exercia a atividade de professor.

Cada vez mais a Kallas o consumia, e cada vez menos ele tinha tempo de se dedicar às aulas, além do trânsito intenso durante os deslocamentos. Diante desse quadro, Emilio não teve outra saída a não ser a escolha entre a trajetória acadêmica e a empresarial, que realmente levou a melhor. Dessa forma, ao final do ano de 1999, ele solicitou o desligamento da Poli.

No derradeiro dia de aula, percorrendo os corredores da instituição de ensino pela última vez como professor, ele ainda pensou: "Tenho enorme orgulho e gratidão pela Poli. Mas meu tempo aqui acabou. Às vezes, precisamos nos decidir não pelo que gostaríamos, mas tendo como base e definição aquilo que precisa ser feito".

Gerente e cunhado

"Alfredo, gostaria que você gerenciasse a nossa fazenda de Taubaté. Você aceita?"

O convite, feito por Emilio a Alfredo Sacchi Filho, irmão de Helena, recebeu "Sim" como resposta e aconteceu tempos depois da aquisição da Fazenda do Acaso.

O convívio entre eles vinha desde o início do namoro entre Helena e Emilio, que logo de cara conquistou a família dela com seu jeito cativante. Quando estava na casa da futura sogra, Emilio saboreava os pratos que ela preparava, e os preferidos eram o frango caipira e o peixe com molho.

Até aquela conversa entre eles, Alfredo teve por muitos anos uma oficina de conserto de carros; e depois, em 1995, passou a trabalhar nas obras da Kallas, com jardinagem. Mas, como apreciava lidar com a terra e o campo, nem pensou duas vezes para validar a proposta.

Uma das cobranças do cunhado era que Alfredo cuidasse mais da saúde e parasse de fumar. Quando isso aconteceu, Emilio vibrou bastante!

Era também Alfredo quem recebia Manira e Jorcelino quando resolviam passar uns dias na fazenda, ambiente que contemplavam. A mãe de Emilio adorava andar pelo pomar com o terço nas mãos, acomodar-se num canto e fazer suas orações; Jorcelino gostava de circular pela fazenda e curtir a natureza.

Apesar da relação familiar, ambos sabem bem dividir os papéis. Nos momentos de lazer, Emilio se descontraía; e quando Alfredo passava da porta de entrada nos encontros, dizia: "Chegou o meu cunhado!". Mas, na hora do trabalho, o tratamento ficava mais formal. E, se entendesse haver necessidade de algum tipo de cobrança à equipe da fazenda, conversava reservadamente com Alfredo e lhe pedia que fizesse o comunicado. Nessas ocasiões, Emilio brincava: "Eu faço o papel de bonzinho e você o de mauzão!" – e gargalhava.

Ombro amigo

"Emilio, vou fazer uma transição de carreira. Quero cursar Direito e seguir a magistratura, ser juiz."

Assim o primo Márcio Rached Millani, que Emilio Kallas considera como um irmão querido, confidenciou a ele sua mudança de trajetória.

Emilio apoiou e mostrou-lhe as dificuldades que enfrentaria ao deixar a Odontologia para entrar de cabeça no Direito. Além disso, teceu, como de costume, comentários positivos, motivadores e verdadeiros.

Emilio ainda brincou com o primo:

– De um lado vou perder meu dentista preferido, mas do outro ganho um advogado – disse Emilio, de forma descontraída.

Logo Márcio indicou a Emilio um amigo, para que passasse a atendê-lo no tratamento dentário. Em relação ao Direito, os conhecimentos de Márcio não foram utilizados por Emilio. Primeiro, pelo fato de ter prestado concurso e entrado para a magistratura, e também por já estar amparado pelo corpo jurídico da Kallas, que tem nível altíssimo.

Outro importante ponto de apoio de Emilio aconteceu quando Márcio se separou da esposa, transmitindo tranquilidade e equilíbrio para o primo; até por ter vivido situação semelhante tempos antes. Ali Emilio foi mais que um irmão, foi um pai.

Era comum que, nesse período, Emilio convidasse Márcio para viajar com ele, Helena e os filhos. Quando toda a família se reunia na casa de João Millani e Olga, pais do agora advogado, a tia dizia:

– Emilio, toma conta do seu primo. – E o sobrinho sorria, respondendo afirmativamente.

Era também certo que os dois se encontrassem com frequência na casa da mãe de Emilio, a tia Manira, onde almoçavam ou jantavam de uma a duas vezes por semana. E ali Márcio confirmava todo o carinho e atenção aos detalhes que Emilio tinha para com a mãe.

Dois gigantes

"Hoje eu tomei uma aula com o 'Ernestão'! Das nossas conversas, sempre extraio grandes aprendizados."

Assim que se encontrava com Marcos Ernesto Zarzur, diretor comercial e de marketing, e que depois também se tornou membro efetivo do conselho de administração da incorporadora EZTec, Emilio soltava a frase acima sobre as conversas reservadas que tinha com o pai dele e fundador da empresa, Ernesto Zarzur.

Os encontros entre eles aconteciam basicamente no Clube Atlético Monte Líbano, do qual são sócios e onde se conheceram no início dos anos 2000. Tido como um grande conselheiro dos sócios do clube que atuavam na área da construção e incorporação, "Ernestão" tinha frases marcantes.

Um dos pontos da admiração que Marcos cultivava por ele era o da humildade no trato com as pessoas e o de ser um amigo fiel. No clube, Emilio mantinha amizades que cultivava de longa data. E no aspecto empresarial, costumeiramente enaltecia os colegas de mercado, entre eles, o próprio Marcos Zarzur.

Havia até um grupo de amigos no qual os dois participavam: o "Bichofada", composto por cerca de oitenta sócios do Monte Líbano que saíam para fazer divertidas e saudáveis caminhadas.

O primeiro negócio entre a Kallas e a EZTec aconteceu anos depois do primeiro contato. Marcos conversou com Emilio sobre a possibilidade de adquirirem um terreno em parceria. Este ouviu atentamente as ponderações do amigo e futuro parceiro comercial e afirmou:

– Marcos, tenho interesse em realizar esse projeto com você. Acredito, inclusive, que pode ser o primeiro de muitos outros que faremos conjuntamente.

Ambos então confirmaram as participações na sociedade, que na primeira empreitada durou cinco anos e se pautou pelo respeito e comprometimento das duas empresas.

Superar um difícil momento

"Emilio, saiu o exame, e o tumor que o Thiago tem no ouvido voltou. E pela terceira vez..."

O alerta dado por Marcia, irmã e médica, deixou Emilio e toda a família preocupados. Ele derramou algumas lágrimas, e fez aquilo que desde pequeno aprendera com a mãe: uma oração bem fervorosa.

Na primeira vez que o problema foi detectado, Thiago tinha 16 anos; era um tumor benigno. Depois de consultar ao todo mais de dez médicos, a definição para a cirurgia se deu por indicação de um deles. Após o procedimento, o tumor voltou e uma segunda cirurgia precisou ser feita.

Mas a terceira confirmação, feita pelo médico que acompanhava diretamente o caso, veio com o resultado de um exame, uma tomografia, realizada, inclusive, por insistência de Helena:

– Sempre que conversamos, o Thiago eleva cada vez mais o tom da fala dele; ou seja, ele vem perdendo audição, assim como aconteceu no passado. E agora, a situação voltava a se repetir – relatou ela ao doutor.

No diagnóstico apresentado, a doença detectada no ouvido do rapaz foi colesteatoma, ou otite média crônica, que se distingue pelo crescimento gradativo de pele, ou tecido epitelial, dentro do ouvido em direção ao tímpano. Com isso, as estruturas do ouvido médio são comprimidas; e são produzidas enzimas, que destroem partes do sistema e causam inflamações crônicas.

A dura notícia foi transmitida ao filho pelo próprio Emilio.

Assim que viu os exames, Marcia buscou conversar com alguns colegas da área médica e fez uma ampla pesquisa sobre o tema. Durante as buscas, encontrou matérias e trabalhos científicos sobre os estudos feitos e apresentados em Cannes, na França, por um grupo de médicos. Entre eles, um respeitado especialista e cirurgião francês, de Paris: o prof. dr. Eréa Noel Garabedian.

Enquanto Marcia acionava os contatos, para falar com o médico francês, a família levou Thiago para realizar consultas e ouvir as opiniões de dois dos especialistas que já o tinham atendido: um deles sugeriu apenas acompanhar o caso; já o outro foi categórico ao dizer:

– O rapaz vai perder a audição, mas precisamos operá-lo.

Nesse ínterim, a consulta foi marcada com o dr. Garabedian para o mês de julho de 2000. Preocupado em melhor se comunicar com o especialista, inclusive em termos técnicos, Emilio reforçou as aulas de inglês com Mike Zafra, professor de uma das conceituadas redes de escolas de idiomas e que dava aulas particulares para Thiago. Durante os estudos, Emilio treinava com Mike justamente as perguntas que poderia fazer ao médico francês, para melhor esclarecer o caso da saúde do filho. Mike apreciou o interesse de Emilio em estar bem-preparado para aquele encontro.

Mas Emilio soube que o médico não falava bem o idioma inglês e, dessa forma, precisou contratar uma intérprete, para intermediar as conversas entre eles em francês.

Chegou o tão esperado dia da consulta, na qual Helena, Marcia e Emilio estiveram com Thiago. Depois das apresentações e explicações iniciais do caso, e de uma sequência de avaliações, o médico determinou, numa conversa isolada com Emilio e a irmã Marcia:

– Vamos operar. Será uma cirurgia delicada, pois, se não for feita, o Thiago corre o risco de ter uma paralisia facial. Definiremos uma data em dezembro.

Dito isso, o doutor explicou o procedimento, no qual seria reconstituído o tímpano, para recuperação de grande parte da audição perdida nas duas cirurgias anteriores. Era realmente um procedimento bastante delicado e cercado de riscos.

Antes do final da conversa, Emilio quis saber o valor que deveria ser pago ao médico, e dele ouviu:

– Da minha parte não há custo nenhum. Você só precisará pagar a conta referente ao centro cirúrgico e às três diárias hospitalares.

Surpreso com a resposta, Emilio entendeu ser justo recompensar financeiramente o médico e comprometeu-se a repassar a ele um montante em dinheiro. Nova resposta do doutor, e nova surpresa positiva de Emilio em relação ao médico:

– Aceitarei esse pagamento, mas já adianto que reverterei 100% daquilo que você se dispuser a repassar para a compra de equipamentos para o hospital – bancou Garabedian, um respeitado profissional e de ações nobres.

De lá, Emilio e a família seguiram até a Catedral de NotreDame de Paris, onde, numa conversa cercada de emoção, transmitiram-lhe força:

– Thiago, você terá que se submeter a uma nova cirurgia, mas certamente vai dar tudo certo. Deus está conosco e abençoará o dr. Garabedian, que é muito competente.

Dentro do que foi determinado, Emilio alugou um apartamento, na Rue Vaneau, em Saint-Germain-des-Prés, no qual Helena e Raphael se mantiveram com Thiago pelo tempo de espera da cirurgia e onde o filho faria a recuperação depois da alta hospitalar. Após acomodar a família, ele retornou a São Paulo, pois precisava trabalhar.

Em dezembro, próximo ao dia agendado para a realização da intervenção cirúrgica, o pai voltou com a irmã Marcia a Paris, para estar com os filhos e a esposa.

Certo dia, ele andava pelas proximidades do apartamento alugado, na Rue du Bac, e se deparou com uma Capela. Aproximou-se e entrou, observando ser a Capela de Nossa Senhora das Graças. Então fez uma oração, ajoelhado, e pediu com grande fé que a operação trouxesse os resultados esperados. Como se diz, "entregou nas mãos de Deus".

Conforme previamente marcado, em dezembro, Thiago, Helena, Marcia e Emilio seguiram para o hospital onde o jovem seria operado. Era um hospital público, de aspecto simples, mas muito bem-equipado; todos estavam apreensivos, mas confiantes.

E quanto aos riscos? Como dizem costumeiramente os médicos: "Toda cirurgia envolve certo risco"; no caso de Thiago, ele poderia perder a audição e até ter outras sequelas.

Seguidas algumas horas de operação, o dr. Garabedian se reuniu com Helena, Marcia e Emilio, transmitindo uma maravilhosa notícia:

– Tudo correu muito bem! Foi um sucesso. O Thiago ficará alguns dias em observação, e depois da alta marcaremos um retorno ao consultório.

Que alívio! Os esforços haviam sido recompensados! Emilio logo retornou à Capela de Nossa Senhora das Graças para novamente orar e agradecer. E daquele dia em diante, além da devoção a Deus, ele passou a ser devoto da santa.

Passado mais algum tempo, os Kallas voltaram ao consultório e o diagnóstico continuou a ser favorável. Foi programada uma sequência de retornos nas semanas seguintes, para avaliações do médico-cirurgião.

Tudo ajustado, Emilio então retornou ao Brasil na companhia da irmã Marcia, em função dos compromissos profissionais. Quanto ao restante da família, Helena se manteve em Paris com Raphael e Thiago, em função da agenda de retornos ao consultório; e também pela orientação de esperar o período de três meses, pois, nesse tempo, Thiago estava proibido de realizar viagens aéreas, devido à pressão do avião.

Os Kallas cumpriram todos os retornos programados no consultório do dr. Garabedian, que então deu o veredito final:

– Thiago, você está de alta. Pode retornar ao Brasil.

Alegria geral! Parte da família já estava em Paris há alguns meses, curtindo um duro período de frio.

Dali em diante, Thiago voltou a ter vida normal, ainda cumprindo retornos periódicos com o dr. Garabedian em Paris; ao todo, foram dez anos entre idas e vindas, realizando exames de acompanhamento solicitados pelo médico em laboratórios do Brasil e da França.

Os amigos até descontraíam, dizendo: "Paris é a segunda casa de vocês". E realmente era, pois, a cada retorno de consulta com o dr. Garabedian, Emilio e a família aproveitavam para descontrair e passear um pouco; ele, sempre preocupado com o futuro dos filhos, não dispensava algumas visitas às faculdades, em busca de mostrar a Thiago e Raphael o ambiente de um campus universitário.

Emilio reformou a Capela de Campos do Jordão, no Haras do Acaso, e criou um altar no apartamento de São Paulo, onde estão imagens de Santa Rita de Cássia e Nossa Senhora das Graças – que recebem os pedidos, agradecimentos e orações do casal.

* * *

Logo que retornou da França com a família, tendo a certeza de que a recuperação de Thiago caminhava muito bem, Emilio retomou as aulas de inglês com o professor Mike Zafra.

Os encontros eram tranquilos, descontraídos, o que facilitava o aprendizado. O tratamento era informal, mas na hora das aulas, não havia brincadeira; se Emilio por algum motivo deixasse de fazer as tarefas, o que não era regra, o professor o repreendia.

Pela experiência no trato com os alunos, Mike também sabia que com ele estava um importante empresário, que vivia seus momentos de grandes conquistas, mas com alguns obstáculos. Por isso, quando observava Emilio um pouco mais distraído, ele procurava conversar, para trazê-lo de volta ao conteúdo aplicado, sempre mantendo o diálogo em inglês.

Agarrar a oportunidade

"Dr. Emilio, sou de Campo Grande, no Mato Grosso do Sul. Cheguei a morar em Campinas com uma tia, mas não me adaptei com a vida de lá e decidi então vir para São Paulo, em junho de 2000."

Assim Marly Melo Pereira explicou um pouco da própria história a Emilio Kallas, na entrevista final, e que lhe garantira assumir o posto da assistente de diretoria, que sairia de férias. A primeira etapa da entrevista foi com a profissional que ela iria substituir.

Emilio gostou da sinceridade da moça, que reconheceu mal saber andar em São Paulo, assim como da sua espiritualidade, e decidiu dar-lhe uma oportunidade de trabalho. Marly também sentiu certa afinidade entre o jeito de ser dela e do patrão.

No período em que atendeu diretamente a Emilio, Marly procurou aprender e realizar as tarefas com rapidez e perfeição. Anotava e se interessava em conhecer tudo. Um estilo que agradou o patrão e os outros colaboradores.

O período inicial seria de apenas 30 dias, em substituição à colaboradora que saíra de férias. Mas o desempenho de Marly garantiu a ela continuar contratada; um novo cargo foi criado.

Em 2000, quando começou na empresa, havia em torno de cinquenta funcionários. Ela então buscou conhecer como tudo funcionava, as áreas de atuação, o segmento da construção civil, como os departamentos se inter-relacionavam... e até se dispôs a estar nos plantões de vendas.

A postura de Emilio pautava também o comportamento e o desempenho de Marly. O patrão, dentro da característica dos grandes empreendedores, sempre foi exigente, muito bem-preparado, culto e estudioso. Buscar conseguir acompanhá-lo exigia realmente grande entrega de Marly.

Mais um reforço

"Fico feliz em saber que você se formou na Poli. Seja bem-vindo à Kallas e ao nosso time!"

A indicação de Eduardo Henry Haddad para trabalhar na Kallas, feita por Roberto Gerab, representava uma importante aquisição para o time de colaboradores.

Durante a conversa, que aconteceu no início de 2000, Eduardo contou a Emilio que conhecia a Kallas, empresa respeitada pelos empreendimentos realizados e pelas boas referências passadas por profissionais que já participavam do quadro de colaboradores da construtora.

Por saber que a Kallas era uma empresa respeitada no segmento, Eduardo aceitou o desafio; ele acreditava no potencial da organização e que a Kallas percorreria um caminho que a levaria a conquistar um espaço ainda maior no setor.

* * *

No início dos anos 2000, Helena e Emilio decidiram: "Os natais serão em casa!". Em torno de quarenta a sessenta convidados passaram a se reunir na moradia dos Kallas: os pais, irmãos, sobrinhos, amigos do casal...

Era uma alegria ver a casa cheia e a família reunida, onde todos confraternizavam e viviam momentos de união e alegria. A partir de então, outras comemorações passaram igualmente a ser festejadas na moradia deles, assim como os aniversários da família.

Seguir os passos do pai

"Thiago, eu sugiro que você, assim como eu, viva uma jornada dupla de estudos, cursando simultaneamente o terceiro colegial, no Colégio Porto Seguro, e um curso preparatório para vestibular. Sei que terá um ano duro pela frente, vai priorizar os estudos, mas se você se dedicar, na hora do vestibular será recompensado."

Enquanto conversava com o filho, Emilio relembrava as dificuldades que enfrentou no ano de 1968, quando estudava no Colégio Bandeirantes e no cursinho Anglo Latino. A mesma mensagem que transmitiu a Thiago, o empresário tinha recebido da mãe, mostrando comparativamente que os esforços projetam as importantes conquistas.

Para o jovem Thiago Esper Kallas, que tinha se definido pela Engenharia Civil, também em função das orientações do pai, concluir o ensino médio e fazer cursinho iria interromper um período de grande aproximação com Emilio, a quem acompanhou nas idas à fazenda de Goiás, nas cavalgadas no haras e nas festas organizadas em Campos do Jordão. Além disso, reduziria drasticamente o convívio com os amigos e a participação nas festas da garotada.

Mas como dissera o próprio Emilio: "Você terá um ano duro pela frente, vai priorizar os estudos e, se você se dedicar, na hora do vestibular será recompensado".

E assim aconteceu! Depois de um ano de entrega aos estudos e boas notas, em 2001, Thiago foi aprovado em duas faculdades e fez a opção pela Mauá.

Até então, ele morava com a mãe e passava os fins de semana com Helena e Emilio. Mas logo que entrou na Mauá, o rapaz decidiu morar com o pai, pois dele receberia importantes orientações nessa trajetória inicial de vida universitária e, certamente, profissional. Uma decisão acertada, que estreitou ainda mais o relacionamento dos dois. Também foi um período no qual a Kallas intensificou as atividades em incorporações e edificações para a iniciativa privada.

Ser universitário traz um amadurecimento importante; as responsabilidades mudam. Nos cinco anos de Mauá, durante os quais a conquista de boas notas e a aprovação nas matérias exigiam grande empenho, Thiago se desenvolveu bastante.

Ainda nesse período como universitário, o rapaz percebeu que começava ali a escrever a própria história e, por mais que a admirasse, a dele poderia ser diferente da do pai. A começar pelo diploma, sendo o dele pela Mauá e o de Emilio pela Poli.

Como reforço, ele tinha ainda algumas aulas extras, com professores contratados e que solidificavam o aprendizado.

Ainda no primeiro ano, houve uma prova na qual os selecionados poderiam se transferir da Mauá para a Poli. Como sempre se costuma dizer no mundo do ensino, a melhor escola é aquela na qual o aluno se adapta. Como Thiago estava tão bem amoldado à faculdade, aos professores e aos colegas de classe, preferiu se manter na Mauá. Emilio até preferia a transferência, mas respeitou a decisão do filho.

Com o passar do curso, e depois também ao iniciar a carreira profissional, Thiago entendeu que talvez a melhor formação seria, ao invés de Engenharia Civil, ter se graduado em Engenharia de Produção, justamente a área na qual passou a atuar. Mas havia como ajustar tal ponto, com os cursos de especialização.

Logo ele iniciou na Kallas e participou de importantes projetos de construção e incorporação da empresa. E não tardou para que Emilio começasse a avaliar as universidades norte-americanas, já pensando na possibilidade de Thiago cursar o MBA *(Master in Business Administration)*. O filho já projetava uma especialização em *business*, ligada ao segmento imobiliário.

A despedida de Jorcelino

"Fica em paz, meu pai. Obrigado por tudo que o senhor fez pela mamãe, pelos meus irmãos, por mim, pela Helena e pelos seus netos..."

Ao lado do caixão, Emilio começou a relembrar algumas das marcantes passagens com o pai – que falecera em outubro de 2001, pouco depois de completar 91 anos –, como as boas lembranças dos tempos de infância, quando iam à praia, ou mesmo os passeios ao sítio da família.

A mãe, Manira, era de conversar mais, enquanto o pai sempre fora sereno nos atos e nas palavras; alguém que não precisava rolar na grama com os filhos para demonstrar todo o seu amor e carinho por eles.

Era um homem de princípios, correto, marido, pai e avô exemplar e amoroso. E que não perdia a oportunidade de educar os filhos. Como aconteceu quando a filha Marcia pediu a ele um dinheiro emprestado.

Tempos depois, ela foi devolver o dinheiro, que foi aceito de pronto pelo pai. Manira, que acompanhou a situação, nada disse e respeitou a posição de Jorcelino, mas assim que a filha saiu, questionou o marido:

– Por que você aceitou esse dinheiro da nossa filha de volta?

Com tom de voz sempre tranquilo, Jorcelino explicou sua tese:

– Manira, eu o recebi porque os nossos filhos precisam saber que devem cumprir o que é certo, ter palavra e respeitar aquilo que é combinado. Agora, eu ia mesmo dizer a você o seguinte: quando estiver com a Marcia, entregue a ela esse mesmo dinheiro de presente. O mérito dela foi cumprido; ela respeitou a palavra dada!

Olhando fixamente para a fisionomia amena do pai, Emilio dizia em seu íntimo:

"Pai... a carga que o senhor carregou sempre foi muito mais pesada do que a nossa. O senhor nos deu toda a proteção e proveu as melhores escolas. Com o ensino delas, constituímos nossas profissões e carreiras. E ainda nos dizia, em tom professoral: 'Estudem, porque, se entrar o comunismo, vocês terão uma profissão. Quem tem um bom diploma, como o de engenheiro, pode ter um trabalho melhor. Em qualquer regime econômico e político, as pessoas mais bem-preparadas terão uma vida menos sacrificante'. Esses eram os seus pensamentos e preocupações naquela época."

Emilio estava bastante emocionado e seguiu na reflexão:

"Eu me formei engenheiro. Poderia trabalhar para alguma construtora e ter um bom salário, como realmente fiz, até montar a minha própria empresa. Mas o senhor sempre foi magnânimo! Empenhou toda a sua luta para cuidar da mamãe e de nós, demonstrou ser um amigo fiel, leal. E sempre dizia: 'a nossa casa', 'o nosso carro', 'o nosso sítio', 'o nosso dinheiro'... O senhor escreveu uma linda história em Passos e na vida de cada um de nós" – o pensamento foi interrompido, pois Emilio foi avisado de que o padre acabara de chegar e logo iniciaria a missa de despedida.

Jorcelino era uma pessoa honesta, honrada e trabalhadora. Um amigo do peito. Homem de uma palavra só: o que era combinado seria rigorosamente cumprido.

Pai e filho adoravam conversar sobre os negócios da Kallas e os edifícios produzidos. Emilio procurava fazê-lo também participar dos negócios, tanto no processo de escolha quanto de compra das propriedades, como do haras e da fazenda. Emilio realizava tudo do seu jeito, mas sabia como deixar transparecer ao pai a importância da palavra dele nos processos.

Durante anos, ele também "despistou" o pai sobre sua real condição financeira. Era um homem bem-sucedido, mas que foi se desfazendo do patrimônio. Ao final, restavam-lhe um pouco de dinheiro no banco, uma casa em Passos e um terreno em São Paulo. Emilio vendeu os imóveis e entregou o dinheiro ao pai, para lhe dar segurança.

Mas o filho, como se diz, segurava todas e quaisquer pontas que aparecessem. Jorcelino parou de trabalhar aos 70 anos, mas não perdeu seu *status* de provedor, graças às silenciosas ajudas do filho. O dinheiro se foi, mas Emilio dava todo o suporte para os pais e tentava fazê-lo de um jeito que o pai não percebesse o grau de dependência que tinha com o filho.

Às vezes, Jorcelino se incomodava e ficava sensível com a dedicação de Emilio, que logo rebatia:

– Pai, eu faço tudo por vocês com o maior carinho e prazer – palavras que o faziam abrir um gostoso sorriso.

As viagens também ficaram na memória. Era comum que os pais acompanhassem Helena e Emilio nas idas ao Haras do Acaso, à Fazenda do Acaso e ao Guarujá. Emilio ficava feliz com a presença deles, pois sabia que os pais se sentiam queridos, à vontade e bem acolhidos.

A saúde, também pelos muitos anos como fumante, estava abalada; Jorcelino tinha problemas pulmonares. A locomoção era restrita; ele precisava utilizar cadeira de rodas, em função da queda que o levara a realizar uma cirurgia no fêmur. Ele foi enfraquecendo. Era Manira quem cuidava de sua saúde, e o casal estava prestes a completar sessenta anos de união.

Marcia, que era médica, morava com as filhas na casa dos pais, enquanto reformava o próprio imóvel. Em qualquer mal-estar de Jorcelino, ela era acionada. No dia em que o pai faleceu, ela foi chamada pela mãe muito cedo, perto das 5h. Viu o pai com olhar triste... momentos depois, ele se ajeitou na cama e faleceu.

Os outros dois filhos estavam viajando e foram acionados; Emilio retornou de Campos do Jordão, e Luiz Roberto voltou às pressas de Santa Catarina, e quase não chegou a tempo para o enterro.

Um dos aprendizados que Emilio trouxe do pai foi o de procurar ajudar, mas evitar negociar com familiares ou pessoas que vivem situação financeira difícil. No passado, o avô dele estava num momento econômico complicado e queria vender a fazenda para o filho, Jorcelino, que declinou, mas manteve ajuda financeira. E a explicação que ele deu a Emilio foi:

– Filho, amanhã ou depois vão dizer: "O Jorcelino se aproveitou da fragilidade do pai".

Aliás, o hábito de gostar de fazenda, Emilio herdou do pai. E quando Jorcelino veio morar em São Paulo, gostava de estar com o filho no haras e na fazenda de Taubaté, assim como na praia. Helena acomodava tudo para o conforto dos sogros, além de organizar festas nas datas marcantes, como os aniversários.

Como Emilio, por exigência fiscal, sempre colocava o pai como sócio das empresas que abria, fosse construtora ou incorporadora, aquilo o deixava envaidecido, tanto que dizia quando passava em frente às obras ou edifícios da Kallas:

– Olha os prédios que nós construímos.

Quando jovem, Jorcelino tinha o sonho de ter se formado em Engenharia Civil; ele mesmo não conseguiu tal conquista, mas o sonho foi realizado nas formações dos dois filhos. Pelo fato de Emilio ter estudado em Franca e depois em São Paulo, ele não teve convivência diária com os pais nesse período; mas tudo foi compensado quando eles trocaram Passos pela capital paulista.

Jorcelino era um homem seguro com o dinheiro e se orgulhava ao repetir nos encontros familiares:

– Eu nunca tomei uma cerveja fora de casa. – Era a forma de demonstrar que sempre priorizou a família e não saía gastando à toa.

E, assim como Manira, ele dizia, demonstrando toda a sua realização:
— Eu tenho grande orgulho dos meus filhos, que se formaram e têm sucesso em suas carreiras: Marcia é médica, e Luiz Roberto e Emilio são engenheiros.

Regramento da Sociedade de Propósito Específico

Em janeiro de 2002, foi criada a Lei nº 10.406/2002, que instituiu o Código Civil Brasileiro, trazendo, entre outros, o regramento da Sociedade de Propósito Específico (SPEs), modelo de sociedade jurídica cuja ação tem finalidade específica e atividades limitadas, e compreende a aquisição e venda de bens ou serviços para o mercado nacional e internacional, sendo obrigatoriamente extinta ou renovada com a conclusão do projeto. Dessa forma, as incorporadoras passaram obrigatoriamente a abrir empresas ou SPEs distintas para cada projeto de construção de obras ou prédios.

As SPEs podem estar associadas a uma ou mais empresas do setor da construção civil, que se dividem nas cotas patrimoniais. Isso ocorre quando há compra conjunta do terreno ou mesmo um modelo de sociedade que envolve terreno, incorporação e construção.

Os bancos mudaram o processo de financiamento, não destinando mais dinheiro para as construtoras, mas sim para empreendimentos. Daí as criações das SPEs.

Ficou então definido que elas teriam um "Patrimônio de Afetação" específico, ficando assim o valor dos investimentos a serem feitos num empreendimento desvinculado da empresa mãe.

Foi uma iniciativa que trouxe tranquilidade para todos os agentes que compõem o mercado. Inclusive, na conclusão de um projeto e com a entrega dos imóveis, quando há sobra de caixa, esse lucro pode ser distribuído proporcionalmente aos devidos acionistas da SPE.

Há ainda os consórcios, para obras públicas, representados pela união das empresas para uma construção específica. Participar dessas concorrências exige que a companhia esteja enquadrada em determinadas regras e normas, tendo como limite mínimo de faturamento anual estar em dia com os atestados e especificações técnicas, econômicas e outras exigências solicitadas pelo edital da concorrência pública.

Matéria-prima de qualidade

O ano de 2002 foi muito especial para os negócios da Kallas. Emilio conseguiu adquirir vários terrenos muito bons para incorporar e construir excelentes edifícios e conjuntos residenciais. E o mais importante: as negociações com os proprietários dos terrenos não envolveram dinheiro, mas sim o pagamento em unidades das obras.

Também nesse ano, a Kallas já começava a despontar nas premiações do setor, sendo homenageada pelo desempenho. Emilio sabia que havia ainda muito a conquistar, mas estava convicto: "Estamos no caminho certo".

Despontava no mercado a imagem da Kallas como uma empresa séria, de credibilidade, certamente características herdadas de seu fundador, Emilio, e da seriedade na realização das obras.

Nesse período, ele criou uma frase que expressa aquilo em que acredita e, sempre que possível, compartilha com as pessoas: "Honestidade dá dinheiro".

Empreender: tradição familiar

"Parabéns pelo desempenho escolar, Rodrigo. Continue assim e você terá um futuro brilhante."

As palavras e a previsão de Emilio se confirmaram. O sobrinho Rodrigo Moreira Kallas entrou na faculdade de Engenharia e já começou a trabalhar com o pai, Luiz Roberto, na empresa de publicidade criada por ele e também denominada Kallas. Simultaneamente, o rapaz montou a própria empresa da mesma área, inovando com materiais para os pontos de vendas.

Assim que terminou a faculdade e se formou, aos 22 anos, Rodrigo vendeu a empresa dele e, por sugestão do pai e sócio, Luiz Roberto, mudou-se para o Rio de Janeiro, onde passou a trabalhar. A experiência na Cidade Maravilhosa durou quatro temporadas, até os 26 anos, quando retornou para São Paulo e assumiu a área financeira da empresa do pai, que vivia dificuldades.

Nesse período, o rapaz se apegou ainda mais ao tio Emilio, que se tornou seu confidente e conselheiro. As conversas privadas aconteciam, por vezes, na casa de Manira, nos almoços de domingo, mas geralmente eles se reuniam no escritório da Kallas Engenharia. Ele apreciava a forma pragmática de ser do tio, menos sonhadora e muito realista.

Realmente, aos 26 anos, Rodrigo assumiu uma enorme responsabilidade: era ele quem definia o que poderia ser pago ou gasto, e as orientações de Emilio foram significativas. Até mesmo as despesas do pai eram controladas pelo jovem. Emilio aprovava o desempenho dele. Quando tinha alguma dúvida, o recém-formado recorria aos conselhos do tio, que se mostrava sempre disposto a ouvi-lo e orientá-lo.

Nessas conversas, em respeito ao irmão, Emilio muitas vezes não falava explicitamente sobre o caminho a seguir, mas montava um quebra-cabeças para o sobrinho, apresentando aquilo que não deveria ser feito e usando a habilidade nas conversas e na forma de transmitir os recados.

Com dois grandes professores como Luiz Roberto e Emilio, Rodrigo costuma dizer:

– Aprendi com meu pai sobre publicidade, ideias, emoções e gestão de pessoas. E com o meu tio sobre gestão pura do negócio, a ser duro no trato com o dinheiro, que é a sustentação da empresa, a ser firme nas negociações com as instituições financeiras, a ter metas e saber que dificuldades fazem parte do dia a dia da empresa. São análises ricas e complementares.

Graças aos ensinamentos recebidos e também à própria capacidade de Rodrigo, em 2006 a empresa de publicidade superou as dificuldades e retomou uma posição competitiva no mercado, vindo a se tornar uma das principais do setor.

Uma grande descoberta

"Desbravar o Bairro da Vila Leopoldina!"

Em 2003, Emilio Kallas entendeu que a zona oeste de São Paulo, mais especificamente a Vila Leopoldina, seria uma área que poderia se desenvolver no aspecto imobiliário. Com olhar visionário, ele então empenhou esforços em busca de boas áreas para construir edifícios.

Inicialmente, idealizava construções mais econômicas, mas entendeu que ali haveria expressiva valorização. Então, redirecionou o projeto, criando um complexo de quatro torres com quatrocentos apartamentos e voltado para as classes média e média-alta.

A área, muito bem-localizada, fica próxima à Universidade de São Paulo e praticamente na divisa das duas vias marginais de São Paulo, a Pinheiros e a Tietê. O posicionamento facilita o acesso para diferentes bairros da cidade ou mesmo para as estradas.

Aos que gostam de momentos e espaço de lazer, recreação e práticas esportivas, próximo dali há o Parque Villa-Lobos. As ruas são também planas, e havia no local grandes indústrias, instaladas em amplas áreas, o que projetava construções com vários blocos e unidades.

Mas, justamente por ser uma região industrial, muitos dos terrenos precisavam ser descontaminados, de acordo com as atividades ali desempenhadas: fábricas de pilhas, produtos químicos e, inclusive, postos de gasolina. Tanto que Emilio adquiriu uma significativa área nas redondezas e, por problema de contaminação, ela só foi liberada para construção em torno de uma década depois, no ano de 2017.

Outro aspecto que exigiu atenção e cuidado extra foi em relação às enchentes e alagamentos da região; para minimizar os efeitos, foram feitos sistemas de "comportas", assim como projetos de construção acima do nível da rua.

Durante a busca pelo terreno ideal, o concunhado de Emilio, casado com a irmã de Helena, apresentou-o a uma família que era proprietária de um amplo terreno de 11 mil metros quadrados na região, localizado na Avenida Imperatriz Leopoldina, ideal para desenvolver um empreendimento.

Depois das apresentações iniciais, as negociações começaram, e os proprietários aceitaram trocar o terreno por um significativo número de apartamentos. Esse modelo de negócio, considerado estrategicamente ideal por Emilio, permite um desembolso menor de dinheiro, embora algumas empresas prefiram a compra da área, sem envolver a entrega de apartamentos.

Assim nasceu o conjunto de prédios Quatro Estações, capaz de impulsionar algumas obras vizinhas paradas ou em velocidade reduzida na Rua Carlos Weber, que veio a se tornar a via mais importante da Vila Leopoldina. Após análises, Emilio modificou todo o projeto em andamento, e o resultado alcançou grande sucesso de vendas.

Em 2005, o Quatro Estações estava totalmente comercializado e com alto grau de satisfação de todos os envolvidos: os compradores das unidades, os parceiros comerciais, os antigos donos do terreno e, claro, a Kallas. Inclusive, alguns integrantes da família proprietária do terreno, e que tinham aceitado apartamentos em troca de suas participações, tiveram problemas financeiros pontuais e procuraram Emilio, que aceitou comprar as unidades, pagando por elas o preço de mercado, ou seja, calculado já com a valorização.

Naquele momento, a Vila Leopoldina já era chamada de "Nova Moema", numa alusão a um dos bairros mais valorizados de São Paulo.

Quando o projeto estava prestes a ser finalizado, Emilio inicia outro arrojado empreendimento, cujo terreno foi adquirido junto à mesma família dona da área em que fora construído o Quatro Estações e que, pelo sucesso da parceria, aceitou novamente receber em troca, além de um montante em dinheiro, parte em unidades construídas.

Realmente, o fato de a Kallas sair na frente com as obras no bairro foi um grande diferencial. Tanto que Emilio deu sequência às aquisições de terrenos na região.

De volta às origens

No ano de 2004, Emilio decidiu fazer uma viagem muito especial com Helena, e que lhe remeteria à essência familiar. Filho de descendentes de libaneses, o casal Kallas resolveu justamente visitar a terra natal dos avós dele.

Assim, a comitiva partiu completa para o Líbano, com cinco pessoas. Cinco? Claro! Ali estavam Helena, Raphael, Thiago, Emilio e... Manira! Emilio sabia o quanto representava para a mãe estar na terra de onde vieram os Rached, por parte dela, e os Kallas, de Jorcelino.

A estada naquele país, que ficou conhecido como Suíça do Oriente, e na capital Beirute, chamada de Paris do Oriente Médio, foi emocionante. Mexeu com os sentimentos de todos, em especial, de Manira e Emilio; quanto a Helena, sabia da importância que aquela viagem tinha para a sogra e o marido.

Durante a turnê, Emilio se encontrou com um primo de Manira no hotel em que estavam hospedados, que lhe deu uma triste notícia: a aldeia em que os Rached viviam fora destruída.

Quanto aos filhos, Thiago e Raphael, cujo aniversário foi comemorado com o pessoal da excursão durante a viagem, divertiram-se muito e nadaram nas águas do Mar Mediterrâneo.

Anos depois, Emilio retornou ao Líbano, dessa vez como membro de uma comitiva, que teve como anfitrião o então prefeito de São Paulo, Gilberto Kassab, também descendente de libaneses.

Destaque na mídia

Aquele ano de 2004 se mostrava realmente especial! Além das alegrias na vida pessoal, a Kallas se posicionava muito bem e recebia expressivos reconhecimentos do mercado.

Muitas foram as premiações conquistadas pela empresa; entre elas, algumas oferecidas pelos principais jornais de circulação do país: pela *Folha de São Paulo*, a Kallas foi eleita a segunda melhor incorporadora e a sétima construtora do estado; já pelo jornal *O Estado de São Paulo*, o *Estadão*, a empresa ficou em nono lugar como incorporadora e em décimo como construtora. Eram posições significativas, levando-se em conta o alto número de empresas do setor em atividade no estado.

A notoriedade da Kallas se dava pela marca que a companhia firmou no segmento, a de produzir com excelência e em expressiva escala; a empresa construía grandes quantidades e altas metragens, um dos critérios para avaliação dos premiados.

Na época, Emilio apostava no segmento de moradias econômicas, porque, além de exigir menor investimento na produção e na negociação dos terrenos, era possível permutar com imóveis, fossem apartamentos já construídos ou unidades no empreendimento que viria a ser iniciado no local.

Tal estratégia foi decisiva para alavancar a Kallas, que continuou a apresentar excelentes resultados no ano seguinte.

Outro talento da família

"Olá, tio Emilio! Eu gostaria de marcar uma conversa com o senhor. Sabe, fui contratado para trabalhar em uma empresa e gostaria de ouvi-lo, de contar com a sua experiência, pois irei me relacionar com importantes executivos da alta gestão."

Para fechar a semana, o ponto alto era o almoço árabe preparado por Manira, quando a família se reunia. Ali todos conversavam, relembravam suas passagens marcantes e divertidas. E quem se deliciava, não só com as comidas da avó, mas também com as conversas, era Conrado Moreira Kallas, sobrinho e afilhado de Emilio e filho de Luiz Roberto.

Além do carinho dos avós, do convívio e das horas que passava com os primos Thiago, Raphael, Tatiana e Juliana (além do irmão Rodrigo), Conrado apreciava se posicionar ao lado do tio Emilio e acompanhar as conversas sempre interessantes dele com o primo Márcio Millani – em especial, quando o tema era futebol.

Aos 20 anos, o sobrinho, mesmo já tendo se aconselhado com o pai, Luiz Roberto, e o irmão, Rodrigo, ligou para Emilio, que prontamente atendeu ao pedido do rapaz e agendou uma visita dele à Kallas já no dia seguinte.

Aquela foi a estreia de uma sequência de encontros e conversas que se sucederam pelos anos seguintes. Em todas elas, Conrado registra como marca a seriedade com que Emilio ouve o interlocutor e a clareza no registro de suas ideias, sempre de forma direta, sem rodeios, trazendo a realidade dos fatos.

Num desses encontros, Conrado expressou ao tio:

– Eu tenho por hábito colocar uma dose de emoção nas minhas decisões. Mas com o senhor aprendi que, em algumas oportunidades, nossa base para a tomada de decisões precisa ser a razão. Isso me abriu a mente, para que eu pudesse enxergar o mundo real, e não o dos sonhos.

Também na fase adulta, Conrado e o primo Raphael se tornaram muito próximos, o que aumentou o número de encontros e contatos com Emilio. Houve época em que eles treinavam juntos pela manhã, bem cedo, e depois os dois iam tomar o café da manhã na casa de Emilio, que também é padrinho de Conrado.

Outro aprendizado que o rapaz traz do convívio é o da conduta:

– Meu tio me ensinou a ser mais organizado e regrado. Ele tem muita força de vontade e disciplina para tudo, seja no trabalho, na alimentação, nos esportes, nos estudos... O tio Emilio é um obstinado, mas sabe encontrar os caminhos certos para alcançar seus objetivos sem ferir os conceitos éticos. Isso explica seu alto grau de aprovação e respeitabilidade.

Um dos hábitos em comum é a relação com os livros:

– Quando estamos na casa do tio Emilio, seja em São Paulo ou nas propriedades de lazer, é certo que ele reserve umas duas horas para ficar no escritório trabalhando ou lendo. Eu também adoro ler, e sempre que apreciamos um livro, temos por hábito trocar indicações das obras.

Emilio foi ainda um bom ouvinte e consultor quando o sobrinho decidiu trabalhar na empresa da família com o irmão Rodrigo que, como já citado, assumiu os negócios num momento delicado e importante:

– O tio Emilio avaliou as dificuldades que o Rodrigo tinha para reconstruir as finanças da empresa e foi fundamental naquele momento. Posso dizer que ele foi um lastro empresarial para assegurar as tomadas de decisões. Isso criou um laço grande de afinidade, inicialmente com o Rodrigo e depois comigo. Sei que o tio Emilio admira o meu irmão, pelo comprometimento e pela postura nas dificuldades que ele enfrentou e venceu, trabalhando de doze a catorze horas diárias. Eles se assemelham na personalidade.

Fomentar o empreendedorismo

"Newton, esteja preparado sempre!"

A frase, bem ao estilo direto de ser de Emilio Kallas, é sucessivamente dita a Newton Ishimitsu, que se aproximou da família em 2005, apresentado pela mãe de um amigo de Raphael. Na época, o garoto cursava o ensino médio no Colégio Bandeirantes, e Newton passou a dar-lhe aulas particulares de física, química e matemática.

Por ser um estudioso da área de Exatas, Newton logo criou afinidade com Emilio, com quem conversava um pouco antes ou depois das aulas de Raphael.

Desde então, Newton seguiu firme ao lado do jovem, acompanhando seus estudos. Primeiro, nos três anos de ensino médio até entrar na Faculdade Mauá. Depois, continuou a lhe dar suporte no curso de engenharia, assim como anos depois no curso de especialização do Insper, na preparação do exame de qualificação para o MBA na University of California, Los Angeles (UCLA), nos Estados Unidos, tornando-se então uma espécie de mentor do rapaz.

Nesse tempo, o instrutor aprendeu a respeitar e admirar Emilio pelos seus conceitos de vida, entre eles, aqueles relacionados aos estudos:

– Esse é um ponto relevante da filosofia do dr. Emilio, o investimento em educação. Ele sempre ressaltou a importância do conhecimento e da qualificação, temas presentes nas nossas conversas – ressalta Newton, que ainda conta com orgulho – A sra. Helena Kallas costuma me dizer: "O Emilio gosta de você pela sinergia que há de ideias".

Determinadas aulas eram ministradas aos domingos, na própria casa dos Kallas. Em algumas oportunidades, quando terminavam os estudos, Emilio estava na sala, lendo ou assistindo a futebol.

Numa dessas ocasiões, Newton foi convidado por Emilio para terminar de ver o jogo do São Paulo Futebol Clube, time do coração de ambos. Eles então passaram a acompanhar juntos a transmissão, quando o professor particular elogiou a qualidade do televisor de tela avantajada, no qual se podiam ver os detalhes das jogadas com grande nitidez.

Pois, ao ouvir aquilo, as palavras proferias por Emilio ficaram marcadas para o professor:

– Sabe, Newton, hoje a minha condição financeira me permite tal conforto. Mas... se eu tivesse que escolher entre ter um televisor deste porte ou investir nos estudos dos meus filhos ou de alguém que precisasse da minha ajuda, certamente eu ficaria com a segunda opção. A primeira definição sempre deve ocorrer pela necessidade básica e principal. E, para mim, os estudos estão entre as prioridades! Aprendi isso com os meus pais, que se esforçaram para nos oferecer os melhores níveis de ensino, e pude confirmar tal fato no transcorrer da vida e prover a mesma condição aos meus filhos.

Estar com Emilio fazia muito bem a Newton, que, na condição de aluno, aprendeu com ele o caminho do empreendedorismo. Emilio cultivou no rapaz uma semente que ele havia plantado há anos, mas que ainda não havia se desenvolvido: a ideia de ter o próprio negócio, uma escola de cursos preparatórios.

Depois de muito incentivá-lo, e de Newton ter se decidido pela abertura da escola de cursos, Emilio alertou:

– Fico feliz e torço para que você tenha muito sucesso. Mas não há triunfo que se viva isoladamente. Por isso, você precisa estar cercado de profissionais bem-preparados. Dessa forma, esteja atento à questão que envolve a sua responsabilidade perante o pessoal que vai trabalhar com você.

Importante obra do governo de São Paulo

Em substituição à Fundação Estadual para o Bem-Estar do Menor (Febem), foi criada a Fundação Centro de Atendimento Socioeducativo ao Adolescente (Fundação Casa/SP) pelo Governo do Estado de São Paulo.

A troca de nome foi oficializada com a Lei Estadual n° 12.469/2006, aprovada pela Assembleia Legislativa de São Paulo em dezembro de 2006. O objetivo da mudança aconteceu pela adequação da instituição dentro daquilo que determinavam o Estatuto da Criança e do Adolescente (Eca) e o Sistema Nacional de Atendimento Socioeducativo (Sinase).

Na época, o governador era Geraldo Alckmin, que assumiu em março de 2001, após o falecimento de Mário Covas, de quem era vice. Alckmin cumpriu o mandato e foi reeleito em 2002, mantendo-se no posto até março de 2006.

Ligada à Secretaria de Estado da Justiça e da Defesa da Cidadania, as unidades da Fundação Casa começaram a ser projetadas e as concorrências públicas lançadas.

Assim que os editais foram disponibilizados, Emilio avaliou e entendeu que valia a pena concorrer para construir algumas das obras. E o plano de negócios deu certo: ele conseguiu vencer três disputas para construir cinco Centros Socioeducativos, nome técnico das unidades da Fundação Casa/SP, sendo duas no município de Cerqueira César e duas em Araras, além do Parque da Juventude, na zona norte de São Paulo, no mesmo local onde antes havia a Febem.

Se tudo correu muito bem nas licitações, construções e entregas dos complexos, o mesmo não se repetiu com os recebimentos. Novamente, a Kallas precisou entrar com ações, dessa vez administrativas, para poder receber uma parte do valor que era devido.

Apoio e ombro amigo

"Márcio, eu sei como é difícil passar por uma separação, ainda mais quando se tem filhos. Vivi isso no início dos anos 1980. Então, quero

dizer que estou à sua disposição para apoio e conversas. E também coloco meu motorista para lhe dar suporte, pois ele pode buscar seu filho, para que vocês fiquem juntos nos dias programados, já que você não consegue sair do trabalho e cruzar a cidade para chegar em tempo hábil de pegá-los."

Realmente, era tudo de que o primo Márcio Rached Millani precisava: sentir-se abraçado e apoiado, como fez Emilio. Ele necessitava de orientação, suporte emocional e também logístico, em especial, para buscar o filho na casa da ex-esposa, que morava bem distante de onde ele trabalhava como juiz no fórum criminal e de onde saía depois das 19h. O motorista de Emilio buscava o garoto e o levava até a casa de Márcio.

Os primos dialogavam bastante; era certo que, além de uma ou outra conversa pontual, eles se encontrassem durante o jantar às quintas e aos domingos na casa de Manira, que adorava receber o filho e o sobrinho, preparando pratos deliciosos.

Também em outros encontros sociais, Márcio constatou o lado agregador de Emilio; era comum que ele chegasse e o primo estivesse numa roda de amigos, e logo este já buscava enturmá-lo, agindo da mesma forma com outros convidados.

Quando estão juntos, Márcio gosta de registrar sua gratidão a Emilio, de quem é também companheiro em algumas viagens:

– Primo, você é muito especial e muito atento aos detalhes. Sempre esteve ao meu lado, nos bons momentos e principalmente quando eu mais precisei de apoio.

E Emilio retribui o carinho:

– Márcio, tenho você na mais alta estima, eu o considero meu irmão. Temos uma relação de empatia desde que você nasceu, e eu tinha 13 anos. O respeito, carinho e admiração que tenho por você são extensivos aos seus pais, que acolheram a mim e aos meus irmãos quando viemos estudar e morar em São Paulo. Admiro sua bondade, amizade e senso de justiça.

Seguir os mesmos passos

Para trilhar o caminho educacional do pai, Raphael Esper Kallas foi matriculado no qualificado Colégio Bandeirantes. Mas a juventude e a inexperiência fazem com que os jovens percam o foco dos estudos, e foi o que aconteceu com Raphael.

Convites para sair com os amigos, festas, namoricos... e, assim, Raphael teve uma piora nas notas. A maior dificuldade dele era saber dizer "não" para as tentadoras atividades propostas pela turma. Por isso, ele dormia pouco, e ficava difícil estudar e prestar atenção nas aulas. Pelo alto nível de exigência do colégio, no segundo ano do ensino médio, como se costuma dizer, ele passou raspando nas notas mínimas exigidas.

Isso valeu uma sequência de conversas com Helena e Emilio, que foi bem claro e transparente nas mensagens:

– Raphael, precisamos encontrar o equilíbrio entre vida pessoal e profissional ou, no seu caso, educacional; entre o convívio social e o trabalho ou os estudos. Se um estiver mais pesado do que o outro, a balança desnivela.

Os diálogos que Raphael mantinha com Emilio o faziam entender que o rumo que ele vinha trilhando não era o ideal. O jovem cursaria o terceiro e decisivo ano e estava prestes a buscar entrar na faculdade; a se tornar um graduando e também a logo já pensar em começar a trabalhar na Kallas.

Uma das explicações e exemplos sobre o equilíbrio do qual o pai falava e que mais impactava Raphael era:

– Se você sente vontade de comer um chocolate, pegue a caixa e coma um ou dois bombons. Não precisa comer a caixa inteira, pois não lhe agregará nada. Ao contrário, dará mal-estar, você vai ficar desconfortável e arrependido de ter cometido um excesso desnecessário. E, com o exemplo, Emilio chegou aonde queria: – Então, Raphael, assim como você não precisa se esbaldar com chocolates, também não deve ir todos os dias a festas.

As falas do pai sempre tiveram um tom professoral, de transmitir aprendizado. Era assim que Helena e ele buscavam educar os filhos, que sempre tiveram suas mesadas, para aprender a administrar o dinheiro. E se a verba acabasse? Aí... era preciso esperar virar o mês para receber o novo valor mensal. Dinheiro extra ou reforma na mesada? Nem pensar! O objetivo de fazer com que os filhos administrassem o dinheiro era um modelo de educação financeira.

No dia a dia, Emilio também mostrava a importância de evitar o desperdício, fosse em gastos ou no consumo. Certa vez, eles estavam num restaurante, já quase solicitando ao garçom a conta, que antes de pagar Emilio passava aos filhos para que conferissem o valor, quando Raphael, mesmo tendo o copo ainda cheio de água, pediu uma nova garrafa. Emilio o alertou, dizendo:

– Raphael, graças a Deus temos condições de comprar e tomar quantas águas quisermos, mas o ideal é que, antes de ter pedido uma nova garrafa de água, você terminasse de tomar a que estava no seu copo. Depois disso, talvez você não tivesse a mesma disposição de beber mais nada, pois estaria satisfeito. Então, não aja por impulso, e sim com critério e inteligência.

Como nessa passagem, sempre que havia possibilidade, Emilio transmitia aprendizados que Raphael, assim como Thiago, foram absorvendo e aplicando em suas vidas pessoais e profissionais. Por isso, Emilio aprecia afirmar:

– Tenho três filhos: Thiago, Raphael e a empresa!

Em relação aos estudos, dentro do dito popular, a ficha do garoto caiu. Ele então passou a dedicar-se mais às aulas e aos estudos, e saía com os amigos na medida do possível. Resultado: as boas notas voltaram, e ele percebeu o tempo que havia perdido por não ter se esforçado o suficiente. Mas a pouca idade conspirava a favor dele.

Toda a dedicação o levou a entrar na Faculdade Mauá de Engenharia. Já no primeiro ano, Raphael iniciou na Kallas; estudava pela manhã e cumpria expediente à tarde numa obra da empresa que havia perto da Mauá. No segundo ano, o trabalho tornou-se ainda mais interessante, pois ele passou a dar expediente na obra supervisionada por um dos experientes engenheiros da Kallas, e ali aprendeu como se relacionar com aqueles que compõem o mundo da construção civil: os profissionais das obras e os prestadores de serviços.

Ainda nesse período, Raphael voltou a relaxar nos estudos, fato que o fez repetir o terceiro ano, ficando em dependência ou DP em três matérias, quando o máximo permitido eram duas.

A um alto e dolorido custo, ele fez uma autoanálise: "Estou atrasando a minha vida. Fiquei em dependência de três matérias por falta de entrega dos trabalhos, de empenho e dedicação".

O rapaz refez o terceiro e depois o quarto e quinto anos, saindo-se muito bem e encontrando o equilíbrio tão comentado pelo pai.

Às vezes, Raphael chegava em casa e dizia que estava cansado. Emilio não baixava a guarda e o alertava:

– Pode parar com esse papo furado! Ao invés de ficar reclamando que está cansado, melhor você ir dormir e se recuperar, para que amanhã tenha um dia produtivo. Imagine então quem acorda às 4h, 5h, para pegar o transporte público e ir trabalhar... Às vezes, você vira a noite estudando. Pois eu fazia isso diariamente e, além da faculdade, ainda dava aulas particulares e no cursinho, inclusive aos fins de semana, para poder ganhar um dinheiro extra.

Emilio respirou fundo, como se aquilo tivesse mexido emocionalmente com ele, e prosseguiu:

– Fico feliz que você tenha construído tantas amizades no colégio e na faculdade, e que consiga conviver com sua turma. Eu, nessas mesmas épocas, tive poucos amigos, sendo que com alguns deles mantenho contato até hoje, pois vivia sozinho em São Paulo e sempre tinha alguma tarefa ou atividade a realizar – contou Emilio, mostrando assim ao filho a carga pesada que teve de carregar.

Mas, sobre a faculdade, havia um impasse: ao final do curso, Raphael se questionava sobre o real interesse em seguir na Engenharia Civil, algo que não o encantava tanto quanto ao pai e ao irmão, e pensava se deveria especializar-se na área de finanças.

Ao conversar com o filho e tomar conhecimento da situação, Emilio fez com que Raphael circulasse pelas áreas da empresa. Assim, depois de três anos atuando nas obras, ele foi transferido para a área financeira e, na sequência, para a de projetos de engenharia e depois de planejamento, recursos humanos, contabilidade, incorporação...

Uma experiência riquíssima que abriu a mente de Raphael e o fez percorrer setor por setor, para entender o modo de funcionar da Kallas.

A relação com o Secovi

Algumas das principais entidades do setor imobiliário são o Secovi (Sindicato das Empresas de Compra, Venda, Locação e Administração de Imóveis Residenciais e Comerciais – com unidades espalhadas por vários estados, como São Paulo), Fiabci-Brasil (Capítulo Brasileiro da Federação Internacional das Profissões Imobiliárias) e Sinduscon (Sindicato da Construção Civil – também com unidades estaduais).

Entre as entidades, Emilio passou a ser assíduo do Secovi, mas foi com um dos executivos do mercado, da empresa Gomes de Almeida Fernandes, e associado do Sinduscon, Odair Garcia Senra, com quem o empresário mantinha amizade já há alguns anos.

Odair participava de reuniões com o próprio Emilio e outros diretores da Kallas, que discutiam o setor, sendo que ele mesmo chegou a presidir o Sinduscon.

Atento ao mercado, esse executivo cultiva há tempos admiração pelo desempenho da Kallas, assim como pelos conceitos técnicos e éticos de Emilio, a quem assim avalia:

– Uma incorporadora como a que o Emilio criou e que se desenvolve e reinventa constantemente transmite grande segurança e garante conforto, tanto para o setor quanto para quem negocia o terreno ou compra os imóveis. Ele é muito sério, e sua metodologia de trabalho concilia agilidade e qualidade, estando continuamente muito atento aos custos envolvidos. A Kallas é uma empresa familiar e profissional.

* * *

"Ely, nós temos identidade de opiniões."

Foi assim que Emilio Kallas expressou a Ely Wertheim, diretor da Luciano Wertheim Empreendimentos Imobiliários, empresa fundada pelo pai dele, a similaridade de pensamentos constatada nos encontros que eles tinham no Secovi.

O convívio e relacionamento entre eles se estreitou com o tempo, sempre tendo como elo a defesa do segmento e dos associados do Secovi.

Mesmo com comportamentos e partindo de conceitos semelhantes, por vezes as apreciações divergem, mas pela franqueza e respeito mútuo, tudo sempre foi definido entre eles com um debate salutar em prol das causas discutidas.

Durante os anos, eles ocuparam postos significativos na entidade, nas diretorias, e Ely Wertheim veio a assumir a Presidência Executiva do Secovi.

* * *

"Olá, Emilio, é um prazer conhecê-lo. Acompanhamos você, engenheiro e professor da Poli, e sua crescente atuação e participação no mercado. Seja bem-vindo. Contamos com o seu conhecimento sobre construção e incorporação no Secovi."

A calorosa receptividade foi feita na primeira metade dos anos 2000 por João Crestana e Paulo Germanos, engenheiros bastante participativos e que presidiram o Secovi. Germanos comandou a entidade de 1978 a 1981 e, ao lado dos irmãos, dirige a empresa do setor imobiliário da família, criada em 1966.

Como grande referência do setor por sua história, Paulo Germanos, um incentivador da renovação das lideranças, colaborou para que Emilio se sentisse literalmente em casa:

– Desde a chegada dele, o Emilio entrou no clima do Secovi. Atuamos como uma família imbuída de fazer o melhor pelo nosso setor. Aqui, os associados se estimam e se respeitam. A história do Emilio, excelente amigo, pai de família e empresário, conquista a todos nós.

* * *

Como membro do Secovi, Emilio Kallas participou, junto ao governo federal, das discussões do modelo de criação do Regime Especial de Tributação (RET), com aplicação voltada às incorporações imobiliárias que teve aprovação final do Ministério da Fazenda e foi instituído pelo art. 1º da Lei nº 10.931, de 2 de agosto de 2004.

O sistema mostrou-se altamente viável e combativo à sonegação, pois criava um imposto de 4% sobre o valor da obra. Por exemplo, um empreendimento de 100 milhões de reais gera um imposto de 4 milhões. O RET incide individualmente sobre cada projeto específico.

Um colaborador conterrâneo

"Mas que coincidência, Ronaldo! Ambos somos de Passos. Guardo nessa cidade as melhores lembranças da minha infância e parte da adolescência. Mas logo fui estudar em Franca e depois em São Paulo, e só ia a Passos para ver meus pais nas férias e feriados."

Assim Emilio recepcionou Ronaldo de Moraes Silva, engenheiro contratado para trabalhar na Kallas, que ficou igualmente surpreso.

Ronaldo sabia da importância da Kallas por indicação de um amigo, mas não chegou a conhecer Emilio nem seus pais e irmãos em Passos. Ele estudou e se formou em engenharia no município mineiro, onde conheceu alguns parentes do empregador, pois o sobrenome Kallas é tradicional na cidade mineira.

Após se formar, em 2000, Ronaldo trabalhou, entre idas e vindas, por cinco anos numa construtora de Passos. De lá, seguiu para outra empresa no interior de São Paulo, onde ficou por três anos.

Até que, em 2006, iniciou na Kallas como engenheiro responsável pelas obras e pelo gerenciamento da equipe, composta por mestre de obras, profissional da área financeira, almoxarife e encarregado.

Mas o primeiro contato na Kallas foi com Roberto Gerab, diretor-executivo na época, que o recrutou. Após um mês a trajetória de Ronaldo na empresa quase foi interrompida.

Quem mudou essa escrita foi Emilio, conforme conta com gratidão o próprio Ronaldo:

– Depois de um mês que eu estava em São Paulo, meu filho recém-nascido ficava resfriado com frequência. Foi quando recebi um convite para trabalhar pela terceira vez na construtora de Passos. Minha esposa aprovou a possibilidade. Eu fui conversar com o Gerab e disse que em trinta dias me desligaria da Kallas. Próximo de vencer o prazo, o dr. Emilio me chamou na sala dele e conversou comigo. Expliquei os motivos da minha saída, mas ele me disse: "Repense a sua decisão, Ronaldo. Aqui você terá muitas oportunidades. Aliás, as mesmas que meus filhos Thiago e Raphael. Particularmente, gostaria de contar com você no nosso time".

Ronaldo conta então aquilo que o fez mudar de ideia:

– Pela sinceridade, humanismo e transparência do dr. Emilio, decidi ficar e constituí minha carreira na Kallas, com evolução profissional gradativa.

Nesse momento decisivo, ele entrou e colocou seu ponto de vista com a firmeza e a franqueza de sempre:

– O dr. Emilio é um homem justo, e de fato eu recebi na empresa as mesmas oportunidades que os dois filhos dele.

Abrir as portas

"Juliana, nesse momento da sua trajetória, durante a faculdade, sugiro que você faça estágio em alguma empresa importante do mercado que não seja a Kallas. Assim você ganha experiência e, certamente, poderá fazer parte do nosso time no futuro."

A sobrinha Juliana Kallas Nassif, filha de Marcia, cursava Arquitetura quando teve uma conversa com o tio. Ao propor que Juliana estagiasse fora da Kallas, ele também já havia feito uma consulta ao amigo de outra destacada construtora, que sinalizou favoravelmente para que ela iniciasse na empresa. A jovem então se apresentou e foi contratada pela companhia.

Naquele provérbio: "Dê a uma pessoa um peixe, e ela se alimentará por um dia. Ensine-a a pescar, e ela se alimentará por toda a vida", parece que Lao-Tsé, importante filósofo da China antiga, escreveu justamente para apresentar o jeito Emilio Kallas de ser. O empresário enxerga as pessoas, suas necessidades e potencialidades, extrai o melhor de cada uma delas e abre-lhes as portas.

Realmente, Juliana se formou e se desenvolveu profissionalmente, como previra Emilio. Enquanto a moça cursava o mestrado, ele até tentou depois trazê-la para a Kallas; mas a arquiteta preferiu seguir carreira solo, especializando-se em paisagismo, e passou a prestar serviços para empresas – entre elas, a Kallas.

Emilio respeitou e incentivou a decisão da sobrinha. Como forma de ajudá-la, cedeu-lhe uma sala na sede da Kallas para que ali montasse seu escritório.

A confiança profissional de Emilio em Juliana é grande, tanto que ela desenvolveu o modelo de paisagismo para a casa dele; tempos depois, o tio a levou para participar das reuniões e dos projetos no Secovi, onde ele veio a assumir uma das vice-presidências.

E a sobrinha preza bastante a crença nela depositada:

– Trabalhar com o tio Emilio é enriquecedor! Se ele confia em você, distribui funções e atividades e o deixa livre para desenvolvê-las, colocando-se ao seu lado, mas cobrando resultados.

Juliana ressalta ainda outras qualidades e características do tio:

– Ele tem uma inteligência diferenciada e clareza nas ideias, além de ser muito organizado e focado. É bem atento e está constantemente em busca de novidades. Aprendemos muito no convívio com o tio Emilio. Além de ter um coração enorme, pois sempre nos ajudou bastante e, inclusive, me presenteou com a festa de casamento, por entender ser aquele um dos mais importantes momentos da minha vida.

Em prol do bem comum

Ainda na primeira metade dos anos 2000, uma das entidades frequentadas por Emilio Kallas, e da qual se tornou diretor, era a Associação para o Progresso de Empresas de Obras de Infraestrutura Social e Logística (Apeop).

Durante as reuniões na entidade, Emilio conheceu o economista Celso Luiz Petrucci. Ali, ambos debatiam com o grupo sobre o setor e a economia do país como um todo.

Além do modelo de atuação do empresário, Celso admirava o fato de Emilio ser titulado como mestre e doutor, e de ter ministrado aulas como professor da Poli, posição respeitável.

Também com o convívio, o economista pôde conhecer ainda mais o lado empresarial de Kallas, as obras realizadas por sua empresa e a forma clara e didática de explicar, negociar e transmitir os conceitos nos quais ele acredita.

Anos depois, eles tiveram uma maior proximidade quando ambos atuavam no Secovi; nas reuniões, ficava registrado o forte conhecimento e percepção que Emilio tem do mercado, conforme explica Celso:

– O Emilio é um empresário privilegiado, por conhecer a fundo aquilo que faz e saber captar e qualificar as informações que recebe. A junção desses fatores se torna um grande diferencial de desempenho no setor. Acrescento ainda a clareza e a sinceridade naquilo que ele transmite nas reuniões que temos com os empresários do segmento. E destaco os alertas importantes dados por ele, em especial, nos momentos mais críticos, como o cuidado com as taxas de juros, os distratos, o caixa, a concorrência alta, entre outros.

O que é certo, é certo...

"Getúlio, o dr. Emilio que falar com você. Posso passar a ligação?"

O telefonema de Marly Melo Pereira, assessora de Emilio Kallas, deixou Getúlio Teixeira Khaunis bastante preocupado. Não que ele tivesse algo a temer, mas um mal-entendido ocorrido numa das obras, no final de semana, precisava ser esclarecido.

Ele havia iniciado na Kallas em 2001, como estagiário na obra Altos do Butantã Clube; perto dali havia outro empreendimento da Kallas, o Home Life, e como o engenheiro que cuidava do projeto se desligara da empresa, Getúlio assumiu o lugar dele.

Nessa época, ele saiu da companhia e retornou tempos depois como engenheiro, assumindo os trabalhos num empreendimento iniciado pela Kallas na Rua Carlos Weber, onde seriam construídas três torres.

Até então, os contatos com Emilio eram pontuais. Mas, com aquela ligação de Marly, certamente haveria uma conversa mais prolongada.

O motivo? No empreendimento que Getúlio comandava naquele momento, o Terraços do Alto da Lapa, que nasceu como Mirante Carlos Weber, ele havia dado uma orientação à equipe de segurança:

– Fora do horário de expediente, não deixe ninguém entrar. De qualquer forma, caso alguém apareça e queira visitar a obra, me ligue para informar!

Era um sábado à tarde... Naquele dia, Getúlio estava numa reunião com amigos num sítio, onde o sinal do celular não pegava. Ao mesmo tempo, uma pessoa apresentou-se como Emilio ao segurança de plantão do Terraços do Alto da Lapa, dizendo que gostaria de ver como andavam os trabalhos. Era comum que, aos fins de semana, Emilio visitasse as obras.

O guarda, fiel à ordem dada, disse:

– Sr. Emilio, fui orientado pelo engenheiro Getúlio a não deixar ninguém entrar sem consultá-lo, ainda mais fora do horário comercial. De qualquer forma, vou pedir autorização a ele.

Pacientemente, Emilio aguardou a tentativa de contato do guarda com Getúlio. Como ele não conseguia completar a ligação, o homem não teve alternativa a não ser cumprir a determinação:

– Peço que me desculpe, mas não estou conseguindo falar com o dr. Getúlio e, dessa forma, não posso deixar o senhor entrar.

Havia um certo humor na situação: um funcionário que não deixava o dono da empresa, que paga o salário dele, entrar na obra que ele próprio financia... Diante da situação, Emilio agradeceu ao profissional pela atenção, despediu-se e foi embora sem contestar ou entrar na obra.

Na segunda-feira cedo, assim que chegou ao empreendimento, o rapaz contou em detalhes o ocorrido a Getúlio, dizendo:

– Ele se apresentou como Emilio, a placa do carro era ETR... – e terminou a explicação.

ETR eram as iniciais dos nomes de Emilio e dos filhos, Thiago e Raphael.

Retomando a ligação de Marly, Getúlio confirmou que poderia falar, e ela então colocou o patrão na linha.

Depois das apresentações iniciais e antes mesmo de que Getúlio conseguisse se desculpar pelo ocorrido, para amenizar a "bronca" que ele imaginou que receberia, Emilio disse:

– Getúlio, quero parabenizar você pela determinação dada e, em especial, o nosso funcionário, que cumpriu fielmente a orientação recebida. É certo que, por segurança, não se pode deixar que qualquer pessoa que não esteja autorizada tenha acesso ao interior das nossas obras. Então, a Marly falará com você depois. Quero presentear o profissional que me barrou; daremos a ele um bônus financeiro pela firmeza com que agiu e educação com que controlou a situação, cumprindo com excelência o trabalho dele.

Ao final da ligação, Getúlio sorriu aliviado e logo foi contar ao guarda, parabenizando-o e reproduzindo a conversa que tivera com Emilio. E, claro, dando-lhe a boa notícia e contando-lhe sobre o prêmio que receberia.

O arranha-céu Sky House

Bairro da Vila Leopoldina... O próspero bairro da Vila Leopoldina, que Emilio começara a desbravar em 2003. Depois do grande sucesso do empreendimento Quatro Estações, o engenheiro parte com a Kallas em 2006 para um novo projeto: o Sky House.

Como parceiro, ele teve o mesmo grupo familiar que era proprietário do terreno onde o Quatro Estações foi construído. Na nova área, funcionava uma fábrica da família; aliás, na região havia muitos galpões de empresas que, em função da valorização imobiliária (pois o bairro passou a ser de classe média alta), começaram a mudar suas instalações para outras localidades.

O espaço cedido, em torno de 9 mil metros quadrados, ficava na Rua Carlos Weber, número 663, considerada já a mais nobre da Vila Leopoldina. Havia muitas outras construtoras e incorporadoras de olho no local para desenvolver um projeto imobiliário, mas Emilio levou a melhor.

Por que ele foi o escolhido pelos donos do terreno? Pela idoneidade e seriedade com que conduziu o primeiro projeto. Então, os proprietários seguiram aquela velha máxima: "Em time que ganha, não se mexe".

As condições de compra foram as mesmas do modelo anterior: uma pequena parte em dinheiro e alguns apartamentos.

Naquele terreno, Emilio idealizou um empreendimento de aproximadamente 55 mil metros quadrados de venda. Seriam duas torres, totalmente legalizadas e aprovadas pela prefeitura de São Paulo, assim divididas: Torre Top House, com 40 andares, sendo dois apartamentos em cada e a cobertura triplex; e Torre Upper House, com 39 andares e quatro apartamentos por pavimento, sendo a cobertura duplex.

Na mesma época, algumas construtoras abriram o capital, aderindo ao IPO – *Initial Public Offering*, ou "Oferta Pública Inicial". Entre elas, as empresas EZTec, MRV, Rossi, Cyrela... um caminho que a Kallas estava pronta igualmente para seguir. Para cuidar do processo, foram definidos um banco privado – a instituição *Credit Suisse* – e um destacado escritório de advocacia, o Machado Meyer Advogados.

Aliás, nesse período, um dos consultores "sugeriu" a Emilio:

– Mude o escritório da Kallas para a Avenida Faria Lima.

Educadamente, Emilio ouviu a "orientação" e mostrou o caminho:

– Claro... me arrume um bilhão de reais que eu me mudo para um belo prédio da Faria Lima. No nosso escritório está a nossa essência. As pessoas vêm aqui, sentem-se à vontade e elogiam o local. Esqueça essa ideia!

No entanto, o projeto foi lançado, as obras foram iniciadas e as vendas iam maravilhosamente bem. Em apenas dois meses, dos 228 apartamentos distribuídos nas duas torres, 177 já haviam sido vendidos; ou seja, quase 80% das unidades. Quanto ao financiamento, já estava contratado.

Tratava-se de uma obra icônica, com dois edifícios de 39 e 40 andares, iniciada com a concretagem do bloco de fundação que exigiu uma técnica especial, com a utilização de gelo. Era um sistema de construção tão inovador que vários profissionais de outras construtoras foram visitar e conhecer a obra e as técnicas utilizadas.

Os apartamentos apresentavam excelente nível e alta valorização. Tudo caminhava favoravelmente. Emilio estava empolgado com a grandiosidade do projeto.

Por que o Sky House era carinhosamente chamado de arranha-céu? A explicação é óbvia: com a grandiosidade das torres, aquele se tornaria o mais alto edifício residencial de São Paulo e um dos maiores do Brasil!

Estávamos em agosto de 2006. Como Emilio aniversariava no dia 30 daquele mês, ele estava em sua sala, muito feliz com o momento profissional que vivia, e conversava por telefone com Helena, que propunha a ele uma festa comemorativa pelos seus 56 anos.

Enquanto eles conversavam, Emilio ouviu repetidas batidas na porta. Aquilo o preocupou. Ele então se despediu de Helena e autorizou a pessoa a entrar.

Era o diretor técnico da Kallas. A fisionomia tensa e preocupada do homem em nada agradou a Emilio. Ali começava um verdadeiro teste de ferro para quem se autodefinia como uma pessoa estoica!

capítulo 3

Fazer do limão uma limonada

Ser mais estoico do que nunca

Reverter o embargo e a suspensão do alvará de construção do Sky House exigiria utilizar todos os elementos, bem como grande inteligência técnica e emocional, em benefício próprio: com o "fermento", preparar uma boa receita; abrir mão de ser ansioso; ser forte e decisivo; saber como utilizar-se de todas as ferramentas na defesa dos próprios direitos... ser estoico!

O primeiro passo era se inteirar da situação. Imediatamente, o departamento jurídico da Kallas foi acionado para saber os motivos que haviam levado ao embargo.

Depois das averiguações, a situação ficou clara: as "denúncias" tinham partido dos moradores do prédio que ficava ao lado, incomodados pela possibilidade de ter como parte da vista de suas varandas o Sky House; um deles, funcionário público, pedia uma indenização de altíssimo valor.

Inclusive, os moradores acionaram a Organização Não Governamental (ONG) Movimento Defenda São Paulo, associação civil de direito privado, sem fins lucrativos, em atuação informal desde 1983, mas constituída oficialmente em julho de 1993.

Como forma de entender melhor a situação e chegar a um acordo, uma reunião entre os dirigentes da Kallas e da ONG foi marcada. Muito se conversou e debateu, a documentação oficial da obra foi apresentada, para confirmar a legalidade do empreendimento, mas não se chegou a um consenso.

Dias depois do encontro, a Kallas foi acionada pelo Ministério Público, pois a associação questionava os motivos de a prefeitura paulista ter aprovado o projeto e a construção das torres. Tal situação, naturalmente, levaria à paralisação dos trabalhos.

Preocupado, Emilio ativou os parceiros que atuavam na abertura de capital e determinou:

– Vamos recuar. Em função de problemas com uma das nossas obras, prefiro que deixemos o IPO para um outro momento.

Mais um efeito danoso daquilo que Emilio entendeu ser uma injustiça, pois a Kallas possuía toda a documentação regulamentada.

Outro aspecto relevante e que deveria ser levado em consideração: a paralisação das obras representava um significativo prejuízo de várias frentes. Os compradores começaram a devolver as unidades e a propor distratos, sendo que a todos eles Emilio devolveu o dinheiro investido e corrigido com juros de 1% ao mês; havia contratos com parceiros comerciais que prestariam serviços no Sky House; era preciso pagar os salários dos funcionários, contornando a tensão criada devido à insegurança da situação, entre outros desconfortos, como recuar do IPO, o que injetaria um importante dinheiro na Kallas, impulsionando o crescimento da empresa.

Como investimento, a Kallas já havia gastado em torno de quatro milhões de dólares entre a montagem e decoração do estande de vendas, a publicidade e parte das fundações.

Na época, Emilio avaliou:

– Uma liminar na nossa área é uma sentença de morte; um juiz dificilmente tem a noção do que representa interromper uma obra e, possivelmente, imagina de forma equivocada que depois de seis meses ou um ano tudo continua igual.

E qualificou assim a decisão do embargo:

– Paralisar as obras provocaria uma perda substancial e injusta. Comparativamente, seria como construir um castelo que de repente desmorona. Não foi um equívoco de negócio. O juiz responsável recebeu um processo, assim como tantos outros, e "simplesmente" decidiu brecar a obra enquanto estudava o caso.

Emilio enumera então alguns dos efeitos, que são vários:

– Os compradores, 177 ao todo, a princípio ficaram do lado da construtora, mas depois começaram a repensar a posição, e alguns pararam até de pagar, pois o apartamento tão sonhado estava, na visão deles, em risco; outros compraram a cobertura, porque é no 40º andar, mas, quando comentamos a possibilidade de rever o projeto, acabaram desistindo; os vizinhos ficaram preocupados; a obra e os materiais adquiridos deterioram; quando há financiamento, as prestações continuam a ser cobradas; os funcionários sentem o emprego em risco... cria insegurança em todos os lados!

Muitos foram os desconfortos, e Emilio precisava estar fortalecido, emocional e financeiramente. Isso porque continuava a arcar com os pagamentos e também com as devoluções daqueles que optavam pelos distratos. Ele se mantinha forte, mesmo estando bastante aborrecido. E assumiu diretamente a solução do problema, conversando com os clientes descontentes e seus representantes jurídicos.

Mesmo assim, na "luta de braço" que se armou pela retomada dos trabalhos, a Kallas não conseguiu ganhar espaço. Nem mesmo a participação do Secovi resolveu; inclusive, na avaliação de Emilio, a entrada da entidade poderia ter sido mais efetiva, tanto que passou a frequentá-la e a participar da diretoria, para contribuir na luta e preservação dos direitos dos associados.

Como se diz: "Se o plano A não funciona, vamos partir para um plano B". Reunido por seguidas vezes com sua equipe, na qual havia integrantes das áreas jurídica, financeira e técnica, Emilio avaliava as opções e os aspectos apresentados, sendo todos debatidos minuciosamente.

O amigo e advogado Tácito Barbosa Coelho Monteiro Filho foi importante consultor no período. O executivo da Kallas, Roberto Gerab, e o primo Márcio Rached Millani, idem. Eles estudavam as saídas possíveis até tarde da noite, mas juridicamente não havia muito o que fazer.

Qualquer movimentação legal, para apresentar um novo caminho à ONG e ainda aguardar a resposta, além do parecer do Ministério Público, levaria no mínimo seis meses.

Amigos do mercado também procuraram ajudar com conversas e sugestões. Emilio empenhava-se na busca pela melhor solução, mas o Ministério Público e a ONG jogaram duro; não queriam acordo e chegaram até a sugerir que Emilio doasse o terreno, avaliado na ordem de 32 milhões de dólares.

Emilio também nada conseguia junto à Prefeitura Municipal de São Paulo (PMSP), onde buscava um apoio mais efetivo. Apesar do interesse do prefeito Gilberto Kassab para que o caso fosse resolvido a contento para as partes, o secretário de habitação da época não dava abertura para uma troca de projetos e dizia:

– Pela prefeitura, está tudo certo. O projeto está aprovado.

Já o engenheiro Claudio Bernardes, bastante atuante no setor da construção civil, inclusive no Secovi, que veio a presidir em 2012, buscou interceder como pôde. Ele participou das reuniões de Emilio com o arquiteto e o urbanista Candido Malta Campos Filho, fundador da ONG Movimento Defenda São Paulo e que assessorava o caso, nas quais o prosseguimento das obras do Sky House era discutido.

A partir daquele momento, como já dito, Emilio também passou a participar mais ativamente do Secovi, entendendo a importância de estar reunido com os grandes *players* do setor.

Após meses sem conseguir derrubar a suspensão do alvará e o embargo, e várias discussões em torno do tema, Emilio conseguiu fechar um acordo, reduzindo a altura dos edifícios no projeto para aquela já existente em toda a Rua Carlos Weber. A nova proposta apresentava dois blocos de 28 andares, com quatro apartamentos por pavimento. Comprometeu-se ainda a arcar com possíveis prejuízos e, inclusive, com os honorários do advogado da associação.

Assim como já acontecera logo que surgiu o embargo, o pessoal do plantão de vendas da Kallas, bem como todo o corpo jurídico, estava à disposição dos já compradores ou daqueles que tinham interesse em adquirir unidades do empreendimento, buscando esclarecer possíveis dúvidas sobre o complexo e a mudança no projeto. O próprio Emilio participou de algumas das tratativas.

A nova estratégia surtiu efeito positivo para que, em 2007, depois de mais de seis meses de paralisações, as obras do Sky House pudessem ser retomadas pela Kallas. Mas os responsáveis pela aprovação na prefeitura questionaram os motivos que levaram ao embargo, entendendo que o projeto em nada interferia ou agredia qualquer situação imposta legalmente, dizendo:

– Não há explicação! Está tudo regulamentado e dentro da lei.

Nesses meses em que os trabalhos na obra foram paralisados, houve representativa valorização imobiliária na região. Ou seja, o metro quadrado daquele trecho da Vila Leopoldina teve elevada alta de preço. Era mais um ponto em favor da Kallas.

Sendo assim, mesmo com a redução de andares e com os distratos, o resultado do Sky House apresentou importante lucratividade; foram construídos 224 apartamentos e toda a estrutura do empreendimento em mais de 60 mil metros quadrados. As unidades que Emilio recebeu de volta, pagando aos compradores por elas, ganharam expressiva valorização; alguns até quiseram recomprá-las, pagando valores bem diferentes daqueles acordados tempos antes, devido à alteração dos preços de mercado. A valorização alcançou de 50% a 150% do valor inicial, de acordo com a unidade e o tempo de aquisição.

Apesar da solução encontrada e até do favorável retorno financeiro, pois o empreendimento gerou 160 milhões de dólares em vendas, foram tempos difíceis e que Emilio assim avalia:

– Isso marcou muito a mim e à Kallas. Vivi momentos de grandes dúvidas. Eu tinha dificuldades para dormir e, após poucas horas de sono, acordava com sentimento de ter sido injustiçado. Mas logo eu me recompunha, para viver o dia em busca das soluções. Trabalhamos com força, e tive bastante apoio integral, principalmente da minha família e do pessoal do mercado, que se solidarizou conosco. E, com a Graça de Deus, tudo terminou de forma favorável.

Mas o que realmente deixou Emilio incomodado, mesmo com a solução satisfatória, foi o recuo no IPO:

– Com todo o imbróglio causado, a Kallas não teve como abrir o capital. Algumas empresas sérias que abriram o capital naquela época expandiram seus limites e se impuseram no segmento. Tenho a certeza de que, se tivéssemos avançado com o IPO, seguiríamos a mesma cartilha da seriedade.

Como em tudo que acontece na vida pessoal e profissional de Emilio, ele busca tirar proveito e aprendizados das conquistas e dos obstáculos. E com esse processo não foi diferente:

– Desse período eu saio com a convicção de continuar a produzir sempre o melhor e mais qualificado empreendimento. Em relação ao Sky House, fiz grande aporte e, como se diz popularmente: "Coloquei muitos ovos numa mesma cesta". A partir dessa experiência, jamais iniciei um projeto que fosse superior a 10% do meu potencial de investimento.

* * *

Apesar do ocorrido com o Sky House, o ano de 2006 deixou para Emilio a certeza de que ele atuava da forma correta e de que a Kallas já era reconhecida como uma expressiva empresa do mercado.

Ao final da temporada, a empresa foi ganhadora do Prêmio Top Imobiliário, organizado pelo jornal *O Estado de São Paulo*, como construtora e incorporadora.

A condecoração foi entregue no ano seguinte, em um belo evento.

A importância do apoio familiar

Certamente, para se sentir fortalecido, além da garra e do conhecimento, Emilio contava com a grande força da família.

A esposa Helena foi incansável no apoio e nas trocas com o marido; era com ela que ele desabafava na sala, depois do jantar, em diálogos reservados. A conversa continuava na madrugada, pois eram muitas as noites mal ou nem ao menos dormidas. Eles se sentavam na cama e ficavam por horas falando um com o outro. Emilio se sentia magoado pela injustiça. O futuro da Kallas estava em jogo; na verdade, era uma vida inteira em jogo.

Ele dizia:

– Parece que estamos numa terra sem lei. Aliás, não há uma lei que possa nos defender e que reforce que estamos legalmente corretos. Sinceramente, me preocupa a situação financeira. Mas, independentemente do desfecho, sei que tenho condições de arcar com as despesas e, se for o caso, recomeçar!

Helena fazia suas observações, mas via o marido abatido, num aspecto diferente daquele que ele procurava demonstrar em público.

Os filhos eram outro ponto de apoio. O mais velho, Thiago, já vivenciava internamente na Kallas os efeitos da situação. E num daqueles finais de tarde, Emilio fez uma confidência ao filho, que serviu de aprendizado:

– Thiago, alguns dos meus amigos empresários não tiveram estrutura emocional e, às vezes, financeira para superar e vencer as situações difíceis. Nessas horas, temos que estar mais fortalecidos do que nunca!

Aquilo sensibilizou o rapaz, que se manteve atento para receber do pai o aprendizado que pode ser comparado à cereja do bolo:

– Outra lição que aprendi na trajetória empresarial: a de saber ganhar, mas também perder. Ser empresário é saber ganhar o máximo que você pode quando o mercado está indo bem; e nas situações em que tudo se inverte e os negócios estão em baixa, ser empresário é saber que essa é a hora de possivelmente perder dinheiro e estrategicamente minimizar ao máximo tais perdas.

Daquela conversa, Thiago saiu com uma linha de conduta; pois, na Kallas, ele sabia que iria enfrentar situações extremas, buscando ampliar as ações com ganhos e minimizar aquelas com perda.

Durante o período do Sky House, ele viu no pai o exímio jogador de pôquer que sempre fora, agindo com frieza; ou mesmo o bom tenista, trocando bolas à espera de fechar o ponto, o *set* ou o *game*.

Ou ainda, como refletia o professor de Thiago, da arte marcial japonesa Ninjutsu, criada para fornecer um conjunto de técnicas que capacitam os agentes a agir em todas as situações num campo de batalha, por meio da seguinte explicação: "Há uma diferença entre os tigres, que atacam por instinto, e os dragões, que antes de agir buscam ter uma visão por alto da situação. Por isso, chegamos à conclusão de que há momentos em que precisamos atacar, mas em outros devemos tomar pulso da situação antes de agir".

Com isso, Thiago avalia que Emilio interpreta com maestria os papéis:

– Meu pai sabe ser um tigre, mas age na maioria das situações e decisões como um dragão atento, conhecedor do ambiente e das técnicas, e com atitudes assertivas. Isso torna a trajetória pessoal dele brilhante, assim como a empresarial! E o seu grande modelo de conduta, acredito, veio da minha avó Manira. Mas, claro, tudo que recebeu de legado, ele adaptou ao seu modo e estilo. Qualificar e prezar valores é cultural, e o meu pai buscou nos direcionar para praticá-los, nos qualificarmos e crescermos sempre.

Assim como Thiago, o irmão Raphael prestou total apoio ao pai. Os momentos eram diferentes, pois este cursava faculdade e trabalhava mais externa do que internamente na empresa.

Como Emilio tem por hábito proteger a família dos sentimentos, em especial dos mais sensíveis, ele procurava chegar em casa e agir normalmente; apenas com Helena ele abria o coração.

Por isso, o jovem Raphael tinha mais dificuldade de medir a profundidade da realidade vivida pelo pai e pela Kallas, ou mesmo de entender a extensão provocada por um embargo em obra.

Mesmo assim, o pai lhe contava os fatos e detalhes, embora, às vezes, minimizando a gravidade da situação. E reforçava:

– Raphael, foque os estudos! Estamos sendo injustiçados, mas vamos superar.

Apesar de o pai tentar evitar o sofrimento coletivo na família, Raphael observava certa mudança no comportamento dele em casa: mais quieto e pensativo, mais reflexivo, menos sorridente...

Pela primeira vez o rapaz percebeu, como se costuma dizer, que o pai "balançou" e se abateu com tudo aquilo, mesmo evitando demonstrar.

A realidade e os riscos do embargo no Sky House, Raphael só conheceu anos depois, quando passou a trabalhar na Kallas e ouviu cada detalhe da passagem narrada, agora sim com mais emoção, pelo próprio Emilio.

Todo o processo que a empresa viveu com o embargo, iniciado por um funcionário público e outros moradores do prédio posicionado ao lado do Sky House, engrossou a lista com outros empreendimentos que tiveram também dificuldades com vizinhos. Esse tipo de situação o mercado construtor e incorporador tem por hábito de chamar de *NIMBY*, na abreviação das siglas das palavras em inglês: "*Not in my backyard*", cuja tradução é "Não no meu quintal".

Diferentes legislações

Outra situação aconteceu tempos depois. Durante conversa com um amigo, Emilio narrou todo o dilema que envolveu o Sky House e como o caso se desenrolou até a finalização do empreendimento.

Pois o amigo contou a Emilio sobre uma experiência que havia tido com um apartamento que ele adquirira em Miami. Era um grandioso complexo, com em torno de 2 mil apartamentos.

Guardadas as devidas proporções, o mesmo aconteceu nos dois casos. Assim como a obra de Emilio tentou ser bloqueada por moradores do condomínio vizinho, a gestão do complexo residencial do amigo também tentou impedir que uma obra fosse iniciada, igualmente para que os moradores não tivessem prejudicadas as vistas dos seus apartamentos.

Diferentemente daquilo que aconteceu com o Sky House, onde todos os ônus ficaram sob responsabilidade de Emilio e da Kallas, no caso do amigo, em seis meses o processo foi julgado e teve a seguinte decisão jurídica: ação favorável ao novo empreendimento, que assim autorizou a empresa detentora da obra a seguir com a construção.

Mas o processo não terminou por aí. A parte acusadora foi obrigada a pagar à construtora, que venceu a ação, uma multa de 20 milhões de dólares. Como eram 2 mil unidades, cada uma delas teve que arcar com a parte correspondente: 10 mil dólares.

E teve ainda a finalização da ação, conforme narrou o amigo:

– Os valores individuais foram calculados por uma empresa financeira, que já apresentou também um plano de financiamento da multa para cada condômino.

Emilio ouviu atentamente a narrativa e concluiu:

– Isso falta no Brasil, na nossa legislação. Realmente, se uma parte provoca um prejuízo na outra acionada e perde a ação, deve haver algum ressarcimento. No nosso caso, conseguimos com muito trabalho ainda tornar o Sky House bastante lucrativo, mas a não abertura do IPO travou um irrecuperável projeto de crescimento e desenvolvimento da Kallas.

Bem... como costuma dizer a sempre positiva e realista Manira, parafraseando o pai dela: "A roda nem sempre gira para o mesmo lado".

Mas com a dedicação, força da família e dos amigos, comprometimento do time da Kallas, poder de superação e liderança de Emilio, além de muito estoicismo, a roda voltou a girar dentro do fluxo normal...

Conforto com a religiosidade

"Emilio, estamos acompanhando o momento que você tem vivido e como o tem enfrentado com garra e força. Mas gostaríamos de apresentar a você um amigo que, certamente, com suas palavras, ajudará na avaliação dos fatos e na solução dos problemas. Ele é monge, o Irmão Agostinho Maria."

A ligação dos amigos Mário Farah e Marcelo Branco, ocorrida em 2006, tocou Emilio, que, na mesma hora, agendou um encontro com eles.

No dia marcado, cada qual narrou um pouco da sua trajetória. Roberto Siufi, o Irmão Agostinho Maria, contou que a formação dele era em arquitetura e que decidiu entregar-se à espiritualidade. Ele trabalhou por um bom tempo no Mosteiro em Rio Pardo, cidade com mais de duzentos anos de história e próxima a Porto Alegre, no Rio Grande do Sul.

Quanto a Emilio, apresentou um pouco da sua biografia, iniciada em Passos, até os dias atuais, quando ainda tentava entender os motivos que haviam levado ao embargo do Sky House.

Mas o objetivo daquele bate-papo, que ocorreu na sede da Kallas, era realmente ajudar Emilio a, de alguma forma, entender com mais clareza os motivos de ele estar passando por tal situação. Tanto Emilio quanto o monge concordavam que a palavra traz um reconhecimento luminoso do momento e elucida por meio da janela do mistério.

E, certamente, a casualidade que provocou a aproximação deles já explicava em parte essa tese. No primeiro encontro, eles ainda falaram justamente sobre as surpresas do cotidiano.

As conversas foram tão intensas e enriquecedoras que, a partir daquele dia, Emilio fazia questão de encontrar Irmão Agostinho Maria sempre que ele estava por São Paulo. E também o aproximou da família, dos filhos e de Helena e Manira, que igualmente viviam suas crenças e espiritualidades.

O monge chegou a dizer a Emilio:

– Sua família é muito especial, de muita fé. E você, Emilio, vive igualmente essa fé.

Daí em diante, o monge passou a acompanhar os momentos especiais vividos por Emilio e família, como festejos e almoços, momentos de superação e, entre tantos outros, a atuação dos filhos na empresa.

Muitas foram as vezes que Emilio se reuniu com Raphael, Thiago e Irmão Agostinho Maria. O empresário passava parte do seu legado aos filhos, que incluía não só a parte social, mas também os desafios, as conquistas, ajudando assim a prepará-los para o mundo dos negócios e para suas vidas pessoais. E sempre havia importantes inclusões do monge que reforçavam aquilo que Emilio havia dito ou mesmo traziam novas provocações reflexivas. Eram conversas de altíssimo nível.

Um dos pontos destacados pelo Irmão Agostinho Maria era o aspecto familiar:

– Emilio, você representa a liderança familiar e empresarial. Na vida pessoal, você é o esteio da família e na vida profissional transmite seriedade, segurança, responsabilidade social e um grau de comprometimento que faz a Kallas ser parte de uma empenhada e unida família.

E também a clareza e antevisão dos fatos:

– Com a experiência adquirida, Emilio, você cria, de certa forma, um suporte muito mais intimista, uma vocação, um chamado à realidade... uma dimensão familiar com face empresarial. Sempre me chamou atenção esse traço dócil da percepção tão lúcida que você possui.

Dentre suas análises, o monge vê grandes linhas de igualdade entre Emilio e a mãe:

– Conheci a dona Manira quando ela tinha 85 anos; eu a avalio como uma mulher forte, de postura firme e ao mesmo tempo de uma leveza ímpar. Para mim, uma referência de fé muito grande. Apesar de o Emilio se parecer com a mãe em muitos aspectos, cada qual respeita sua postura pessoal. Havia até questões que levavam a enfrentamentos, nos quais eles discutiam suas opiniões dentro do mais profundo respeito mútuo. Aprendi muito com ambos durante as nossas conversas.

Do tatame para o escritório

"Roberto, pode puxar o treino... Não dê moleza para os dois, pegue firme! Mas deixe eles pelo menos com um pouco de energia, para que consigam trabalhar."

Logo cedo, quando saía para o escritório e se encontrava com os filhos, prontos para o treino da arte marcial Ninjutsu com Roberto Correa de André, Emilio brincava com o professor.

Dessa forma, em 2007, Roberto conheceu o sr. Emilio, pai dos seus alunos.

Por vezes, os treinos aconteciam no próprio apartamento dos Kallas, oportunidades nas quais todos tomavam café da manhã juntos e tinham descontraídas e enriquecedoras conversas.

Assim como os filhos, Emilio interessava-se pelo tema das artes marciais, por conhecer a filosofia comportamental que havia por trás daquela prática esportiva. Tanto que os treinos ganharam sessões de conversas e reflexões aprofundadas.

A vida seguiu assim, até que, anos depois, em 2015, Thiago teve o *insight* de convidar Roberto para que o ajudasse a resolver uma determinada situação na empresa, com a equipe. Um olhar de consultor.

Pois este biólogo graduado e com formação em terapia e fisiologia aceitou o desafio e conversou com todos, individual e coletivamente, e assim foi desenvolvendo seu trabalho.

A partir desse episódio, Roberto se tornou prestador de serviços e conheceu o presidente da empresa: o dr. Emilio Rached Esper Kallas, engenheiro e empresário de destaque no setor da construção civil. E no que ele se diferenciava do sr. Emilio Kallas, pai dos seus alunos? Excluindo-se o importante posto ocupado na companhia, em nada. Mas, claro, havia hora para conversar, trabalhar e descontrair.

Aos poucos, além de Thiago, Roberto passou a interagir com outros colaboradores, participando mais ativamente das atuações e dos desempenhos deles, aplicando então outras técnicas adquiridas em suas diversas formações pessoais e profissionais. Era um trabalho próximo ao setor de Recursos Humanos e que, inclusive, ganhou participações e dinâmicas também nas contratações dos colaboradores.

Acompanhando tudo de perto, Emilio aprovou o trabalho desenvolvido por Roberto, que ganhou ares de mentoria com alguns dos profissionais que exercem cargos de liderança na Kallas.

Ainda dentro das atividades de Roberto, por aprovação de Emilio, surgiu a Universidade Corporativa Kallas.

"Trem nos trilhos" e retomada do crescimento

Logo que a situação do Sky House entrou nos eixos, Emilio investiu em mais três terrenos na Vila Leopoldina, que ele batizou de 1, 2 e 3. As áreas ficavam na Avenida Mofarrej.

Em 2007, o projeto de um deles saiu da gaveta e se tornou realidade: o empreendimento Jardim Mofarrej, construído numa área de quase 17 mil metros quadrados. Havia uma construtora que, na época, era maior do que a Kallas, denominada Rossi, com quem Emilio fez parceria.

Na composição, a Kallas ficou com 30% de participação; e o restante de 70%, com a Rossi. O projeto compreendia quatrocentos apartamentos de quatro dormitórios. Além da incorporação, a Kallas seria responsável pela construção.

Pela representatividade das duas empresas no mercado, não houve dificuldades para se conseguir financiamento. Emilio estava bastante feliz com a sociedade.

* * *

Quanto aos outros dois terrenos adquiridos na Avenida Mofarrej, um deles se tornou o empreendimento Lodz e Le Havre, feito em duas torres que compreendiam mais de 380 apartamentos, mas que levou nove anos para ser aprovado.

Todo o projeto foi realizado individualmente pela Kallas e seguiu o caminho de sucesso dos empreendimentos anteriores.

Em relação ao terceiro terreno, de 5 mil metros quadrados, Emilio o manteve no "estoque" por anos, aguardando então a melhor oportunidade de lançar uma obra – em 2022, ainda não havia sido desenvolvido nenhum projeto para o terreno.

* * *

"Na minha longa relação com Emilio, sempre admirei nele o instinto do empresário de saber correr riscos; confesso que eu não tenho essa carac-

terística. Ele é um estrategista, visionário. Todos os riscos que eu o vi correr foram transformados em grandes oportunidades."

O executivo Roberto Gerab vivenciou importantes momentos de Emilio e da Kallas. Entre eles, antever a explosão imobiliária da Vila Leopoldina, construindo empreendimentos com quatrocentas unidades. Um momento em que a Kallas efetivamente mudou de patamar.

E Gerab acrescenta detalhes:

– A empresa nunca deu prejuízo. O próprio projeto do Sky House é um excelente exemplo dos riscos que ele correu e venceu. Era uma obra de porte significativo. Com todo o imbróglio ocorrido, o Emilio teve inteligência, frieza e força para reverter a situação e valorizar o investimento, que ao final tornou-se ainda mais rentável.

Crise imobiliária dos Estados Unidos

"Lá, nos Estados Unidos, ela é um tsunami; aqui, se chegar, vai ser uma marolinha que não dá nem para esquiar."

A frase, que ficou bastante conhecida em outubro de 2008, foi dita pelo então presidente Luiz Inácio Lula da Silva. E o tal "tsunami" havia sido provocado pela expressiva crise econômica estadunidense, que levou à falência do Banco Lehman Brothers.

As extensões daquela considerada por muitos a principal das crises norte-americanas desde a quebra da Bolsa de Nova York, também conhecida por Grande Depressão e Crash ou Crack da Bolsa de Nova York, ocorrida no dia 24 de outubro de 1929, a Quinta-Feira Negra, foram enormes. Entre elas, a queda diária de 10% da bolsa, que levava ao fechamento do pregão.

Ainda nos Estados Unidos, em função da demanda, ocorreram aumentos dos valores dos imóveis, em desalinho com os ganhos da população, que teve queda de mais de 25% entre 2007 e 2008.

Estourou então a "bolha imobiliária", causada pela avalanche de dinheiro despejada no mercado pelos bancos, para impulsionar os financiamentos dos imóveis, provocando assim queda nos preços destes e elevando os juros, inviabilizando aos compradores cumprirem as parcelas de pagamentos. Dessa forma, os imóveis já financiados atingiram um preço muito acima do que eles realmente valiam.

Os compradores, muitos dos quais haviam adquirido financiamentos considerados de alto risco, por não comprovarem renda suficiente para quitá-los, passaram então a não arcar com as prestações, causando aos bancos dificuldades de operar com o melhor produto que eles possuem: dinheiro. Esse foi o estopim da crise.

Os respingos afetaram o mundo, e com o Brasil não foi diferente. Digamos que 2008, assim como 2009, foi um ano tido como perigoso.

Mas a Kallas saiu-se muito bem. Emilio, como sempre, manteve o equilíbrio. Investiu em compras de terrenos com condições interessantes e que resultaram em importantes empreendimentos, indo assim na contramão do mercado, que se mostrava cauteloso. Além disso, intensificou a prestação de serviços, fazendo construções para terceiros.

Em relação aos próprios lançamentos, três simultâneos, seguiram com a condição de estarem financiados por importantes instituições de crédito, o que representa uma situação vantajosa para os compradores.

Mesmo assim, houve quem tivesse de lidar com o recuo de alguns bancos em financiamentos previamente acordados, mas que não eram cumpridos e contratados, justamente pelas recusas das instituições financeiras.

No mesmo período, Emilio negociava um enorme terreno com uma instituição de ensino. Mas, em função da crise, a organização declinou da compra da área.

Problemas com obras públicas

Ainda em 2008, a Kallas recebeu decisão favorável do processo no qual acionou a Prefeitura de São Paulo, devido ao não recebimento dos pagamentos recorrentes de obras contratadas no governo de Luiza Erundina.

A decisão não levava ao pagamento imediato, que veio a acontecer mais de uma década depois.

Além dos governos Luiz Antônio Fleury Filho e Mário Covas, a Kallas havia realizado obras para a prefeitura de São Paulo, como o Centro Educacional Unificado (CEU), em Heliópolis, assim como algumas escolas municipais, nos tempos de Martha Suplicy, e também da Companhia de Desenvolvimento Habitacional e Urbano do Estado de São Paulo, a CDHU. Em todas elas houve dificuldades de recebimento, exigindo que a Kallas entrasse em acordo ou seguisse o caminho judicial.

De uma vez por todas, ali Emilio desinteressou-se de participar das concorrências de obras públicas, entendendo que, caso voltasse a atuar no serviço público, só o faria em situações seguras e em gestões que respeitassem os contratos firmados.

* * *

No ano de 2007, Emilio recebe uma grande notícia das áreas jurídica e financeira da Kallas: a confirmação do recebimento indenizatório do valor devido pela CDHU.

A Kallas estava sendo muito bem administrada, com rigidez nas finanças, um ponto de grande atenção para Emilio. Nada poderia abalar a saúde financeira e o fluxo de caixa da empresa.

Dessa forma, Emilio programou deixar o dinheiro a ser pago pela indenização reservado para investimentos em terrenos ou na expansão da companhia. Mas o embate jurídico para o recebimento continuou ainda por muitos anos.

A criação de uma *joint venture*

Decididamente afastada por Emilio a possibilidade de retomar a abertura de capital naquele momento, ele entendeu que uma parceria seria importante para alavancar os negócios.

O empresário então passou a estar atento às possibilidades. Numa delas, ele foi apresentado aos executivos da Cargill, multinacional norte-americana da área de alimentos que, segundo exposto na reunião agendada, tinha um braço imobiliário fundado em 1987, por meio da empresa Carvall Investors.

As reuniões prosseguiram e ganharam interesse e intensidade com as participações também dos executivos da Carvall. Ali foi discutido, sempre no idioma inglês, o modelo de negócio ideal para a junção de capacitações.

As possibilidades apresentadas agradaram a todos e, então, em 2007, a Kallas e a Carvall constituíram uma nova empresa para investir nas aquisições de terrenos, bem como em construções e lançamentos de projetos imobiliários.

O desenvolvimento da aliança agradou bastante aos representantes da Carvall e a Emilio:

– Em tudo que fazemos, busco avaliar o custo financeiro. A parceria com a Carvall nos permite criar esse relacionamento com uma multinacional e viver essa rica experiência – avaliou o presidente da Kallas.

Ao todo, foram realizadas em torno de dez importantes obras em parceria. Entre elas, os empreendimentos: Moema Work Center, no bairro de Moema; Átria, no bairro do Brooklin; e Duplex Vila Madalena, adquirido em parceria pela Kallas, a Carvall e a Fortenge.

Mas a sociedade não durou muito, pois, em 2010, os dirigentes da matriz decidiram que a Carvall deixaria de atuar na América Latina.

E o CEO da companhia no Brasil disse a Emilio:

– Apesar da decisão que nos foi passada pela matriz, travamos uma parceria de sucesso. A Carvall sempre teve dificuldades para ser rentável, mas nosso relacionamento pautou-se pela ética, honestidade e transparência, e os negócios com a Kallas foram lucrativos.

Emilio não queria que isso acontecesse, pois gostava do modelo criado e tinha excelente relacionamento com a diretoria da multinacional.

A saída da Carvall do Brasil representava a venda das ações da empresa constituída. Foi oferecida a Emilio a possibilidade da compra de 50% da parte da Carvall, ou seja, mais 25% da sociedade, o que deixaria a Kallas com 75% de participação acionária, e os 25% restantes seriam negociados com um Fundo Internacional. A intermediação estava sendo comandada por um agente.

Como haveria troca de sócio, agendou-se um jantar entre Emilio, o presidente e os diretores do fundo. Muitos assuntos foram levantados e debatidos. Ficou combinado que dali a quinze dias os possíveis futuros sócios iriam visitar as obras em andamento.

Para surpresa de Emilio, ele soube que, mesmo antes do prazo estabelecido, os executivos do fundo foram até as obras, para verificar os trabalhos. Aquilo o incomodou profundamente, pois ele avaliou como um ato de desconfiança.

Uma nova reunião foi marcada na sede da Kallas pelos estrangeiros. Após uma xícara de café e as conversas iniciais, o presidente do fundo disse, de forma até certo ponto áspera:

– Queremos a parte toda da Carvall. Ficaremos com os 50% que são deles.

Emilio rejeitou de imediato, devolvendo no mesmo tom que recebera a nova proposta.

Pois o executivo prosseguiu, sendo grosseiro e petulante, e afirmou:

– Se você comprar os 25% de ações da Carvall e pagar mais barato do que nós, terá que nos devolver dinheiro!

Aquela foi a gota d'água. Emilio já estava certo de que não levaria mais a negociação adiante e, com voz firme e educada, disse:

– Cada um faz a negociação da própria parte! – E antes que o homem retrucasse, Emilio se levantou da cadeira e colocou um ponto final na conversa. – A reunião terminou. – Não serei sócio de vocês e falarei com a Carvall, para que eu fique com os 50% das ações que são deles.

A pessoa que intermediava a negociação ainda tentou remediar, dizendo:

– Calma, dr. Emilio, talvez você não tenha entendido bem a colocação dele.

Emilio prontamente respondeu:

– Entendi muito bem, sim! Um sócio que está mais preocupado em saber quanto eu paguei pelas ações já demonstra insegurança e invasão de privacidade. Isso não vai dar certo e é melhor que encerremos as tratativas por aqui.

Todos se despediram e, assim que os executivos do fundo foram embora, Emilio ligou para a direção da Carvall, narrando o ocorrido. Ali ficou definido que ele pretendia adquirir o montante de ações da multinacional norte-americana.

O pessoal deu sinal verde. Emilio então lançou debêntures da Kallas no mercado e levantou o capital necessário. Foi uma operação acertada, pois uma das obras ligadas à *joint venture* era no Bairro da Liberdade, região central de São Paulo; os apartamentos foram lançados com excelente preço, o que cobriu boa parte dos investimentos feitos na aquisição das ações.

Com o ocorrido, Emilio também definiu que não pensaria em criar nova sociedade ou mesmo em se desfazer das ações da Kallas, mas sim que realizar o IPO seria um projeto para o futuro.

Aquela havia sido a primeira vez na vida que Emilio levantou-se durante uma reunião para colocar ponto-final numa negociação.

Isso veio a se repetir apenas mais uma única vez, pois Emilio é cordato nas conversas. Mesmo que algo o desagrade, busca contornar a situação e, se precisar dizer "não", procura fazê-lo com maestria.

Mais uma situação "indigesta"

A segunda ocorrência na qual conseguiram tirar Emilio do sério aconteceu na negociação com outra construtora, num empreendimento cuja área era de 17 mil metros quadrados, na Vila Leopoldina. O projeto era da Kallas e, durante as conversas entre Emilio e o diretor da companhia, Roberto Gerab, este sugeriu que pensassem na possiblidade de trazer um sócio.

A primeira das empresas que se mostrou interessada tinha como responsável pela área de novos negócios um ex-aluno de Emilio, o que parecia dar um toque mais familiar para as conversas.

Ao final do primeiro encontro, realizado na Kallas, ficaram definidas as bases: 50% para cada sócio, sendo que a Kallas seria responsável pela construção do empreendimento.

Uma segunda reunião foi marcada, para avançar com os detalhes. Mas o executivo da parceria veio com outro discurso:

– Dr. Emilio, só faremos negócio se ficarmos com 70% da sociedade!

Emilio não gostou da postura do rapaz. Parecia que ele tinha faltado nas aulas ministradas por Emilio na Poli... Mas ele discutiu a situação com Gerab e, como a Kallas ficaria com a parte da construção dos prédios, aceitou ceder.

Ao final daquele dia, Emilio recebeu uma ligação do presidente da outra companhia, demonstrando a alegria por estarem estreando a parceria, e retribuiu as palavras gentis.

Uma terceira reunião foi marcada, mais uma vez na sede da Kallas, com o objetivo de finalizar as tratativas. Mas o executivo, acompanhado pelo proprietário de uma empresa subsidiária, mudou novamente de proposta:

– Dr. Emilio, queremos 80% de participação, e a Kallas fica com 20%. Além disso, mudaremos as regras para a construção. Vocês não terão mais a garantia, abriremos uma concorrência.

Emilio já demonstrava desconforto, mas ouviu o rapaz terminar a explanação:

– Se o orçamento da Kallas for até 5% acima da menor proposta, vocês reduzem esse percentual e ficam com a parte da construção. E, se for acima disso, fica com a obra quem tiver o menor preço.

O rapaz olhou com ar de superioridade. Ali Emilio teve a certeza de que ele não havia realmente absorvido nada das suas aulas na Poli, muito menos nos exemplos sobre comportamento ético.

A reunião havia se iniciado uns dez minutos antes. Emilio levantou-se e foi direto ao ponto:

– Muito obrigado pela presença de vocês. Deixo clara aqui a minha posição: não há mais negócio! Conversas encerradas.

Os dois se despediram e saíram rapidamente da sala, desconcertados. Alguns minutos depois, um deles, o dono da subsidiária, ligou para Emilio se desculpando e dizendo:

– Você agiu de forma acertada! Eu mesmo fui pego de surpresa com a postura do rapaz.

Em respeito à gentileza do telefonema do fundador e presidente da companhia que pretendia ser parceira da Kallas, Emilio marcou uma reunião com ele poucos dias depois do ocorrido. No encontro, ele esclareceu toda a situação, e o homem se dispôs a retomar a negociação nos primeiros moldes, da participação igualitária de 50%. Mas Emilio foi sincero e disse que uma nova parceria já estava em conversas avançadas e que só restava a assinatura do acordo.

Foram duas situações isoladas, mas que fizeram com que Emilio assim as avaliasse:

– Há possibilidades que você não propõe, porque são desrespeitosas aos sócios. No mundo dos negócios, manter a palavra dada é primordial. Mas tem pessoas que, além de não sustentarem o que foi combinado, ainda, como se costuma dizer, querem "arrancar o seu couro"!

E Emilio diz o que aprendeu com essas duas situações:

– A grande lição que tiro é que devemos sempre procurar fazer um bom negócio, e não simplesmente o melhor negócio do mundo. É preciso respeitar o sócio, as outras partes envolvidas. Caso contrário, você pode até fazer um negócio satisfatório, mas que talvez não tenha continuidade ou mesmo novas edições.

Urbanismo e plano diretor

Entre as lutas da entidade que Emilio Kallas abraçou ao participar ativamente do Secovi estão o urbanismo e o plano diretor da cidade de São Paulo. No caso do plano diretor, instrumento da política urbana instituído pela Constituição Federal de 1988, essa luta teve início com a entrada de Luíza Erundina na prefeitura, que se manteve no cargo entre 1989 e 1992. Daí em diante, sempre havia um novo *round* a ser disputado, mas os debates mais intensos voltaram a acontecer em meados dos anos 2010.

Nas reuniões com representantes da prefeitura, como veio a acontecer na administração de Fernando Haddad, Emilio, ao lado de outros diretores do Secovi, como Ricardo Yazbek e Claudio Bernardes, adotava argumentações em defesa do segmento. Por vezes, as vozes se alternavam no tom, sendo mais acaloradas e combativas, mas sempre dentro dos limites da boa relação. O que ali era debatido, eles apresentavam depois para o colegiado do Secovi.

Como definição, o plano diretor é um pacto social que determina ferramentas de planejamento urbano, com o objetivo de realinhar áreas municipais e, assim, elevar a qualidade de vida dos moradores das cidades.

As mudanças buscam melhorar a locomoção e equilibrar a concentração de pessoas nos bairros e zonas das cidades, ampliando os benefícios e minimizando os impactos sociais da urbanização desenfreada, criando assim um desenvolvimento mais inclusivo e sustentável.

O plano diretor deve se preocupar com a forma de ocupação e utilização do solo, o disciplinamento das edificações, além de suprir as necessidades de higiene, saúde, educação, transporte e habitação, em especial das classes de baixa renda.

Em 30 de junho de 2014, foi aprovada e, no dia seguinte, sancionada pelo então prefeito Fernando Haddad, que esteve no posto entre 2013 e 2016, a nova lei (Lei n° 16.050/2014) com diversas diretrizes para delinear o desenvolvimento e o crescimento da cidade de São Paulo até 2030 – em 2022, algumas revisões foram realizadas no plano diretor estratégico.

Sob o olhar de avaliação da diretoria do Secovi, o plano, nos moldes em que foi aprovado, não foi favorável para São Paulo. Mas teria sido intensamente pior se membros do Secovi não tivessem intervindo.

Outro bom contato

> *"Emilio, quero lhe apresentar o Marco Aurélio Abrahão. Ele atua no mercado financeiro."*

A aproximação entre Emilio e Marco Aurélio, ocorrida em 2007, aconteceu no Clube Atlético Monte Líbano, do qual ambos são sócios. Eles tiveram uma agradável conversa e, ao final, trocaram contatos. Emilio ainda convidou o novo amigo para um café na Kallas.

Dias depois, eles estavam reunidos. Marco Aurélio era um dos principais acionistas minoritários do Credit Suisse, além de assumir o cargo de CEO na parte de Gestão de Patrimônio do Banco Suíço nas operações no Brasil. Ele ocupou o cargo entre 2012 e 2020, quando se desligou para fundar a WHG, empresa de gestão de patrimônio.

Em anos de convivência, Marco Aurélio assim avalia Emilio:

– Ele é um empresário com visão construtiva, que vai em busca de oportunidades, mesmo em situações adversas. Criamos um relacionamento próximo, de confiança. É um privilégio tê-lo como amigo.

Marco Aurélio acompanhou de perto as iniciativas de IPO da Kallas:

– Na questão de abertura de capital, o Emilio não mudou o rumo da Kallas. Ele nunca deu um passo maior do que a perna. Em tempos de crise, a Kallas manteve-se bem-posicionada e sob o firme comando de Emilio. Ele tem uma clareza de raciocínio e antevisão dos fatos fantástica. É muito seguro, tem agilidade para se reinventar nos momentos difíceis e duvidar do mercado quando está em alta.

Amigo e membro do Conselho

"Felipe, aprecio a sua visão de mercado e gostaria de que você participasse, como membro externo, do Conselho Consultivo que estou criando na Kallas."

Em 2008, o convite foi prontamente aceito por Felipe de Moura Prata, fundador da Nest Asset, gestão de recursos, com a proposta de apresentar aos investidores uma gama de fundos de naturezas distintas.

Eles se conheceram três anos antes, em 2005, pois Emilio é amigo de Cid Prata, pai de Felipe e, assim como o engenheiro, apreciador e criador de cavalos da raça mangalarga marchador. A irmã mais nova de Felipe era também colega de faculdade de Thiago Kallas.

Depois que iniciou a Nest Asset, Felipe teve algumas reuniões com Emilio para apresentar sua pasta de recursos. Os encontros e as conversas aproximaram ambos e criaram uma relação de confiança, até que Emilio oficializou o convite para que Felipe se tornasse conselheiro da Kallas; o projeto era também o de formalizar a governança corporativa.

Outra atuação do Conselho se daria em estudar o melhor modelo de apresentar e aproximar a Kallas do mercado financeiro.

Com isso, Felipe passou a conhecer ainda melhor a história da empresa e também da família Kallas. No mesmo período, ainda se discutia a abertura de capital da Kallas; em torno de doze empresas da área da construção civil haviam feito IPO.

Marco importante

Em 2009, a empresa teve um expressivo número de lançamentos e aquisições de terrenos. Na avaliação de Emilio:

– Foi um ano espetacular para a Kallas, que marcou presença no mercado. Até esse momento éramos uma construtora média; a partir de 2009, mudamos e elevamos o nosso patamar.

Devido aos expressivos resultados, choveram propostas para que Emilio vendesse a empresa; principalmente de três companhias de capital aberto, que ofereceram suas bases para adquirir 51% da Kallas.

Mesmo chegando a avaliá-las, Emilio recusou todas. Os motivos foram basicamente três: a situação do Sky House já estava totalmente superada; os interessados ofereceram parte em dinheiro e parte em ações das próprias empresas, estipulando certas regras para poder colocá-las à venda. E o fator determinante:

– Eu tenho dois sucessores para a Kallas: o Thiago e o Raphael!

A decisão de Emilio foi acertada. Tanto que, alguns anos depois, a Kallas atingia um tamanho capaz de adquirir todas as empresas que, no passado, fizeram ofertas para comprá-la.

Reforço na área jurídica

"Dr. Emilio, conseguimos retomar a casa na qual o comprador estava em débito com a Kallas."

A boa notícia foi passada por Luiz Antônio Costa Júnior, advogado recém-contratado pela empresa. Luiz tinha se formado em 2009, em Pouso Alegre, Minas Gerais, e, decidido a morar em São Paulo, enviou vários currículos.

Um deles foi parar nas mãos do diretor jurídico da Kallas na época, que conhecia o pai dele e sabia da boa procedência do rapaz, contratando-o na sequência.

Curiosamente, o pai do jovem advogado já atendia os parentes de Emilio no estado de Minhas Gerais e, ao comentar que o filho trabalhava na Kallas, eles mandavam suas mensagens, registrando sentimento de orgulho:

– Que bom que o Luiz está trabalhando com o Emilinho. Ele sempre foi muito inteligente, estudioso e batalhador.

Logo Luiz Antônio se sentiu acolhido na Kallas, inclusive na primeira conversa que teve com o fundador. Emilio já era reconhecido como um forte e respeitado empresário da construção civil, sendo admirado pela humildade e pelo humanismo.

Dois anos depois, em 2011, ocorreu um *boom* nos negócios imobiliários no país. As empresas do setor saíram à procura de profissionais qualificados e passaram a buscá-los na concorrência.

Dessa forma, outra companhia do mercado fez uma excelente oferta salarial e com prospecção de crescimento de carreira. Mesmo estando feliz na Kallas, Luiz Antônio entendeu ser desafiadora a troca de emprego naquele momento. Fez um agradecimento a Emilio, pela oportunidade dada, e dele ouviu:

– As portas da Kallas estarão sempre abertas!

Aos 25 anos, Luiz Antônio saiu e retornou por aquelas mesmas portas muito antes do que imaginava. Em 2012, o diretor jurídico e o gerente do departamento foram desligados da empresa, e o advogado convidado a retornar.

Naquele reencontro e conversa com Luiz Antônio, agora coordenador do departamento jurídico, Emilio comentou sobre as mudanças ocorridas e que ele percorreria um promissor caminho pela frente na Kallas. E até pediu a Luiz Antônio:

– Você teria alguma indicação para assumir a diretoria do departamento?

De bate-pronto, Luiz Antônio respondeu:

– A minha ex-chefe. Ela é uma profissional séria e muito qualificada.

Realmente, a mulher foi contratada e o departamento remontado. E as "profecias" de Emilio se confirmaram: em 2015, Luiz foi promovido a gerente e, três anos depois, em 2018, a diretor jurídico. Nesse período, assim como Luiz Antônio cresceu na empresa, a Kallas se fortaleceu no mercado, ganhando muitos prêmios e se posicionando como uma das principais incorporadoras e construtoras do país.

Luiz Antônio narra um pouco da história que tem vivido na Kallas:

– Acredito que estamos escrevendo juntos uma trajetória bonita e honesta. Acompanhei cada passo do crescimento da organização, assim como a verticalização de produtos, fazendo incorporações e construções mais populares e de médio e alto padrão. Também realizamos várias obras públicas, como do Conjunto Habitacional do Jardim Edite, de escolas, de outros conjuntos habitacionais, do aeroporto de Manaus... E, brilhantemente, o dr. Emilio comandou a abertura das empresas Kazzas, Kallas Arches, entre outras.

Outro honroso convite

"Precisamos convidar o Emilio Kallas para ser presidente do Secovi..."

Por volta de 2010, o nome de Emilio Kallas já era comentado pelos associados e "cardeais" da entidade nas rodas do Secovi, onde não há disputas e as indicações são naturais; os nomes presidenciáveis surgem por consenso. Entre eles, de ex-presidentes, como Paulo Germanos e Romeu

Chap Chap, que presidiu a entidade duas vezes: de 1981 a 1987, em dois triênios, e depois entre 2000 e 2007, também em dois mandatos, um de três e outro estendido para quatro anos.

Foi ainda na gestão de Romeu que o Secovi ampliou sua atuação, de municipal para abranger todo o estado de São Paulo.

No início dos anos 2010, Romeu começou a se aproximar de Emilio, apresentado por outro integrante do Secovi e que tinha parceria comercial com o fundador da Kallas.

Nas conversas entre eles, tanto Emilio quanto Romeu perceberam afinidades nas formas de avaliar e entender o mercado, e no modelo de gestão de suas companhias.

A experiência de Romeu pesou ainda num determinado momento, quando, anos depois, Emilio pensava em deixar a vice-presidência de incorporação do Secovi. Os dois almoçaram, e Romeu, sentindo a figura de bom coração, humana, competente e humilde de Emilio, o demoveu da ideia, dizendo:

– A vida pública e da política setorial requer muita paciência. Você está à frente de uma das mais importantes pastas do Secovi, a de incorporação, e, se você sair, a entidade e você perdem muito. O Secovi é uma grande escola; e você, um grande professor.

O respeito de Emilio por Romeu o fez convidá-lo, no mesmo ano, para deixar uma mensagem comemorativa aos 25 anos da Kallas. Aquilo representou uma demonstração de carinho e admiração.

Cumprir o trato

"Emilio... concordamos que, enquanto os meninos fossem pequenos, eu me fixaria em cuidar deles. Mas eles já cresceram, estão com a vida encaminhada, e eu quero voltar a estudar, fazer uma pós-graduação... e gostaria que fosse no Insper!"

O desejo de Maria Helena Esper Kallas contou com apoio irrestrito do marido e de Raphael e Thiago Kallas. A escolha da instituição foi ousada, tal o nível de exigência educacional.

Logo que se iniciaram as aulas no curso de Administração de Empresas, com matérias específicas, Helena foi "adotada" pelos alunos da sala. Ela era a aluna com idade mais avançada; e também a única advogada com 25 anos de formada, enquanto a maioria de alunos era composta de engenheiras e engenheiros.

Como fato curioso, dois dos amigos de Thiago, por coincidência, estavam matriculados na mesma sala. Ao verem Helena, um dos rapazes falou:

– Oi, tia! Não sabia que você tinha voltado a estudar. Que bacana!

E Helena, em tom de brincadeira, devolveu:

– Se me chamarem de tia aqui novamente, vocês vão ver só!

Além deles, quem estava ao lado caiu na risada.

Voltar a estudar naquele alto nível de exigência era um grande desafio. Helena, até então, cuidava da parte imobiliária da família, administrando os bens, pagamentos e impostos. E, depois que se formou em Direito, havia um longo tempo a ser atualizado em conceitos administrativos e de gestão.

As dificuldades antevistas que Helena enfrentaria realmente se confirmaram. O conteúdo do curso apresentava várias matérias de exatas, com complicados cálculos matemáticos. Às vezes, ela chegava chorando em casa... Mas não se deixou vencer e se dedicou ao extremo; havia dias em que estudava por doze, treze horas.

No último estágio da pós-graduação, um dos professores de Helena foi David Kallás. Pelo sobrenome, ambos acharam que poderia haver algum vínculo familiar... e eles estavam certos! David comentou com a mãe, Meire Esper Kallás, sobre o sobrenome da aluna e do marido, e dela ouviu: "Claro... ela é esposa do meu primo, o Emilinho!".

A entrega e a dedicação de Helena conquistaram a todos, e também a levaram a alcançar expressivas notas – como o dez que ela tirou na complicada matéria de matemática financeira.

Como recompensa, veio o tão esperado dia da aprovação. Os conceitos adquiridos foram essenciais para aplicação na gestão dos negócios familiares e, principalmente, na nova etapa em que Emilio e a família se lançaram: retomar a criação de gado, tanto que Helena deu sequência aos estudos, agora, com foco na agropecuária.

Emilio apoia os projetos da esposa:

– A Helena respeita o fato de eu trabalhar bastante. Isso acontece porque eu amo o que faço. E percebo que ela também está fascinada com a retomada dos estudos e os nossos novos projetos.

Agradável reencontro

"Emilinho... o meu filho mais novo, o David, é professor do Insper! Ele deu aulas para a sua esposa, Helena, e para a filha da Marcia, a Tatiana!"

Emilinho... Como era agradável voltar a ser chamado tão carinhosamente.

Do outro lado da linha telefônica estava a prima Meire Esper Kallás; eles haviam perdido contato por volta de 1965, depois que ela casou e se mudou com o marido de Passos para Itajubá, município também de Minas Gerais.

Meire contou a Emilio como foi a retomada do contato:

– O David, depois de conversar com a Helena e a Tatiana, ao ver o sobrenome delas e saber que se tratava da sua esposa e filha da Marcia, me perguntou se eu os conhecia. Abri um sorriso e respondi: são meus primos! Filhos do seu tio-avô Jorcelino!

E a conversa foi longa... Meire ficou triste ao saber que Jorcelino havia falecido, mas feliz em receber a notícia de que Manira, Marcia e Luiz Roberto estavam bem, e que os primos haviam constituído suas famílias e alcançado sucesso em suas escolhas profissionais.

Quando perguntada, Meire contou que ela e o marido tinham cinco filhos: Barbara, Marta, Georges, o próprio David e Esper Georges, médico que depois veio a tratar de toda a família de Emilio; fez ainda menção ao querido sobrinho Michel Ibrahim Kallás.

Daquela conversa em diante, eles se mantiveram em contato e começaram a se visitar; Meire, que mora no interior de São Paulo, sempre que vinha à capital ia visitar a tia Manira. Os encontros eram alegres e prazerosos.

Meire comentava com o primo:

– Fico muito feliz ao ver a solidez do casamento que você tem com a Helena. Ela é uma mulher decidida e arrojada, a companheira perfeita para você, Emilinho!

Ao ouvir o elogio, Emilio agradeceu e retribuiu as palavras, referindo-se da melhor forma possível a Georges Mikhael Kallás, esposo de Meire, além de enaltecer a postura materna da prima.

O reencontro poderia ter acontecido tempos antes, quando Meire criou e presidiu o grupo dos Kallas e Kallás, tendo organizado dois encontros; mas Emilio, os irmãos e Manira não puderam comparecer.

Meire traça então um perfil do primo:

– Eu fui conhecer realmente o Emilio a partir de 2015. Até então, eu conhecia apenas o Emilinho. Cada vez que eu o encontro, é um momento marcante. Ele é um vencedor, preservou a humildade e a essência, é carinhoso, dono de um coração gigante e cuida da família e demonstra imenso amor pela tia Manira. Os funcionários gostam muito dele, que é generoso, empreendedor, inovador e merece todas as vitórias e glórias. Ele sempre trabalhou muito e tem a mente brilhante.

Oração atendida

"Minha Nossa Senhora, eu peço a ti um emprego... preciso melhorar o ganho da família."

A mesma fé que move montanhas provoca outros milagres. No caso de Rosenilda Ferreira da Costa, a Dida, deu a ela no dia seguinte ao pedido o tão sonhado e esperado emprego. Um emprego abençoado e escolhido a dedo por Nossa Senhora!

Ano de 2010... A moça estava preocupada, pois apenas com o salário do marido ficava difícil sustentar a família. O esposo trabalhava numa padaria de Moema, cuja freguesia conhecia bem. Foi quando a funcionária da casa dos Kallas, que ali estava para fazer algumas compras, perguntou a ele:

– Você conhece alguém para indicar? Temos uma vaga na casa em que trabalho.

O homem disse "sim", pensando em recomendar a esposa.

Pouco tempo depois, Dida passou por entrevista e foi contratada para as atividades de limpeza e arrumação da casa. Quanto à antiga funcionária, acabou por ser demitida.

O poder da oração de Dida foi tão forte que, mais do que um trabalho, ela ganhou uma família:

– A dona Helena, o dr. Emilio e os meninos, Thiago e Raphael, são muito especiais. Gente muito educada, de hábitos simples. Eles apreciam festejar, e o dr. Emilio é muito respeitoso. Ele merece todo o sucesso que alcançou.

O dia a dia do patrão é bastante tranquilo, conforme conta:

– O dr. Emilio, de um tempo para cá, tem se permitido sair um pouco mais tarde de casa. Mesmo assim, ele acorda cedo, lê bastante, assiste ao jornal, vai para a academia... mas, quando tem compromisso importante, muda a rotina. Ele se cuida mesmo. O dr. Emilio gosta de salada e comidas mais leves. É raro ele comer uma massa.

Como forma de cultivar a fé, além das rezas e das missas, Dida mantém outros hábitos:

– Todas as vezes que vou para o santuário de Nossa Senhora de Aparecida, eu rezo muito pela minha família e pela do dr. Emilio. Ele é um homem abençoado.

Os 25 anos da Kallas

Em 2010, completava-se um ciclo importante na biografia da Kallas – que ainda teria muitos capítulos a ser escritos.

Mesmo a empresa tendo sido fundada em 1983, Emilio e seu time decidiram comemorar em 2010 os primeiros 25 anos de atividades.

Bem-posicionada no mercado como incorporadora e construtora, a Kallas reuniu importantes *players* do mercado em seu evento, personalidades e autoridades, como o prefeito de São Paulo, Gilberto Kassab, e amigos de Emilio no Clube Monte Líbano.

Durante a recepção, o anfitrião Emilio procurou dar atenção e agradecer a presença de todos. Circulando pelo ambiente, o que muito o marcou foram as palavras que ouviu da esposa e dos filhos, assim como de alguns parentes. Mesmo tendo noção de que a Kallas era uma forte empresa do setor, talvez eles ainda não imaginassem a verdadeira expressividade da companhia, comprovada pela alta representatividade do nível dos convidados.

Nos vídeos e imagens apresentados, pôde-se constatar algumas das imponentes obras realizadas pela Kallas, capazes de impressionar todos os presentes, que ali passaram a conhecer mais de perto o DNA da companhia. Também no material veiculado, ícones do setor, como Romeu Chap Chap, registraram palavras elogiosas.

Mesmo sem demonstrar, ao percorrer o olhar pela festa, Emilio ainda se recordou de que quatro anos antes, em 2006, vivia um período de angústia pelo empreendimento Sky House. Um arrojado projeto orçado em torno de 160 milhões de dólares e que teve seu período turbulento sucedido pelo enorme sucesso que se tornaram as torres construídas e entregues: "Aquele projeto era tudo ou nada. E hoje comemoramos o sucesso da Kallas e do Sky House" – pensou consigo Emilio.

Mas não havia muito tempo para reflexões ou lembranças, pois logo alguém o convocava para parabenizá-lo e ter uma breve conversa.

Chega então um momento nobre do festejo: aquele no qual Emilio Kallas realizaria seu pronunciamento e discurso que, como em tudo que faz, foi minuciosamente trabalhado e estudado.

Depois da apresentação dele e da calorosa salva de palmas, Emilio iniciou sua mensagem. Como primeiro passo, seguiu pelos agradecimentos a todos os presentes e às suas representatividades. Na sequência, homenageou os pais, familiares e funcionários; e o tópico seguinte foi demonstrar o alto sentimento que envolve tudo que ele faz e a gratidão pelas pessoas que o ajudavam no dia a dia.

Para se aprofundar um pouco mais na trajetória empresarial, Emilio trouxe alguns dos desafios da Kallas, como o início com pouco capital, as dificuldades de financiamento, as altas taxas de juros, os planos econômicos, as crises internas e externas vividas nesses 25 anos – a cada tópico mencionado, a audiência local aplaudia, pois os presentes se identificavam de alguma forma com as passagens ali narradas.

Para que todos pudessem conhecer a ele e a Kallas um pouco melhor, Emilio apresentou as características que formam o caráter dele e a cultura organizacional da empresa. Entre os tópicos estavam: trabalho com entusiasmo e alegria, estabilidade, disciplina, ética e humildade. Era hora, então, de reconhecer que todos os esforços valeram a pena, enumerando vários motivos e as crenças que o faziam comemorar com alegria e realização os primeiros 25 anos da empresa.

Nas palavras finais de um discurso que havia emocionado a todos, Emilio elevou o tom e fechou com maestria:

– Cada um de vocês está aqui porque, de alguma forma, ajudou a Kallas a alcançar e a conquistar este estágio. Seja com projetos, terrenos, sociedades, financiamentos, elogios ou palavras de incentivo e apoio. Vocês todos são muito, muito especiais! Agradeço a cada um de vocês pelo carinho, torcida, parceria e amizade. Que Deus nos abençoe e proteja.

Conselho de pai

"Tio Emilio, gostaria marcar uma conversa com o senhor."

Ao ouvir o pedido do sobrinho Rodrigo Moreira Kallas, feito por telefone, Emilio agendou um encontro com ele no dia seguinte, na sede da empresa. As reuniões entre eles eram comuns, pois Rodrigo gostava de se aconselhar com o tio.

E qual era o motivo do interesse de Rodrigo em convocar o tio para uma conversa? O rapaz estava prestes a se casar e precisava de novos conselhos.

Na manhã seguinte, no horário combinado, lá estava Rodrigo. Depois da introdução do sobrinho, Emilio, como sempre, foi direto ao ponto:

– Quero que você abra o coração: como está a relação com a sua noiva, nesta fase de pré-casamento?

Rodrigo, como sempre, foi sincero:

– Estamos muito bem. Nós nos amamos!

Emilio chegou então ao ponto:

– E qual será o regime de bens do casamento?

Sem titubear, Rodrigo respondeu:

– Meu pai me disse que um casamento não pode começar com desgaste, e minha noiva gostaria de se casar com comunhão parcial de bens.

Ao ouvir aquilo, Emilio transmitiu sua sugestão:

– Rodrigo, você é empresário, CEO do Grupo Kallas de mídia – que veio a se tornar Kallas Mídia Out of Home –, tem vários clientes, entre eles, empresas públicas. Quando nos casamos, queremos que seja eterno. Mas você não sabe o dia de amanhã...

A postura de Emilio, sempre comedido, mas pragmático e verdadeiro, chamou atenção de Rodrigo. E o tio continuou:

– Eu o oriento para que vocês se casem em regime de separação total de bens! Você tem responsabilidades e sabe que também tem obrigações. Como marido e pai de família, Rodrigo, você precisa dar à sua esposa e aos futuros filhos todo o conforto e estudo da melhor qualidade. Compre carro e casa, coloque no nome dela e no seu, deixe os filhos estudarem nas melhores escolas... mas não se prenda judicialmente, caso haja uma ruptura do casamento no futuro. Não permita que um juiz possa vir a decidir sobre a sua vida! Nada impede que você divida seus bens a vida inteira com a sua esposa, mas você precisa ter o controle das suas ações.

Enquanto ouvia, Rodrigo avaliava friamente a clareza de raciocínio do tio que, como sempre, já antevia certas situações que eram possíveis, mas talvez inimagináveis naquele momento, como a de uma separação. Pessimismo? Nada disso... Realismo mesmo!

Emilio ainda fez uma confissão:

– Esses passos que lhe apresentei são os mesmos que eu segui e que os meus filhos seguirão.

Rodrigo agradeceu demais ao tio e, na primeira oportunidade, teve um diálogo franco com a noiva, que era advogada. Ele então explicou toda a conversa que havia tido com Emilio e, por ter total noção da situação jurídica que envolveria um rompimento matrimonial, a noiva dele concordou que a união fosse com separação de bens.

Tudo definido, em 2010 eles se casaram. Mas, praticamente uma década depois, em novembro 2020, Rodrigo se separou e continuou a ser um ótimo pai, mostrando-se um correto ex-marido. E assim ele constatou a assertividade do aconselhamento de Emilio. Tanto que fez a mesma indicação ao irmão, Conrado Moreira Kallas.

Gente de valor no caminho

"É um prazer conhecê-lo, Marcelo. Com certeza, vamos trabalhar juntos."

Em 2010, Emilio recebe na Kallas o advogado Marcelo Terra, sócio do destacado escritório Duarte Garcia Serra Netto e Terra. Apesar de a empresa dele atuar em vários segmentos, Marcelo advoga no atendimento aos empreendedores imobiliários: incorporadores, loteadores e empresas com atividades imobiliárias em geral.

Nesse primeiro encontro, eles conversaram sobre o caso do embargo do Sky House, que Marcelo acompanhou à distância. Emilio relembrou detalhes do episódio:

– O projeto era regular e houve uma interrupção. Fomos vítimas de uma injustiça – análise que teve a concordância de Marcelo.

A partir daquele primeiro encontro, de fato o escritório do advogado passou a prestar serviços para a Kallas em alguns casos específicos e pontuais.

Outro ponto em comum são os encontros no Secovi, onde ambos atuam fortemente: Emilio é vice-presidente de incorporações, e Marcelo compõe e coordena o Conselho Jurídico.

Emilio costuma realçar a importância da entidade com Marcelo e outros associados:

– O Secovi foi formado para ajudar os associados. Se o empresário tem uma incorporadora com problemas, as portas do Secovi estão abertas para que ele exponha a situação, e nos movimentemos para poder ajudá-lo. Prezamos pelo senso de coletividade.

Em anos de convívio e sob seu olhar, Marcelo avalia Emilio:

– Ele criou uma das empresas mais sólidas do segmento. O Emilio impacta pela postura empresarial e visão institucional que tem. Jamais pensa apenas em benefício próprio, e trabalha pelo todo, dedicando-se com afinco à comunidade de empresas do setor, onde, inclusive, estão os concorrentes dele. Além disso, trabalha também para entender a necessidade prática do consumidor e, assim, perpetrar o bem de São Paulo.

Aprendendo com a hierarquia

"Getúlio, graças a Deus confesso que a minha família está muito bem-ancorada. Dessa forma, busco crescer para gerar riqueza para as pessoas e também valores para os meus filhos. Eu posso transmitir os ensinamentos para alguém, mas não os valores. Eles representam um patrimônio familiar e uma busca de cada um de nós."

O filho mais velho, Thiago, já estava há alguns anos na Kallas. A conversa acima aconteceu entre Emilio e Getúlio Teixeira Khaunis, um dos engenheiros da equipe dele, que ocupava o posto de gerente de obras.

Naquele momento, em 2011, Raphael participaria mais ativamente da Kallas e, por isso, Emilio conversou com Getúlio, pedindo-lhe que deixasse o filho mais novo em uma das obras que ele gerenciava. Getúlio já tinha atuado no término das reformas da fazenda adquirida por Emilio em Taubaté. Inclusive, aos fins de semana, o próprio Emilio ia acompanhar os trabalhos e ali dormia, num quarto construído para acomodar os trabalhadores, entre eles, Getúlio.

A equipe pôde constatar o modo sempre gentil, educado e simples de Emilio. E quando havia alguma matéria interessante, o engenheiro recebia o texto do patrão, acompanhado de um bilhete: "Getúlio, leia este material". E Emilio agia assim com toda a equipe e os filhos, compartilhando conteúdo de qualidade.

Bem, mas Raphael passou a trabalhar com Getúlio, que recebeu então nova ligação de Emilio, e este disse ao engenheiro:

– Chegou a hora de o Raphael ser seu subordinado. Amanhã ele vai encontrar você na obra do Bairro da Liberdade.

No dia seguinte, na região central de São Paulo e conforme o combinado, Raphael se dirigiu ao encontro de Getúlio. Eles conversaram um pouco e logo foram circular pelo empreendimento. Getúlio reforçou os pontos técnicos e fez alguns alertas ao jovem:

– Raphael, quero dizer que você tem três opções de comportamentos nesse início na Kallas. Em todas elas você terá um nível de aprendizado, que poderá ser maior ou menor, dependendo do seu interesse e dedicação. E conte comigo nesse aprendizado, inclusive, para esclarecer dúvidas. Na primeira opção, você pode falar para seu pai que veio trabalhar, ficar um pouco e depois ir para outro lugar; mas já lhe adianto que não irei mentir para o dr. Emilio.

O jovem olhou preocupado, dando a entender que a primeira hipótese não passava pela mente dele. E Getúlio seguiu:

– A sua segunda opção é a de, apesar de estar na obra, "aprender" aquém do que poderia, ou seja, sem ter trabalhado e se esforçado e dedicado suficientemente. E, igualmente, se o dr. Emilio me ligar e perguntar, também falarei a verdade. Mas tem ainda a terceira opção e, nela, você vai se dedicar ao trabalho, cumprir as tarefas determinadas, agregar cada vez mais conhecimento e, igualmente, se questionado pelo dr. Emilio, serei verdadeiro na resposta. Não precisa me responder agora! Amanhã retomaremos essa conversa.

Ao final do expediente, eles foram embora e, no dia seguinte, Getúlio convocou Raphael para saber dele qual das três opções ele tinha escolhido. O rapaz disse convicto:

– Não há o que pensar! Por tudo que aprendi dos meus pais, pelo comportamento do meu irmão e por aquilo que você me apresentou, a única alternativa que irei seguir é a terceira.

A partir de então, o desenvolvimento de Raphael foi excelente, mostrando-se sempre muito educado, comunicativo, interessado e comprometido com a empresa. E quanto mais ele se dedicava, mais aprendia e assumia responsabilidades. Talvez esse tenha sido um importante ponto ou chave de mudança comportamental dele.

Outro detalhe: assim como o irmão, e seguindo os passos do pai, Raphael buscava interagir e aprender o melhor que cada pessoa tinha para transmitir.

Aprender é a palavra-chave da rotina de Emilio. Quando viaja com os filhos, eles costumam ir aos museus, conhecer a geografia, economia e história dos locais.

Como já é sabido, Emilio ainda incentiva quem está próximo dele a estudar, como fez com Getúlio, propondo-lhe três tipos de cursos e oferendo bolsa integral. Este participou do processo seletivo da FGV e foi aceito. Começou a cursar, mas teve que interromper os estudos, em função de passar a trabalhar numa obra fora de São Paulo, em Pindamonhangaba. Mas depois ele entrou em outro módulo e conseguiu concluí-lo.

E pela gratidão que sente, Getúlio diz:

– Eu perdi meu pai muito cedo e, por isso, é muito difícil algo me fazer chorar. Mas pelas Kallas, eu já me doí e chorei umas quatro vezes...

Iniciativa educacional

Uma das grandes iniciativas foi a criação da Universidade Corporativa Kallas, onde são ministradas aulas de temas diversos. Entre eles: "Como dar feedback de forma construtiva", "Matemática financeira básica", "Gerenciamento de riscos operacionais", "Recursos e ferramentas para gestão administrativa e financeira das obras", "Excel" e "Português instrumental", abordando, assim, diferentes temas e áreas de atuações dos profissionais da Kallas.

Há, inclusive, um convênio com a Universidade Mauá, conforme narra Emilio:

— Na Kallas, temos, na minha avaliação, uma equipe que está entre as três melhores do Brasil! Por isso, não medimos esforços para cada vez mais qualificarmos o nosso time. Conseguimos unir o aprofundamento acadêmico com a alta qualidade profissional. De duas a três vezes por semana, eu almoço com os meus diretores e fico empolgado com a motivação deles.

Para Emilio, a educação deve ser forte desde a base:

— A Coreia do Sul é o melhor exemplo de que investir em educação transforma a capacitação e o rendimento da população. Basta ver a renda *per capita* sul-coreana, principalmente, se comparada à do Brasil. O modelo de educação brasileiro necessita de transformações. É preciso investir desde o ensino de base, para que os estudantes estejam bem-preparados e consigam cursar e tirar o melhor proveito da universidade.

Bodas de Prata

"Uma relação que desafia o tempo..."

Assim Maria Helena Esper Kallas resume sua relação de 25 anos com o marido Emilio, ciclo completado em 27 de julho de 2012.

— Se há algo que nos deixa convictos é a solidez no nosso casamento. Conseguimos transmitir valores para nossos filhos. Quando comemoramos as nossas Bodas de Prata, realizamos uma linda festa em casa mesmo. Foi uma noite árabe, com deliciosas comidas e o pessoal que nos atendeu servido a caráter. Estávamos cercados do calor e do carinho dos parentes e amigos.

Um momento festejado do encontro aconteceu quando começou um batuque mais forte, e duas dançarinas entraram com vestimentas árabes e deram um show de *Dabke*, dança popular do Oriente Médio. Mas as moças não eram lá tão bonitas... e os amigos brincavam com Emilio:

— Só podia dar nisso... afinal, foi a Helena que escolheu as dançarinas — e todos gargalhavam.

Tudo no seu devido lugar

Para Emilio, organização é a base da vida pessoal e profissional:

– Eu sou muito organizado na empresa e com as minhas responsabilidades, documentos e tudo mais. Sempre fui assim, e as atividades acadêmicas reforçaram isso. Claro que, pelo caminho que a empresa seguiu, hoje tenho uma equipe que cuida da coordenação de tudo. Só não participo da organização da casa, que fica sob a responsabilidade da Helena.

E como Emilio deu a deixa, Helena reforça os papéis de cada um com descontração:

– Eu cuido de tudo na família. Passei a vida inteira fazendo quatro malas nas viagens. O Emilio não levanta nem para pegar um copo d'água. Ele manda na Kallas, mas aqui em casa, não. Aqui mando eu... – e se diverte com a "marcação de território".

Retomada familiar

Ano de 2012. Manira precisou de atendimento médico no Hospital Sírio-Libanês. O médico que fez a consulta foi o infectologista Esper Georges Kallás, chamado por Emilio simplesmente de primo Esper.

A forma carinhosa tinha mesmo um fundo familiar. Esper é filho de Meire Esper Kallás, prima de primeiro grau de Emilio que, em 1965, após o casamento com Georges Mikhael Kallás, saiu de Passos com o marido rumo a Itajubá, onde se estabeleceu.

Como vimos, Emilio já havia retomado contato com Meire depois que outro filho dela, David Kallás, dera aulas para Helena e Raphael no Insper. E com Esper alguma aproximação já havia acontecido. Alguns anos antes, em 2007, Marcia, a irmã de Emilio e também médica, apresentou-se a Esper na Faculdade de Medicina da Universidade de São Paulo (FMUSP), onde ambos mantinham atividades.

A partir dali, os dois trocaram contatos e passaram a se falar periodicamente. Inclusive, ela recorreu a Esper quando a mãe, Manira, precisou realizar um procedimento cardíaco.

Em relação a Esper, a familiaridade ocorrera por ter acompanhado algumas matérias na mídia sobre Emilio, em temas que envolviam o Secovi e o segmento da construção civil. E também quando, ao conceder entrevista para uma jornalista, a repórter disse: "Você se parece com um ex-namorado meu, o Thiago Esper Kallas".

Sendo assim, um encontro entre Emilio e Esper parecia mesmo ser inevitável, como veio a acontecer em 2012. Depois desse dia, eles passaram a estar juntos com frequência, já em oportunidades de reuniões familiares.

Esper confidenciou a Emilio que, assim que o viu pela primeira vez, a sensação que teve foi a de que já se conheciam há tempos:

– Emilio, estar com você me traz o sentimento de familiaridade. Sinto que temos uma relação de muitos anos. Afinal, somos do mesmo núcleo familiar. Estar com você me remete e faz relembrar da minha essência, dos hábitos e das expressões da família.

Um bom conselheiro

"Emilio, você consegue ser pragmático, objetivo e ao mesmo tempo encantador. Você coloca suas ideias de forma simples, convincente e cativante."

A avaliação feita por Rodrigo Uchôa Luna, da Plano&Plano, é referendada por muitos. Em 2012, durante a presidência de Claudio Bernardes no Secovi, Rodrigo havia assumido a diretoria de produtos financeiros, ligada à vice-presidência de incorporação, comandada por Emilio Kallas.

Nas reuniões, cada integrante da diretoria buscava transmitir suas ideias aos associados, como forma de avaliar o presente e antever algumas ações mercadológicas futuras. Como aconteceu numa delas, onde Emilio alertou: "Vamos tomar cuidado com o excesso de confiança, pois isso poderá nos custar caro!".

E isso realmente veio a se constatar tempos depois, quando, após a "euforia" dos anos de 2014 e 2015, o segmento viveu a crise dos distratos em meio a um conturbado e turbulento período da economia e da política brasileira, que ocasionou o *impeachment* da então presidenta Dilma Rousseff.

Como integrante do Secovi e empresário do setor, Rodrigo, que anos depois assumiu como presidente eleito do Secovi-SP, vivenciou todo aquele processo e manteve-se alerta com as palavras de Emilio, para conseguir passar ileso por todo o processo:

– O Emilio tem uma personalidade inspiradora, o que faz com que empresários do setor busquem com ele orientações para os próprios negócios. Ele sempre nos dá uma luz a ser seguida. O Emilio é firme e realista, mas sem perder a ternura.

Operação resgate

Nas eleições para prefeito de São Paulo de 2012, como é de praxe nas definições para quem comandará a prefeitura, o estado de São Paulo e também o país, o setor se movimenta para agendar encontros com os candidatos e ouvir deles as propostas, assim como apresentar suas ideias.

Naquele ano, um a um dos candidatos com maiores chances de vencer o pleito foram convidados para as reuniões.

O evento com um deles, um jantar oferecido a Fernando Haddad, foi agendado na casa de Emilio Kallas. Ali estavam, além de Emilio, os membros da diretoria do Secovi.

O grupo chegou um pouco antes do horário marcado, e logo Fernando Haddad foi anunciado pela portaria.

O anfitrião foi recepcioná-lo e, assim que a porta do elevador se abre, de lá saem Fernando Haddad e a mulher:

– Emilio, esta é a Ana Estela, a minha esposa!

Bem... a chegada dele era esperada, mas não acompanhado. Tanto que Helena estava no Clube, no Monte Líbano, justamente para deixar a casa exclusivamente para o jantar dos integrantes do Secovi e do político.

Na mesma hora, Emilio e um dos convidados, Alessandro Vedrossi, organizador do jantar, fizeram uma "operação resgate" das esposas... e deu certo!

Em menos de 20 minutos, Helena Kallas e Yasna Vedrossi estavam reunidas com os maridos e todo o pessoal, e puderam então trocar ideias com aquela que viria a ser a primeira-dama da cidade São Paulo – pois Haddad venceu José Serra no segundo turno das eleições municipais daquele ano.

Ao final, depois que o casal Haddad se despediu e foi embora, Emilio brincou com Helena e Yasna: "Vocês salvaram o jantar!" – e todos caíram na risada.

Andar, conversar e se divertir

A amizade entre Emilio Kallas e Sérgio Dib começou nas acirradas, disputadas e divertidas rodadas de tranca, derivação do jogo buraco, que aconteciam às terças-feiras nas casas dos amigos. E como ambos são sócios do Clube Atlético Monte Líbano, o convívio se estreitou no ambiente social. A eles se juntavam Roberto Soubia, Rubens Maluf, Eduardo Macul, Paulo Badra, Ricardo Sayon, entre outros.

Com os demais amigos do Clube, eles montaram um grupo para a prática de esporte; ao todo, umas catorze pessoas, como José Luiz Najm Saade, Eduardo Samara, Francis Saffi e Ricardo Haddad, entre outros, passaram a se reunir em média de três a quatro vezes por semana para andar e travar boas conversas que, na maioria das vezes, não envolviam trabalho, e sim casos e causos. Ao final das caminhadas, sempre no fim da tarde dos dias de semana ou nos sábados pela manhã, os bate-papos e boas risadas seguiam no bar do clube.

E como foi batizado o grupo? Bem... isso já mostra como os encontros são descontraídos. Inicialmente, chamava-se "Tartaruga", mas depois passou a ser "Imóveis". Claro, parece óbvio. Afinal, deve haver ali muitos engenheiros e construtores. Mas não é nada disso! Eles se intitularam "Imóveis" porque são muito parados mesmo; outra sacada divertida do pessoal.

Em algumas oportunidades, Emilio convidou Sérgio para ir com a família à casa dos Kallas em Campos do Jordão. Ali, onde foram muito bem acolhidos por Helena e Emilio, e também em São Paulo, um dos bons motivos das conversas entre eles era a criação dos filhos.

Ambos atuam na construção civil, embora Sérgio Dib foque a construção de casas populares:

– O Emilio incorpora e constrói prédios. Entre nós, nunca houve uma possibilidade de realizarmos um projeto em conjunto. Mas conversamos muito sobre o mercado. Ele tem uma visão fantástica e trabalha demais, tem reunião a cada uma, duas horas. Assim como eu, o Emilio faz o que ama!

Querido ombro amigo

"Kallas? Por que não te calas?"

Com a brincadeira, teve início o convívio que se transformou numa estreita e fraterna amizade entre Emilio e José Luiz Najm Saade, igualmente sócio do Clube Monte Líbano, integrante da divertida turma dos "Imóveis" e engenheiro formado pela Poli. Mesmo havendo uma diferença de anos entre as formaturas de ambos, eles tiveram vários professores em comum.

E foi justamente num dos momentos de lazer e prática esportiva que eles foram apresentados. Já no primeiro contato, Saade observou ser Emilio uma pessoa cordata, atenciosa, que procura registrar suas opiniões, mas aprecia ouvir os pensamentos alheios.

Agradou-o também a forma igualitária e humanitária com que trata a todos:

– O Emilio está sempre disposto a ajudar a quem passa por um momento de necessidade e merece uma chance. Em várias situações, ele se prontificou a socorrer ou mesmo consultou pessoas do grupo que poderiam prestar amparo. Ele é muito generoso – registra Saade.

A relação de amizade entre eles nunca migrou para o campo dos negócios. Mas os seus diálogos, no clube ou nos encontros e viagens que fazem para o haras ou a fazenda de Emilio, Saade registra como enriquecedores e salutares:

– O Emilio tem grande clareza de raciocínio. De tudo que ele diz se tira uma lição. Aprecio demais as nossas conversas, com as quais aprendo bastante e tenho certeza de que ele também tira seus ensinamentos.

Em tantos anos de amizade, os dois compartilharam algumas confidências, tanto em certos períodos difíceis quanto nas alegrias e conquistas. Saade conta uma delas:

– Um dos momentos especiais do Emilio foi quando ele percebeu que os filhos Thiago e Raphael estavam integrados na empresa e poderiam dar continuidade à obra por ele construída. Admiro a forma como ele consegue administrar seu tempo, sabendo dividi-lo entre família, trabalho, amigos e lazer; independentemente da situação, ele a vive por completo.

E Saade destaca ainda uma marca registrada do amigo:

– O Emilio tem uma mente compartimentada, na qual guarda e reserva as emoções e situações. Imagino o número de decisões que um empresário do porte dele precisa tomar diariamente; ele o faz com muita tranquilidade e embasamento. Eu nunca o vi reclamar de nada, e está sempre motivado e otimista.

Agradável e proveitoso reencontro

"Olá, Rubens, vamos nos encontrar bastante por aqui..."

Dessa forma Emilio Kallas cumprimentou o amigo Rubens Al Assal, sócio da Maubertec, empresa de engenharia. Entre os donos da Maubertec está também José Roberto Bernasconi, ex-professor de Emilio na Poli, onde Rubens igualmente se formou engenheiro.

Em 2013, mais uma vez o Clube Atlético Monte Líbano funcionou como agente de interação social e profissional para os sócios Emilio Kallas e Rubens Al Assal. Ali eles se aproximaram, cultivaram amizade e depois negócios entre as suas empresas. Mas, na verdade, eles se conheceram duas décadas antes, em 1993.

Ambos começaram a agendar reuniões, pois Emilio se mostrava disposto a fazer com que a Kallas e um braço da Maubertec, a Maubertec Empreendimentos, investissem juntas em loteamentos. Até que, em 2015, eles iniciaram o primeiro projeto em Caçapava, no interior paulista. Emilio participou financeiramente do empreendimento, demonstrando confiança na parceria.

No ano seguinte, nova iniciativa: um loteamento em Pindamonhangaba, em São Paulo. Rubens voltou a propor que Emilio entrasse no negócio, e recebeu resposta afirmativa.

E os negócios conjuntos não pararam por aí. Em 2018, Emilio se interessou por outros dois loteamentos da Maubertec Engenharia, em Taubaté e Bragança Paulista, interior do estado de São Paulo.

Em tantos anos de convívio e sociedade, Rubens assim avalia o parceiro comercial:

– O Emilio, além de agregar competência, é um empreendedor incomum, arrojado. Depositou confiança grande em nós e entrou de cabeça. As parcerias, como a nossa com o Grupo Kallas, se pautam pelo respeito mútuo.

Abençoar o filho

Dia 17 de janeiro de 2013, uma data especial, na qual o primogênito Thiago Esper Kallas se preparava para dar um importante passo: o do casamento com Eleonora Taddeo Soares.

Durante a cerimônia e depois, na recepção, que aconteceu no Clube Atlético Monte Líbano, centenas de convidados, entre familiares, parentes e amigos, estiveram presentes.

Emilio estava muito feliz e tomado pela emoção de saber que o filho começava ali a escrever sua própria trajetória pessoal ao constituir família. Eles já tinham conversado sobre o passo a ser dado algumas vezes, mas horas antes do casamento Emilio ainda trocou algumas palavras com o filho:

– Estou muito orgulhoso de você. Já falamos das responsabilidades que o casamento traz para as nossas vidas. E tenho a certeza de que você está pronto para recebê-las e administrá-las. Como pai, eu torço muito pela felicidade de vocês – palavras que foram seguidas por um caloroso abraço entre os dois.

Mais um agradável e proveitoso reencontro

"Olá, Claudio, que bom receber sua ligação. Claro, vamos conversar, sim. Tenho interesse em conhecer o projeto do empreendimento."

O destino recolocou Emilio Kallas e Claudio Alberto Cury profissionalmente na mesma estrada; o sócio de Claudio, Samir Abdenour, também membro do Secovi, fez então a reaproximação entre Emilio e ele. Mas, vez por outra, ambos se encontravam no Monte Líbano.

Quando Emilio trabalhava como diretor na Schahin Cury, Claudio era um dos sócios; na verdade, era o Cury da sociedade. Mas Emilio se desligou da empresa em 1987, e Claudio saiu da companhia em 1990.

A estreia entre os lançamentos que fizeram juntos foi a do primeiro prédio comercial em Diadema. Depois vieram outros projetos.

Mesmo estando à distância, Claudio acompanhava o crescimento empresarial de Emilio e do Grupo Kallas:

– Ele tem uma equipe estruturada, e a empresa cresceu muito. Empreender neste Brasil, com tanta instabilidade, é para herói ou louco. O Emilio conhece o mercado como poucos e pautou a trajetória dele e da Kallas pela ética e seriedade. O espírito de liderança e a capacidade de montar uma excelente equipe do Emilio são muito fortes. A vida é sorte, suor e talento. E ele une esses três fatores!

Importante titulação

No ano de 2014, depois de circular pelas principais universidades espalhadas pelo mundo com Emilio, que fazia questão de apresentá-las aos filhos durante as viagens internacionais, Thiago dá início ao desejo de cursar o MBA.

O tempo de preparação para ser aceito foi intenso e exigiu uma grande imersão no idioma inglês e nos temas relacionados ao curso, em função do processo qualificatório.

A escolhida foi uma das instituições internacionais de ensino mais tradicionais, a Yale University, onde se formaram alguns ex-presidentes norte-americanos e, entre as personalidades e alunos célebres, estão mais de sessenta vencedores do Prêmio Nobel.

Nas páginas de divulgação na internet, a Yale é apresentada assim: "Desde sua fundação, em 1701, a Universidade de Yale se dedica a expandir e compartilhar conhecimento, inspirar inovação e preservar informações culturais e científicas para as gerações futuras".

A Yale University, localizada em New Haven, um dos oito condados do estado de Connecticut, nos Estados Unidos, era, sem dúvida, uma das preferidas de Emilio. Inclusive, por estar entre as instituições de ensino que compõem a Ivy League, conjunto de oito universidades consideradas entre as melhores dos Estados Unidos e do mundo, localizadas, em sua maior parte, no nordeste dos Estados Unidos. São elas: além de Yale, Harvard, Columbia, Princeton, Dartmouth, Brown, Cornell e a Universidade da Pensilvânia.

Foi um tempo de grande aprendizado e crescimento conceitual para Thiago, que, em 2016, concluiu o curso, tendo recebido excelentes notas.

E na plateia que prestigiou o evento de formatura, lá estavam, emocionados, Helena, Emilio, Raphael e a namorada Joyce, sob os olhares do não menos emocionado Thiago Esper Kallas.

Executivo versátil

"O dr. Emilio é muito objetivo, prático nas decisões. É difícil você levar a ele um tema para discussão e não sair da conversa com a decisão sobre o assunto."

Após anos de trabalho em conjunto, o diretor jurídico e que depois absorveu também as áreas administrativa e de RH, Luiz Antônio Costa Júnior, aprendeu com o tempo a encontrar o melhor formato de discutir os temas com o presidente do Grupo Kallas:

– Temos bastante liberdade de atuação e na tomada de decisões. Mas, se ter essa liberdade é ótimo, também nos dá uma responsabilidade muito grande, pois somos cobrados pelas nossas escolhas. Mesmo sendo o nosso protagonista, o dr. Emilio se mostra disposto a nos ouvir e participar dos processos decisivos. Procuramos envolvê-lo nas macrodecisões, e não naquelas do cotidiano.

Conforme explica Luiz Antônio, na Kallas se procura também agir por colegiado:

– Criamos um comitê para a definição dos negócios que se reúne e discute temas relevantes, como, por exemplo, a compra de terrenos. Celebramos o contrato, estudamos o terreno e levantamos todas as informações. Quando temos tudo muito bem desenhado, acionamos o comitê, composto pelo dr. Emilio e toda a diretoria. A experiência e a visão de mercado do dr. Emilio são decisivas, mas ele aprecia receber as avaliações de todos. Mesmo com todo o conhecimento adquirido, ele é aberto a ouvir as opiniões técnicas e mercadológicas, e não se fecha na emoção.

Dentro do legado transmitido por Emilio está seu método de fazer tudo com qualidade, de se aprofundar no conhecimento dos temas. De ser obstinado e se dedicar em busca de alcançar os objetivos, mas respeitando os conceitos éticos e morais. Tudo com ele é muito planejado, evitando assim surpresas no meio do caminho:

– Eu planejo o final de semana, as férias, o meu dia de trabalho, os projetos, o peso que quero atingir... Quem não planeja perde tempo e dinheiro – afirma o presidente do Grupo Kallas.

Quem o acompanha e constata a assertividade do método, o adota para a vida pessoal e profissional, conforme conta Luiz Antônio:

– Eu sigo essa metodologia do dr. Emilio para atingir os objetivos. E também repasso na empresa, para os colaboradores. Ter estratégia nas ações e saber se relacionar me deu um *boom* profissional; no meu caso, como advogado, traz ganhos enormes.

Quem trabalha diretamente com o empresário aprendeu que, para despachar um tema com ele, é preciso estar muito bem-preparado. E se for apresentar algum problema, já mostre a possível solução. Por isso, as reuniões com Emilio Kallas têm hora certa para começar e para terminar.

Por falar em preparação, é comum ele receber livros de presente, ou mesmo indicações de leituras das pessoas próximas. E tempos depois é normal ele dizer: "Sobre aquele livro que você me deu – ou indicou –, a minha avaliação é...", ou seja, ele tem por hábito, após a leitura, traçar um panorama da avaliação.

Tal passagem foi vivida por Luiz Antônio:

– Eu presenteei o dr. Emilio com alguns livros; um deles era uma tese de dois escritores ingleses que faziam abordagens sobre o ponto de vista metodológico e organizacional, numa correlação com a regra de São Bento. Quando ele terminou a leitura, comentamos alguns pontos apresentados no livro sobre o tema e, nas reuniões que tivemos após esse episódio, ele fez colocações que mostravam sua absorção de algumas partes do conteúdo.

Outra obra lida por Emilio e que o impressionou bastante foi *Mentes perigosas: o psicopata mora ao lado*, escrito pela psiquiatra Ana Beatriz Barbosa Silva. O livro apresenta o comportamento de pessoas tidas como "psicopatas", marcadas pela falta de empatia com o próximo.

Os aprendizados conquistados com a leitura o impressionaram, tanto que ele adquiriu mais de quarenta exemplares para presentear as pessoas.

Tempos depois, inclusive, ele correlacionou o conteúdo do livro com a desagradável experiência que viveu na Kallas. Ali trabalhava um diretor financeiro que, na análise de Emilio, tinha comportamento psicótico e cometeu desvios de dinheiro da empresa.

O homem conseguia até burlar a regra da companhia, segundo as quais os cheques, de acordo com o valor, precisam ter duas ou mesmo, no caso de quantias mais elevadas, três assinaturas, sendo uma delas a de Emilio.

Conversas espiritualizadas

> "Você foi uma das pessoas que, apesar do meu questionamento, me fez descobrir que essa provação não era meramente um despropósito Divino, mas uma vivência de fé, não para os monges, mas para aqueles que cultivam a experiência espiritual."

O amigo Roberto Siufi, o Irmão Agostinho Maria, passou a viver a experiência monástica após a ruptura de um casamento; antes do matrimônio, havia se afastado da igreja por sete anos. Ele sabia que Emilio respeitava as escolhas dele, mas também colocava seus pensamentos em discussão. A cada conversa, novas interpretações:

– O Emilio me ajudou a descobrir que ser monge significa viver em devoção espiritual, física e filosófica à sua fé; é uma experiência que traz o despertar da fé, sem que seja uma penitência. Em alguns momentos, ele até me questionou sobre a postura que eu trazia no sentido da caminhada do mosteiro. Comecei a perceber que as pessoas em geral se questionavam sobre os monges no sentido de se perguntarem: "Que homens são esses? Seriam loucos, lunáticos, insensatos?". Nada disso: somos espiritualizados.

Além disso, o presidente da Kallas contribuiu com a causa:

– Ele foi um provedor de muitos dos desafios que nós tivemos no monastério, e apoiou as nossas obras. Eu sempre fui o ponto de contato, o interlocutor das ajudas que recebemos dele, sempre feitas na maior discrição.

Alguns anos depois, Irmão Agostinho Maria deixou de ser monge e tornou-se consagrado; mas não religioso, no sentido de ter votos dentro de uma instituição. Ele passou a viver e a morar com os pais no Mato Grosso do Sul.

Mas as conversas entre Emilio e Irmão Agostinho Maria continuaram constantes, abordando alguns parágrafos, versículos, capítulos... estando ambos bastante atentos em ouvir, posicionar-se e refletir, conforme avalia o religioso:

– Nossos diálogos se assemelham ao processo de metabolizar um alimento. Os temas das nossas conversas são diversos, indo da fé aos assuntos familiares. Para o Emilio, a sustentação dos valores não permite relaxamento. Acredito que somos mutuamente confidentes. O Emilio é um homem honesto e transparente. Travamos uma relação de confiança inabalável.

Mais sobre o plano diretor

"Crescer de maneira equilibrada. Isso é bom para a população, para o sistema da saúde pública, do transporte, para os municípios, para as ações governamentais, para as construtoras e incorporadoras, que assim podem projetar seus empreendimentos."

As regras são definidas vislumbrando a preservação em todos os sentidos, como da memória e da natureza, tornando assim a vida dos moradores mais prática e saudável. O plano diretor cria uma política de desenvolvimento dos municípios brasileiros; gera um mecanismo legal que visa orientar a ocupação do solo urbano.

Previsto na Lei nº 10.257/2001, também conhecida como Estatuto da Cidade e aprovada em 2001, está o plano diretor, elaborado pelo Poder Executivo Municipal e que se faz presente em grande parte dos municípios, atuando conceitualmente em prol dos brasileiros; municípios que possuem acima de 20 mil habitantes devem preparar seu plano diretor.

Dentro do Estatuto das Cidades, existem delimitações na preparação dos planos diretores. São elas: edificação, utilização e parcelamento compulsórios de imóvel; direito de preempção; outorga onerosa do direito de construir; direito de alterar onerosamente o uso do solo; operações urbanas consorciadas; e poder de transferir o direito de construir.

Em relação a São Paulo, os associados do Secovi são atentos e participativos nas discussões que definem o futuro dos municípios; como aconteceu em 2014, durante a gestão do prefeito Fernando Haddad. Entre os membros do Secovi, Emilio Kallas foi bastante ativo, participando interna e externamente dos debates e na definição do melhor caminho para a formatação do plano diretor.

Ao lado dele, entre tantos empresários, estava o engenheiro civil e então presidente da entidade, Claudio Bernardes, em defesa de uma bandeira institucional; ou seja, em busca do mercado sob o olhar da função social, objetivando equilibrar oferta e demanda.

Dentro dessa troca de ideias entre o setor e os membros da prefeitura, muitas demandas puderam ser atendidas; já outras, infelizmente, não.

O próprio Claudio Bernardes explica essa "queda de braço":

– Como exemplo, está o adensamento ao longo dos eixos de transporte. Temos investimentos pesados na infraestrutura de transporte. Quanto menos gente utilizar essa infraestrutura, mais cara ela será. O custo de uma linha de metrô para mil pessoas é muito maior do que para um milhão. Mas foram introduzidas inúmeras regras que geram distorções. Há um grande número de construções perto das linhas de metrô. Mas, atualmente, só é possível construir apartamentos pequenos por regulamentos urbanísticos e que são caros, justamente pelo regramento, que diminui a oferta de terrenos. Há uma oferenda de produtos no mercado que cria enorme distorção, como aconteceu com os *flats* do passado.

Já Emilio Kallas, como vice-presidente da área de incorporação, faz um alerta:

– O plano precisa ser revisto, porque a cidade está sofrendo. De 1980 até os dias atuais, detectamos vários equívocos na formatação do plano diretor. Em 1980, São Paulo tinha 8,5 milhões de habitantes. Muitos anos depois, em fins dos anos 2010, a capital passou a ter mais de 11 milhões de habitantes, sendo que em torno de 4,8 milhões no centro expandido.

E Emilio chega ao ponto-chave:

– A maioria das pessoas vive nas áreas conhecidas como "franjas" da cidade, nas regiões periféricas, onde a infraestrutura é insuficiente, e os moradores levam três, quatro horas para chegar ao centro ampliado. E sabe por que eles vivem nas "franjas"? Porque é ali que eles podem comprar ou alugar suas moradias. Em torno de 71% da classe média estão nas "franjas" da cidade de São Paulo. E nós já conhecemos todas as consequências desse desequilíbrio.

As discussões, tendo o Secovi como voz oficial, envolvem centenas de incorporadoras, mais de quatrocentas filiadas à entidade que se profissionaliza cada vez mais. Uma luta que envolve pequenas, médias e grandes empresas.

Emilio segue com os alertas:

– Somos muito dependentes das políticas de governo, seja estadual, municipal ou federal. Surgem as ações e, com isso, as empresas necessitam contratar advogados para rebater essas propostas. Já o Ministério Público é independente, fato que nos leva a ajustar um acordo judicial com determinado procurador, mas aí vem outro e desfaz o que foi acertado.

Mais uma dificuldade ligada ao meio ambiente envolve a descontaminação das áreas. Emilio explica:

– Esse é um tema bastante complicado. Temos a Cetesb e a Sabesp que atuam ao lado dos incorporadores. Toda terra, mesmo as virgens, possui algum componente tóxico. O importante é saber se o componente é relevante ou não. A Cetesb tem regras rígidas e seguras, copiadas da Alemanha. Somos criteriosos e agimos em prol da melhor urbanização, bem como da segurança e do bem-estar dos nossos clientes. Quando sabemos que há a oferta de um terreno próximo a algum posto de gasolina, melhor não comprar.

O empresário segue nos esclarecimentos:

– Os incorporadores são os principais elementos para descontaminar uma área. Assim que passamos a trabalhar no terreno e a edificá-lo, qualquer indício já nos obriga a descontaminá-lo; caso contrário, não recebemos a aprovação da Cetesb.

E, nas palavras de Emilio, a discussão volta ao plano diretor:

– Um plano diretor precisa ter olhar progressista, ou ele "amarrará" o desenvolvimento das cidades. Por isso, os planos necessitam de constantes "calibragens", para que possam surgir novas áreas para ser construídas e facilitar a vida do cidadão, assim como baratear o custo e o acesso às localidades.

Não bastasse isso, segundo Emilio, ainda surgem novos fatores que não são levados em consideração, que são as condições locais:

– Nasceram as restrições de construir prédios com determinado número de garagens, para estimular a utilização de transporte público urbano na cidade de São Paulo. Então, um apartamento com 150 metros, de uso familiar e onde moram provavelmente um casal com os filhos, não pode ter três garagens por unidade. Entretanto, fica claro que a cidade de São Paulo ainda não tem um sistema de transporte público que atenda plenamente a população. São agravantes que impossibilitam os incorporadores de oferecer projetos de maior qualidade e em locais mais apropriados. Alguns edifícios já vêm diminuindo o número de garagens e criando no local espaços de utilização e serviços coletivos, como lojas de alimentos e conveniência, academias, *office*, entre outros.

Emilio traça sua avaliação:

— O estado intervém em todas as áreas e, na construção civil, a política urbanista define o que se pode ou não fazer. Até o Comando Aéreo Regional, o Comar, interfere, para que a altura dos edifícios não atrapalhe a rota dos aviões. São Paulo não pode parar e precisa crescer num ritmo alucinante e sustentável. Talvez, como mostra a história, nos moldes da gestão do Brigadeiro Faria Lima, que revolucionou a fisionomia da metrópole, criou o primeiro plano diretor e foi prefeito da cidade de São Paulo entre 1965 e 1969 — argumenta Emilio.

Quando não há adensamento ordenado das moradias, parte da população recorre às franjas da cidade, provocando, nas explicações do presidente da Kallas, desequilíbrio:

— As pessoas buscam morar em áreas mais periféricas e que muitas vezes não têm estrutura montada, como escolas, redes de esgoto, entre outros fatores, para suportar um aumento do fluxo de pessoas. São Paulo, por exemplo, tem um terço do adensamento de Paris. Isso também eleva o custo por indivíduo para a prefeitura.

O olhar observador de Emilio traz mais esclarecimentos:

— Quando tenho oportunidade de viajar, observo as cidades e seus urbanismos. Em Paris, a maioria dos prédios tem seis andares, mas sem recuo, e ocupam 100% do terreno. Na cidade de São Paulo, em alguns lugares, podemos construir prédios mais altos, utilizando apenas 25% do terreno ou, no melhor caso, prédios com quatro vezes a extensão do terreno; ou seja, uma área de mil metros quadrados permite a construção de 4 mil metros quadrados. Já em Paris, é possível construir seis vezes a área do terreno, o que chegaria na mesma base a 6 mil metros quadrados.

E Emilio deixa um alerta:

— É importante ressaltar que essas restrições territoriais só pioram a vida do munícipe, pois, com as limitações impostas nas utilizações dos terrenos, o valor dos imóveis aumenta substancialmente. E, com isso, as incorporadoras constroem respeitando as áreas que as leis urbanísticas permitem.

Um brinde à vida

"Emilio, você precisará passar por uma cirurgia. Detectamos um câncer na próstata."

Era agosto de 2014, mês no qual dia 30 Emilio completaria 64 anos. Esse nível de notícia sempre traz apreensão. E a forma de agregar ainda mais fé, força e otimismo é o amparo e o amor familiar. Helena, Thiago e Raphael estiveram ao lado dele incondicionalmente, além do carinho da mãe Manira, dos irmãos e dos parentes e amigos.

Em favor de Emilio, havia o fato de o problema ter sido diagnosticado em tempo hábil, e a cirurgia se mostrava um caminho da cura. Também a condição física de Emilio era muito favorável: além da frequente prática esportiva, ele mantém hábitos alimentares saudáveis.

Depois da realização de mais alguns exames, a operação foi agendada. Foram em torno de quatro horas de procedimento. Após o término, Helena, Raphael e Thiago foram conversar com William Carlos Nahas, o médico que operou Emilio, e dele ouviram aquilo que mais esperavam: "A cirurgia foi um sucesso, e retiramos todo o tumor. A doença foi erradicada. Logo ele estará no quarto. Com um ou outro cuidado pós-cirúrgico, ele terá uma vida normal".

Alívio, alegria, emoção, vários sentimentos positivos tomaram conta dos familiares de Emilio e, claro, dele também, pois já havia tido uma rápida conversa com o médico.

Logo que chegou ao quarto do hospital, Emilio foi confortado pelo carinho da família e dos irmãos. Apesar da sua trajetória vencedora, havia ainda muitos projetos profissionais a serem executados ao lado dos filhos na empresa e na vida a dois com Helena, a quem ele confessou num momento a sós:

– Sinto-me abençoado por Deus ao passar por todo esse duro processo. Ele nos mostra que devemos constantemente valorizar a fé, a vida e a família. Sou um privilegiado por tudo que a vida tem me proporcionado, em especial, por formar uma família tão especial com você e os meninos. Mesmo nos momentos mais duros, jamais deixamos de dizer e de demonstrar que nos amamos. Vocês são a minha base de segurança!

A esposa o viu bastante emocionado ao dizer aquelas palavras e completou:

– Foi um grande aprendizado para todos nós. Daqui por diante, você precisa se preservar dos problemas naturais que acontecem com a empresa. Divida mais as responsabilidades com o Thiago e o Raphael. Você passou por poucas e boas: os calotes governamentais, a situação do Sky House, as dificuldades com os planos econômicos, a árdua rotina... Você é um otimista nato e que valorizará ainda mais a vida a partir de agora! – disse Helena, que estava em processo de recuperação final do acidente sofrido em março daquele ano e que lhe causara a fratura do úmero em oito lugares; a movimentação do braço dela ainda estava limitada.

Esse é um episódio que reforça a tese de que Emilio é realmente estoico, pois teve forças para enfrentar, superar e vencer as dificuldades. E também não deixou que o ocorrido mexesse com sua motivação, mantendo-se uma pessoa alegre, feliz e realizada, disposta a produzir, a crescer pessoal e empresarialmente, e a gerar riqueza para as pessoas.

Os temidos distratos

Em meados dos anos 2010, o Brasil passou por um duro momento na política e na economia. Esses fatores, aliados à pouca popularidade e ao baixo apoio no Congresso, levaram, em dezembro de 2015, ao início do processo de *impeachment* da então presidenta do país Dilma Rousseff.

Ali, Eduardo Cunha, que na época presidia a Câmara dos Deputados, deu sequência ao pedido de três juristas: Janaína Paschoal, Hélio Bicudo e Miguel Reale Júnior.

O pedido de *impeachment* se fundamentava no fato de a presidenta ter cometido crime de responsabilidade pela prática das chamadas "pedaladas fiscais" e pela edição de decretos de abertura de crédito sem a autorização do Congresso, o que levou ao descumprimento da meta fiscal de 2015.

O processo se estendeu até 31 de agosto de 2016, quando houve a votação no Senado e a cassação do mandato de Dilma Rousseff, embora mantendo-se a ela os direitos políticos. Com o "impedimento" de Dilma, o vice, Michel Temer assumiu a presidência.

Em meio a todas essas conturbações, o povo brasileiro sofreu: queda na renda familiar, aumento do desemprego, muitas empresas se enfraqueceram e quebraram. Dizia-se naquele período que as empresas que mais cresciam eram a "Aluga-se" e a "Vende-se", em função das rescisões de contratos de locações ou mesmo da necessidade de se desfazer de alguma propriedade para garantir o sustento.

No setor da construção civil, o grande vilão foi o distrato. Pessoas que haviam adquirido seus imóveis, pela dificuldade de arcar com as prestações ou mesmo receio de comprometer a renda familiar com as parcelas assumidas, assim como pela queda que houve nos preços dos imóveis, que passaram a valer menos do que o valor da época da compra, partiram para os distratos com as construtoras e incorporadoras.

Esse tipo de movimentação começou a acontecer em 2014 e ganhou força em 2015 e 2016. Por haver proteção legal irrevogável em prol das construtoras, pois os contratos de imóveis são regidos pela Lei nº 4.591/1964, que dispõe sobre o condomínio em edificações e as incorporações imobiliárias, as decisões sempre foram irretratáveis.

A lei prevê que o comprador perca o valor investido com o encerramento precoce do contrato, também visando proteger os adimplentes, embora alguns juízes tenham passado a dar seus veredictos em prol da devolução de 100% do valor pago aos compradores e, em alguns casos, com os valores corrigidos pelo IGPM mais 1% ao mês.

Nesses cálculos, os juízes desprezavam o fato de que, no valor da venda, estava computado o percentual da comissão de corretagem, em média de 6%, repassado para a empresa comercial, que então comissionava dentro do total recebido uma parte para o corretor – o qual, certamente, já havia gastado o dinheiro no sustento dele e da família.

Ou seja, para as incorporadoras e construtoras ficava o montante referente a 94% na média, e não os 100% do valor negociado com o comprador do imóvel.

Além disso, havia um grande investimento na montagem do *stand* de vendas, decoração para apresentação de como ficaria a unidade mobiliada, prestadores de serviços, buffet... e toda a estrutura criada para receber possíveis compradores.

Em função disso, construtoras menores ou não tão bem-estruturadas financeiramente não resistiram àquele sistema e, infelizmente, fecharam suas portas e passaram a engrossar a turma do "Aluga-se" e do "Vende-se".

O Secovi assumiu como voz do mercado, e a diretoria – incluindo Emilio Kallas, vice-presidente da área de incorporação – participou de vários debates e discussões, objetivando rever a lei e reverter tal situação.

Depois de muita luta, os distratos passaram a penalizar os compradores não mais em 100%, e sim em 50% dos valores investidos.

Emilio explica que nem sempre todos os fatores são avaliados:

– A lei, criada em 1964, veio para proteger os adimplentes. Por isso, tem uma cláusula que torna o contrato irrevogável. Isso significa dizer o seguinte: imagine o lançamento e a construção de um prédio com trinta apartamentos. Se dez se sacrificam e cumprem o contrato, e vinte desistem, como fica a obra e as condições para que se termine o prédio? Por isso, a lei foi realmente criada para preservar os adimplentes.

Além das pessoas que possivelmente passaram por dificuldades, existiam os oportunistas, conforme explica Emilio:

– Havia quem comprava vários apartamentos para investimento, dando de entrada algo em torno de 5% do valor. Se o imóvel caísse de preço, quem comprou queria devolver e receber todo o dinheiro de volta mais a correção; se subisse, revendia as unidades e ganhava o dinheiro da valorização imobiliária. Quando o Michel Temer assumiu a presidência, passamos a conversar em nome do Secovi com integrantes do governo federal para explicar o nosso problema, a "dor" dos empresários da construção civil.

As conversas, conforme conta Emilio, surtiram resultado:

– Um projeto de Lei que regulamenta os distratos de imóveis foi sancionado pelo então presidente Temer, determinando que, no caso dos distratos, fossem devolvidos pelas construtoras e incorporadoras 50% do valor pago aos compradores. A mudança passou a valer para os imóveis do chamado "Regime do Patrimônio de Afetação". Essa lei exclui a parte da corretagem, considerando ter sido um serviço já prestado. Quando o mercado está aquecido, e os preços sobem, dificilmente acontecem distratos, pois os compradores tentam repassar os imóveis diretamente por um preço de mercado ou acima dos 50% a que teriam direito se tentassem devolver para quem construiu.

E o presidente da Kallas segue na explicação:

– Há certa insegurança jurídica que buscamos ajustar com a nossa área de atuação, através de melhora da lei, mostrando para os juízes que o parecer de uma ação envolve muito mais do que a simples decisão, e que há vários fatores que muitas vezes não são avaliados e colocados na balança dessa decisão.

* * *

Em função da instabilidade de mercado, houve construtoras que tiveram mais de 2 mil imóveis devolvidos. Essas empresas passaram e ainda estão passando por uma situação de penúria; uma decisão contrária à lei e ao sistema judiciário da época que desestruturou e desintegrou muitas companhias que estavam no mercado há mais de trinta anos.

Então, em 2017, Emilio decidiu com sua equipe de trabalho ser mais prudente: reduziu o número de lançamentos e, estrategicamente, passou a construir para outras incorporadoras, ficando só com o risco do custo da construção. Era uma forma de, naquele momento, fugir de uma interpretação equivocada de um juiz e ter que aportar um volume excessivo de dinheiro nas devoluções que poderiam acontecer.

Emilio traz detalhes sobre a estratégia:

– Essa visão antecipada do futuro permitiu à Kallas sair desse acontecimento que poderemos chamar de um dos "cisnes negros" do segmento. Refiro-me aos conceitos criados pelo filósofo Nassim Taleb, no qual um evento como esse pode ser considerado um *outlier*, ou "um ponto fora da curva".

Seguir com os estudos

No ano de 2019, Raphael Kallas decidiu cursar MBA numa universidade internacional. Ele compartilhou com Emilio e Thiago sobre a escolha da instituição: a Universidade da Califórnia em Los Angeles (UCLA), nos Estados Unidos.

A UCLA está situada na região de Westwood, na cidade de Los Angeles. A Instituição, considerada uma das principais universidades do mundo, foi fundada em 1919. Pelos bancos escolares da UCLA passaram personalidades como Francis Ford Coppola (roteirista e cineasta), James Dean (ator), Mariska Hargitay (atriz), Tim Robbins (ator e roteirista), Jim Morrison (cantor e compositor), Sara Bareilles (cantora), Jackie Robinson (jogador de beisebol), entre outros.

Depois de fazer a inscrição e a prova qualificatória, na qual foi aprovado, e já com passagens compradas para ele e o pai, Raphael recebeu um comunicado da direção da UCLA: "Você é muito jovem, e isso desestabilizará o grupo do curso, com idade mais avançada" – isso resumia o conteúdo da carta.

Mais do que nunca, era preciso Raphael colocar em prática o estoicismo herdado do pai. Enfrentar e, de alguma forma possível, tentar reverter a situação ou então aceitá-la.

Emilio até disse ao filho:

– Raphael, não adianta ficar abatido. Você fez a sua parte, e surgiu algo que está acima do seu poder de decisão. Fortaleça-se e lute por aquilo que você quer. E, se mesmo assim você não alcançar o seu objetivo, remeta nova solicitação de inscrição no ano que vem.

Apesar de estar bastante chateado, Raphael foi estoico. Comprou nova passagem de avião e viajou para Los Angeles, onde pretendia ter uma conversa presencial com os diretores da Universidade. Se ele havia marcado reunião? Que nada... Raphael foi com a cara e a coragem!

E deu certo. Assim que chegou a Los Angeles, ele ligou e conseguiu marcar uma conversa com os responsáveis pela área educacional do MBA de interesse dele.

Na reunião, além de ter sido muito bem recebido, o desempenho dele conquistou os educadores. Tanto que, ao final da conversa, o rapaz ouviu do diretor-geral, Dean Gonzalo Freixes:

– Raphael, você foi aceito para cursar o MBA. Além de todo o seu histórico e capacidade pessoal e profissional, sua dedicação e interesse pelo curso nos sensibilizou. Bem-vindo à UCLA!

A partir daquele dia, a UCLA ganhou um excelente aluno e Raphael um grande amigo, o diretor Dean Gonzalo Freixes. Eles passaram a conviver em algumas oportunidades. O desempenho pessoal e catedrático de Raphael no curso agradou tanto, que de lá, além do diploma e da titulação, Raphael trouxe consigo para o Brasil o posto de Embaixador da UCLA para a América Latina. Ou seja, todo latino-americano pretendente a estudar na instituição precisa primeiro passar por uma entrevista e pelo crivo de Raphael Kallas.

A atuação e o desfecho de toda a situação deixaram Emilio Kallas bastante orgulhoso em relação ao filho. Como pai, Emilio fez questão de registrar tal sentimento:

– Raphael, todos nós passamos por momentos de vitórias, derrotas e incertezas, mas nunca podemos desanimar. Esse ponto de fragilidade leva muitas pessoas a desistirem dos seus ideais. Em algumas ocasiões, os obstáculos são intransponíveis, mas na maioria delas conseguimos superá-los, mesmo que com algumas "sequelas". E também entenda que os grandes ensinamentos estão nas dificuldades. Você cresceu na adversidade e reverteu a situação. Quero então cumprimentá-lo por isso. Esse MBA é uma conquista sua. Parabéns! O mérito é todo seu, por ter ido em busca dos seus objetivos!

Para Raphael, ouvir aquelas motivadoras palavras do pai foi como receber ali o título de mais um MBA. A trajetória de Emilio é irrepreensível e de um exímio exemplo a ser seguido, ainda mais por um filho. Homem íntegro, inteligente, empresário muito bem-preparado e de sucesso, marido e pai exemplar, filho amoroso e dedicado... capacitações e qualidades que a vida lhe deu ou que ele desenvolveu.

Emilio tem noção daquilo que a "obra" que ele vem protagonizando representa:

– A Kallas poderia estar ainda maior, mas agimos com prudência. Entre empregos diretos e indiretos, somos responsáveis pela colocação de dezenas de milhares de funcionários. Sei que somos uma empresa onde as pessoas querem e têm prazer e alegria em trabalhar. Nenhum caminho é fácil. As estradas têm suas retas, subidas e descidas. Mas não remoo as perdas. Em qualquer negócio, precisamos entrar para realizá-lo com qualidade e sucesso. Mas, se algo não sair como o esperado, é preciso ser resiliente e aprender com a situação. Busco transmitir esse modo de pensar aos meus filhos; sei que eles são muitos focados e respeitam os mesmos valores que eu.

Garimpar gente de qualidade

Em meados de 2015, Emilio Kallas convocou Juliana Bonacorsi de Palma para prestar assessoria para a área de atuação dele no Secovi. Aconteceu uma sequência de diálogos com Emilio e sua equipe sobre o mercado, baseados na segurança jurídica.

O convite se deu pela admiração que Emilio desperta em Juliana. Eles se conheceram porque a moça é irmã de Joyce Bonacorsi de Palma, com quem Raphael namorava e cursou a faculdade de engenharia.

Nos encontros familiares, Emilio apreciava conversar e conhecer as avaliações de Juliana, graduada em Direito e professora da Fundação

Getúlio Vargas (FGV), ministrando aulas de Direito Administrativo, Metodologia de Pesquisa e Regulação. Como titulação, Juliana é mestre e doutora pela Faculdade de Direito da Universidade de São Paulo (USP) e cursou o *Master of Laws* pela Yale Law School.

Mas entre eles sempre existiu forte intercâmbio na área institucional. E Juliana registra a importância do legado transmitido por Emilio:

– É normal as pessoas terem um determinado tipo de postura para cada ocasião, em especial nos momentos profissionais. Em relação ao dr. Emilio, ela se mantém inalterada, principalmente porque em tudo no qual participa estão envolvidos os valores nos quais ele acredita e a relação com a seriedade e o comprometimento com a família e o trabalho.

E Juliana destaca também a valorização que Emilio faz do próximo:

– O dr. Emilio é altruísta! Ele ajuda, dá espaço, cria oportunidades, é educado e generoso com as pessoas. Assim como cuida da família e estimula os filhos a se qualificarem cada vez mais, ele repete esses nobres atos com todos que estão ao seu redor.

Acreditar na equipe

O ser humano merece ter uma segunda chance ou nova oportunidade?

Para um empresário que gera dezenas de milhares de empregos, como Emilio Kallas, os critérios éticos são determinantes nesse caso:

– É um tipo de situação em que não se pode generalizar. Eu acredito nas pessoas e, principalmente, no poder de reação e na vontade que elas têm de fazer o certo e crescer na profissão. Então, nessa hora, pesa o histórico, a biografia do ser humano em questão. A empatia precisa estar presente dos dois lados: com quem cometeu um equívoco e igualmente com quem dará a palavra final.

O presidente do Grupo Kallas viveu inúmeras situações nas quais precisou avaliar se poderia abrir nova oportunidade. Em alguns casos, não houve nem parâmetro para tal possibilidade:

– Quando ocorreu um erro por uma tentativa válida, em que a pessoa estava bem munida de informações, preocupou-se em fazer as checagens necessárias, respeitou os critérios técnicos, mas, na prática, os resultados não foram os mesmos daqueles imaginados, entendo que se deve tirar o melhor aprendizado da situação. Nesse caso, creio que o erro aconteceu por uma tentativa de acerto.

No aspecto profissional, uma segunda chance pode também ser dada não apenas na manutenção do colaborador na organização, mas também na recontratação de alguém que se desligou da empresa, conforme explica Emilio:

– Em algumas situações, um funcionário é desligado da companhia por uma condição momentânea ou mesmo pede demissão por ter recebido uma proposta que entenda ser mais interessante nos aspectos financeiro e profissional naquele momento. Nesses casos, o colaborador deixa as portas da Kallas abertas e, certamente, será muito bem recebido caso surja uma oportunidade de regresso. São vários os casos de pessoas que se desligaram e retornaram, alcançando depois cargos de diretoria.

O empresário ainda registra que existem direitos, deveres e responsabilidades de todos os lados. E, para Emilio, quem empreende tem ainda uma nobre missão:

– Uma das iniciativas e obrigações das empresas, e que precisa ser cumprida, é dar oportunidades de crescimento para seus colaboradores. O gestor máximo deve reinvestir o lucro na própria empresa, ao invés de tirar recursos para aplicar em aquisições pessoais e que demandam luxo e lazer. Tudo tem seu tempo certo.

A Kallas busca reter e desenvolver seus talentos:

– Na nossa empresa, buscamos fazer *upgrades* nas funções: quem é recepcionista pode passar a ser secretária; a antiga secretária pode ser promovida a outro setor; o engenheiro júnior ganha *status* de engenheiro sênior; um coordenador assume a gerência... São apenas exemplos; pois a trajetória pode ser diferente, mas, a cada conquista e crescimento na carreira, o trabalhador recebe um salário mais alto e tem mais segurança e realização profissional.

Para Emilio, um sistema como o plano de carreira se mostra ideal:

– Aprecio e me motivo cada vez mais com o nosso desempenho. Quanto mais crescemos, mais vagas de empregos e de promoções internas geramos. Contratamos bastante e, às vezes, por não termos ninguém ainda pronto para uma promoção, precisamos buscar no mercado. Mas a nossa prioridade é a de promover pessoas do time interno. Essa é a melhor maneira de fazer a instituição e as pessoas que nela atuam crescerem.

Estabelecer prioridades

"Emilio, gostaria que você pensasse seriamente em assumir a presidência do Secovi. Você desempenha um papel muito importante na nossa entidade, e comanda uma das áreas mais representativas, a de incorporações. Pense seriamente nessa possibilidade..."

As palavras do engenheiro civil e então presidente do Secovi, Claudio Bernardes, fizeram Emilio mais uma vez avaliar a possibilidade. Ele pediu um tempo para repensar na sugestão, e ficaram de retomar o tema dias depois.

Em nova conversa, Emilio repassou ao presidente da entidade sua definição:

– Claudio, eu o parabenizo pela história que você vem escrevendo no Secovi. Depois de conversar com os meus familiares, com pessoas próximas e de ouvir a voz do meu coração, prefiro declinar. A Kallas ainda precisa muito de mim e, neste momento, prefiro continuar a colaborar na vice-presidência de incorporações do Secovi.

O amigo respeitou a posição de Emilio, mas registrou que seria importante para o Secovi que ele vivesse a experiência de se tornar presidente. Aquela não seria a primeira vez e muito mesmo a última que ele ouviria a mesma frase. Constantemente, o nome dele circulava nas rodas de conversas, com indicações para ser presidente.

A cada nova investida, a resposta se mantinha inalterada: "Quem sabe um dia".

Enquanto não chega o tão esperado dia, Emilio continua se dedicando à entidade e aos associados, frequentando as reuniões, os eventos e congressos nacionais e internacionais, como o Fiabci, e participando das viagens, almoços e jantares, nos quais os interesses e a defesa do Secovi então em pauta.

E como o próprio Claudio Bernardes diz:

– O Emilio dos jantares e das viagens é o mesmo das reuniões e discussões do Secovi. A essência dele não se altera. É um grande amigo, que desperta motivação e inspiração, e um profissional muito bem-preparado. A cada ação que fazemos no Secovi, ele sempre tem uma palavra de apoio e incentivo.

Mais um amigo e parceiro comercial

"Roberto, hoje à noite teremos uma cartada de tranca, e você está convocado!"

As disputadas partidas de tranca... Era certo que, semanalmente, Emilio se reunisse com alguns amigos para se distrair, saborear uma boa comida e jogar baralho.

Entre os amigos, a presença de Ricardo Sayon era certa. Outro amigo e parceiro comercial, Roberto Salim Saba, não é grande apreciador de jogo de cartas, mas quando a turma estava desfalcada, era só chamar que ele lá estava.

O próprio Ricardo Sayon foi o responsável pela aproximação entre eles. Sayon era amigo de longa data de Emilio e Roberto, com quem mantinha sociedade; sendo assim, criou-se um elo, e começaram a fazer empreendimentos imobiliários juntos. Entre os investimentos, foram construídos, além de um prédio comercial, um shopping, em Pindamonhangaba, e um hotel.

E além dos negócios e jogos de cartas, havia ainda os encontros no Clube Atlético Monte Líbano e com a "Turma do Parque", grupo que se reunia num dos principais parques de esportes e lazer de São Paulo, para dar boas voltas na pista.

Nos momentos marcantes, de dificuldades e alegrias, como casamentos, festejos, aniversários e a comemoração pelos 25 anos da Kallas, eles estiveram juntos para apoiar um ao outro e celebrar com as famílias:

– O Emilio é uma pessoa honesta, correta, humilde, e preserva esses valores, assim como as amizades. Criamos uma relação de confiança, e isso marca muito. Ele construiu uma grande e conceituada empresa no mercado e faz o bem a muita gente, gera empregos. E merece tudo o que conquistou – expressa Roberto.

A quarta geração dos Kallas

Ano de 2016, dia 19 de fevereiro: quem estava no centro cirúrgico já sabia, e quem estava na sala de espera recebeu a notícia: "A Caterina nasceu! É uma menina linda!".

Depois de pouco mais de três anos do casamento de Thiago e Eleonora, a moça deu à luz uma menina que mexeu bastante com toda a família e, em especial, com Emilio. Era um sentimento diferente daquele de ser filho, marido ou pai... agora, Emilio era avô!

Logo depois ele pôde conhecer a neta no berçário, mas o momento mágico ficou por conta de quando pegou a criança no colo.

Ele olhou a menina com ternura, beijou-lhe a testa e ali determinou o que viria a fazer já no dia seguinte:

– Caterina, o vovô vai lhe presentear com um valor monetário, para que você tenha garantidos os investimentos nos seus estudos e possa cursar boas escolas, universidade e se especializar e titular em instituições de qualidade. Este é o melhor presente que eu posso lhe dar!

Realizar a felicidade do próximo

Em 2016, foi criada a Kazzas, empresa que se especializou em empreendimentos voltados para imóveis econômicos, também conhecidos como populares.

Tempos depois, Emilio decide determinar equipes distintas para trabalhar os diferentes segmentos da construção civil. Assim, Thiago Esper Kallas assume o comando da Kallas Arkhes, definida como incorporadora e construtora de imóveis das classes média e alta, enquanto Raphael Esper

Kallas fica responsável pela gestão da Kazzas. A divisão das empresas em mercados distintos multiplicou os canteiros de obras e gerou ainda mais agilidade e qualidade produtiva.

Para a maioria, adquirir um imóvel representa a realização de um sonho. Raphael registrou seu olhar sobre o impacto que a compra da casa própria desperta nos clientes da Kazzas:

– Criamos um time bem competente no Grupo Kallas, e na Kazzas não é diferente; é uma equipe muito participativa e proativa. Eu vejo o sonho de pessoas que juntaram dinheiro a vida inteira para comprar um apartamento se realizar. A alegria no rosto, o brilho nos olhos, a união familiar... isso tudo me faz amar o que nós realizamos no Grupo Kallas, na Kazzas e também nas nossas outras empresas.

Nos últimos anos, o Grupo investiu fortemente na construção de casas populares, no projeto Minha Casa Minha Vida – que depois se transformou em Casa Verde Amarela, mas, em 2023, retomou a denominação inicial.

O modelo exige o cumprimento de determinadas regras, como imóveis com limite de valor de venda, limite máximo de renda dos compradores, além de os financiamentos serem feitos já no início, e não no meio ou final das obras. Ou seja, o lançamento é realizado na apresentação do terreno, e os financiamentos são aprovados e repassados para a empresa que detém a obra, trazendo assim mais segurança na execução do projeto.

Como costuma dizer Emilio:

– Pode haver uma diferença de materiais entre os prédios que construímos: um acabamento mais sofisticado, um detalhe... Mas o amor, a dedicação e a qualidade técnica que empenhamos são exatamente os mesmos. A Kazzas constrói imóveis que aliam inovação, qualidade, respeito, sustentabilidade e preocupação com a clientela, mantendo preços acessíveis. Conseguimos agir assim, pois produzimos em alta escala!

Em relação à inovação, ele relata:

– Trabalhamos com plataformas inovadoras, como o *"building information modeling"* (BIM), que trazem assertividade e uma forma participativa dos nossos colaboradores. Temos também os *tours* virtuais em 3D e realidade aumentada. São recursos que "projetam" as pessoas interessadas na aquisição dos imóveis para as unidades e áreas comuns e de lazer, com grande realidade virtual.

Dentro dos padrões definidos, as construções geralmente contemplam terrenos de no mínimo 3 mil metros quadrados, preferencialmente próximos às linhas de metrô, para que se possa explorar a área dentro do conceito condomínio-clube. Quanto aos apartamentos, são confeccionados com espaço interno em torno de quarenta metros quadrados.

O CEO da Kallas, Raphael, traz mais detalhes:

– Nossa prospecção de terrenos envolve pesquisas mercadológicas, visitas presenciais e também por drones, meios pelos quais conseguimos avaliar importantes oportunidades. Atuamos na Grande São Paulo e nos locais próximos, como Taboão da Serra, Carapicuíba, Osasco... e também em cidades específicas, como no litoral sul, em Santos e no Guarujá.

Há uma grande preocupação de entregar um produto moderno, com determinados confortos internos, como as varandas, e externos, onde se encaixam áreas comuns com *coworking*, espaço pet, bicicletas elétricas, espaço *delivery* com forno e geladeira, placas solares... tudo muito bem pensado e avaliado:

– Foram feitos estudos e pesquisas para entender as preferências e necessidades dos compradores e futuros condôminos dos nossos edifícios. Conseguimos assim definir aquilo que era mais ou menos prioritário a eles, e adaptamos esses itens ao projeto – explica Raphael, e finaliza:
– Construímos imóveis considerados de padrão econômico, mas não abrimos mão de que tenham qualidade, um conceito *premium*.

Importante obra em Manaus

Uma obra que envolveu, na fase de pico, mais de 3.800 funcionários!

Estamos falando da reforma do Aeroporto de Manaus – o Aeroporto Internacional Eduardo Gomes, realizada pelo Grupo Kallas, num consórcio com as empresas Engevix e Encalso Construções.

Os trabalhos tiveram início em novembro de 2011, com o objetivo de preparar o aeroporto para receber a grande movimentação proveniente da Copa do Mundo de Futebol, organizada pela Fédération Internationale de Football Association (FIFA) e realizada no Brasil, em 2014; Manaus foi uma das doze sedes, e as obras tiveram conclusão em maio de 2015.

Os investimentos foram da ordem de quase 445 milhões de reais e, com os resultados das reformas, a capacidade anual de operar voos e transportar passageiros mais que dobrou, passando de 6,4 milhões para 13,5 milhões de pessoas. Ao todo, as obras passaram por dez auditorias do Ministério Público Federal.

Pela tradição no esporte e na competição, tendo conquistado o pentacampeonato em 2002, o Brasil é conhecido como a Pátria do Futebol ou o País das Chuteiras, sendo aquela a segunda edição do evento a ser disputada no país; a primeira foi em 1950.

Em função da importância do polo de Manaus na aviação nacional, o projeto se desenvolveu com o aeroporto em funcionamento e foi realizado em etapas previamente definidas, para que não interferissem na rotina local, mantendo as atividades das companhias e o bem-estar e a segurança de todos.

Também naquele período, os membros da diretoria do Secovi voltaram a pensar no nome de Emilio Kallas para assumir e presidência da entidade.

Pelo grande interesse em ajudar os associados, mas sem ter a responsabilidade de assumir um cargo de presidente, assim como pelo fato de estar prestando serviços para uma obra pública em Manaus, houve consenso de ambos os lados para que a possibilidade aguardasse um momento mais oportuno.

* * *

Paralelamente às obras do Aeroporto de Manaus, a Kallas participou de várias concorrências públicas para a realização das obras dos estádios da Copa do Mundo e venceu uma das concorrências.

Assim que o resultado foi divulgado, a empresa que se posicionara em segundo lugar colocou-se à disposição para participar de um consórcio produtivo. O próprio Emilio foi consultado e respondeu:

– Não vejo problema, desde que o órgão responsável pela gestão da obra aceite o modelo.

Mas, surpreendentemente, dias depois a Kallas foi "desclassificada". Os motivos não foram justificáveis. Aliás, se mostravam altamente questionáveis. Foi mais um balde de água fria – ou melhor, gelada – em qualquer pretensão ou iniciativa futura de participar de obras públicas. Embora haja um ditado que diz: "Nunca diga: desta água não beberei".

– Não posso afirmar que jamais voltarei a participar de uma concorrência pública, mas o processo precisa ter transparência, ser pautado e definido pelo melhor preço e mais alta capacidade da empresa ganhadora. Eu e a minha equipe entendemos de engenharia e temos competência de sobra para entrar numa concorrência e ganhar a disputa – reflete Emilio Kallas.

Grande atenção com a segurança

Uma das preocupações na Kallas e também em outras empresas que constroem obras é com a segurança e a vigilância.

Por isso, os investimentos na preservação e integridade física dos colaboradores, e também com a vigilância para evitar desvios de mercadorias, são representativos.

A preservação da integridade física dos profissionais da Kallas tem sido muito bem administrada. Em relação aos desvios e furtos, aconteceu um ou outro problema pontual e sem relevância.

A segurança das obras representa um ponto de grande apreensão, pois ali estão os estoques de materiais, compostos, entre outros produtos, por revestimentos, portas, janelas, componentes elétricos e hidráulicos, cimento e areia... Por isso, nos empreendimentos há uma equipe de segurança para controlar os acessos aos canteiros de obras.

Emilio explica:

– Investir em segurança exige um gasto elevado, seja de quem constrói ou de quem vai morar nos edifícios. Isso eleva o custo do projeto e depois do condomínio. É uma pena que a criminalidade exija esse tipo de medida preventiva.

Uma lágrima escorre

Em 2016, justamente numa viagem do casal Kallas aos Estados Unidos, Helena registrou o quanto aquele ocorrido com o empreendimento Sky House ainda mexia internamente com Emilio.

Os dois estavam em Chicago, passeando de barco durante o "Cruzeiro de Arquitetura" pelo rio que corta a cidade, enquanto Emilio olhava encantado para aqueles edifícios altos e bem-construídos, enormes, cujo topo mal se conseguia ver. É também em Chicago que está o edifício mais alto dos Estados Unidos: o Willis Tower, com seus 109 andares.

Atenta, Helena observou que o marido estava emocionado, lacrimoso, até que o viu começar a chorar:

– Meu amor, calma... sei o quanto as memórias do passado mexem com você. Mas, além do Sky House, foram tantos outros projetos realizados, que essas lágrimas só podem ser de alegria... – intercedeu Helena.

Emilio olhou-a com ternura, e disse:

– Dói muito eu não ter conseguido construir um prédio de quarenta andares em São Paulo por intransigência e interesses pessoais de alguns poucos. Mas você está certa, Helena! Se há alguns motivos para eu me emocionar, todos eles estão ligados às nossas conquistas pessoais e profissionais. Aos nossos filhos, às grandes obras que a Kallas tem realizado, às bênçãos que Deus tem colocado no nosso caminho.

Foi ainda nessa viagem que Emilio confidenciou à esposa:

– Helena, aprecio passear na Europa, mas a cultura capitalista norte-americana me atrai. Quem sabe não investimos nos Estados Unidos num futuro próximo?

Tem uma célebre frase que diz: "Cuidado com o que você deseja, pois pode conseguir realizar".

Moradia e renda

"Marcelo, vou ajudar você financeiramente, para que consiga investir na sua casa. Vamos também repensar o projeto, de modo que o imóvel possa atender você e sua família, e render um dinheiro."

Bem ao estilo Emilio Kallas de ser, o patrão e empresário aprecia valorizar e ajudar os que estão com ele na mesma estrada há alguns anos. É o caso de Marcelo Cyrillo dos Santos, motorista dele e da família por longo tempo.

Tudo começou numa conversa entre Emilio e Marcelo, onde ele compartilhou com o patrão a alegria dos planos. E prontamente Emilio se mostrou disposto a ajudá-lo. Além de custear a mão de obra contratada e boa parte do material, o novo projeto desenvolvido permitiu a construção de duas casas, uma para moradia de Marcelo e a família, e a outra para alugar e render um dinheiro extra.

Em muitas outras situações, Emilio socorreu e ajudou o funcionário, como quando custeou os estudos do filho dele na Escola Preparatória de Cadetes do Exército. O rapaz pretendia ingressar na Academia Militar das Agulhas Negras, mas não conseguiu ser aprovado e depois cursou a faculdade de Educação Física.

Numa determinada passagem de um problema de saúde na família, Helena e Emilio apoiaram Marcelo incondicionalmente até que tudo fosse resolvido.

Quando perguntado sobre os momentos especiais que viveu trabalhando ao lado de Emilio, a resposta de Marcelo é: "São muitos!". E ele tem mesmo razão. O motorista era responsável por levar e trazer os filhos e os pais do patrão nos mais diversos lugares: escola, festas, igrejas, nas compras, no clube, na fazenda e no haras...

E quando havia eventos especiais, como, por exemplo, as idas às corridas de Fórmula 1 ou a restaurantes, os Kallas faziam questão de que Marcelo estivesse junto deles.

Nas férias do motorista, Helena e Emilio preparavam uma surpresa, fosse custeando um local de lazer ou mesmo os passeios. E no aniversário dele, é certo que os Kallas o cumprimentem e presenteiem.

O funcionário aprecia também a descontração nos momentos de lazer entre o pai e os filhos:

– É bastante divertido. O dr. Emilio faz brincadeiras, piadinhas entre eles. E os "provoca", comparando os comportamentos do Raphael e do Thiago. Está sempre antenado, dando bons conselhos, opina no trabalho deles... É um paizão!

Marcelo traz ainda detalhes dos aprendizados que tira da personalidade do patrão:

– O que mais me impressiona no dr. Emilio é a atenção e a dedicação para com todos. E também o jeito de ele conversar, se expressar e resolver as situações simplifica muito a nossa vida. O dr. Emilio anota tudo o que tenho que fazer; aprendi com ele a agir da mesma forma, para não esquecer de nada, de nenhum detalhe ou compromisso. Ele é dócil, sabe cobrar quando necessário e reconhecer e elogiar um trabalho bem-feito. Muitas pessoas comentam comigo: "Como o seu patrão e a família dele são humildes e educados".

Sem sair da linha

"Tio, estamos aqui nos deliciando com fondue, e o senhor comendo salada com mexerica de sobremesa?"

Emilio estava reunido na casa de Campos do Jordão da família com Helena, os filhos e os sobrinhos com suas respectivas namoradas. Foi então que Conrado Moreira Kallas brincou com ele.

Mas quem já convive com Emilio sabe que ele cuida muito bem da saúde, pratica esportes e não comete excessos na alimentação, sendo sua base um prato de salada e frutas.

Mesmo assim, Conrado entrega:

– Adoramos viajar em família para os Estados Unidos e curtir os parques da Disney. Ele nunca exagera na alimentação e muito menos na bebida alcoólica. O único "excesso" que o tio Emilio se permite é comer um *hot dog* no Magic Kingdom, um dos parques temáticos da Disney.

E Emilio aprecia ver a família reunida e a terceira geração dos Kallas por perto. Traz um sentimento especial.

Até nos momentos de lazer, Emilio não desperdiça a chance de mandar um "recado" ou registrar seu legado. Conrado exemplifica:

– O tio Emilio não é de extremos. E estimula os filhos e a todos nós para que estudemos e cresçamos conceitualmente nos aspectos pessoais e profissionais. O tio não acredita no acaso, mas sim no resultado positivo baseado no conhecimento, nos estudos e no trabalho sério. É bastante realista e sempre faz questionamentos objetivos e práticos. Nos elogios, ele sabe como valorizar sem perder o tom. E quando recebemos uma aprovação dele, é uma "Nota 10" ou um "Parabéns com louvor"!

Até nas brincadeiras, Emilio usa da inteligência:

– Ele descontrai bastante, mas sabe manter o tom contido. Certa vez, eu cheguei na casa da minha avó, com os botões da camisa abertos. Ele deu um olhar de questionamento e perguntou: "Essa é uma nova moda?". Todos caíram na risada, mas ele despistava e mantinha a fisionomia séria – relembra Conrado.

Admiração de referências do setor

O Secovi possui várias representações, que englobam empreendedores imobiliários das mais variadas áreas da construção civil, ligados a incorporadoras, construtoras, loteadoras, locadoras, intermediadoras, shopping centers, *storages* e administradoras imobiliárias.

Como forte entidade do mercado, o Secovi representa e defende interesses não só dos filiados, mas também dos compradores que buscam adquirir seus imóveis pelos mais variados motivos, seja para morar, investir ou trabalhar.

O engenheiro e ex-presidente do Secovi, Paulo Germanos, faz um apanhado das ações da entidade:

– Nós conseguimos sempre ser respeitados, em função da correção da nossa postura. Conversamos com todos os setores e com os governantes, mostrando a eles direções importantes na melhor acomodação da população, fosse na aquisição da casa própria financiada ou mesmo na composição dos pontos comerciais.

A seriedade do Secovi faz com que seus associados não especulem e se preocupem em produzir habitações, objetivando que a cidade atenda às necessidades da população em geral.

Como vice-presidente de Incorporação do Secovi, e com a liderança que exerce entre as empresas do setor, Emilio Kallas atrai cada vez mais associados e adeptos para uma árdua luta:

– Nossa missão é tornar a cidade mais inclusiva. Há uma expressão em inglês, *"Not in my backyard"*, que significa "Não no meu quintal", praticada por aqueles que atuam em prol dos interesses pessoais em meio aos coletivos. São "influenciadores" que "defendem" a edificação, desde que não seja num local próximo ao deles.

O próprio Germanos se recorda de que Emilio foi vítima do *"Not in my backyard"*:

– Lembro-me dos tempos sofridos pelo Emilio com o Sky House. O que me impressionou nele foi a resiliência. Quando enfrentou a questão do embargo, foi um período difícil, mas ele mostrou muita inteligência e determinação.

Um exemplo daquilo que Emilio expressa é a composição do Bairro de Sapopemba, na zona leste de São Paulo. Ali há uma grande densidade populacional, e não há edificações multifamiliares suficientes. O bairro é basicamente composto de pequenas casas em terrenos menores, construídas ainda nos tempos em que era possível lotear em São Paulo. Isso provoca aglomeração nas moradias e faz com que as pessoas residam longe dos seus locais de trabalho. Ou seja, causa desequilíbrio.

Para Paulo Germanos, as mudanças precisam trazer soluções:

– As pessoas moram nas chamadas franjas da cidade, em áreas mais periféricas, mas trabalham na região central e levam horas para ir e voltar do trabalho. Isso causa desgaste físico e emocional. A legislação tem mudado bastante, mas ainda apresenta dificuldades e morosidade nessa organização social e ambiental. Há também um caminho de maior aproximação com o Ministério Público a ser percorrido, para agilizar as aprovações dos projetos.

Empreendedores como Emilio Kallas e Paulo Germanos, que atua há mais de cinquenta anos no Secovi, são importantes para agir em prol do setor da construção civil.

E Germanos traça um perfil do convívio com Emilio:

– A ética do Emilio se transfere para os profissionais do Grupo Kallas. Nós nunca chegamos a ter negócios em parceira. A nossa amizade se solidificou dentro do Sindicato, o Secovi; também nos encontramos em jantares e no Clube Monte Líbano. Travamos uma amizade fraterna e sempre recebi uma atenção respeitosa da parte dele.

Germanos está entre aqueles que querem ver Emilio no comando da entidade:

– O Emilio é focado em tudo que faz e um grande vice-presidente do Secovi. Nossos associados têm igualmente por ele o mesmo respeito. Já propusemos várias indicações, mas o Emilio ainda não se decidiu por assumir como presidente da entidade. Pelo Secovi, estamos fazendo inclusões das disciplinas das atividades imobiliárias dentro da graduação das mais respeitadas universidades.

Bolso firme

"Emilio... eu nunca consegui criar uma dívida para você! O mercado financeiro lhe oferece crédito em abundância, mas você tem uma gestão sólida e segura. Sua trajetória é de extremo sucesso. Parabéns!"

As palavras de Alessandro Vedrossi, parceiro comercial e sócio-diretor da Valora Investimentos, mesmo ditas em tom de brincadeira, demonstram a forma concreta com que Emilio comanda os próprios negócios.

Em algumas situações, foram oferecidas por Vedrossi oportunidades de aportar dinheiro na Kallas. Emilio agradeceu a todas elas, mas preferiu declinar.

Na época do Sky House e também em outros momentos, Vedrossi acompanhou as iniciativas de Emilio para abrir o capital da Kallas. E faz então suas análises:

– Sobre o Sky House, alguns outros empresários do setor que tivessem vivido o mesmo processo poderiam ter encerrado as atividades com suas empresas. Já a qualidade da gestão do Emilio fez com que a Kallas passasse firme e ainda saísse fortalecida. Recuar na abertura de capital foi outro acerto do Emilio. Muitas empresas que seguiram por esse caminho não se sustentaram no mercado. As "janelas" do IPO se abrem e fecham, e o Emilio foi perfeito ao entender esse movimento.

E Vedrossi registra uma admiração pelo parceiro comercial:

– O Emilio ama o que faz, e isso é fácil de ser demonstrado pela atuação dele na Kallas, no Secovi e em outras participações que ele tem. No mundo dos negócios, conheci pessoas dos mais variados estilos, mas o Emilio se destaca por ser pragmático e empreendedor. Ele não é intransigente e tirou o melhor proveito dos aprendizados que a vida colocou no seu caminho.

O espírito coletivo também merece destaque:

– O Emilio respeita e se preocupa muito com as pessoas. Ele participa do Secovi não pensando no benefício da Kallas, e sim de todo o segmento. Esse é mais um ensinamento que trago da nossa amizade – confessa Vedrossi.

capítulo 4

Empreender com conceitos

Subir e vencer a cada etapa

Pulo do gato? Não... esse tipo de acontecimento não pautou a história da Kallas. Se é que se pode chamar de "segredo do sucesso", o Grupo tem como base a competência de Emilio em administrar a empresa, aprofundar-se no conhecimento, saber se relacionar, montar equipes de alto nível e, em especial, produzir ecleticamente e com alta qualidade e escala.

O Grupo se reinventou e se especializou em produzir em todas as etapas, que vão desde a aquisição do terreno até a última unidade construída, vendas e entregas das chaves. E, claro, com atenção especial à assistência pós-vendas.

A cada situação econômica do setor, Emilio redirecionava as ações: mercado em alta, produzir fortemente; mercado em baixa, recuar nos lançamentos e construir para terceiros, além de adquirir terrenos em excelentes condições, para iniciar os projetos em momentos mais propícios. Afinal, como se diz popularmente: "Não há bem que sempre dure e nem mal que nunca se acabe".

Tais estratégias fizeram com que o Grupo, desde o início, na década de 1980, jamais tivesse um ano em que houvesse prejuízo ou mesmo fosse preciso fazer demissões, muito menos em massa. Ao contrário disso, a Kallas sempre elevou seus números.

Algumas das obras incorporadas e construídas pelo Grupo Kallas

Domum Perdizes by Kallas

Lodz

Bosque da Serra

Le Havre

Aeroporto Internacional Eduardo Gomes, de Manaus

Emilio Kallas tem participações ativas na entidade como Vice-Presidente de Incorporações do Secovi e nos debates sobre o setor

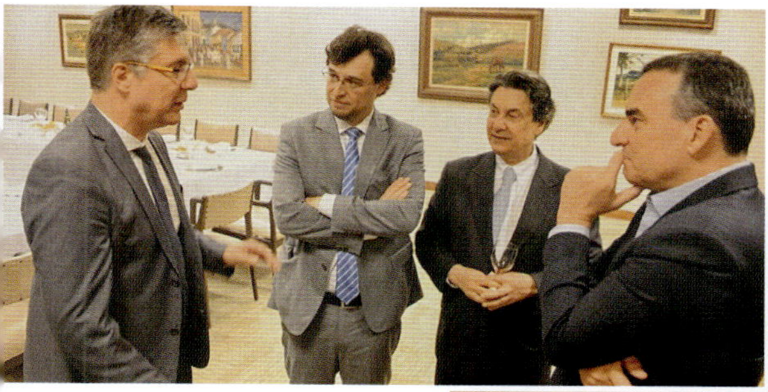

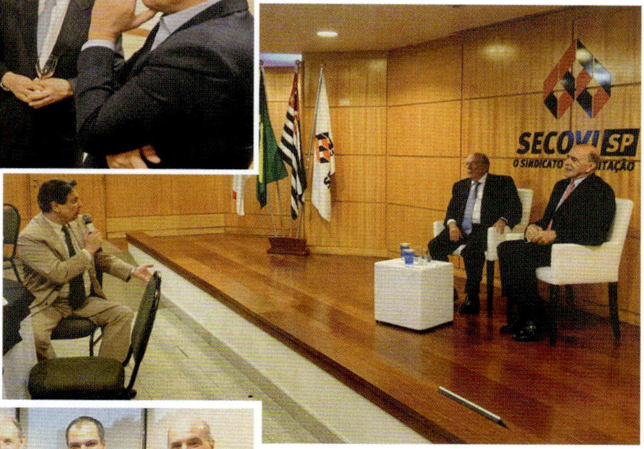
SECOVI SP

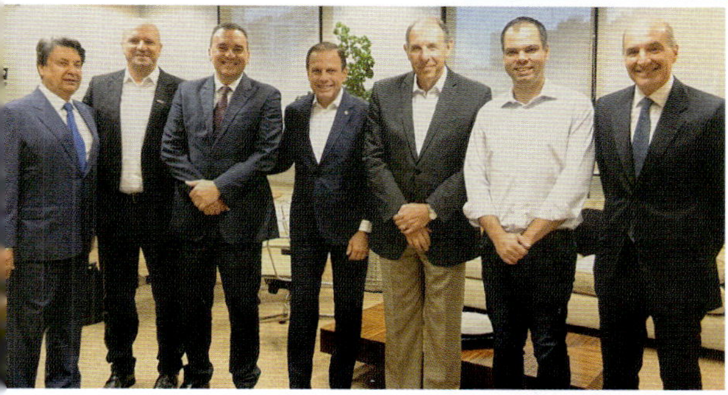

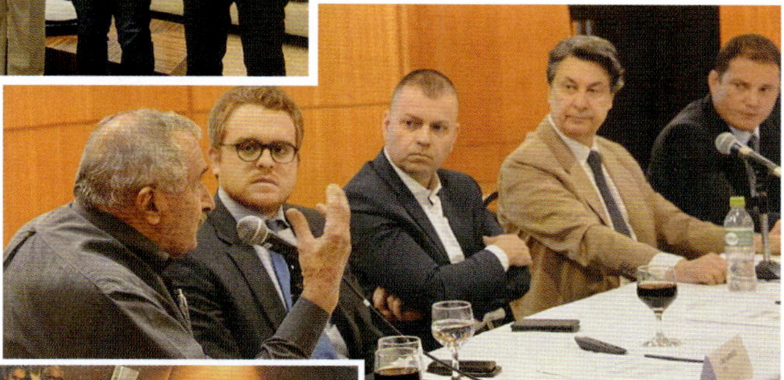

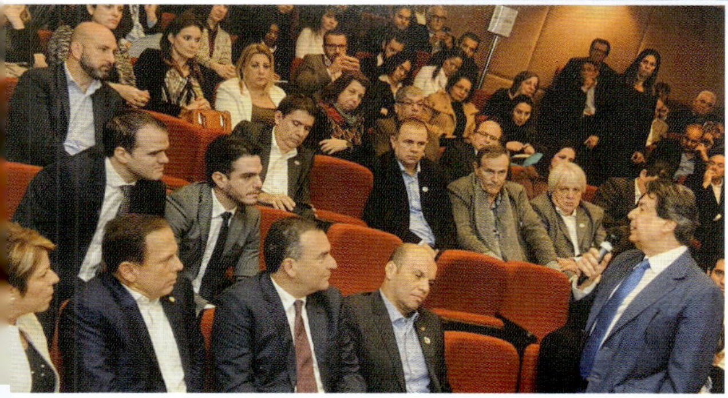

Emilio fazendo discurso na festa de 25 anos de atividades do Grupo Kallas

Emilio Kallas ao centro, com os filhos Thiago e Raphael

Emilio recepcionando alguns dos convidados para a comemoração do Grupo Kallas

Colaboradores festejando o ciclo de 25 anos do Grupo Kallas

Emilio e o Grupo Kallas receberam diversas premiações

Emilio com a sua assessora, Marly Melo Pereira

Emilio Kallas visitando as obras e participando dos trabalhos

Emilio em um dos inúmeros lançamentos futuros do Grupo Kallas

Emilio e o CEO Raphael Kallas visitando as obras do Grupo

Na sede da Kallas, Emilio participa das reuniões e das atividades estratégicas da empresa

Emilio sempre está presente em eventos e debates do setor

Emilio Kallas tem por hábito reunir a diretoria do Grupo em almoços na sede da empresa

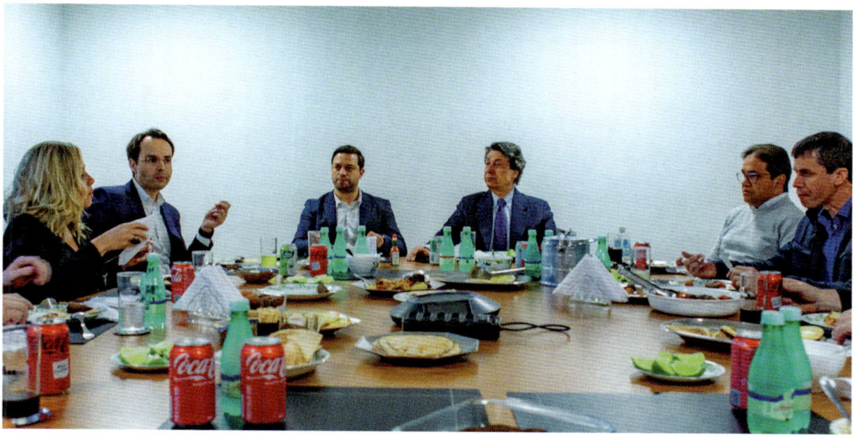

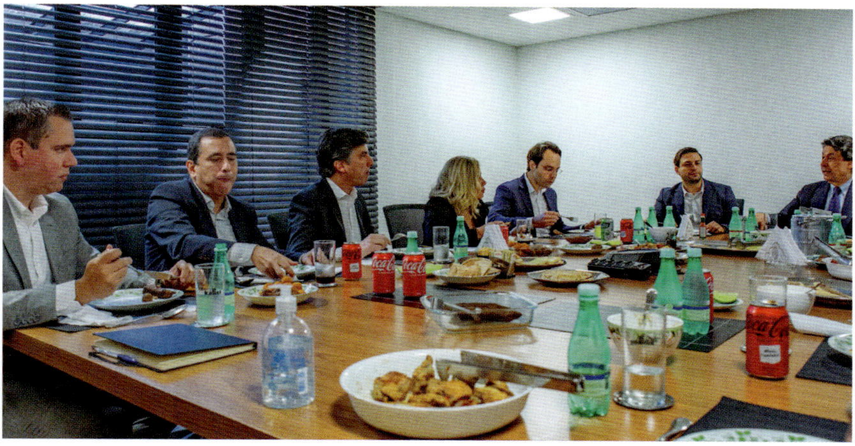

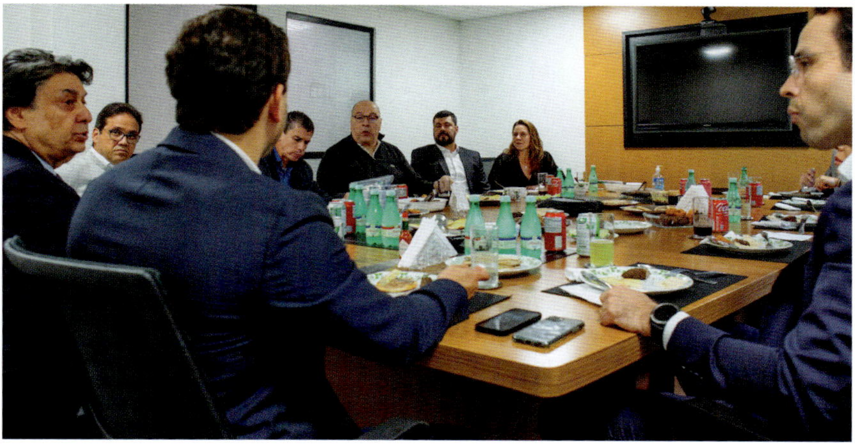

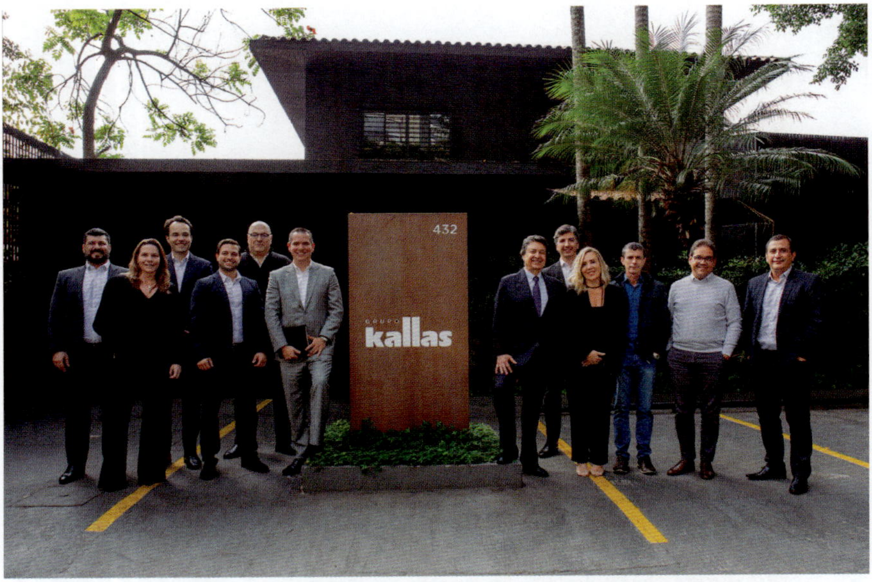
432
GRUPO
kallas

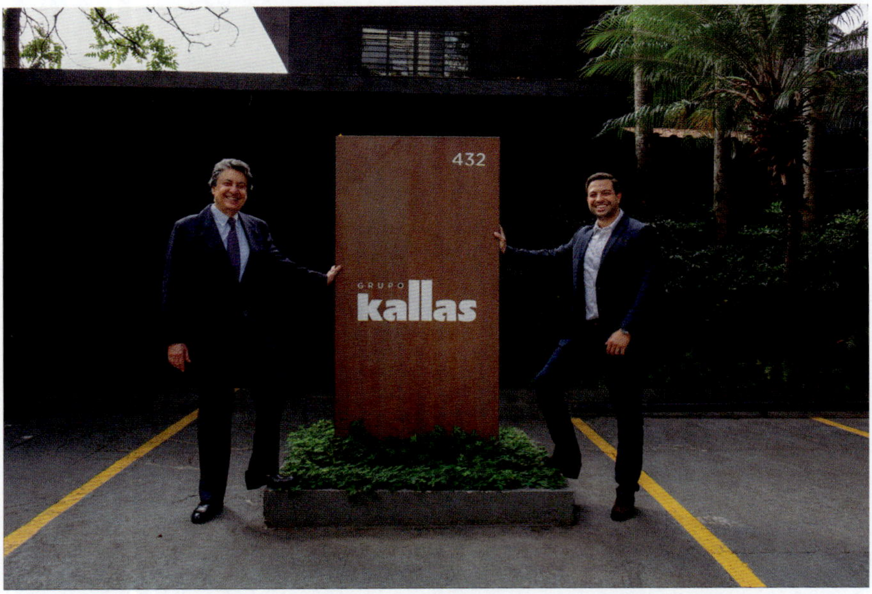
432
GRUPO
kallas

Emilio e Raphael acompanham os relatórios apresentados pelos diretores das diversas áreas do Grupo Kallas

Além da Graduação em Engenharia, Emilio também cursou Pós-Graduação, Mestrado e Doutorado

Eventos comemorativos de fim de ano do Grupo Kallas

OBRAS

É também regra na empresa e suas subsidiárias realizar comitês de análises de desempenho mensalmente. Nos tempos mais duros, quando naturalmente a inadimplência aumenta, Emilio determina que a área financeira da Kallas procure entender a dor de quem não consegue pagar as parcelas.

O diretor financeiro, Antonio Carlos Sacchi, que por um bom tempo comandou também a área de RH, explica:

– A Kallas se destaca pela qualidade das suas equipes departamentais, e na área financeira não é diferente. Pautamos como prioridade investir no nosso quadro de colaboradores e, caso não tenhamos ninguém pronto para uma promoção, buscamos o profissional no mercado. Investimos bastante na qualificação e, em relação às bolsas de estudos dos funcionários, avaliamos caso a caso. O dr. Emilio sabe tirar o melhor das pessoas e valoriza os negócios da Kallas.

Na empresa há décadas, Antonio Carlos viveu diferentes momentos da organização:

– Em 1997, logo que eu entrei na empresa, enfrentamos a crise da Rússia e tempos depois saíamos da situação do embargo do Sky House, um empreendimento grandioso e de alto padrão; passamos por um período duro, de muito sofrimento. Foi realizado um investimento enorme. Com habilidade, conseguimos contornar tudo, e o Sky House se tornou um marco. A partir de então, a Kallas elevou seu nível empresarial. Por essas e outras ações, o nosso presidente, o dr. Emilio, tornou-se um ícone do mercado e do Secovi.

Levar temas de discussão para Emilio Kallas exige que se esteja muito bem-preparado e se expresse de forma simples e direta. Emilio é bastante cuidadoso e rápido nas palavras e no raciocínio.

Antonio Carlos, que além de ser executivo é irmão de Helena, aprendeu que a relação tem limites e se divide entre profissional e familiar:

– Quase que diariamente convivo mais com o dr. Emilio do que com o meu cunhado Emilio. Na empresa, nossa relação é reta, se enquadra nos moldes exigidos entre um executivo e o presidente da companhia. Nos encontros familiares, ficamos mais relaxados, brincamos e nos divertimos com as nossas esposas e filhos. Inclusive, ele vibrou muito quando contei que um dos meus filhos entrou em engenharia na Poli e o outro numa Universidade dos Estados Unidos; inclusive, se prontificou a pagar os estudos. Ele tem uma força interior que inspira e contagia!

Na empresa ou nos momentos de intimidade familiar, a postura de Emilio é idêntica:

– Ele é muito regrado. Compartilha seus hábitos simples de vida, nada de ostentação; tem carro que está com ele há dez, quinze anos. Não fuma, bebe muito pouco, não comete excessos alimentares e pratica esportes. Na empresa, é uma grande referência e nos deixa tranquilos. Nunca atrasamos uma obra porque não tínhamos financiamento; nosso pessoal sabe que o dinheiro estará garantido. E muito menos deixamos de honrar na data os pagamentos dos compromissos comerciais e salários; se o quinto dia útil cai no sábado, na sexta-feira o dinheiro já está na conta. O dr. Emilio sempre reforça: "O pagamento dos salários é sagrado! As pessoas precisam das suas remunerações para cumprir as obrigações" – conta Antonio Carlos.

O Grupo Kallas tem naturalmente um grande comprometimento do time de colaboradores; aquilo que se costuma chamar de "sentimento de dono". Como diz Emilio:

– Nossa missão é cuidar do negócio. Quem tem problema no trabalho começa a ter dificuldade em casa. No nosso grupo, as pessoas cuidam da empresa como se fosse delas. Todos se preocupam em zelar pelas nossas obras, pelo nosso escritório, pelos colegas...

O constante crescimento do Grupo Kallas faz com que cada vez mais o quadro de colaboradores se eleve e, automaticamente, a empresa busque sustentar sua Cultura Organizacional e desenvolva seu modelo de Governança Corporativa, ambos muito bem solidificados pela postura do fundador.

Antonio Carlos traça um panorama:

– Procuramos manter nossos convívios profissionais com aspectos de empresa familiar. Mas, com o crescimento da companhia, passamos a buscar alguns colaboradores no mercado. Esses novos funcionários viveram Culturas Organizacionais distintas e também precisam se adaptar ao nosso modelo.

Como responsável pela área financeira, o executivo explica a dinâmica entre lançar, construir e receber o dinheiro:

– Por direcionamento do dr. Emilio, em cada momento da economia nos comportamos de uma forma. Já vivemos períodos de poucos lançamentos, comprando terrenos e prestando serviços para terceiros... Mas a roda girou, e preparamos a empresa para se desenvolver, contratar e fazer lançamentos.

A receita é outro importante ponto a ser citado:

– Temos uma peculiaridade no nosso mercado que é o reconhecimento da rentabilidade. Os 100% da receita de um prédio que eu ainda não comecei a construir serão diluídos durante o caminhar da obra; o restante fica registrado em contas do ativo e do passivo. A curva de receita bate com o que você está construindo, e não com o que está sendo lançado. Essas receitas são oriundas dos clientes e, mesmo que um banco os financie, a verba será repassada à medida que a construção avança.

Respeito mútuo

"O Emilio é um ícone no Secovi pela história dele e as palestras e os assuntos que leva para discussão. São oportunidades que os associados têm de ouvir aconselhamentos e análises do Emilio, um mestre na arte de se relacionar! Ele não faz nada errado, e isso dá coragem de enfrentar os problemas, mesmo quando envolvem o Ministério Público."

As palavras de Odair Garcia Senra, presidente do Sinduscon-SP por dois mandatos e que participa ainda de vários Conselhos de instituições, ganham coro com quem convive com Emilio no Secovi e no mercado da construção civil.

A correção nos atos, o empreendedorismo, a capacidade técnica, a gestão da empresa, o aspecto humano no relacionamento com os colaboradores e as pessoas em geral são partes de uma filosofia de vida de sucesso.

Os dois sempre conversaram bastante, não só em relação aos negócios e ao setor, mas também de aspectos familiares, principalmente sobre os filhos; Odair tem três filhos – dois deles criaram a Abril Investimentos –, e Emilio tem dois; ambos são inspirações para seus descendentes.

Outro ponto de admiração de Odair, que iniciou no setor imobiliário em 1970, é a inteligência emocional:

– Incrível o autocontrole do Emilio e a capacidade que ele tem de se revigorar nos mais diversos momentos. Pode até ter vontade de socar a mesa, mas não sai da linha. Ele é um ser humano incrível, de grande humildade e um líder inspirador.

* * *

Nas reuniões e encontros no Secovi, Emilio encontra e dialoga frequentemente com Augusto Ferreira Velloso Neto, antigo colega da Poli.

Numa dessas conversas, surgiu a ideia de idealizar juntos um empreendimento de incorporação em Carapicuíba, na grande São Paulo. Emilio disse ao amigo:

– Se você topar, conte comigo! – A "provocação" recebeu sinal verde de Augusto Velloso.

Como a empresa do Grupo Kallas que atua na área de projetos mais populares é a Kazzas, logo Raphael entrou no circuito e passou a dar prosseguimento às negociações e à formatação do projeto com Augusto Velloso e sua equipe.

O lançamento oficial ocorreu em 2021 e supriu as expectativas das empresas.

O primo querido

"Emilio, gostaríamos de receber a Helena e você em Itajubá, para que estejam com meus pais e irmãos, com o nosso núcleo."

O convite feito pelo médico Esper Georges Kallás foi prontamente aceito pelo primo Emilio. O casal passou um final de semana em Itajubá, ao lado de Esper e do braço familiar dos Kallás. Depois, o convite partiu de Emilio, para que eles passassem uns dias no Haras do Acaso.

Mesmo tendo se aproximado apenas em 2012, a ligação entre Emilio e Esper se fortaleceu. Os dois se tornaram próximos e confidentes, além da sintonia de conceitos. Entre eles, está o interesse e aprofundamento pelo conhecimento, pelo aprimoramento profissional e pelos estudos, traços marcantes nas carreiras de ambos:

– O Emilio fez até o doutorado, a Helena, o Raphael e o Thiago fizeram pós, e o meninos ainda cursaram MBA fora. Eu e todos os meus irmãos nos graduamos em universidades. O apreço por estudar vem de família – explica Esper.

Confidentes, eles buscam conversar com frequência sobre os mais diversos temas, conforme conta o médico:

– Com o Emilio eu aprendo mais a cada dia, a cada conversa nossa. Em especial, a ser forte para encarar os momentos bons e os difíceis que a vida nos coloca. Dividimos muitas situações das nossas trajetórias. Temos uma cumplicidade e lealdade que vão além de uma simples amizade ou relação familiar. É uma confiança cega.

Outro ponto em comum na ligação entre os primos se fundamenta nos valores. Esper apresenta os detalhes:

– Pautamos as nossas vidas pela ética e correção. No Emilio, percebo isso entre as suas ações. As conquistas são sustentáveis, porque trazem o componente da ética. E aprecio também o amor incondicional dele pela família, outro ponto de elo entre os nossos conceitos.

Esper finaliza com uma frase criada por Emilio:

– Meu primo tem uma inteligência emocional admirável. Ele é brilhante em sutilezas com negócios. E tem, entre tantas, uma frase que eu adoro: "Honestidade dá dinheiro".

A importância da segunda chance

"David, estivemos discutindo sobre o convite que você nos fez, para que a Kallas participe da obra sugerida. Depois de muitas conversas internas, o dr. Emilio pede para agradecê-lo pela confiança. É uma grandiosa obra

e isso não nos assusta. Mas, pelo fato de ter que ser realizada em Teresina, e como não conhecemos o mercado local, ele agradece, mas prefere declinar."

Estávamos em 2015 e a resposta foi passada por Roberto Gerab e Luiz Antônio Costa Júnior, ambos executivos da Kallas, a David de Oliveira Fratel, diretor de uma empresa chamada Incorporadora e Construtora Patrimônio; Luiz Antônio e David já haviam trabalhado juntos em outra organização.

Naturalmente, Emilio encara os desafios, mas assumir um projeto fora de São Paulo, no estado do Piauí, não lhe era naquele momento confortável. Por isso, a resposta negativa foi, digamos, bem recebida por David, que pensou: "Este empresário é sério, tem os pés no chão".

Três anos se passaram... e as conversa entre a Kallas e David voltaram a acontecer, mas, desta vez, por outro motivo: contratação profissional. David foi convidado para uma conversa, onde lhe foi apresentada a possibilidade de vir a ser executivo da Kallas. A sugestão, que partiu do advogado Luiz Antônio, agradou a Thiago e a Emilio, que apreciou a indicação, devido ao fato de que David, além de ser um profissional de destaque, era também professor.

O presidente da Kallas preza bastante a mescla da vivência no setor com a acadêmica; David era coordenador do Instituto Mauá de Tecnologia, aliando conceitos teóricos com a prática mercadológica, onde o executivo iniciara em 1983.

Aliás, Emilio costuma dizer ao seu grupo:

– É muito cômodo ficar no escritório entre quatro paredes. Precisamos sair ao máximo, conversar com as pessoas, ir às obras e acompanhar a evolução dos trabalhos, conversar com clientes...

Nesse encontro, foram apresentados alguns parâmetros para serem alcançados; a Kallas vivia um momento especial e projetava um significativo crescimento nos anos seguintes.

Depois de um bom tempo de proveitosa troca de ideias, onde registrou a admiração que já cultivava há alguns anos pela história e postura de Emilio, David explicou que tinha uma empresa em atividade e que, por esse motivo, preferia investir seus esforços na ampliação dos próprios negócios.

Experiente, um grande empreendedor como Emilio Kallas sabe que respostas negativas fazem parte de uma negociação, e que o "não" pode representar também um "Não neste momento".

Alguns meses se passaram e, em maio de 2019, o presidente da Kallas recebe uma ligação:

– Dr. Emilio, aqui é o David Fratel. Se o senhor tiver disponibilidade, eu gostaria de agendar uma reunião.

Um novo encontro foi marcado para 10 de março. E David abriu o coração:

– Dr. Emilio... quero confessar que eu saí bastante indeciso da nossa última reunião, pois a minha vontade era a de aceitar o seu convite para trabalhar na Kallas. Optei por seguir com a minha empresa, mas sinto-me mais seguro como contratado da Kallas. Meu filho trabalha comigo e preocupo-me com a colocação dele no mercado. Então, se ainda tem um espaço para mim na empresa, estou disposto e decidido a entrar para esse time maravilhoso de profissionais. Espero que o "cavalo selado" passe pela segunda vez na minha frente!

David estava preparado para qualquer tipo de resposta. Emilio, que sorriu pela correlação feita com o "cavalo selado", devolveu com a mesma sinceridade:

– David, eu o admiro ainda mais agora do que quando o conheci, porque você mostrou arrependimento de não ter aceitado a proposta e teve a coragem e a atitude de me ligar e retomar a conversa. Lembre-se de que, quando viajamos de avião, a tripulação diz: "Coloque primeiro a máscara em você e depois em quem está ao seu lado". Venha trabalhar conosco, e logo seu filho arrumará igualmente uma boa colocação.

O resultado dessa conversa franca foi: no dia 1º de abril, David iniciava na empresa fundada por Emilio no posto de diretor-executivo de engenharia, sabedor da enorme responsabilidade que ele tinha no melhor desempenho da função.

No tempo entre a contratação e o início, ele encerrou a outra atividade, pois havia prometido que não se dividiria entre a Kallas e a própria empresa. E a previsão de Emilio se confirmou: também nesse ínterim, o filho de David arrumou emprego.

O estreitamento do convívio ampliou a admiração já cultivada, pois David conheceu um Emilio dócil e educado, que sabe tratar dos temas com rigor e disciplina, e generoso, sendo incapaz de prejudicar alguém.

Dono de habilidades técnicas fortes, em especial as de planejar e tocar as obras, David aprendeu com Emilio e o time da Kallas a ser mais paciente e a usar do diálogo para encontrar as melhores soluções.

Assim, acrescido de tantas outras qualificações, Emilio Kallas transformou o sonho de criar uma empresa própria na década de 1980 numa das principais incorporadoras e construtoras do Brasil:

– Fui esculpido na pedra bruta e aqui consegui me lapidar, espelhado pelos exemplos e *insights* que recebo do dr. Emilio. Ele presta muita atenção aos detalhes e, por isso, sabe avaliar e elogiar as grandes e as mínimas conquistas: terminou uma obra, ele elogia; tirou um registro de incorporação, ele elogia... e também tem um raciocínio muito rápido, digno de inspiração – confessa David Fratel.

Como empreendedor, Emilio mescla humanismo com empreendedorismo. Dependendo do momento, age com a emoção e a razão, conforme apresenta David:

– O dr. Emilio ajudou e ajuda muitas pessoas, seja no aspecto pessoal ou profissional. Ele é grato a quem está ao lado dele há um bom tempo. Se você tiver argumentos convincentes, ele avaliza suas ideias e projetos. O Dr. Emilio tem uma reflexão que é a pura realidade do mercado, ao dizer: "A Kallas é uma empresa com os pés no chão. Construtora é similar a um Boeing, que para decolar dá muito trabalho, exige grande energia, experiência e capacidade. Mas se imbicar para baixo, dificilmente se consegue colocar para cima novamente". Construtora é bem isso mesmo! Eu já trabalhei em organizações enormes que ficaram no meio do caminho!

E David finaliza:

– O dr. Emilio é muito ético, correto. Sempre gratifica a quem merece. Ele tem senso de meritocracia muito forte. Na Kallas você trabalha feliz e comprometido. Atuamos com sentimento de dono.

* * *

Ainda em 2018, o Brasil vivia novo processo eleitoral, onde seriam definidos, além do futuro presidente, os governadores, senadores e deputados federais e estaduais.

Para o posto máximo político de comando no país, disputavam o segundo turno os candidatos Fernando Haddad e Jair Messias Bolsonaro, que foi eleito com 55,13% dos votos, contra 44,87% do adversário.

Colegas de sala

"Pai, quero lhe pedir dois presentes: o primeiro é cursar uma especialização na Universidade de Oxford. E o segundo e principal presente é que o senhor faça o curso comigo."

A fala do filho Thiago, que havia terminado o MBA na Yale University, pegou Emilio de surpresa e o deixou muito feliz. Os dois teriam um período especial de convivência na Inglaterra durante o curso. E a felicidade "contagiou" também Thiago, com a resposta positiva do pai.

Eles se inscreveram e se programaram para estudar *in loco*, e... valeu muito a pena! Mantiveram-se juntos por um mês em Londres. Frequentavam e assistiam às aulas na mesma classe; era o único caso de filho tendo como colega de sala o pai; discutiam o curso e as colocações feitas na sala em inglês (já que Thiago fala muito bem o idioma, embora Emilio tivesse certas dificuldades com o inglês britânico); faziam exercícios e liam o material indicado... e, nas horas vagas, saíam para aproveitar um pouco da estada em Londres.

A experiência de falar inglês o tempo todo e de cursar uma universidade tão tradicional mostrou-se como acertada. Serviu quase que como um intercâmbio, pois eram 23 alunos de 21 nacionalidades, numa grande e proveitosa troca de experiências e culturas.

Mas o lado mais positivo e saboroso foi realmente pai e filho estarem "grudados" 24 horas por dia, estudando, aprendendo, conversando, trocando confidências e se divertindo. Eles são naturalmente grandes amigos, adoram andar por horas a cavalo juntos e conversar, mas aquele foi um "intensivão" de relacionamento.

Bastante observador, Emilio viu ali um Thiago solto, desenvolto, maduro e bastante preocupado em saber se estava tudo bem com o pai. Um momento para ficar gravado na memória e no coração de ambos.

Um homem de emoções contidas

> *"Difícil ver o meu marido externar as emoções. Com as notícias alegres, ele consegue expor melhor. Ele é muito firme e sabe guardar para si os sentimentos."*

As palavras são de quem conhece Emilio como poucos: Maria Helena Esper Kallas. Naturalmente, Emilio entra e sai das situações distintas praticamente do mesmo jeito, sem altos e baixos:

– Ele adora jogar tranca, um tipo de jogo de baralho, por diversão. Se perder ou ganhar, o humor não muda. Num diálogo amistoso ou numa discussão mais aprofundada, o semblante é o mesmo.

Mas há algo que realmente consegue, mesmo que dentro do "autopoliciamento" de Emilio, ser expressado nos momentos mais frágeis. Todos eles são relativos à família, conforme conta Helena:

– Eu o vi chegar às lágrimas nos problemas de saúde relacionados aos filhos. Quando o Thiago teve uma doença no ouvido, o Emilio ficou bastante abatido e abalado emocionalmente; quando eu disse que o Thiago teria que ser operado novamente, ele chorou bastante. E quando o Raphael era pequeno e tinha febre, ele também se mostrava muito preocupado. Mas nunca deixou de ser firme, de acreditar em Deus e de ser positivo em relação às soluções.

Ambiente sadio

A paixão de Emilio Kallas em relação aos cavalos, como já retratado, vem da infância. Por isso ele partiu então para a aquisição da área que se transformou no Rancho do Acaso.

Todos os animais ali criados, como "Musa" e "Profeta", são especiais para Emilio e participam de exposições. Nesses eventos, eles são montados e apresentados num picadeiro, e avaliados pelos juízes, que medem a marcha, a postura, o corpo e a dinâmica dos cavalos.

Geralmente, as exposições escolhidas envolvem premiações. Há também os leilões, nos quais se vendem os sêmens dos animais. Algumas aquisições de animais são feitas em sociedade; nesses casos, quando a compra envolve dois proprietários com 50% cada, o animal fica por seis meses com cada dono, recebendo os cuidados necessários.

No período em que estiver cuidando do animal, o sócio-proprietário fica com os resultados financeiros da produção, como, por exemplo, a cobertura e a venda de embriões.

Os cavalos e éguas criados no Haras do Acaso não participam de enduros; tempos atrás, Raphael Kallas, endurista, disputava as competições com os animais da família, assim como o irmão Thiago.

Há também muitos passeios organizados com outros criadores em Campos do Jordão.

No Haras do Acaso não se faz inseminação de animais; essa iniciativa fica com a Fazenda do Acaso, em Taubaté, na divisa com Caçapava Velha. Ali se cria a raça mangalarga marchador, gado e também carneiros, além do aviário cuidado com detalhes por Helena. Emilio adora aquelas terras, numa área de 35 alqueires, onde as plantações das frutas do pomar, dos legumes e das verduras lhe remetem à infância em Passos. Toda a produção é utilizada para subsistência e consumo dos familiares e funcionários de Emilio.

A atenção do casal Kallas com o time de colaboradores da fazenda e do haras é enorme. São profissionais que trabalham há anos com eles e se sentem como parte da família.

Sempre que algum deles carece de algo, Helena, Emilio e os filhos estão ali para ajudar e socorrer. Aliás, como Emilio costuma dizer e compartilhar com os filhos: "Tem aqueles que vêm ao mundo para ajudar as pessoas e também os que necessitam justamente dessa ajuda. Nós fazemos parte do primeiro grupo, composto por quem oferece esse suporte".

Dentro dessa realidade, Cristiano Mazutti dos Santos, responsável pelo haras, viveu um problema com a filha, que, como ele é separado, morava com a mãe. Pois o rapaz recebeu todo o apoio necessário, financeiro e emocional, e foi orientado a buscar a menina, que passou a viver com ele no haras.

É certo que, quando Emilio e os filhos estão ali, eles saiam para cavalgar e queiram estar a par das informações sobre os cavalos. Emilio só não cumpre a regra quando recebe amigos:

– O dr. Emilio e a família são muito hospitaleiros e atenciosos, excelentes anfitriões – diz Cristiano Mazutti.

Também é certo que, quando estão no haras, a família e os convidados se deliciem com um saboroso churrasco preparado pelo casal Neide Catarina Benedito Farias, a Catarina, e o marido Elias, que comanda a grelha; o filho deles também trabalha no haras.

É nesse ambiente unido e descontraído que Helena, Emilio e os filhos curtem seus dias em Campos do Jordão:

– Dona Helena, vocês vão ficar por muito tempo? Porque, se a estada for longa, eu mando um caminhão de mudanças para buscar as coisas – brinca Cristiano Mazutti dos Santos, que também "provoca" o patrão:
– E quanto ao senhor, dr. Emilio, se um dia se aposentar, venha morar aqui no Haras do Acaso, porque assim eu vou trabalhar menos do que faço quando vocês não estão aqui – e todos riem.

Emilio rebate:
– Eu preciso vir mais de São Paulo para o haras, para preparar melhor os cavalos... já que nas suas mãos a coisa não anda – e a diversão continua.

Cumprir as obrigações

"O dr. Emilio tem nível de conhecimento e rapidez de raciocínio que impressionam! E isso nos faz agir da mesma forma. Quando se vai

apresentar algo para ele, é preciso estar muito bem-preparado e munido de informações. Se ele entender que a apresentação ou explicação não confere, vai te questionar. Quando não tenho algum dado, prefiro ser sincero e dizer a ele que vou buscar o correto."

A declaração é do diretor financeiro e também cunhado, Antonio Carlos Sacchi. Certamente, o executivo aprendeu a lidar com o presidente do Grupo pela experiência e também convivência.

Uma das grandes características de Emilio é a de incentivar seus colaboradores e as pessoas em geral a estudarem. O próprio Antonio Carlos cursou pós-graduação na Fundação Getúlio Vargas, a FGV, recebendo bolsa de estudos da Kallas. Aliás, uma regra que passou a ser implantada aos funcionários, com certas normas estabelecidas:

– Se um colaborador entra com um pedido de bolsa para cursar faculdade ou especialização, o dr. Emilio nos pede que não meçamos esforços para viabilizar. É um grande crescimento pessoal e profissional para o nosso time. Eu mesmo, quando fiz a pós-graduação, tive que estudar muito antes mesmo de iniciar, para conseguir me qualificar para estar no grupo que seria selecionado para o curso – conta Antonio Carlos.

Dentro do perfil natural dos grandes empreendedores, Emilio é educado no trato com as pessoas em geral, mas sabe como cobrar posturas e resultados dos colaboradores e executivos.

Antonio Carlos traz mais detalhes do estilo de Emilio liderar e comandar a empresa:

– Ele tem palavra inabalável e quer que ajamos da mesma forma. Se ele combinar algo com você, pode contar. Na empresa em geral e especificamente na minha área, a financeira, agimos da mesma forma, cumprindo fielmente todos os nossos compromissos.

Alguns líderes gostam de mandar seus recados numa espécie de quebra-cabeça, mas Emilio é direto:

– Quando há algo a dizer e registrar, ele vai de forma assertiva ao ponto. Às vezes, cria alguns desafios e debates de ideias.

O relacionamento com o mercado financeiro acontece dentro daquilo que é importante para a Kallas:

– O dr. Emilio não aprecia endividamento, mas pede que estejamos atentos às boas oportunidades que o mercado oferece. Assim, emitimos algumas debêntures. Somos uma companhia de capital aberto, mas ainda não listada na bolsa. Também negociamos financiamentos para as nossas construções. Temos um relacionamento muito sólido com as instituições que geram os recursos para as aquisições dos nossos clientes – finaliza Antonio Carlos.

Atuação do RH

Em 2019, houve uma mudança organizacional na estrutura da Kallas: a área de RH, até então ligada ao setor financeiro por quase duas décadas, passou a ser administrada pelo departamento jurídico, comandado por Luiz Antônio Costa Júnior.

O excelente e organizado trabalho desenvolvido até então precisava ser continuado e agregar novidades que humanizassem ainda mais a empresa. Emilio se orgulha de uma importante e obrigatória conquista: "Em décadas de atividade, nunca atrasamos salários e rescisões", comemora.

A cultura organizacional implementada por Emilio Kallas e as inovações trazidas por Thiago e Raphael para a empresa aprimoraram um processo vencedor, que cria uma relação familiar, de comprometimento e engajamento com a Kallas, acometendo, assim, os colaboradores em geral.

A política de reter ainda mais talentos, de motivá-los, qualificá-los e mapear profissionais diferenciados ganhou força; assim como a interação com atividades pertinentes ao bem-estar dos colaboradores, como fazer ginástica e plantar árvores nos parques.

Certamente, a decisão da contratação recai sobre a empresa, mas a Kallas também faz com que o futuro funcionário conheça a companhia que o está contratando; a Kallas nasceu como construtora, transformando-se então numa importante incorporadora, comprando terrenos e aprovando os projetos.

O primeiro passo é uma ampla conversa com o pessoal do RH, que transmitirá informações sobre a missão, a visão, os valores e os rumos que a companhia pretende seguir. Também é apresentado um vídeo institucional do Grupo. Após esse processo receptivo, o novo colaborador ganha uma garrafinha ou caneca da Kallas, e os votos de "Muito sucesso na empresa".

Os valores do Grupo Kallas estão assim definidos:

COMPROMETIMENTO:
Nosso comprometimento é ir além da idealização e entrega de um empreendimento, dando um novo significado ao espaço urbano e construindo assim uma relação harmoniosa entre as pessoas, seus lares e a cidade.

EXCELÊNCIA:
Excelência técnica, otimização de recursos e projetos harmônicos que correspondem às melhores práticas do mercado global.

INTEGRIDADE:
Somar ao nosso grupo colaboradores e parceiros que compartilhem os mesmos valores e conduta ética, difundindo o respeito e a honestidade.

Reviver e relembrar

"Tio Emilio, eu fui conhecer a Lagoa Azul! O lugar é lindo, encantador. Estive com o meu marido em Passos, e fomos até o local no qual a vovó Manira levava a minha mãe, o senhor, o tio Luiz e os sobrinhos para passear."

A novidade contada pela sobrinha Juliana Kallas Nassif deixou Emilio feliz e o fez relembrar dos momentos que ela havia comentado: as idas com Manira e o carro dela cheio de crianças e adolescentes até a Lagoa Azul.

Emilio acrescentou detalhes às histórias que a sobrinha já sabia:

– Juliana, com disposição e coragem a sua avó dirigia e circulava com todos nós no carro pela estrada de terra que levava até a Lagoa Azul. Ela é o nosso alicerce e essencial para a organização e direcionamento da família. Uma pessoa que sempre valorizou o conhecimento.

Realmente, Manira, nascida em 13 de março de 1919, no município mineiro de Cássia, era considerada alguém muito à frente do seu tempo. Em épocas em que a mulher era dona de casa e o marido o provedor, Manira trabalhava, era uma grande leitora de jornais e livros, muito católica e foi a primeira mulher a dirigir um carro em Passos.

Assim como Juliana, a irmã dela, Tatiana, conviveu bastante com a avó. Ambas se divertiam e apreciavam a habilidade que Manira buscava ter no manuseio do aparelho celular, mesmo já sendo praticamente uma mulher centenária e ainda com disposição para lidar com as novidades.

E Juliana ainda disse a Emilio:

– Tio, sou muito próxima da vovó e, assim como o senhor, eu a admiro muito. Sei o quanto ela é importante para todos nós e foi decisiva na vida da mamãe, do senhor e do tio Luiz! – finalizou, em meio à emoção de ambos.

Turma do barulho

"Bichofada? Esse é o nome de uma turma?"

O grupo de amigos que vive ao redor da piscina aos sábados, no Clube Atlético Monte Líbano, ganhou o carinhoso apelido de "Bichofada".

Entre os integrantes do grupo, lá está Emilio Kallas, conversando e se divertindo, distraindo-se num jogo de baralho, além dos encontros nos jantares que vez por outra o pessoal organiza, com *menu* preparado por um respeitado *chef* de cozinha.

O Monte Líbano é um centro social e de convivência de primeira linha, conforme apresenta Emilio:

– Nosso Clube é praticamente um município do interior, onde as pessoas se conhecem e se relacionam. Lá a gente se sente em casa. Percebo que, infelizmente, alguns vivem uma ruptura no casamento e se separam, mas imediatamente são acolhidos pelos amigos e outros sócios. E também lá os associados se conhecem, se relacionam, se casam e constituem famílias.

Há ainda uma relação de "cuidar" das pessoas entre os integrantes do Bichofada e outros membros do clube. Segundo Emilio, todos são respeitados dentro das suas características e condições:

– Eu só me tornei sócio do clube quando a minha condição financeira permitiu, em 1996. Muitos dos meus amigos tiveram familiares que ajudaram a fundar o Monte Líbano. Nesse tempo todo em que sou sócio, tenho amigos do clube que se desenvolveram mais ou menos financeiramente, mas isso não é levado em consideração. O Bichofada deve ter uns sessenta integrantes, e todos conversam e se divertem entre si. Nós nos respeitamos muito, independentemente da condição financeira de cada um.

Emilio ainda faz uma menção a um dos ilustres associados:

– O Monte Líbano deve muito ao sr. Ernesto Zarzur. Ele sempre foi bastante atuante e participativo. E também pediu para que todos os filhos dele fossem presidentes, trabalhando voluntariamente pelo nosso clube. Isso é admirável!

Um amor de mais de três décadas

"A Helena é uma bênção na minha vida! Ela sempre colocou a família acima de tudo. Essa é a característica principal dela e que eu admiro muito. Confiou em mim desde o início do nosso relacionamento. É uma excepcional esposa e mãe. Ela administra com brilhantismo a família. E, quando intercede, sempre traz uma palavra lúcida, equilibrada e imparcial."

É dessa forma que Emilio Kallas expressa aquilo que sente pela esposa nas conversas com as pessoas próximas. Talvez ele não tenha dito a ela todas as frases numa mesma sequência, mas em tantos anos de namoro e casamento, veio registrando seus sentimentos e os expressando entre atos e palavras.

O relacionamento, iniciado ainda antes de meados dos anos 1980, amadureceu com o tempo. Primeiro, na relação a dois; simultaneamente, com Thiago; veio o casamento e a maternidade, com a chegada de Raphael; na gestão e como alicerce emocional dos Kallas; o casal é presente e participativo nas famílias de ambos; na fase pós-casamento de Raphael e de Thiago, que presenteou a todos com a chegada da filha, a pequena Caterina, que preenche os espaços vazios da casa dos avós.

Assim como aconteceu com Manira, Emilio avalia a esposa como matriarca:

– Ela intercede em busca do melhor para os meninos, na evolução do nosso relacionamento, ama e cuida incrivelmente da mãe e dos irmãos dela, e é uma nora especial; minha mãe aprecia muito o jeito e o carinho da Helena, que sempre recebeu os sogros com grande hospitalidade, fosse na casa de São Paulo ou nas viagens que fizemos juntos.

Emilio conta algumas das passagens:

– Quando meu pai era vivo, ele e minha mãe viajavam conosco e se sentiam acolhidos pela Helena, que preparava e organizava as festas para comemorar as datas especiais deles. Minha mãe continua a estar com a gente nos momentos marcantes, como na viagem que fizemos para a França, onde ela adorava ler seus livros no Vale do Loire, recheado dos belos castelos e jardins, e que fica a uns duzentos quilômetros de Paris. Foi a viagem mais especial que a minha mãe fez e fico feliz de termos conseguido proporcionar e participar desse momento da vida dela.

Mas nem só nos bons momentos se pode avaliar uma relação, como conta Emilio:

– E nas situações difíceis a Helena é incansável. Quando o Thiago teve um tumor no ouvido, ela foi decisiva durante todo o processo. E, na separação dele, foi bastante participativa, aconselhando a ambos. Assim como nas vezes em que a minha mãe ficou internada e, quando recebeu alta, a recuperação dela era na nossa casa. Ela e a Helena se assemelham em vários aspectos!

Outro ponto de união importante trazido por Emilio é que dinheiro nunca foi motivo de discussão entre o casal:

– Jamais tive problemas de finanças com a Helena, que até abriu mão de uma parte dela em prol do Thiago. Ela assina qualquer documento que eu peça. Modestamente, acredito que ela também confia muito em mim, pois acredito saber reconhecer, em todos os sentidos, essa nossa relação longeva, carinhosa e fortalecida.

E Emilio, da mesma forma que narra as qualidades da esposa, finaliza:

– Eu a amo muito! Ela é uma mulher incrível. Se voltasse no tempo, eu me casaria novamente com a Helena.

Amizade de décadas

"Nós somos sócios em dois empreendimentos: um shopping e um hotel. Ele é um sócio que apoia e ampara, é um sócio-colaborador, solidário à sociedade. O Emilio tem um alto grau de compreensão."

Parceiros comerciais e amigos de longa data, tendo as famílias convivido em vários momentos, os elogios vindos de Ricardo Sayon, médico e igualmente um respeitado empreendedor, são como uma chancela de qualificação.

A avaliação ganhou ainda mais louvor depois que Marina, filha de Sayon, graduada em Administração de Empresas, trabalhou por um tempo na Kallas e pôde conhecer também o lado empresarial de Emilio e o seu modelo de gestão. Depois de viver essas experiências, ela seguiu com os estudos e foi trabalhar com o pai.

E quando Emilio e Sayon se encontram, o primeiro brinca:

– Sayon, eu vou comprar o passe da Marina e tirá-la da sua empresa.

E Sayon devolve:

– Duvido, você não tem dinheiro suficiente para isso – e ambos riem.

A relação de Raphael e Thiago com Sayon também é intensa. Os dois, já trabalhando na Kallas, iam se aconselhar com ele, que ajudou na escolha das universidades em que cursaram MBA nos Estados Unidos.

Nos negócios, eles já experimentaram se sentar em diferentes posições da mesa. Sayon sabe qual delas prefere:

– O Emilio é o mesmo como amigo, empresário ou em qualquer situação. Eu o conheço em todos esses "papéis" que ele desempenha. Já tivemos também nossas discussões sobre negócios e pontos de vista. Ele é um excelente negociante, caso contrário, não seria esse grande empresário. Uma vez acertado algo, nem precisa de papel, o Emilio vai cumprir. Nos negócios que temos em conjunto, ele sucessivamente se dispõe a aportar recursos e diz: "Se for para qualificar os empreendimentos e investir em melhores condições para os colaboradores, pode contar comigo e não precisa me consultar".

E Sayon completa:

– Já nos sentamos frente a frente e lado a lado nas negociações, mas prefiro essa segunda condição, a de estarmos alinhados nos ideais!

Muitas foram as vezes em que as famílias Kallas e Sayon se reuniram no Haras do Acaso, em Campos do Jordão, local que o amigo costuma chamar de "Pedacinho do Céu".

Sayon sabe escolher as pessoas com as quais se relaciona:

– O Emilio é honesto, confiável, competente, criativo e versátil, já que constrói para todas as classes sociais. O que ele mais gosta é produzir, realizar. Ele é muito solidário, magnânimo, ajuda muita gente. Eu sou bastante crítico e seletivo na escolha das amizades, e o Emilio é uma dessas raridades. É uma relação de cinquenta anos, muito saudável e que só ganha em admiração e respeito mútuos.

E poetiza na conclusão:

– A biografia do Emilio é uma série de obras sem fim... Um exímio empreendedor e ser humano! Nós vivemos excelentes passagens juntos, e sei que esse sentimento é mútuo. Todos os momentos em que estamos reunidos são especiais. Guardo com carinho as palavras dele: "Eu estou sempre com você". Essa é a base da sustentação de uma amizade de tantos anos.

Sentir-se em casa na Kallas

"Fabiana, o Grupo Kallas abriu vaga de contratação para secretária, e o seu currículo foi selecionado."

A mensagem, transmitida pela agência que buscava recolocar Fabiana Gonçalves Cabral no mercado, deixou-a muito feliz e motivada. E também um pouco apreensiva. A experiência profissional de Fabiana veio da aviação, pois ela era comissária de bordo. Mas a moça decidiu viver nova experiência na carreira, que surgia então na construção civil.

Como é natural nos processos de seleção, Fabiana passou por uma sequência de entrevistas. Isso representava um fator positivo, pois, a cada nova etapa, significava que ela avançava favoravelmente para ficar com a vaga.

Veio então a última e decisiva etapa: foi marcada uma entrevista com o fundador e presidente da empresa, Emilio Kallas. No horário combinado, Fabiana estava na sala de reuniões.

A conversa foi, dentro do estilo de Emilio, objetiva e direta, e com muita simpatia e cordialidade. Emilio abriu assim a conversa:

– Fabiana, muito prazer, eu sou o Emilio Kallas. Peço desculpas, pois eu não consegui ler o seu currículo, mas as recomendações foram excelentes.

Tal postura deixou Fabiana bastante tranquila. Logo ela começou a relatar sobre a trajetória profissional. Emilio fez uma ou outra pergunta e depois comentou um pouco sobre a rotina de trabalho que ela teria como secretária dele.

A decisão sobre a contratação não veio ao final do encontro, mas sim a certeza de que havia sido positivo: "Foi a entrevista mais tranquila que fiz na vida. Estou muito confiante e torcendo para dar certo. O dr. Emilio é muito gentil e educado" – pensou consigo Fabiana.

Dias depois, veio a tão esperada resposta:

– Fabiana, você foi aprovada, e seu início será no dia 6 de dezembro de 2019.

Com a notícia, surge a certeza de que ela seria feliz no novo emprego. Levou uma semana até que todo o processo de admissão fosse concluído. Mas tudo foi feito em tempo hábil, para que ela começasse na data prevista.

No dia a dia, Fabiana foi se adaptando ao trabalho e às atividades de Emilio. A boa avaliação ao desempenho da moça vinha com o reconhecimento e o agradecimento feitos pelo fundador da Kallas, que depois da primeira semana disse:

– Estamos apreciando sua atuação. Tenho a certeza de que você se dará muito bem aqui na nossa empresa – palavras que a motivaram ainda mais.

A própria Fabiana viveu esta situação:

– Eu tive uma suspeita de determinada doença, e a empresa me deu todo o suporte. O dr. Emilio também me apoiou bastante. Graças a Deus, os exames foram favoráveis e deu tudo certo. Fiz questão de escrever uma carta de agradecimento, parabenizando a postura da Kallas e dos colegas de trabalho.

Mas também é certo que, com o passar do tempo, um ou outro detalhe não saia conforme o esperado. Nesses casos, Emilio busca educar, e não criticar. E também aprecia orientar e aliviar as cargas pesadas dos seus colaboradores:

– Parece que o dr. Emilio sente quando alguém está passando por uma dificuldade. Ele ajuda de todas as formas, inclusive com palavras de apoio, orientações paternas. Eu tenho uma filha, e ele sempre pergunta dela e da minha família – conta Fabiana.

O jeito discreto e comedido de Emilio se comportar, seja nas grandes comemorações ou em momentos mais duros, representa a marca do empresário. Ele é também bastante visual e observador:

– O dr. Emilio não deixa transparecer nenhum tipo de fraqueza. Eu percebo quando há algo o preocupando, porque ele fica mais calado, as conversas não evoluem tanto. Eu o admiro pela trajetória, como empreendedor e pai de família, como ser humano, pois sempre diz que tem uma enorme responsabilidade para com as pessoas que emprega, e porque está continuamente aberto a um novo aprendizado, a crescer pela leitura. Ele é um grande exemplo de vida e de conduta! – admira Fabiana.

Quem ensina também aprende

"Participar de uma reunião do Secovi é como assistir a uma aula de pós--graduação!"

Quando está reunido com associados na entidade, Emilio costuma comentar tal pensamento com quem lhe está próximo. Entre eles, o advogado Marcelo Terra.

Emilio partilha ainda outras frases impactantes: "São pessoas compartilhando ideias"; "É uma interessante via de conhecimento de mão dupla"; "São pessoas externando um conhecimento que vale ouro".

Assim como aconteceu com o engenheiro, Marcelo Terra seguiu, paralelamente à advocacia, a atividade de professor. Eles têm por hábito comentar a importância de compartilhar conhecimento e de que, numa aula, tanto aluno quanto professor aprendem bastante, em especial nos qualificados questionamentos:

– Para dar aula, precisamos estudar bastante e nos preparar, a fim de poder transmitir o conhecimento. Isso vale para as nossas reuniões e palestras no Secovi. Ou mesmo na empresa, onde examinamos e pesquisamos o mercado e os temas das reuniões, para encontrar os melhores caminhos, decisões e oportunidades... – explica Emilio.

O empresário ainda traça importantes comparativos:

– A Kallas se tornou uma grande empresa e é altamente estruturada, tendo profissionais bem-preparados em todos os setores: técnico, jurídico, comercial... Por isso, eu posso ficar numa posição determinante, ou seja, na tomada de decisões estratégicas. Mas quando eu montei a Kallas, assim como outros pequenos empresários, eu fazia um pouco de tudo: preparava contratos, participava das vendas, comprava terrenos, cuidava da parte técnica...

Dentro da identificação de ideias entre Emilio e Marcelo Terra, o advogado avalia:

– Percebo que o Emilio agrega muito conhecimento para a equipe. Ele tem essa qualidade de saber lidar no trato e na gestão de pessoas. A Kallas, assim como outras grandes companhias, trabalha com qualidade em diversos segmentos, justamente para não colocar todos os ovos numa mesma cesta. O Emilio é um empreendedor que transmite muita tranquilidade para seus colaboradores, parceiros e o mercado em geral. Ele é um exímio ouvinte e assertivo nas falas, mantendo assim o seu DNA professoral.

De casa para a empresa

> *"Matheus, com o aval do nosso pai, que também quer você no nosso time, nós cobrimos o salário que você ganha no banco! Aceita trabalhar conosco?"*

Da conversa que Matheus Kuhn teve com Thiago e Raphael, a quem o rapaz chamava carinhosamente e respectivamente de Kallas e Kallinhas, ele saiu contratado como CFO e diretor de Relação com Investidores (RI) do Grupo Kallas em agosto de 2020.

O convívio com os Kallas teve início em 2003, quando Thiago e Matheus passaram a manter contato um ano depois de terem entrado no Instituto Mauá de Engenharia; Thiago se formou em Engenharia Civil e Matheus em Engenharia de Produção, e criaram um grupo de vinte amigos que passou a se reunir com frequência.

Dos tempos de faculdade até a contratação, Matheus vez por outra encontrava com Emilio na casa dos Kallas, assim como nas festas comemorativas, onde tinham conversas pontuais. Mas foi a partir de 2017 que Thiago passou a se reunir com o rapaz, às vezes na companhia de Emilio, para falar sobre a economia do país e o mercado em geral; eram trocas de ideias enriquecedoras.

Pode-se dizer que foi a partir dali que Matheus passou a conhecer um outro lado de Emilio Kallas, como um expressivo empresário do setor da construção civil; até então, Matheus acompanhava mais a participação de Emilio nas entrevistas que concedia para a mídia como vice-presidente do Secovi.

Matheus conta sobre a trajetória e o que o fez aceitar o convite profissional do Grupo Kallas:

– Foram quinze anos no Banco Santander, onde entrei como estagiário, trabalhei em diversas áreas e no mercado de capitais, tocando operações. Fiz um leque de atividades, pesquisa econômica, fui transferido para

Nova York por um tempo e atuei também na área comercial do banco. Entendo que atuar no Grupo Kallas é desafiador e que há uma enorme possibilidade profissional, além de poder agregar aquilo que aprendi na antiga empresa e absorver novos aprendizados.

Ao lado dos filhos, Emilio abriu as portas da companhia para receber o executivo:

– Matheus, seja bem-vindo ao Grupo Kallas. Estamos muito felizes com a sua chegada e saiba que já há um árduo trabalho pela frente. Além das suas atividades referentes ao posto que ocupa, precisamos de você na formatação do nosso processo de IPO.

O rapaz agradeceu as palavras de Emilio e, como o próprio fundador do Grupo dissera, logo arregaçou as mangas, vestiu o "uniforme" e foi para campo de jogo com o time.

Como o processo do IPO já estava em andamento, Matheus expôs sua visão em relação ao que ele entendia que era preciso ser feito em termos de documentação e apresentação da proposta.

Projeto IPO

Em 2019, o Grupo Kallas retomou o projeto da abertura de capital. Vale lembrar que a primeira iniciativa havia sido feita em 2006.

Enquanto tudo era pensado e preparado, Emilio conversava com amigos do mercado que já tinham vivido a mesma experiência com sucesso.

Entre eles, estava Marcos Ernesto Zarzur, diretor comercial e de marketing, e membro efetivo do Conselho de Administração da EZTec. Assim como o pai, Ernesto Zarzur, que buscava conversar e orientar Emilio quando se encontravam, ele se mostrou à disposição para ajudar. Marcos teve amplos diálogos com Emilio e Thiago, onde alertava para a atenção necessária na relação com o sistema bancário, dizendo:

– Emilio, para abrir o capital é preciso talento e sorte. E isso vocês da Kallas têm de sobra!

Sobre a preparação para o IPO, foram quinze dias intensos de rodadas e mais rodadas de conversas, estruturação, preparação e treinamentos.

O time envolvido era composto por profissionais da Kallas de vários departamentos, além de parceiros e consultores.

Outro amigo do mercado acionado, e a quem Emilio já tinha feito convite para participar do Conselho de Administração da Kallas, foi Marco Aurélio Abrahão, sócio-fundador da WHG, com quem o empresário teve algumas reuniões.

Às 7h, os integrantes do time já estavam na sede da Kallas, onde tomavam café da manhã e almoçam juntos, e os trabalhos iam até por volta das 18h. Era uma mescla de tensão, concentração e descontração, o que deu tom de unidade ao processo. Numa forma de preparação de desempenho e controle emocional, o mentor Roberto Correa de André foi um dos que vestiu a camisa daquele competente time.

Havia muito trabalho pela frente para montar a estratégia, administrar ânimos e conflitos de ideias de gestão, treinar a oratória, definir pontos da gestão para serem apresentados, fazer com perfeição as trocas de falas, temas e palestrantes...

Entre os que estavam reunidos, nem todos participariam das palestras. Ficou definido que Emilio faria a abertura; grande orador que é, Emilio "esqueletou" o discurso na mente e falou de improviso. O empresário se mostrava bastante empolgado em apresentar a Kallas e sua respeitável e vencedora trajetória, mesmo deixando claro que a empresa havia sido criada e preparada para durar e caminhava para, em 2023, completar quarenta anos de história. Nesse tempo, o Grupo Kallas construiu mais de 10 milhões de metros quadrados, número confirmado por meio de levantamentos feitos no Crea-SP (Conselho Regional de Engenharia e Agronomia de São Paulo); era como gerar uma máquina que opera sozinha.

Após esse nobre momento inicial, os filhos e diretores da empresa, Thiago e Raphael Kallas, iniciavam suas falas. Daí em diante, um a um os selecionados, David Fratel, Diretor da Engenharia, e Matheus Kuhn, CFO e Diretor de RI, apresentavam seus conteúdos até que, ao final, Emilio retornava, trazendo credibilidade ao projeto e, em especial, à aprovação do IPO pelo mercado.

Terminada a etapa inicial, composta pela abertura, as apresentações consecutivas e o encerramento de Emilio, analistas e executivos dos bancos de investimentos enviariam perguntas, para serem respondidas pelo fundador e presidente da Kallas. A grande parte delas certamente envolveria os números da empresa. Mas Emilio ficou a pensar: "Se eu fosse um dos questionadores, o tema que eu colocaria para ser apresentado seria: queremos conhecer a história, os conceitos e a capacitação de quem dirige a empresa".

Ao final do período e da montagem da apresentação, todos estavam bem exaustos. Mas se revigoravam ao ver a disposição e a motivação de Emilio Kallas, que parabenizava o grupo e se mostrava pronto para enfrentar novas maratonas e desafios.

Foi então determinada a data do início das palestras e defesas da possibilidade de se criar o IPO da Kallas para o mercado.

Seguindo o modelo amplamente treinado, o programa de apresentação da Kallas ao setor financeiro, para a abertura do IPO, superou qualquer expectativa inicial. Os palestrantes – Emilio, Thiago, Raphael, David e Matheus – cumpriram primorosamente a escala e encerraram a apresentação no tempo determinado: vinte minutos!

Conforme previamente programado, Emilio fechou a apresentação que trouxe um pouco da história da Kallas no passado, no presente e a projeção futura. Ele mostrou a agilidade da empresa, capaz de produzir unidades de apartamentos de 200 mil a 45 milhões de reais.

Na sequência, o empresário ficou à disposição para esclarecer as dúvidas e responder aos questionamentos.

As perguntas começaram a ser feitas, muitas delas abordando os resultados da empresa, enquanto outras buscavam situações sobre a gestão e estrutura da Kallas.

Ao final, veio a tão aguardada resposta: sinal verde para a Kallas atrair investidores no mercado financeiro! Mas, por opção do Grupo Kallas, os papéis não foram lançados no mercado, que não se mostrava adequado naquele momento:

– O processo de IPO pode demorar cinco, dez anos. Não há necessidade de ter pressa para consolidá-lo. Somos uma empresa de capital aberto, ainda sem ações na bolsa – alertou Matheus Kuhn.

Mais um ato da coerência da gestão de Emilio Kallas. Ali ficava claro que, mesmo a Kallas se apesentando como uma empresa que se renovava e se reinventava constantemente, fundamentada na inovação, a presença e a representatividade do fundador se mostravam como uma importante referência para a organização.

Como todos os importantes empreendedores, Emilio se alimenta de desafios e, para vencê-los, utiliza suas ferramentas: aprofundados conhecimentos técnicos, maturidade e sabedoria de vida, visão apurada e antecipada dos fatos, neutralidade e incentivo à meritocracia na empresa... valores!

Organizações que fazem IPO precisam estar prontas para provocar mudanças internas que são exigidas pelo mercado. Emilio enxerga todas elas como positivas:

– O IPO torna a companhia mais moderna e com uma forma de administrar muito transparente. O mercado tem acesso aos seus números. Cria ainda a obrigatoriedade de se constituir um Conselho de Administração e um organograma definido, assim como de ter uma auditoria externa. Nós já agíamos praticamente dentro dos padrões exigidos, o que provocou poucas mudanças internas. Uma delas foi aumentar o cuidado com os protocolos e processos para ter o controle da empresa, que assim fica menos dependente de uma única liderança.

Por isso, Emilio é considerado um líder inspirador e um exemplo a ser seguido. E como diz:

– Acredito que esse processo colocou a Kallas, que estava "dentro da loja", na "vitrine". Não lançamos os papéis porque a operação, ao nosso ver, não se mostrou interessante. Mas nos aproximamos das instituições financeiras e apresentamos o Grupo Kallas a elas. Quantas empresas que não se modernizaram e saíram do mercado? Você tem que criar, acompanhar e se adaptar às novidades!

O IPO deixou seu legado

A partir dali, iniciou-se uma sequência de reuniões da diretoria, realizada em almoços mensais externos, reunindo todos os diretores, que faziam as palestras e apresentações dos desempenhos de suas áreas, o que trazia a noção geral sobre os resultados da empresa como um todo.

As palavras de Emilio eram bastante aguardadas, pois reuniam gestão, técnica, vitalidade, um ou outro momento de diversão, realismo, foco e muita inspiração e motivação, projetando sempre um amanhã ainda melhor, por mais positivos que fossem os resultados daquele momento. E, como sempre, parabenizando e agradecendo o excelente engajamento de todos os presentes e de suas respectivas equipes.

Mas como as condições ofertadas pelos "papéis" da empresa não eram interessantes, Emilio e seu grupo decidiram aguardar um melhor momento para realizar as ofertas.

O presidente do Grupo explica o posicionamento:

– Abrir o capital não representa apenas ganhar mais dinheiro, e sim ampliar os horizontes da companhia. Eu e meu pessoal somos extremamente preparados e conscientes da realidade do mercado. Sei que poderíamos realizar ainda mais obras com um significativo aporte no capital de giro, e que trazer investidores pode ser o melhor caminho. Temos esse potencial, mas não temos pressa. Esse é um sonho para ser realizado na hora certa.

A pandemia e os seus efeitos

Fins de fevereiro de 2020: a mídia noticia o primeiro caso constatado de infecção pelo vírus SARS-CoV-2, ou novo coronavírus, no Brasil. Iniciava-se ali um duro período marcado pelo surgimento da covid-19.

Os impactos sociais, econômicos, culturais e políticos da pandemia foram se alastrando à medida que o vírus se espalhava. A ciência, o grande adversário do SARS-CoV-2, logo colocou seus pesquisadores em alerta e ação total, em busca de estudos e descobertas que pudessem frear a pandemia.

Enquanto isso, o número de infectados e de mortes, no Brasil e no mundo, elevava-se rapidamente. Isolamento social ou o "fique em casa", remédios sem comprovação científica; tudo era tentado e testado. Hospitais e prontos-socorros lotados, falta de medicação, equipamentos e aparelhos para socorrer aos necessitados ... um caos total!

Em meio à turbulência, as empresas tomavam suas decisões, algumas já respaldadas em ações legais e determinadas pelos governos: férias coletivas, *home office*, redução e intercalação das jornadas de trabalho, reuniões virtuais...

O distanciamento foi um golpe sentido para Emilio Kallas, que com a família viajou para Campos do Jordão e, durante o período de isolamento, fixou moradia no Haras do Acaso.

Apesar da impossibilidade de manter a rotina no escritório, cercado por funcionários do Grupo, aos poucos ele foi se adaptando ao novo modo de rotina profissional, baseado fundamentalmente em comunicação por recursos virtuais e tecnológicos.

Numa ação rápida, os colaboradores do Grupo Kallas foram munidos de condições para desenvolverem seus trabalhos em *home office* sem perda de eficiência. A companhia investiu no sistema de digitalização da equipe. Estudos e projetos desenvolveram processos e sistemas. Na época, a empresa alugou vários *laptops*, disponibilizando-os aos funcionários.

Mas o setor da construção, ao lado dos supermercados, farmácias, ópticas, comércios de materiais hospitalares, entre outros, foi um dos que teve liberação para dar continuidade às atividades.

Assim, as obras do Grupo Kallas tiveram seguimento, e gradativamente os colaboradores iam retornando ao escritório.

Todo o processo de preservação dos funcionários foi meticulosamente preparado: distribuição ilimitada de álcool gel, máscaras, testes de covid, produtos de higiene pessoal e aplicação das vacinas disponíveis, como para a gripe – algo que depois se tornou uma regra para os meses de abril dos anos seguintes, com a aplicação de doses diversas no pessoal. Até mesmo um laboratório foi contratado para circular pelo escritório e as obras, aplicando testes nos funcionários.

O Grupo Kallas não mediu esforços e investimentos para levar segurança e tranquilidade para a equipe de trabalho e seus familiares. Algumas ações, como a vacinação, estenderam-se, inclusive, aos profissionais terceirizados das obras.

As iniciativas foram sendo desenvolvidas e tomadas visando o bem-estar e a segurança dos colaboradores e agregados. E também muitas ações sociais e doações foram feitas no período, como de máscaras e equipamentos que estavam em falta no Hospital São Paulo, procurando amenizar a dor dos mais necessitados. O Grupo também aderiu ao "Movimento Não Demita", preservando assim os empregos.

Em paralelo, todo um sistema de comunicação interna foi desenvolvido, com boletins, orientações e comunicados ao quadro de colaboradores.

Um dos alertas era para que todos se imunizassem a partir do momento em que o governo passou a liberar o processo de vacinação contra o SARS-CoV-2. A adesão foi de 100% do quadro. Tanto que, como forma de parabenizar o time, foram sorteados três televisores.

Apesar da continuidade das obras, os *stands* de vendas permaneciam fechados por um tempo. E aí entram a criatividade e o poder de adaptação do time do Grupo Kallas, com o desenvolvimento de processos virtuais de vendas, ou o conhecido *e-commerce*.

E como isso acontecia? As campanhas de vendas e os corretores trabalhavam a todo vapor. Quando havia interessados nos imóveis, estes mantinham contato pela internet e com visitas ao site e *tours* virtuais pelos apartamentos decorados, numa sensação de poder andar pelo imóvel, onde era possível ver também a parte estrutural dos prédios.

Interesse demonstrado e negociação em andamento, o martelo era batido. Aí sim, numa reunião presencial cercada de protocolos, os detalhes finais eram definidos.

Mas havia uma dificuldade a ser vencida: a elevação dos custos das obras. E nessa hora vale a frieza e a amplitude de visão do fundador da empresa, Emilio Kallas:

– Não vamos entrar em desespero. Se o custo das obras se elevou, entendam que o mesmo está acontecendo não apenas para nós, e sim para todo o mercado. Vamos ser resilientes e minimizar essas ações enquanto a situação não se normaliza – palavras que trouxeram alento ao pessoal.

Também no período, estrategicamente, alguns lançamentos foram suspensos, aguardando então o melhor momento para realizá-los.

Mesmo assim, um dos projetos lançados no final de 2020, no Bairro do Butantã, zona oeste de São Paulo, com 1.200 unidades, foi totalmente vendido no sistema *on-line*. Era um empreendimento diferenciado e que teve bastante sucesso.

A "descoberta", ou melhor, a exploração das vendas *on-line*, passou a apresentar números cada vez mais exponenciais. Tanto que chegaram a atingir 13% das negociações do Grupo Kallas.

Em 2021, a construção civil ganhou força. O período de pandemia registrou também um elevado número de negócios realizados por muitas construtoras e incorporadoras. As pessoas ficaram em casa e sentiram a necessidade de melhorar a estrutura ou mudar de residência, o que provocou a oportunidade de um alto número de lançamentos.

Ao final de 2021, com o avanço da aplicação da vacinação na população brasileira, o elevado número de pessoas já infectadas e, por consequência, naturalmente imunizadas, e o maior controle da doença e dos seus efeitos colaterais, houve a liberação de alguns procedimentos para a circulação de pessoas.

Certamente, todo o processo deixou grandes aprendizados, descobertas, inovações e reflexões. Mas também dor, em especial, pelas vidas que se perderam, muitas precocemente, em meio a uma das maiores tragédias mundiais:

– Não há quem não tenha saído transformado da pandemia. Tivemos que nos afastar das pessoas de que gostamos, acompanhamos pelos noticiários ocorrências muito tristes, tivemos que ser fortes e estoicos para enfrentar e vencer todas as dificuldades... – diz Emilio, e completa com emoção: – Mas há um ponto a ser realçado: a colaboração e a empatia da população em meio a todo esse processo. As pessoas buscaram se ajudar, foram solidárias e pacientes. O sentimento de poder amparar e amenizar a dor de alguém é incrível. Vivenciei isso tanto individualmente quanto pela Kallas. Peço a Deus que essa transformação venha a tornar o ser ainda mais humano. Que repensemos o verdadeiro e inestimável valor da vida!

Cuidar de si e de todos

Ser comedido, equilibrado e sem cometer excessos – esse é o tipo de vida que Emilio Kallas procura levar. A alimentação é bastante equilibrada nas comidas ingeridas e sempre em pouca quantidade. Ele nunca fumou e ingere bebida alcoólica de forma rara e moderada.

Mesmo já tendo esse tipo de postura como conduta de vida, ao ler *As 12 regras para a vida: um antídoto para o caos*, escrito pelo psicólogo clínico canadense Jordan Peterson, Emilio teve a confirmação de que agia corretamente:

– Entre tantas partes interessantes do livro, ali o autor diz que devemos cuidar de nós mesmos da mesma forma que fazemos com os nossos entes queridos. Eu me preocupo com a Helena, a minha mãe, os meus filhos... e preciso agir da mesma forma em relação a mim. Não engordar, me condicionar fisicamente, cuidar da saúde fazendo consultas de rotina, tomar os remédios prescritos...

Agir assim exige uma linha de comportamento:

– Sou disciplinado e organizado. Para estar bem profissionalmente, você precisa cuidar da vida pessoal e física. Eu jogo tênis, faço academia, natação, pilates, ando bastante no clube e nos parques. Adoro montar a cavalo, mas se não estiver bem fisicamente, não conseguirei satisfazer esse desejo. Onde quer que eu esteja, no escritório, na minha casa, no clube, em viagem, na fazenda, no haras ou na nossa casa em Angra dos Reis, mantenho os mesmos hábitos. Estar bem fisicamente ajuda na condição mental.

Realmente, a disposição e a empolgação de Emilio com a vida e o trabalho são inspiradores. Você não o vê com olhar disperso, bocejando, esboçando cansaço. Os dias são intensos de atividades, mas ele ainda arruma tempo para boas leituras e para assistir às partidas de futebol e tênis, seus esportes preferidos. Também aprecia basquete e artes marciais. Assistiu, inclusive, durante estada na França, em 2018, ao Grande Prêmio de Mônaco de Fórmula 1, vencido pelo piloto australiano Daniel Ricciardo, da Red Bull; na sequência, acompanhou a final de Roland Garros, onde se enfrentaram o austríaco Dominic Thiem e o espanhol Rafael Nadal, que foi o vencedor do confronto por três *sets* a zero, conquistando assim seu 11º título no torneio:

– O esporte me atrai. Se quando jovem eu tivesse melhores condições financeiras, teria começado a me exercitar bem antes. Isso aconteceu com mais afinco depois dos 40 anos. Dos 17 aos 40 anos, eu acordava às 6h e dormia à meia-noite. Não havia como praticar esportes – conta o engenheiro.

Mas Emilio se realiza não só com o seu comportamento, mas também com o da família:

– A Helena, meus filhos, todos nós praticamos esportes. Condicionar o corpo é muito importante e gratificante; nós nos sentimos mais saudáveis e dispostos para enfrentar um dia árduo de trabalho. Eu brinco e pego no pé daqueles que são próximos a mim, dizendo: "Não engorde! Mantenha-se saudável!". Estou sempre dando conselhos que, espero, sejam proveitosos.

O modelo de negócio

Incorporar, construir ou fazer as duas atividades?

Algumas empresas do setor se apresentam como construtoras, outras como incorporadoras. Mas o Grupo Kallas atua em todas as frentes. Para isso, há quem crie companhias distintas ou prefira se apresentar como construtora, tendo como sindicato o Sinduscon, ou incorporadora, cujas companhias se associam ao Secovi.

O incorporador adquire o terreno e desenvolve o melhor projeto para lançar o empreendimento: metragem dos apartamentos, número de unidades, estrutura, área de lazer, número de vagas de garagem... tudo fundamento na legislação. Portanto, conhecê-la a fundo e respeitá-la é decisivo.

Quanto aos terrenos, são adquiridos dentro de alguns modelos predefinidos: mediante um sinal, com o negócio concretizado a partir da aprovação do projeto; por meio da permuta em unidades; com percentual sobre as vendas; ou também num meio-termo, num sistema misto de divisão do valor da área, sendo uma parte em dinheiro e o restante em unidades a serem construídas.

Certamente, dentro da legalização do projeto, o incorporador buscará extrair do terreno o máximo possível em nível de produção. Por isso a escolha do terreno e do seu formato ideal tem destacada importância.

Feita a aprovação do projeto, há todo um investimento em marketing, a montagem de uma ou mais unidades decoradas (reforçando-se aos clientes que a decoração é ilustrativa e não faz parte do negócio), a definição do parceiro responsável pela equipe de corretores, sendo que no caso da Kallas há também as vendas diretas realizadas pela Kallas Vendas. Geralmente, seis meses depois do lançamento, são iniciadas as obras.

Aliás, o Grupo Kallas realmente atua em várias frentes do mercado imobiliário e com empresas independentes, sendo elas de incorporação, construção, loteamentos, vendas e *properties*, estando assim divididas:

- **Kallas Arkhes**, incorporadora especializada em projetos funcionais que, como a própria proposta da companhia defende, busca promover bem-estar, equilíbrio e realização; com a assinatura Kallas, foram realizados centenas de empreendimentos, distribuídos pelos municípios e estado de São Paulo, e pela federação;
- **URBem Engenharia**, construtora que presta serviços para terceiros, agregando tecnologia e inovação, celeridade e capacidade produtiva;
- **K'URB**, focada em loteamentos;

- **Kazzas**, responsável por empreendimentos residenciais com preços acessíveis e qualidade compatível com as obras assinadas pela Kallas;
- **Kallas Vendas,** criada em 2016, realiza a parte comercial dos imóveis do Grupo, por meio de corretores associados; as vendas são feitas com pagamentos diretos ou, basicamente, financiados.

Emilio reforça a missão do Grupo:

– Em todas as nossas atuações, buscamos congregar qualidade, competência e urbanismo. Temos a grande responsabilidade de aliar obras estruturalmente muito bem construídas, independentemente do padrão, seja ele alto, médio ou econômico, com a transformação e melhoria ambiental que elas provocam; a Kallas se preocupa em dar total assistência técnica aos clientes, tanto que entrega um manual supercompleto, orientando para que a gestão do empreendimento faça as manutenções previstas.

Emilio prossegue:

– Temos a responsabilidade de fazer com que as cidades se desenvolvam. Isso permite às pessoas estudar, trabalhar, constituir família, morar com tranquilidade... e ainda há um vasto caminho a ser percorrido na área sanitária: levar esgoto, água encanada e melhores condições de saúde às pessoas. Os dados são assustadores: no Brasil, em torno de 35 milhões de pessoas não têm acesso à água tratada e por volta de 100 milhões à coleta de esgoto.

Ainda em relação ao incorporador, ele consegue levantar financiamento bancário, e cada comprador que optar pelo financiamento assume uma parte desse valor levantado pela incorporadora junto à instituição bancária, a partir da entrega das chaves; até então, o plano de pagamentos é montado e acertado entre a incorporadora e a clientela.

E como a obra se desenvolve? A missão do incorporador, se é que se pode assim dizer, é a de justamente fazer toda a gestão e a contratação de empresas diversas e mão de obra, inclusive, e, em especial, a construtora da obra.

No caso do Grupo Kallas, com diversidade de atuação, a Kallas Arkhes, cujo nome voltou a ser Kallas Incorporações, pode contratar, por exemplo, a URBem Engenharia, que faz parte do complexo empresarial. E ainda acertar os serviços da Kallas Vendas, que podem estar associados a outro parceiro comercial; neste caso, há uma divisão por igual no atendimento da clientela interessada na aquisição dos imóveis.

Certamente, quanto mais amplo o campo de atuação, maior e melhor a rentabilidade do empreendimento.

Na hipótese da total terceirização do projeto, com a contratação, inclusive, de uma construtora parceira, assim como a de empresas especializadas para outras etapas do empreendimento, a linha responsável pela equipe formada por engenheiros, arquitetos, mestre de obras, funcionários administrativos e estagiários é controlada pela Kallas.

O período de uma obra gira entre 18 e 24 meses, podendo alcançar 30 meses no caso de projetos maiores. Esse é um tempo que também permite ao comprador pagar as prestações até que entre a parte financiada.

Como apresentado acima, o Grupo Kallas atua com verticalização em suas atividades, o que se torna um importante diferencial. São várias empresas, centenas de profissionais contratados diretamente e milhares de prestadores de serviços agindo nas dezenas de obras que acontecem simultaneamente.

Na linha da incorporação, a Kallas, ainda antes da criação da Kazzas, foi a precursora de levar ao cliente de baixa renda a possibilidade de aquisição da casa própria com varanda no apartamento e áreas de lazer, e que ganharam *status* de Clube Condomínio.

O primeiro empreendimento nesses moldes foi realizado no Bairro de São Miguel Paulista, em 1989, tendo inicialmente uma piscina, uma quadra e outros pontos de lazer e esporte para serem usufruídos pelos moradores de centenas de apartamentos, em torno de quatrocentos. A partir daí, os lançamentos para a classe econômica ganharam cada vez mais estrutura:

– Eu introduzi a parte de varanda nos apartamentos para a população de baixa renda, e virou objeto de desejo. Isso não constava na legislação.

Para se ter ideia, é possível até 5% do terreno de varanda em cada andar. Quanto maior o terreno, maior o tamanho da varanda, que vira uma área *gourmet* e de descontração em alguns casos. Também passamos a montar *stands* de vendas com mais conforto, o que deu um resultado positivo na relação com os interessados na aquisição dos nossos apartamentos. Nossa equipe de vendas é excepcional. Qualidade no atendimento é decisivo. Quantas vezes eu fui a uma loja e comprei o que não queria; em outras oportunidades, não comprei o que fui buscar. A atuação comercial tem papel decisivo no sucesso das vendas! – explica o presidente da Kallas.

Outra inovação trazida por Emilio Kallas para o mercado foi a introdução da "Curva ABC":

– É uma aplicação que, inclusive, está na minha dissertação de mestrado. São muitos os itens num processo de construção, e a "Curva ABC" ajuda a priorizá-los. O A representa mais ou menos seis atividades que correspondem a 60% do custo da obra. O B engloba os 10% sequenciais, e o C abrange os componentes restantes. Isso traz maior facilidade na gestão da obra e destaca as ações mais importantes. Essa "Curva ABC" também é utilizada na engenharia naval.

Mesmo sem ter essa atuação como seu *core business*, em algumas situações o Grupo já desempenhou o papel de empreiteira, que são as empresas que constroem para o governo e arcam com os custos das obras. Mas, como já mencionado, empreitar deixou de ser uma ação de interesse do Grupo Kallas, e as possibilidades que surgem são minuciosamente avaliadas por Emilio e seus diretores.

Inclusive, na segunda metade dos anos 2010, as empreiteiras foram amplamente inquiridas, originando a Operação Lava Jato, representada por um vasto conjunto de investigações realizadas pela Polícia Federal e que envolveu várias das principais empreiteiras do país, além de empresas de outros segmentos. Como resultado da apuração foram descobertos bilhões de reais desviados num sistema de propina e lavagem de dinheiro.

A Operação Lava Jato maculou a imagem de muitas empreiteiras. E incomodou empresários do segmento da construção civil:

– Não há como compactuar com acontecimentos que fujam do correto. Não quero julgar ninguém, mas quando ocorre uma investigação que encontra desvios, é preciso haver a punição. A impunidade é um mau exemplo para a nação!

Na época da Operação Lava Jato, o Grupo Kallas trabalhava na reforma do Aeroporto de Manaus e na construção de algumas escolas públicas em São Paulo. Em todo o processo, não houve nenhuma interferência política. Mas o surgimento da Lava Jato fez Emilio relembrar dos inconvenientes vividos nas obras realizadas para a prefeitura de São Paulo, durante a gestão de Luiza Erundina, nas construções dos cadeiões, no Governo de Luiz Antônio Fleury Filho, e das penitenciárias e da Fundação Casa, na gestão de Mário Covas, em São Paulo. Muitos investimentos, muito trabalho, e o recebimento dos valores contratados em torno de três décadas depois.

Emilio então convocou seu time para um comunicado importante:

– Quero dizer a vocês que devemos abrir mão das obras públicas. Estamos em meio a uma obra governamental, mas a partir de hoje não entraremos em concorrências de novas obras do governo. O nosso foco será o Grupo Kallas e suas empresas coligadas, como a Kazzas e a Kallas Arkhes. Vamos realizar os sonhos dos nossos clientes, com a aquisição da casa própria, a troca do imóvel, o investimento numa nova propriedade...

Dentro do amplo modelo de negócio do Grupo Kallas, há ainda o setor de loteamentos, no qual a empresa acerta a compra de uma extensa área e realiza os trâmites legais até definir a metragem dos lotes a serem disponibilizados para a clientela. Feito isso, inicia-se todo o processo de marketing para o começo das vendas das porções dos terrenos, normalmente numa área de 250 metros quadrados (10 × 25 metros).

Os pagamentos são feitos, em média, financiados em cem parcelas, tanto diretamente com a K'URB quanto por meio de instituições bancárias.

Emilio comemora a resposta que tem recebido da clientela:

– O Grupo Kallas vem conquistando vários prêmios pela qualidade das obras, desempenho e atendimento realizado aos nossos clientes. Eles representam a parte mais importante de todo o processo. Trabalhamos para satisfazer e realizar os sonhos deles! Por isso, abrimos espaços para as reclamações dos clientes; pois, se algo não sai como eles previam, damos abertura para ouvi-los e, se a solicitação for cabida, resolvemos o impasse. A confirmação disso é que boa parte das nossas vendas acontecem pelas indicações dos nossos clientes antigos.

Ao mesmo tempo, é dado início à estruturação local, com a aplicação de asfalto, criação de ruas que interliguem a área, instalações em geral...

Eventualmente, e de acordo com o interesse do loteador, podem ser construídas algumas casas, efetuando-se assim a venda da área com o imóvel construído.

Sobre os financiamentos, algumas leis foram criadas para tornar cada obra autônoma, justamente para a preservação do sistema bancário.

Isso aconteceu para dirimir problemas do passado, quando algumas empresas trabalhavam com caixa único. Ou seja, o dinheiro de uma obra rentável era utilizado em outra deficitária, enfraquecendo ambas, assim como a organização como um todo.

Por isso, passou-se a exigir para cada empreendimento a abertura de uma Sociedade Específica de Participação (SPE). Ou seja, todos os recursos arrecadados no projeto só podem ser utilizados em prol dele e no investimento na obra específica. Isso provocou uma segurança maior para todas as partes envolvidas: incorporadora ou construtora, prestadores de serviços, sistema bancário e clientes.

Do lançamento à entrega das chaves

Dentro do desenvolvimento e reinvenção do negócio feito por Emilio Kallas, o Grupo atua em diferentes áreas e tem na incorporação uma das suas mais fortes participações. Dessa forma, apresentamos o passo a passo do processo.

Feita a identificação e a compra do terreno, define-se então o produto, aprova-se o projeto em todas as áreas da companhia e nos órgãos públicos, registra-se a incorporação e passa-se a focar o lançamento imobiliário.

Na sequência, define-se a agência de publicidade que ficará responsável pelo desenvolvimento da campanha, constrói-se o *stand* de vendas, com um apartamento modelo decorado.

A imobiliária do Grupo, a Kallas Vendas, é também convocada para o trabalhado de pré-venda. Decorridos dois meses de captação de clientes, é realizado o lançamento.

Além da estratégia de vendas e marketing, todos os departamentos da empresa são envolvidos: projetos, construtora, administrativo, relacionamento com o cliente, financeiro e jurídico.

Após oito meses do lançamento se inicia a construção do empreendimento, que em média leva 24 meses para ser entregue aos clientes.

Cumprida essa etapa, os compradores têm até cinco anos de garantia, conforme os itens e as regras que constam do manual do proprietário.

O organograma de alta gestão das incorporadoras é, basicamente, assim montado: diretor geral da área técnica do Grupo; dois diretores, sendo um da Kazzas e outro da Kallas.

Dois gigantes de mãos dadas

"Marcos, qual o real interesse que você tem em realizarmos o negócio?"

A pergunta, feita por Emilio Kallas a Marcos Ernesto Zarzur, para uma parceria entre a empresa controlada pelo amigo e a Kallas, foi clara e direta. Aliás, como acontece sempre em conversas entre grandes empreendedores e que, neste caso, representam duas das principais incorporadoras do Brasil.

O motivo era a aquisição em sociedade de um valorizado terreno de 3 mil metros quadrados na Avenida República do Líbano, uma das mais desejadas de São Paulo e que finalmente recebeu liberação para a construção de edifícios mais altos.

O relacionamento, como já explicado, vem de longa data. Marcos Zarzur é também diretor comercial e de marketing da EZTec, fundada pelo pai dele, Ernesto Zarzur, e por quem Emilio cultiva grande respeito. O primeiro negócio entre a Kallas e a EZTec teve lá seus contratempos administrativos, em função de o vendedor do terreno não ter conseguido passar a escritura, mas as partes se mantiveram firmes e unidas na melhor condução do empreendimento.

E sobre a pergunta inicial de Emilio, Marcos começou a responder desta forma:

– Emilio, meu pai, que você chama carinhosamente de Ernestão, costuma dizer: "Sócio bom você não vê no lucro e, sim, no prejuízo!". Você bem sabe que o negócio que fizemos em São Caetano do Sul não foi lá tão compensador, devido aos problemas causados pelo vendedor da área, mas mantivemos nossas conversas sempre em alto nível e em busca de encontrarmos conjuntamente as melhores soluções.

E Marcos finalizou assim:

– Então, o que eu realmente busco com o negócio é ter você como sócio neste que pode ser um dos edifícios mais valorizados de São Paulo! Você é um grande amigo, um ser humano incrível, um empreendedor admirável e que pratica e defende valores nos quais também acreditamos! Certamente, a palavra "vantagem" não cabe nos negócios que fazemos juntos e, por isso, meu principal objetivo é o de estreitarmos ainda mais a nossa relação comercial.

A melhor resposta que Marcos poderia receber foi o aperto de mãos proposto por Emilio, o que selava a sociedade. Com grande *expertise* de mercado, eles souberam aguardar a melhor oportunidade para lançar o empreendimento. Muitos estudos foram feitos, sendo que o projeto original desenvolvia o lançamento de um edifício de alto padrão.

Inicialmente, se pensava num prédio de doze andares, permissão máxima da área, com um apartamento por andar, de 840 metros quadrados. Mas o projeto foi reestudado e, mesmo mantendo o elevado nível, foi modificado para dois apartamentos por andar, com área de 420 metros quadrados. O lançamento ocorreu em 2023.

Aproveitar talentos na Kallas

No Grupo Kallas, uma das grandes características é saber extrair o melhor das pessoas. E o olhar apurado do fundador é capaz de enxergar capacidades extras nos profissionais.

Assim como aconteceu com Newton Ishimitsu, ex-professor particular, que passou a ser mentor de Raphael Kallas e da família. Newton ministrou aulas de matemática financeira para alguns colaboradores e, a convite de Emilio, passou a dar expediente no Grupo Kallas, tornando-se Conselheiro de Negócios, numa função semelhante à de um diretor de controladoria.

Dessa forma, Newton conheceu o grupo de trabalho e o respeito que todos têm pela história e postura de Emilio, sempre sensato e cordato.

A partir de 2019, Newton se inseriu no Grupo Kallas participando de alguns projetos e trazendo seu olhar e aconselhamento sobre as particularidades. Além da mentoria a Raphael, Newton empenhou-se em conhecer claramente aspectos da incorporação, da construção e questões administrativas e financeiras.

Como também professor, Newton respeita o fato de um empreendedor como Emilio Kallas ter investido nos estudos, se graduado e chegado ao doutorado e à carreira acadêmica, como professor da Escola Politécnica, a Poli. Muitos foram os convites recebidos por Emilio Kallas para ser patrono das turmas que se formaram em diversas universidades.

Disseminar conhecimento é algo tão forte para Emilio que ele não mede esforços para permitir que as pessoas também tenham acesso à educação e aos estudos. O conselheiro da Kallas guarda com carinho passagens vividas com Emilio, e quando estão juntos, Newton gosta de ressaltar:

– Dr. Emilio, todo o investimento que o senhor realiza em qualificação representa um grande bônus para os funcionários do Grupo Kallas!

Emilio retribui, demonstrando que todos precisam agir da mesma forma:

– Nós temos a melhor e mais capacitada equipe profissional. A minha trajetória e o DNA da empresa estão pautados na qualificação por meio da instrução. A qualificação é um grande diferencial e buscamos oferecê-la ao nosso time de colaboradores. Observamos o resultado dessa iniciativa no modo como fazemos nossas negociações, com segurança, transparência e responsabilidade, principalmente nas fases de crises. Não só eu, mas todos nós somos responsáveis por pessoas.

Além das bolsas oferecidas pelo Grupo, foi criada a Universidade Corporativa Kallas, proporcionando aos colaboradores cursos *in-company*, elevando assim a qualidade profissional do corpo de trabalho da empresa, conforme conta Newton:

– Criado em 2020, o projeto está pautado internamente. Um colaborador que tem condições de qualificador poderá ministrar cursos; seria o "de dentro para dentro". Também há a possibilidade de trazermos qualificadores externos. As pessoas que ministram os cursos não são remuneradas. Além disso, há muitos colaboradores fazendo Pós-graduação e MBA com subsídios da Kallas.

Emilio valoriza a participação dele no projeto:

– O Newton é extraordinário! Presta muitos exames da Fuvest para orientar e ensinar seus alunos vestibulandos. Inclusive, graduou-se em Direito pela USP. Ele trabalha conosco e coordena a Universidade Kallas!

Pés no chão

"O seu valor está no conhecimento, na sua forma de conduzir os negócios e a carreira, no ser humano que você é! Carro bonito, roupa de grife... isso tudo é verniz!"

O conceito de vida, Emilio consolidou com a experiência adquirida. Claro que ele se permite viver bem e ter seus luxos, mas isso só foi alcançado desde que qualquer investimento não interferisse no bom andamento da própria empresa:

– Se eu tenho um carro importado, isso é apenas um verniz. Pela nossa condição, meus filhos conheceram e namoraram meninas da alta classe, com roupas e bolsas de grife. Um deles está noivo de uma moça brilhante, cujo maior patrimônio que eu computo que ela possua é justamente a bagagem conceitual que carrega, com formação em engenharia pela Poli e MBA. Essa é uma grande riqueza que ela conquistou e a levará a outras realizações profissionais e pessoais.

A vida ainda ensinou a Emilio outro grande conceito:

– Se a empresa for sólida e boa, aí se pode gastar com verniz. Esse verniz só passa a ser utilizado depois do alicerce. Mesmo num prédio, a pintura bonita só acontece após o alicerce. É preciso saber esperar o momento certo para ter alguns bens materiais que nos deixam maravilhados. Eu vejo empresários andando com carros bonitos, mas suas empresas estão sem capital para comprar um terreno. Isso reforça meus conceitos. Nossa área depende de capital intensivo. Primeiro a empresa, depois a vida pessoal.

E os maus exemplos ficam como ensinamentos, conforme apresenta Emilio:

– Muitos negócios quebraram porque os donos faziam caixa único da empresa e deles. Num valor hipotético e para servir de exemplo, caso esses empresários levantassem um milhão de reais em financiamento, não se sabia nem se uma parte disso seria lucro um dia. Mas aí o empresário queria trocar de carro, e gastava parte do valor desse um milhão. Com isso, faltava dinheiro para fazer a obra. Aí ele entrava num financiamento com um banco comercial, com juros maiores... e a tragédia estava feita! Sou muito rígido em relação ao fortalecimento do caixa!

Na vida pessoal, Emilio faz os mesmos alertas:

– A parte de economia familiar se assemelha à da empresa, de um estado, de um país! Nós não podemos acumular dívidas para serem pagas em cinquenta anos. O Estado pode: faz estradas, construções e reformas, entre outras obras, para as novas gerações pagarem. Quanto a nós, precisamos adotar um modelo de economia que dê sustento para a família. O que eu mais vejo são pessoas que não sabem gerenciar a economia doméstica. Se a base não é sólida, você fica sempre da mesma forma.

E comemora:

– Na minha avaliação, sempre entendi que educação financeira deveria ser ensinada nas escolas desde cedo. A temática, conforme determinação da Base Nacional Comum Curricular (BNCC), tornou-se um dos temas transversais a serem trabalhados em diversas disciplinas escolares. Para mim, foi um grande acerto no modelo educacional!

Sem pulo do gato

O Grupo Kallas vem crescendo gradativamente, mantendo bom desempenho ano a ano. Uma das principais características de Emilio é saber escolher as pessoas certas e competentes para os lugares certos.

Com o passar do tempo, Emilio consegue manter a cultura organizacional do Grupo Kallas e atrair a ela novos componentes. Um dos objetivos é o de cada vez mais focar as pessoas.

O diretor de engenharia, Eduardo Henry Haddad, explica:

– Nós queremos ampliar a qualidade dos produtos do Grupo Kallas e o principal objetivo é que tenhamos obras rentáveis. O setor em que atuamos é um dos primeiros a sentir os momentos mais duros e de crise.

O amplo conhecimento do fundador do grupo, conforme apresenta Eduardo, deixa a todos tranquilos:

– O Emilio tem tino comercial assertivo; ele sempre sabe o que vai vender. Tem terrenos que ele segura e sabe o momento correto de lançar o empreendimento, como o de Itaquera, perto da estação do metrô. A área está com ele há trinta anos e, depois desse tempo, lançamos a primeira fase de uma obra com em torno de 2.700 unidades, que foi o maior sucesso de vendas. O Emilio é muito seguro daquilo que faz e, quando chega a uma decisão, é porque já foi estudada e analisada. Ele confia muito em quem está nas posições-chave e ouve a equipe nas tomadas de decisões.

Eduardo conta a fórmula mágica:

– Ele alia estudo e pesquisa com tino comercial. Temos um comitê de terrenos onde muitas pessoas debatem sobre os prós e contras das aquisições. Antes era só o Emilio e o Gerab. Mas até hoje a palavra final sempre é dele. Emilio é muito ativo e sabe de tudo o que acontece na empresa.

Portas abertas

"Conto aqui o caso de uma das nossas colaboradoras, a Gil Vasconcelos, diretora de incorporação. Nós tínhamos o Sky House parado, com a obra sob embargo, em 2006. Ela recebia ligações o tempo inteiro dos compradores. Não sabia se a Kallas iria sair daquela situação. Outras incorporadoras e

> *construtoras estavam abrindo capital e a Camargo Corrêa a chamou para trabalhar. Ofertaram pagar mais do que nós, e ela então pediu demissão. A Gil saiu pela porta da frente e continuou sendo minha amiga. Nas palestras que realizei no Secovi, eu dizia que era a melhor diretoria de incorporação de São Paulo. Um dia ela quis sair de onde estava, me ligou e solicitou que eu pudesse indicá-la para outra empresa. E eu chamei a Gil para trabalhar aqui novamente, por apreciar o lado pessoal e profissional dela."*

O caso de Gil Vasconcelos, diretora de incorporação, expressa que as portas estão sempre abertas a quem assim as mantêm. Ou seja, para Emilio, as pessoas que fazem por merecer, recebem uma segunda chance.

No retorno, Gil passou a atuar na Kazzas, com Raphael Kallas. Como diretora, Gil é responsável por comprar terrenos, desenvolver produtos, aprovar os projetos nos órgãos públicos, desenvolver imagens, maquetes, montar os pontos de venda, cuidar da decoração dos *stands* e dos apartamentos mobiliados dos empreendimentos, de toda a parte da gestão de vendas e até da entrega das chaves para os clientes. Além disso, faz o acompanhamento, caso seja necessário algum ajuste pós-obra, pelos próximos cinco anos da entrega.

Gil se lembra dos momentos do seu desligamento e depois do retorno ao Grupo:

– É a segunda vez que trabalho na Kallas. O dr. Emilio me dá total liberdade de ação e na montagem da equipe. A primeira vez que atuei na empresa, como gerente de incorporação, foi entre 2004 e 2005. Naquele período, embargaram a obra do Sky House, em que o dr. Emilio fez um arrojado projeto. Desde aquela época, criei grande admiração por ele. E ainda indiquei a Kallas como construtora para a empresa onde passei a trabalhar, a Camargo Corrêa, e fizeram várias obras em parceria. A Kallas era considerada a melhor empresa entre as que a Camargo contratou.

Depois dessa experiência, Gil trabalhou em outras companhias, sempre indicando a Kallas como parceira, até que ocorreu seu retorno em 2020, para atuar no setor econômico da Kazzas:

– No primeiro ano da Kazzas, vendemos 350 milhões de reais e, no ano seguinte, em 2021, mais que dobramos os lançamentos e o faturamento, passando de 750 milhões de reais. São produtos de *ticket* entre 200 e 250 mil reais; mantivemos o *ticket* e superamos o dobro de vendas.

Gil valoriza a liberdade de trabalho:

– O dr. Emilio nos cobra bastante, mas nos dá autonomia e liberdade de ação. Assim nos sentimos valorizados. No meu retorno, encontrei um Grupo de empresas com atuações complementares. O Grupo é muito sólido financeiramente. O dr. Emilio não dá o passo maior do que a perna.

Mesmo ainda a distância, Gil, que trabalhou em companhias que fizeram IPO, acompanhou, em 2006, a primeira tentativa de abertura de capital do Grupo. E retornou logo depois dessa transação ter sido consolidada:

– Todo o processo foi montado e a abertura de capital feita. Mas os papéis não foram lançados por deliberação do dr. Emilio. Ele é um grande gestor e suas determinações devem ser respeitadas, tal o nível de acertos que ele acumula com as decisões tomadas.

Alguns fatores da economia conspiraram favoravelmente para os bons e rentáveis resultados iniciais da Kazzas – claro, acrescidos das *expertises* e dos diferenciais acumulados em anos de projetos diversos. Mas a condição de juros mais baixos para os financiamentos deixa o cliente final mais seguro para a aquisição do imóvel. E, dentro disso, criar produtos que caibam no bolso dos compradores e que os deixem realizados, tanto na área interna quanto externa, é decisivo.

A renda média salarial ou de ganho no Brasil ainda está muito aquém daquelas apresentadas em outros países. Por isso, a subida dos juros impacta significativamente nas parcelas financiadas.

Há ainda no país um expressivo déficit habitacional, em especial, nos imóveis considerados econômicos. Isso demonstra o grande mercado consumidor que há para ser conquistado; até porque, aquele que hoje investe num imóvel econômico, nutre o sonho de trocar a moradia por outra mais espaçosa e com maior oferta de área de lazer.

A segurança, conforme explica Gil, é ter como fundador da Kallas um empresário que mescla grande otimismo com a realidade vivida pelo mercado em determinados momentos:

– O dr. Emilio sempre nos motiva. Ele nunca se deixa abater por uma preocupação e prefere enfrentá-la e vencê-la. Em determinadas épocas de aumento do Índice Nacional de Custo da Construção (INCC), ele não hesita em acender a "luz amarela", pois os custos se ampliam muito, e diz: "Vamos tomar cuidado com os custos". Ele está certo, porque isso pode comprometer a rentabilidade da obra.

Foco naquilo que faz

A dedicação de Emilio naquilo que realiza não é diferente com as aulas particulares de inglês, em média duas por semana, que ele frequenta há anos com o professor Mike Zafra.

Seria como se Emilio tivesse uma chave que o desligasse dos problemas, conforme explica Mike:

– Mesmo quando ele está um pouco tenso, e a convivência nos permite conhecer melhor as pessoas, ele não permite que a distração o atrapalhe. Raras são as vezes em que ele cancela uma aula e, em alguns feriados e fins de semanas, planejamos aulas extras. E quando não posso, ele brinca: "Não quer trabalhar, né?".

Emilio gosta que o conteúdo das aulas esteja dentro da necessidade de aperfeiçoamento dele. Como quando estudou com Mike, que também adere ao método, sotaques utilizados por irlandeses e escoceses, em função de uma viagem internacional do aluno:

– O dr. Emilio é muito precavido e sempre pede para que eu passe ainda mais lições de casa. Percebo que quando ele aprecia os exercícios propostos, tem uma forma característica de demonstrar. O rendimento dele é sempre de alto nível.

Assim como aconteceu à época do grande processo de transformação mundial que veio com a pandemia, a partir de 2020, eles passaram a ter aulas virtuais e conseguiram manter o nível de ensino e aprendizado.

Uma indicação de Mike é para que Emilio faça um curso no exterior, independentemente do tema. Mas ele ainda não o convenceu, por um motivo óbvio: "É complicado eu me ausentar por semanas ou meses dos negócios...", conta o aluno.

Em tantos anos como professor de Emilio e dos filhos, Mike tornou-se um especialista em didáticas e métodos de ensino:

– O Thiago apreciava as letras das músicas. Com o Emilio é outro processo. Quando há algo a ser corrigido, vamos conversando até que ele próprio descubra onde está o equívoco. Ele é muito organizado. As lições eu mando para a secretária dele, que seleciona e guarda o material em pastas. Mesmo tendo um dia tão intenso, ele se entrega a tudo o que faz!

O Secovi de todos nós

Para ser membro do Secovi é preciso se enquadrar em determinadas normas, rigorosamente respeitadas pelos associados na história da entidade, criada em 11 de junho de 1946 e que cada vez mais conquista representação do mercado imobiliário.

Com o tempo, o Secovi se tornou o maior sindicato imobiliário da América Latina, tendo como lema "Promover o acesso à moradia digna às famílias brasileiras". As parcerias com outras entidades se estreitaram, como, por exemplo, com a Câmara Brasileira da Indústria da Construção (CBIC).

Entre suas intensas e expressivas representações, vale destacar: concepção da Lei nº 10.931/2004 (Patrimônio de Afetação) e da Lei nº 10.257/2001 (Estatuto da Cidade); implantação do programa Minha Casa, Minha Vida (MCMV); e apoio à Lei nº 12.846/2013 (Anticorrupção); entre tantas outras.

É certo que as atuações e os projetos apresentados são de interesse nacional, contribuem para fortalecer o setor e suprir as demandas por habitações, assim como gera desenvolvimento econômico e social com repercussão nacional, influenciando políticas, programas e legislações.

Em âmbito estadual, o Secovi se mantém fiel ao compromisso com o estado de São Paulo, objetivando desenvolver o setor urbano ao lado de parceiros públicos, corporativos e da grande mídia, numa incessante luta na defesa de questões para melhorar a oferta de moradia, trabalho, emprego, lazer e segurança.

Essas ferramentas são aplicadas por meio de suas operações vinculadas às vice-presidências e diretorias nas áreas de incorporação, loteamentos, comercialização, administração imobiliária e condomínios, tecnologia, sustentabilidade, interior e *shopping centers*.

Dentro dos projetos realizados com entidades parceiras, como com a Fiabci-Brasil, destaque para o Master Imobiliário, o primeiro prêmio nacional do setor.

Preocupado em qualificar o segmento, o Sindicato também criou, em 2001, a Universidade Secovi, que nasceu com o compromisso de capacitar profissionais de toda a cadeia imobiliária. Por meio de diversos cursos presenciais e do EAD, a Universidade formou e graduou milhares de profissionais, de zeladores a administradores e engenheiros.

E como chancela dessa seriedade, o Secovi-SP é signatário do Pacto Global da Organização das Nações Unidas (ONU), firmando assim o compromisso com a ética e o respeito aos direitos humanos e aos bons princípios que devem reger as relações de trabalho, e incentivando a aplicação de políticas de responsabilidade social corporativa e de sustentabilidade.

Missão, visão e valores do Secovi

Nossa visão:
> *Ser reconhecido pela sociedade como a entidade mais importante na realização do maior sonho do brasileiro: a casa própria.*

Nossa missão:
> *Desenvolver, representar, promover e defender a atividade imobiliária em seus segmentos, dentro de padrões reconhecidamente éticos e comprometidos com os anseios da coletividade.*

Nossos valores:
1. *Presteza*
2. *Confiabilidade*
3. *Ética*
4. *Transparência*
5. *Profissionalismo*
6. *Eficácia*
7. *Inovação*
8. *Espírito de equipe*

Política da Qualidade:
1. *Fornecer aos seus associados e às categorias representadas, com a máxima presteza, confiabilidade e alto padrão de qualidade, informações e subsídios pertinentes ao exercício de suas atividades;*
2. *Defender ativamente os interesses dos associados e categorias representadas, sempre dentro de padrões éticos e segundo os interesses coletivos;*
3. *Valorizar e estimular o crescimento gerencial e profissional da entidade, por meio da modernização tecnológica do sindicato e do aperfeiçoamento contínuo de seus funcionários e colaboradores, garantindo a busca contínua da eficácia do sistema da qualidade;*
4. *Promover o espírito de equipe, por meio do esforço incansável de seus funcionários, colaboradores e diretores, no sentido de agilizar os processos internos de trabalho e harmonizar os vários departamentos, visando ao alcance dos objetivos do sindicato.*

Regras do Secovi

Todos os pontos abordados pelo Secovi e a ação da diretoria respeitam duas premissas: a primeira é uma atuação política apartidária em defesa do segmento; a segunda é que, para assumir um cargo executivo, a exigência é que se tenha uma empresa no setor e que a participação seja voluntária.

Emilio, vice-presidente da Incorporação, incentiva a colaboração dos profissionais do mercado:

— No Secovi, todos ganham *know-how*. Ali se conversa sobre perspectivas, novidades e possíveis obstáculos, além de estabelecer contatos com seus parceiros, clientes e fornecedores, criando assim amplos horizontes. Em São Paulo, são mais de quatrocentas incorporadoras e, por meio da minha vice-presidência, buscamos travar uma união entre elas.

Outros pontos de atenção referem-se à legislação e às mudanças que podem ocorrer, assim como aos efeitos provocados no segmento:

— Nossa luta tem sido para modernizar a legislação com as prefeituras, o estado, a União... A questão financeira referente aos nossos empreendimentos evoluiu muito. Os financiamentos ficaram cada vez mais acessíveis aos consumidores. Tudo isso contribui para a melhor atuação do mercado imobiliário.

Quando perguntado sobre a palavra que define Emilio Kallas, Basilio Chedid Jafet, que já presidiu o Secovi, não hesita:

— Desde a primeira metade dos anos 2000, quando começamos a nos relacionar no Secovi, eu já me impressionei com o comprometimento, o foco e a inteligência empresarial e emocional do Emilio. A Kallas tem a virtude de não ser nichada como a maioria, pois atua em todos os segmentos da incorporação civil, entendendo suas linguagens e estratégias diferentes. Eu admiro muito o modo como o Emilio atua, se preocupando com o todo e não só com a empresa dele. Mas todas essas competências são regadas por um ponto alto: o da ética!

Basilio Jafet exemplifica:

— Falo com conhecimento de causa, por tudo que vivemos no mercado. E também, há alguns anos, meu filho, Marcelo Jafet, engenheiro recém-formado e ainda inexperiente, foi trabalhar na Kallas. O Emilio foi um professor de vida e carreira dele. Também em relação aos colaboradores de outras empresas, o pessoal do Emilio não faz ofertas; só os contrata se a Kallas for procurada por eles.

Hábitos simples

"O dr. Emilio aprecia comidas caseiras em geral: um bom frango caipira com quiabo, arroz, feijão, verduras refogadas, às vezes um risoto e certamente os churrascos. Quanto às sobremesas, as preferidas são frutas diversas e bolo de fubá!"

Basicamente, esse é o cardápio favorito de Emilio Kallas quando está com a família no Haras do Acaso, em Campos do Jordão. O casal Elias e Neide Catarina Benedito Farias trabalha com os Kallas há mais de três décadas; eles são os caseiros. Neide se lembra de como recebeu o convite para trabalhar com a família:

– A dona Helena, o dr. Emilio e os filhos são muito especiais. Temos grande carinho e respeito por eles. Meu marido fazia jardinagem no Haras e, certo dia, ele apareceu montado a cavalo lá em casa e nos fez o convite.

Regrado que é, quando está em Campos do Jordão, Emilio mantém sua rotina: acorda cedo, toma café, anda a cavalo, faz ginástica, almoça e vai trabalhar no escritório do haras.

Quando eram crianças, Thiago e Raphael Kallas ficavam com Helena no haras durante a temporada de julho e alguns fins de semana e feriados. Emilio priorizava o trabalho, mas encontrava formas de estar com a família.

Como é natural do casal, os Kallas não medem esforços para amparar a quem passa por alguma dificuldade:

– Eles nos ajudam muito, inclusive, na construção da nossa casa. O dr. Emilio nos dá conselhos valiosos, como na criação e educação dos filhos, assim como para que eles estudem bastante – confessa Neide.

Juntos há décadas

"O Emilio é bem arrojado e tem uma característica que eu respeito muito: prezar o caixa! Isso agrega segurança e responsabilidade ao arrojo dele. Essa é a conduta que ele adota na vida pessoal e profissional. Transformou

> a Kallas num grupo de empresas que está entre os mais respeitados do Brasil. O nome Kallas é sinônimo de respeitabilidade!"

Depois de atuar por duas décadas como diretor-executivo da empresa, entre 1998 e 2018, Roberto Gerab tornou-se profissionalmente consultor exclusivo da área de novos negócios do Grupo Kallas, atuando como prestador de serviços em busca de bons terrenos para aquisições ou mesmo parcerias em incorporações.

Pelo longo caminho percorrido, Gerab criou extenso *networking*, o que torna a procura por boas áreas uma via de mão dupla. Ou seja, ele tanto prospecta quanto é acionado por quem detém uma oportunidade adequada. Mas há uma ligação tão forte entre eles, que Gerab não se cansa de enumerar:

– Nos primeiros anos da Kallas, o Emilio e eu percorríamos as obras, os *stands* de vendas, saíamos à procura de bons terrenos... Estávamos juntos em todos os momentos profissionais e em muitos de lazer, como no Clube Atlético Monte Líbano e no haras dele em Campos do Jordão. O Emilio é um empresário admirável, múltiplo, e um amigo fiel.

O primo-irmão

> "O Márcio Rached Millani, filho da tia Olga, é um primo que virou meu irmão. Eu admiro a coragem dele de ir em busca da realização, trocando a odontologia pelo direito, tornando-se juiz. Estamos juntos constantemente."

A relação dos primos é extensa e próxima; desde os tempos em que Emilio veio estudar em São Paulo. E desde aquela época há um sentimento de gratidão, conforme narra Márcio:

– O Emilio é uma das pessoas mais simples e de grande humildade que eu conheço. Ele é muito objetivo e determinado; traçou um caminho e não saiu da rota. É um excelente filho, marido, pai, sobrinho, primo, amigo e patrão. Meu pai teve uma doença complicada e o Emilio o levou para trabalhar com ele na Kallas, na área de recursos humanos, no sentido de ajudá-lo e dar-lhe uma atividade que o ocupasse. Meu pai dizia: "O Emilio é atento, determinado e tem o controle total da empresa nas mãos". Ele e minha mãe adoravam o Emilio.

E conta que o primo custeia os estudos de muitas pessoas, relembrando uma das suas frases célebres: "Dinheiro você ganha e perde, mas o conhecimento ninguém lhe tira".

Sinergia de ideias

"Emilio, recebi a reclamação de um cliente da Kallas. Ele diz que comprou um apartamento construído por vocês; a unidade fica ao lado das máquinas do elevador e, por falta de material acústico, o barulho invade o apartamento e incomoda bastante."

A informação foi passada a Emilio pelo amigo, deputado federal e jornalista Celso Russomanno, atuante há anos pela defesa dos consumidores, que recebeu a reclamação por meio do quadro "Patrulha do Consumidor", que apresenta na TV Record. Na mesma hora, ele ouviu do amigo:

– Celso, estou colocando o meu pessoal agora mesmo para averiguar e resolver o problema. Isso é inadmissível e não pode acontecer nas nossas obras. Deve ter ocorrido algum descuido, mas solucionaremos imediatamente o problema.

Poucos dias depois, Celso Russomanno recebeu a ligação do telespectador que havia feito a reinvindicação, mas desta vez o motivo do contato era para agradecer: "Eles vieram rapidamente, foram superprofissionais e atenciosos, e solucionaram o problema. Quero agradecer a você, Celso, e parabenizar a Kallas pela assistência", disse o homem.

A amizade entre Emilio e Celso Russomanno teve início nos anos 2000. Já nos primeiros contatos, o jornalista definiu o empresário como um homem sério e correto, qualidades que os aproximaram. Celso exemplifica:

– A postura do Emilio quando houve o embargo do Sky House comprova seu caráter. Ele assumiu o papel de líder e empresário, reuniu-se com os clientes e devolveu dinheiro aos que renunciaram o imóvel. Por isso, eu o avalio como sério e correto; e são qualidades que a Kallas também carrega consigo nos seus valores.

Nos anos seguintes, eles passaram a se encontrar em eventos e no Secovi, onde Celso acompanhava a participação de Emilio em defesa do segmento e dos empresários do setor, sempre preocupado em trazer benefícios a todos.

Aliás, Celso é mais um que incentiva Emilio a assumir a presidência do Secovi, mas ao amigo ele repetia a versão de preferir se manter na vice-presidência de incorporações.

Encontros para almoços e jantares foram também ganhando espaço nas agendas, nos quais as discussões se dividiam entre ideologia política, vida pessoal e família. As afinidades entre eles são muitas, sobretudo pela missão de buscarem consenso nas situações diversas e de serem especializados em mediação, principalmente a de conflitos.

Outro ponto da admiração que Celso cultiva por Emilio é o amor que ele tem pela capital paulista:

– A relação do Emilio com São Paulo é intensa. Ele se preocupa e defende a melhor urbanização e o inteligente aproveitamento de espaço. Ele está constantemente envolvido em querer fazer o melhor. Sinto que o Emilio tem um sentimento de gratidão e quer devolver a São Paulo parte do que a cidade lhe permitiu conquistar. Os olhos dele brilham pela capital paulista!

Além da relação de amizade, Celso considera-o um mentor:

– O Emilio é uma grande inspiração e referência para mim. Ele apresenta ideias, sugere melhorias nos Projetos de Lei que discuto com ele, participou ativamente da criação das Leis do Distrato e de Afetação, entre tantos outros desempenhos decisivos. Mas o que o deixa chateado é não conseguir viabilizar projetos por causa da burocracia e dos entraves que o poder público cria.

Celso destaca ainda aquela que considera a grande marca registrada de Emilio:

– Ele é um empresário diferenciado, muito bem-sucedido e carrega consigo a marca da humildade e da simplicidade. Certamente, o Emilio teve pais educadores e soube também transmitir valores para os filhos. A personalidade foi formada pela luta empenhada para alcançar grandes conquistas e construir o seu legado.

E finaliza:

– O Emilio é um ser agregador. Todos que conheço gostam dele e o admiram. Ele concilia situações, organiza e cria oportunidades e *networking*, aproxima pessoas... O Emilio é um construtor de prédios e de relacionamentos.

A maior perda

"Minha mãe tinha paixão pelo Emilio. Ele era o único com forças para falar com ela. Quando estava sendo levada para tomar anestesia geral, antes de fazer a segunda cirurgia, mamãe olhou para o Emilio e disse: 'Filho... você nem pode imaginar o tanto que eu te amo'."

A narrativa, feita pela médica e filha Marcia, traz as palavras que Manira Rached Esper Kallas pronunciou pouco antes de entrar no centro cirúrgico, onde não resistiu ao procedimento, e veio a falecer.

Um amor recíproco, admirado e testemunhado por tanta gente.

Mesmo sempre tão lúcida e com conversas e colocações inteligentes, a saúde de Manira já não andava nada bem. Ela precisou fazer uma cirurgia e ficou por longo tempo deitada, o que a debilitou ainda mais. Mas conseguiu melhorar seu estado e, em função de um tombo, no qual fraturou o fêmur, precisou ser novamente internada e operada, vindo a falecer em 7 de abril de 2021, dias depois de completar 102 anos, em 13 de março.

Mas até perto dos 100 anos, manteve-se firme, participando ativamente das preparações dos deliciosos pratos árabes, como quibe e charuto de folha de uva e repolho, entre outros, que reuniam a família nos almoços de domingo ou mesmo durante a semana, quando Emilio era também presença certa. A cada prato que fazia, ela dizia a quem se destinava, e relembrava dos preferidos de Emilio: "Quibe frito, esfirra, tabule, arroz marroquino... e pão de queijo recheado com pernil".

Como quem confidenciava passagens da vida, Emilio sempre incluía a mãe entre as pessoas que mais o influenciaram em sua trajetória. Mulher de incrível inteligência emocional, aos 102 anos mantinha-se equilibrada na fala, leitora dentro do possível, e bastante atualizada com os acontecimentos da família, do Brasil e do mundo.

Naquelas horas de despedida, Emilio relembrou alguns dos muitos episódios marcantes. Um deles quando, aos 17 anos, após ter sido aprovado na Poli, escreveu uma carta para Manira, agradecendo aos pais pelos esforços empenhados nele e nos irmãos, encerrando-a assim: "Vou me dedicar muito para ser bem-sucedido na carreira e poder retribuir tudo o que vocês fizeram e fazem por nós". Dias depois do enterro, a mesma carta foi relida num almoço de domingo organizado no apartamento onde a matriarca vivia, momento que emocionou a todos.

Observando a relação de Manira e Emilio, não havia quem não dissesse: "Ele é o filho preferido". Mas ela se defendia, ou despistava: "O Emilio não é o meu filho preferido! Ele é só o mais cuidadoso", tentava ela confundir, trocando os adjetivos.

Manira adorava valorizar a trajetória do filho, desde as aptidões apresentadas já na infância e na adolescência e, depois, no início de vida em São Paulo. Enchia-se de orgulho com os resultados da Kallas e, em especial, quando assistia às entrevistas de Emilio na mídia, como um dos principais empresários da construção civil e como vice-presidente do Secovi.

Ele era realmente cuidadoso com a mãe. Diariamente se falavam por telefone, ia com frequência vê-la e fazer as refeições com ela, trocavam conversas profundas, viajavam juntos...

Fazendo jus à referência de matriarca da família, Manira era uma mulher rígida, exigente, mas bastante bondosa, que mantinha as portas da casa, de Passos ou São Paulo, sempre abertas aos familiares que giravam em torno dela, aos demais parentes, amigos e pessoas que precisavam de alento e uma boa conversa. Ela despertava uma paixão sem igual!

Tendo o marido Jorcelino como aliado, Manira incentivou os filhos a estudarem desde cedo. Soube "abrir mão" deles para "entregá-los ao mundo" e às melhores escolas: quando crianças, moraram em Franca e, na adolescência, migraram para São Paulo.

Ela gostava de contar que quando tinha loja com o marido em Passos, no término do expediente reservava um valor do caixa, que era destinado, no final do mês, para pagar as mensalidades das escolas dos três filhos. A matriarca ainda dizia a eles: "Estudem, que vocês mudam o futuro".

Manira mostrava como o conhecimento transforma as pessoas, não só em palavras e na teoria, mas também na prática: enquanto a boa visão permitiu, foi uma leitora voraz de livros e notícias diárias até uns cinco anos antes de falecer. E procurava, desde que os filhos eram crianças, compartilhar com eles as informações e os aprendizados adquiridos.

Emilio adorava conversar com a mãe e ouvir suas avaliações sobre temas diversos, inclusive, política, economia mundial e tantas outras atualidades:

– As conversas com a minha mãe eram ricas e produtivas, eu a considero uma mulher sábia! Ela nos incentivava a viajar e a interagir com as culturas. Fico feliz de ter conseguido oferecer a ela momentos especiais, como em muitas das viagens que fez comigo, a Helena e os meninos. Foi também minha grande confidente!

Sempre adepta ao maior desempenho e à busca dos melhores resultados, em seus tempos finais Manira dizia para Emilio e os outros filhos: "A vida não é só trabalhar, divirtam-se também. Busquem equilíbrio entre trabalho e lazer. Hoje percebo como a vida passa tão rápido".

No velório e enterro, muitos foram se despedir dela e prestar condolências aos familiares, que estavam bastante abalados. Todos os que compareceram viram um Emilio calmo e saudoso, que dizia:

– Eu estou tranquilo porque eu e meus irmãos pudemos oferecer aos meus pais tudo de melhor que a vida nos permitiu. Ela teve uma vida longeva, saudável e cercada de amor e carinho dos filhos, netos e das pessoas queridas! Pautou-se como uma mulher justa, forte e bondosa!

Em um domingo, alguns dias após o falecimento da mãe, Emilio compartilhou no grupo de WhatsApp da família, com grande emoção: *"Hoje almoçamos o quibe que ainda tínhamos guardado no freezer, feito pela mamãe".*

Para relembrar da mãe e dos momentos agradáveis vividos ao lado dela – como as viagens nacionais e internacionais, entre elas um cruzeiro de navio onde estava presente todo o clã dos Kallas –, Emilio e os irmãos, com as respectivas famílias, continuaram a se reunir periodicamente nos almoços de domingo. E o *menu* continuou a ser composto pelos deliciosos pratos que a matriarca preparava.

Anos de trabalho, amizade e aprendizado

"Dr. Emilio, o senhor precisa descansar e usufruir um pouco mais de tudo aquilo que conquistou. Eu o acompanho há muitos anos e sei da dedicação do senhor à família e ao trabalho."

As palavras de Marly Melo Pereira, assistente da presidência, sensibilizam Emilio Kallas por serem realmente verdadeiras. Marly está profissionalmente ao lado dele há décadas – e da família Kallas também: ela foi importante companheira da mãe de Emilio, Manira, com quem conviveu bastante.

Também por incentivo de Emilio, a executiva investiu nos estudos. Marly graduou-se em Administração de Empresas e depois cursou Pós-graduação em negócios imobiliários, numa parceria entre o Secovi e a Escola Superior de Propaganda e Marketing (ESPM).

Mas em relação aos conselhos de Marly, para que tenha uma vida menos agitada, Emilio criou uma saudável rotina. Nela, consegue associar tempo para a família e o trabalho, lazer, esportes e bons hábitos alimentares.

O próprio organograma do Grupo Kallas ganhou amplitude, divisões de empresas e postos de liderança, aliviando assim a carga na tomada diária de decisões, mantendo Emilio nas deliberações estratégicas:

– O dr. Emilio conversa bastante com seus diretores e com pessoas do mercado em geral. Em tudo que vai fazer ou nas tomadas de decisões, o dr. Emilio estuda o tema e os detalhes, estando sempre muito bem-embasado. Isso nos obriga a também estar bem-preparados para as conversas com ele. Quando lhe apresentamos algo, é preciso saber justificar e argumentar sobre os pontos em discussão.

No dia a dia, Marly segue de perto todas as atividades do presidente do Grupo Kallas: "O dr. Emilio é bastante reservado. Criamos forte sintonia e muitas vezes eu antevejo aquilo que ele necessita e me antecipo para ajudar e ganhar tempo".

Conforme já registrado, nesses anos todos, Marly tornou-se também grande companheira de Manira, a quem acompanhava nos passeios, nas idas à igreja, aos médicos... A ligação entre elas era tão forte que, na opinião de Emilio, Manira ganhou mais uma filha.

Entre as atividades que Marly exerce, está a gestão dos bens pessoais de Emilio, como da empresa de patrimônio que gerencia a área de hotelaria, composta por *flats* adquiridos pelo empresário durante os anos:

– O dr. Emilio é um mestre na arte de administrar bens pessoais e da empresa. Eu aprendo muito com ele diariamente e busco aplicar esse conhecimento adquirido na minha vida. Ele transmite uma autoconfiança enorme, mesmo nas horas de dificuldades – conta a assistente.

Mas há um lado sobre Emilio que muitos imaginam que exista, mas poucos conhecem sua extensão. Marly conta qual é:

– A dona Helena e o dr. Emilio são muito bondosos e caridosos, e ajudam muitas pessoas e instituições. Eles são verdadeiros doadores, pois o fazem no anonimato!

A própria Marly recebeu de Helena e Emilio um significativo presente e ficou muito grata: um apartamento assinado pela Kallas. Depois, Marly optou pela troca por um apartamento maior, oferecendo aquele como parte do pagamento. A condição foi aceita, e Emilio continuou a ajudá-la com as parcelas para a quitação do imóvel na Kallas. Mas Emilio despista e diz: "Foi puro mérito da Marly...".

Os momentos se repetem

"Pai, hoje estou separado da minha ex-esposa e tenho uma filha. O amor que sinto pela Caterina é incondicional! Faço tudo para estar ao lado dela e vê-la feliz."

As palavras foram ditas por Thiago para Emilio Kallas num final de semana prolongado no Haras do Acaso. Emilio viu o filho bastante tocado ao dizer aquilo, mas queria saber aonde ele queria chegar com aquelas palavras. E Thiago prosseguiu:

– E hoje, pai, eu consigo valorizar cada ação que o senhor, com a cumplicidade da Helena, da vovó Manira e do vovô Jorcelino, fazia para estar comigo quando eu era criança e morava em Limeira. Mesmo com toda sua agenda de trabalho, fosse na empresa onde era funcionário e depois na Kallas, ou ainda com as aulas que ministrava, o senhor não media esforços para estar comigo aos fins de semana, fosse na capital, na praia ou no interior, encarando horas e horas de estrada. E eu não via a hora de dizer: "O papai chegou!".

Agora Emilio e o filho estavam bastante emocionados. Certamente, enquanto o rapaz fazia sua narrativa, eles mentalizavam imagens para contextualizar os fatos ali contados. E Thiago prosseguiu:

– O senhor me cercou de amor e proteção, foi firme na condução da educação, na apresentação dos valores... e mostrou-se grande mentor e referência na minha trajetória pessoal e profissional. Quando eu estava com 8 para 9 anos, quis vir morar em São Paulo, para estar próximo do senhor, que deu todo o suporte para mim e para a minha mãe.

Enquanto Thiago trazia os detalhes, Emilio realmente relembrava daquelas passagens e das dificuldades que enfrentava para conciliar a vida corrida com a alegria de poder abraçar e estar com o filho, que ainda agregou mais fatores:

– O senhor se lembra dos desafios de matemática que começou a fazer comigo quando eu tinha 8 anos? E que depois passou a fazer também com o Raphael? Pois hoje eu repito essa receita com a Caterina. Monto desafios para ela... O senhor tem uma visão que está sempre muito além do seu tempo.

A similaridade das situações fez com que Thiago ainda dissesse:

– Hoje eu vivo a mesma condição com a Caterina. Saio de um dia intenso de trabalho, desgastado, mas a partir do momento em que vou buscá-la e estou com ela, preciso "mudar a chavinha", me sentar no chão e brincar e curtir minha filha, exatamente como o senhor fazia. Brincávamos, andávamos de mãos dadas e a cavalo, nos divertíamos!

E finalizou:

– Desde sempre eu olhei para o senhor e o determinei como meu grande ídolo! E defini: "Quero seguir os mesmos passos do meu pai, por um caminho que preserve a família, a seriedade no trabalho e a religiosidade".

Depois disso, era difícil dizer muitas palavras. Emilio deu-lhe um abraço apertado e um beijo, e soltou quase que sussurrando, tal a ternura:

– Você é um filho e um pai maravilhoso!

Qualificar e reconhecer

"Eu incentivo a preparação e qualificação dos nossos profissionais e invisto nisso. Alguns temem investir num funcionário que depois pode trocar de empresa. Eu não me preocupo com isso e o nosso índice de retenção de talentos é enorme!"

O crescimento do Grupo Kallas pode ser constatado pelo aumento significativo de colaboradores com o passar dos anos, o que representa mais obras, ampliação da estrutura e maior segmentação.

Durante a trajetória empresarial, Emilio buscou reconhecer a capacidade e os resultados alcançados pelos seus colaboradores por meio da prática de uma política salarial acima da média do mercado:

– Buscamos remunerar diretores, coordenadores e o nosso time em geral dentro do equilíbrio do valor de cada um e das possibilidades da empresa. Quanto mais praticamos essa política, mais agregamos pessoas diferenciadas ao nosso elenco.

Aliás, uma estratégia empresarial que nasceu quando Emilio ainda era funcionário de uma empresa e se sentia pouco reconhecido:

– No passado, algumas organizações imaginavam que não remunerar adequadamente segurava o funcionário e criava certo tipo de dependência. Ledo engano! Eu avalio que o diretor de um grupo como o nosso é um empresário. Tem que produzir muito e ser recompensado proporcionalmente para se sentir motivado, seguro, confortável e reconhecido.

E Emilio ainda esclarece:

– Não avalio essa nossa posição como um ato de bondade, mas, sim, de valorização. Se o profissional produz além do esperado, bate e supera metas e expectativas, será reconhecido. Da mesma forma, se ficar aquém, a empresa vai buscar alguém melhor preparado para exercer a função. E o reconhecimento não deve ser apenas financeiro, mas também por meio de atos e palavras que comprovem que o desempenho está sendo bem avaliado.

Emilio exemplifica:

– Entre tantas ações internas que fazemos, temos uma eleição anual dos melhores funcionários e suas fotos ficam posicionadas no nosso escritório. Todos os anos sofremos nas escolhas e definições dos nomes, justamente pelo alto índice de pessoas que se destacam. Mas, certamente, é um "problema" agradável de ser resolvido! São histórias profissionais e pessoais lindas, como a de uma das nossas colaboradoras, que, mesmo passando por delicado tratamento de saúde, alcançou resultados espetaculares no Grupo e mereceu estar entre os melhores! Ela venceu na vida pessoal e profissional!

Emilio traz também outro detalhe importante:

– Eu não aprecio misturar as relações familiares com as profissionais, mas destaco a posição de um dos nossos mais antigos colaboradores, que é nosso diretor financeiro há 25 anos. Refiro-me ao Antonio Carlos Sacchi. Ele cuida do dinheiro e é meu cunhado, irmão da Helena. Mas foi um caso único e exemplo de lealdade muito grande. E se deu certo é porque conseguimos separar as relações familiares das profissionais!

Regras são feitas para cumprir

"Meu tio é uma pessoa muito marcante e presente em todas as etapas da minha vida: na infância, quando meus pais se separaram, na adolescência e na fase adulta. Sempre esteve ao meu lado e no da minha mãe e irmã.

Foi importante quando eu me casei, ao me convidar para trabalhar na Kallas, e na decisão de abrir meu escritório de arquitetura, me prometendo e destinando trabalho..."

Assim como agiu favoravelmente na vida de Juliana, Emilio repetiu seus atos para tanta gente, operando no crescimento pessoal e profissional na trajetória das pessoas. Há um grande legado a ser transmitido por Emilio. A sobrinha destaca parte dele:

– Eu o vejo levando uma vida muito organizada. Ele trabalha, pratica exercícios, come moderadamente, tem os momentos de lazer, lê livros. Ele é muito metódico e equilibrado.

Outro ponto importante destacado por Juliana é o fato de Emilio ser regrado:

– O tio Emilio respeita horários. Na Kallas ou no Secovi, as reuniões têm hora para começar e terminar. No Secovi, ele distribui os tempos para que cada um aborde a própria pauta, que varia de dez a quinze minutos. Há um relógio que cronometra esses tempos, e ele faz com que cada um dos interlocutores cumpra o estabelecido.

Para Emilio, o aprendizado veio com o tempo:

– Faço reuniões com meus diretores e falamos sobre mais de vinte empreendimentos em apenas uma hora. Nem todas as pessoas têm a capacidade de resumir os assuntos. Para isso, é preciso selecionar os pontos importantes. Os engenheiros são muito detalhistas e é bom que sejam assim, em função do papel que desempenham. Mas nas reuniões eu preciso ser mais abrangente. Falar, por exemplo, em números redondos: "Em São Paulo, são lançados em torno de 82 mil unidades por ano". Se eu disser o número real, 81.345, a pessoa não registra na mente. Se não for assim, a conversa não flui e não consigo comandar uma empresa do porte do Grupo Kallas.

Troca de conversas

No período em que preparou todo o processo para a abertura de capital do Grupo Kallas, Emilio conversou também com Rodrigo Uchôa Luna, fundador e presidente do conselho da construtora e incorporadora Plano&Plano, que veio a ser presidente eleito do Secovi.

Apesar de cada qual viver seus desafios, a troca de ideias foi salutar, pois Rodrigo igualmente buscava fazer o IPO da empresa dele (o que se consolidou). Conversaram bastante sobre o processo de pós-abertura de capital, conforme explica Rodrigo:

– Realizar um movimento desses traz junto um compromisso enorme. São acionistas que passam a fazer parte do seu negócio. É então determinante avaliar se a precificação está adequada à responsabilidade.

Nos diálogos do Secovi, Emilio e Rodrigo avaliam com profundidade o mercado atual:

"O setor está muito mais competitivo e as empresas mais bem-preparadas."
"Isso aumenta o desafio para que as organizações performem em alto nível."
"As transformações trouxeram amplitude a um mercado que ainda tem muito a crescer e se desenvolver."

Esses são alguns dos pontos levantados entre eles:
– Somos otimistas em relação ao futuro do setor. O tema "habitação" faz parte da sociedade brasileira como um todo, seja da sociedade civil ou dos nossos governantes – sempre reforça Emilio.

Resultado de diálogos reservados e da atuação de ambos no Secovi e no mercado, Rodrigo assim o avalia:

– O Emilio é inspirador, um empresário de visão espetacular. Trabalha com paixão pelo que faz. Ele nos inspira pelo exemplo, e o conhecimento e a experiência dele o tornam grande formador de opiniões. O que ele fala e pratica traz uma credibilidade muito grande.

Adeus à tia querida

A notícia triste dos primeiros meses de 2021, em 8 de abril, foi o falecimento da tia Maria Lucia Abib de Barros, a Filinha.

O carinho entre tia e sobrinho era profundo, e Emilio se fazia presente de alguma forma e a surpreendia com um telefonema, uma visita ou enviando de surpresa um mimo: presentes, doces e outras lembranças. Nos encontros familiares, Emilio registrava seu carinho pela "querida tia Filinha".

Em agradecimento, Filinha deixava gravadas mensagens no celular dele – por sugestão da filha Ana, que dizia que uma ligação poderia atrapalhar o trabalho do primo. Chamava-o pela costumeira forma carinhosa, "Emilinho", sempre dizendo: "Meu filho, você continua com o mesmo brilho nos olhos que o acompanha desde que estudava em Franca..." ou "Desde jovem você é futurista! Vivia intensamente o agora, mas plantando para o futuro".

Empatia na dor

Costuma-se dizer que nas horas difíceis é que se consegue mensurar o valor das pessoas. Mas, certamente, independentemente de ser um momento de comemoração ou de dor, o humanismo deve estar presente em todos eles.

Tal ponto é facilmente constatado nos membros da família Kallas: em Helena, Emilio, e nos filhos Raphael e Thiago.

Como registro, uma fatalidade aconteceu com uma de suas funcionárias, Rosenilda Ferreira da Costa, a Dida, que trabalha na casa de Helena e Emilio. Ela e o marido José Carlos de Santana perderam um filho muito jovem, de apenas 23 anos.

A primeira a receber a notícia foi Helena, pois Dida estava na casa de Raphael no momento. Ela então conversou com Emilio e logo acionou Marcelo Cyrillo dos Santos, motorista da família, para que fosse buscá-la. Assim que Dida chegou, a própria Helena deu-lhe a notícia.

Um momento duro e no qual Dida sentiu sua importância como extensão da família Kallas. Helena solicitou a Marcelo que levasse Dida para casa e cuidasse de todos os detalhes que envolveriam os passos seguintes, preservando assim a funcionária e o marido de mais esse desconforto.

Além da presença física, Helena e Emilio estiveram ao lado de Dida em todo tipo de auxílio que ela e o marido necessitaram. Helena conversava bastante com Dida, buscando aliviar um pouco a dor da mulher. Helena até propôs à funcionária que tirasse um período de descanso, mas ela preferiu logo retomar o trabalho, entendendo que estar em atividade fazia o tempo passar mais depressa.

Em tantos anos de convivência, Dida sabe valorizar e registra sua admiração aos Kallas:

– A dona Helena e o dr. Emilio são muito especiais. Quem trabalha com a família Kallas, não quer sair do emprego. Digo isso não apenas pela questão salarial, mas pela forma de se relacionar. Há anos que passo o Natal com eles. A presença deles no momento mais difícil da minha vida é algo de gratidão eterna!

* * *

Os resultados da temporada de 2021 foram bastante comemorados por Emilio Kallas e todo seu time. A média de lançamentos de imóveis superou a expressiva marca de 1,2 bilhão de reais de faturamento. Emilio teceu palavras acaloradas, em função do significativo desempenho:

– Somos uma empresa familiar, mas que ainda não lançou seus papéis no mercado de ações. Isso quer dizer que todos os nossos investimentos são internos. Peço então que avaliem o enorme volume de possibilidades que todos nós temos para atuarmos na temporada seguinte, tanto em número de unidades lançadas quanto de faturamento. Se a Kallas vai bem, nós também vamos e as oportunidades se ampliam cada vez mais, seja em contratações ou para seus planos de carreiras.

Mente aberta para o conhecimento

"O dr. Emilio se aprofunda em todos os temas que para ele são relevantes. Ele busca informações não só sobre a área de atuação dele, mas quer também aprender assuntos diversos, como o direito. Ele tem interesse em saber o modo de funcionamento das leis."

O constante interesse de Emilio pelo conhecimento é motivo de admiração da advogada e irmã da namorada de Raphael, Juliana Bonacorsi de Palma. Emilio também aprecia a atuação dela, que, assim como ele no passado, seguiu a carreira acadêmica com várias titulações. Para Juliana, é marcante o tipo de postura de Emilio:

– Numa das reuniões que fizemos no Secovi, mencionei durante as nossas conversas sobre a riqueza de alguns livros. Um deles foi *Negociando o inegociável*, do autor Daniel Shapiro. Tempos depois passamos juntos o Natal e o presenteei com esse livro; e dele ouvi: "Muito obrigado, Juliana, mas terei que trocá-lo, pois, logo que você me sugeriu essa obra, eu a comprei e li. E realmente vale a pena!".

Nas conversas que eles mantêm, tanto no Secovi quanto nos encontros familiares, Emilio se preocupa com aspectos que envolvam a vida das pessoas. Um lado humanístico que pode ser notado com clareza no Grupo Kallas e na atuação dos filhos Thiago e Raphael. O legado que ele transmite, como explica Juliana, é inestimável:

– Estar com dr. Emilio é aprender continuamente. Ele me aconselha com dicas sobre o mercado e dá orientações significativas sobre valorizar meu trabalho, por meio do reconhecimento monetário. Realizo inúmeras palestras anuais, e o dr. Emilio me alertou sobre o valor que esse conteúdo representa. As conversas são divertidas, ele tem um humor inteligente e irônico.

A antevisão dos projetos é uma das características do empresário que Juliana ressalva:

– Dr. Emilio sabe maximizar o tempo. Quando olha para uma área, já enxerga o empreendimento ideal que poderá ser feito. Ele é bastante pragmático.

Depois de viver, em 2015, uma experiência internacional, nos Estados Unidos, Juliana retornou ao Brasil. Emilio foi generoso em buscar ajudá-la, abrindo-lhe algumas portas. O empresário, como já amplamente apresentado, aprecia auxiliar e qualificar pessoas que seguem doutrinas éticas com as quais ele compactua:

— O dr. Emilio se pauta por valores sólidos. E também tenta se cercar de pessoas que tenham valores. Ele sabe reconhecer as pessoas do bem. O próprio Grupo Kallas se fundamenta em valores que expressam a reputação da empresa. Ou seja, o Grupo Kallas representa um conceito, algo que está ainda acima da marca; tudo construído ao longo dos anos com muito trabalho, seriedade, qualidade, respeito e valores sólidos – explica Juliana. E finaliza:

— As empresas são reflexo das pessoas que as comandam. Dr. Emilio constituiu uma companhia séria, conduzida por alguém responsável, inteligente, capaz e que se preocupa com o panorama social brasileiro. Ele se importa com o todo, com a política de habitação. Afinal, quem compra um imóvel, na maioria dos casos, não o faz para investir e, sim, para realizar um sonho e garantir a moradia.

O real sentido de empreender

"Na minha avaliação e forma de atuar, a empresa é sempre a prioridade. Tem que reinvestir ao máximo e confiar que a corporação vai crescer e seus funcionários também. É um ciclo que se repete constantemente."

A regra dos empresários que prosperam com suas empresas é mesmo esta: posicionar o negócio num primeiro plano de necessidades de consumo e investimentos, e colocar as responsabilidades empresariais, e tudo que elas geram, à frente das questões pessoais:

— A empresa tem que ser a mola mestra. Precisa ser enxuta, não é cabide de emprego, ainda mais da família. Não aprecio colocar parentes em postos estratégicos. Da família a gente cuida com o sucesso da empresa. Não misture as "estações"! – alerta o empresário.

Emilio segue o caminho da meritocracia:

— A capacidade é o fator decisivo. Imagine, no caso de uma construtora, o presidente dar um projeto de arquitetura para um profissional, apenas por ser parente. Um projeto custa em torno de 300 mil reais, e todo o processo de um prédio, 50 milhões de reais. E se der errado? A empresa não pode correr riscos.

Outro princípio de vida de Emilio é "Diga não à prepotência":

– Aprendemos a cada segundo de vida. Quem acredita saber tudo, na verdade é limitado, não expande o conhecimento. Precisamos saber ouvir as opiniões e avaliá-las, para então decidir se fazem ou não sentido nas determinadas situações.

E sentencia:

– Como alguém pode imaginar saber tudo, estando num mundo que muda e se transforma numa velocidade absurda? Quando eu comecei o Grupo Kallas há quase quarenta anos, nos guiávamos pela percepção daquilo que imaginávamos que o mercado receberia bem. Já há algum tempo, a viabilidade é resultado de muitos estudos e pesquisas. Não há mais espaço para achismos!

Outra regra: empresário também erra! Emilio explica:

– Os erros acontecem nas trajetórias empresariais. Tomamos decisões a todo instante e algumas delas também levam à perda de dinheiro. É importante saber lidar e aprender com o erro. Muitas vezes, até conseguimos revertê-lo numa oportunidade. O Brasil é um país maravilhoso, mas repleto de dificuldades, insegurança jurídica e burocracia, que podem causar ineficiência e prejuízo financeiro para quem empreende. Por isso, computo como sucesso acertar muito mais do que errar; ganhar muito mais do que perder; e saber compartilhar e gerar riqueza!

Colocar-se no lugar do próximo

Um dos mais nobres momentos de quem faz o dia a dia do Grupo Kallas é o da entrega das chaves. Olhar aqueles sorrisos largos, muitas vezes acompanhados por lágrimas de alegria, expressa o sentido de que cada gota de suor durante todas as etapas valeu a pena.

Talvez essa seja também uma das ocasiões que tire o comedido e equilibrado Emilio Kallas da sua, como se costuma dizer, zona de conforto:

– É o momento mais nobre de todo o processo: saber que um sonho foi realizado, que uma família se forma, que as vidas começam e recomeçam nos imóveis que construímos e entregamos. Isso me deixa muito feliz e realizado. Somos rígidos em atender corretamente nossos clientes.

Emilio sabe que a razão é a base dos negócios, mas a emoção serve de "cereja do bolo":

– Recebi de um dos nossos diretores a carta de uma cliente nossa, que estava inadimplente. Fiquei emocionado com o conteúdo, pois ela nos agradeceu muito. Segundo os escritos, num momento difícil e de fragilidade vivido por ela, soubemos entender, ser pacientes e hábeis em contornar e resolver a situação. A mulher realmente conseguiu se acertar financeiramente e tornou a ser adimplente. Nossa missão é alimentar a felicidade dos nossos clientes.

O empresário procura estar no mais alto nível de excelência:

– Empenhamo-nos para entregar mais do que prometemos e superar toda e qualquer expectativa! A qualidade das nossas obras tem sido enaltecida pelos nossos clientes e pela cadeia da construção civil. Recebo muitos elogios dos associados do Secovi. Eu espero que a continuidade da nossa empresa seja sempre nesse sentido.

Como diz Emilio, é preciso ter empatia:

– Antes de julgar as pessoas ou agir, é preciso se colocar no lugar do próximo e respeitá-lo. Um exemplo é ser sincero; outro é não se atrasar ou faltar aos compromissos agendados. Incomoda-me bastante observar a falta de visão de algumas pessoas. Se eu já passei e passo por problemas, os outros também podem viver situações semelhantes. E todos nós temos que ser resilientes para saber dar a volta por cima. Vivemos o momento do diálogo, do meio-termo e do "ganha-ganha", no qual todos os envolvidos têm que satisfazer suas necessidades, metas e ambições.

Compliance acima de tudo

Uma das atividades da direção do Secovi é ser o elo entre o setor e os gestores públicos para discussão dos melhores modelos arquitetônicos, urbanísticos e de construção civil.

Mas há uma regra seguida por todos os membros da diretoria da entidade, a mesma que Emilio pratica em sua vida pessoal e profissional:

– A ética é determinante em tudo que fazemos. Por isso, gosto de anotar o que combino e trato com as pessoas, para deixar registrado e cumprir o acordado. É exatamente a postura ética dos integrantes do Secovi que me inspira a trabalhar pela entidade e o setor. Ali não se faz pedidos de cunho pessoal ou que beneficiem alguns poucos. Nosso objetivo é o de elevar a construção civil como um todo e melhorar cada vez mais os aspectos sobre a moradia – conta o presidente do Grupo Kallas.

A vida e seu inestimável valor

"O stress e os momentos mais difíceis para mim são aqueles que envolvem a perda ou a doença de um parente. Na área profissional, isso se repete. Em décadas de trabalho tivemos pouquíssimos problemas com a saúde dos funcionários. Durante nossa trajetória, ocorreram dois acidentes há muitos anos; infelizmente, aconteceram por constatada imprudência da parte deles. Mas um acidente de trabalho me machuca muito. Eu me preocupo com cada ocorrência. Estudamos o tema e nos preparamos para conscientizar e oferecer o máximo de segurança possível aos nossos colaboradores. A vida humana tem valor imensurável!"

Conforme relata Emilio, a segurança do trabalho e a prevenção de acidentes exigem significativos investimentos do Grupo Kallas, assim como das empresas da construção civil. Preparar e orientar o time de trabalho é decisivo nas várias etapas que envolvem a execução de uma obra.

Ter com quem compartilhar

"Trabalhar muito, estresse, desgaste físico e emocional... isso não existe comigo. Não sou 'super-homem', mas amo o trabalho que realizo e aquilo que faço. Por isso, estar em atividade no escritório, em casa ou mesmo nos momentos de viagens de lazer me agrada bastante."

O empreendedor, como explica Emilio Kallas, precisa aprender a viver bem com seus períodos de solidão:

– Apesar de estar constantemente envolvido em atividades e de conviver pouco com a solidão, aprecio ter um tempo de isolamento para reflexões, análises, estratégias e leitura. Sempre que viajo, levo dois ou três livros comigo, além do material de inglês, para estudar.

Durante anos, Emilio atuava em todas as frentes e áreas da Kallas, o que exigia estar sintonizado constantemente:

– Recebia ligações à noite, aos fins de semana, e, se eu havia sido acionado para ajudar numa solução, é porque era mais da minha alçada e menos da de quem me acionou. Esse é um aspecto forte que envolve a confiança recíproca que travo com meu grupo de trabalho.

Emilio vive intensamente as situações:

– Se estou com a família, no trabalho, numa reunião de negócios, jogando cartas com meus amigos, no Secovi, em viagens... estou sempre feliz e centrado naquilo que faço. Procuro tirar o melhor proveito de cada instante.

Durante sua trajetória, Emilio aprecia os conselhos e os avalia como importantes, assim como o aprofundamento no tema em questão:

– Tenho meus confidentes, sim. Converso muito com minha esposa, Helena, e meus filhos; minha mãe também era uma grande ouvinte. Recorro ainda a alguns amigos para receber os aconselhamentos deles. Mas você precisa entender muito sobre a situação que está vivendo, até para saber se o tipo de orientação recebida se aplica ou não ao seu negócio ou problema.

Alertas importantes

"Para se fazer o IPO, é preciso ter histórico e proximidade com o mercado financeiro. Isso é um aprendizado."

As recomendações de Felipe de Moura Prata, CEO da Nest Asset Management, são comentadas nas conversas que ele tem com Emilio nas reuniões do Conselho Consultivo do Grupo Kallas, em que é um dos membros.

Os dois se conhecem há muitos anos; Emilio é amigo de Cid Prata, pai de Felipe, com quem de tempos em tempos agenda um almoço.

Depois do processo do IPO, em que o Grupo Kallas optou por listar e não ofertar ações, pela situação de mercado que se apresentava instável, Felipe acompanhou de perto as transformações feitas no Grupo por Emilio e os filhos Thiago e Raphael.

Entre elas, a contratação de profissionais com ampla experiência no setor financeiro, as movimentações de maior aproximação com o mercado e de apresentação da biografia do Grupo Kallas; um histórico que caminhava para completar quatro décadas. Felipe explica o funcionamento nessa esfera:

– Quando a NTN-B, Nota do Tesouro Nacional série B, está caindo, como nas curvas de emprego e renda, o momento mostra-se oportuno para ofertar ações. A NTN-B é apenas um dos diversos títulos da dívida pública negociados no Tesouro Direto. Há grande viabilidade, em especial, com uma empresa tão organizada como o Grupo Kallas.

E Felipe faz um alerta:

– As companhias de construção civil que listaram na bolsa e tiveram sucesso com a iniciativa continuaram a agir dentro dos preceitos básicos. Ou seja, não se deixaram vencer pela obrigação de entregar resultados que poderiam comprometer a rentabilidade e a saúde da organização. Se a meta do mercado exige cem prédios, mas o momento econômico permite quarenta, aja pela racionalidade: construa quarenta edifícios. Nas reuniões, costumo dizer: pode lançar ações, mas não mude a forma de ser e de fazer a gestão do negócio.

Diante do apresentado, Felipe traça um panorama do empresário e amigo:

– O Emilio ama a profissão. É o sentimento do engenheiro que faz bem-feito e apresenta as peças de que o mercado gosta. Isso fica muito claro nas reuniões que temos do Conselho. Eu tenho o privilégio de conhecer o Emilio nos momentos empresariais, sociais e familiares. Ele é um grande conselheiro em todos os casos.

Enxergar todo o contexto

Quando se avalia um terreno para incorporar, os responsáveis pela área no Grupo Kallas procuram ter o olhar que Emilio coloca na avaliação: "Analise se o terreno no qual temos interesse poderá ser transformado numa obra de qualidade. Procure ver a amplitude do projeto".

A área de incorporação, basicamente de obras residenciais verticais, representa um significativo nicho produtivo no Grupo Kallas. O foco da companhia são os projetos de incorporações, a maioria residenciais. O diretor de obras, Ronaldo de Moraes Silva, apresenta detalhes do organograma de incorporação:

– Sou responsável por dezoito a vinte obras. Minha equipe conta com quatro gerentes, que assumem em torno de cinco empreendimentos cada um.

Depois de constituir importante trajetória no Grupo Kallas, quanto maior a responsabilidade que o cargo exige, mais próximo Ronaldo fica do presidente e fundador do Grupo:

– Os contatos com o dr. Emilio têm aumentado de um tempo para cá, mas o que sempre me chamou atenção é o modelo de gestão dele, do tipo "pés no chão". Ele tem ainda uma visão diferenciada para os negócios. A empresa cresceu muito e se mantém bastante sólida. O dr. Emilio preza pela saúde financeira do Grupo, não é adepto às surpresas.

Nas reuniões, o presidente assume a relevância do seu papel:

– Todas as colocações que o dr. Emilio faz têm um propósito. Ele apoia as decisões dos participantes, mas nunca deixa de se posicionar.

Quando ocorre algo que não sai como esperado, antes de culpar os envolvidos, Emilio avalia o histórico deles. Ronaldo explica:

– Tivemos uma situação desagradável, na qual o empreiteiro contratado por nós descumpriu algumas das obrigações trabalhistas. Os empreiteiros prestam serviços e assinamos contratos, pelos quais eles são responsáveis pelos encargos trabalhistas e fiscais dos próprios funcionários. Levei o ocorrido ao dr. Emilio. Mesmo avaliando que aquilo não poderia ter ocorrido, ele pediu uma solução imediata do caso, mas entendeu que foi um fato isolado e que não se repete na história do Grupo.

Realmente, a relação com parceiros e prestadores de serviços é bastante criteriosa. Entre o lançamento do projeto e a entrega do imóvel, em torno de oitenta a cem profissionais são contratados. São empresas especializadas em tapume, terraplanagem, topografia, gesso, portas e janelas. É uma cadeia produtiva praticamente terceirizada.

* * *

Vale relembrar que um dos locais preferidos de lazer de Emilio Kallas é a Fazenda do Acaso, que tem em torno de 35 alqueires. No local, cria-se gado confinado e cavalos mangalarga marchador. O filho Thiago, que conta com apoio total de Emilio, está à frente do dia a dia dos negócios.

No tempo que passa na fazenda, depois de se inteirar de tudo com Alfredo Sacchi Filho, administrador e cunhado, Emilio adora circular pelas plantações do local, onde há verduras, legumes e frutas. Emilio colhe e saboreia algumas do pé, como jabuticaba.

Ali também foi criada uma pista, para que Helena e Emilio se exercitem, dando então algumas voltas, geralmente no período da tarde. As comidas da fazenda e o churrasco são cardápios certos, assim como algumas horas reservadas de leitura no sofá preferido.

Quando acontecem as reformas, é certo que Emilio não apareça. Ele ainda brinca: "Se for para acompanhar reforma, prefiro ficar no escritório da Kallas!" – e gargalha.

capítulo 5

Grande legado a transmitir

Tudo muito bem avaliado

"O que impressiona muito no Emilio é que ele estuda e planeja. As decisões dele são todas estudadas, pensadas e analisadas em todos os cenários. Ele assume os riscos, mas sabendo antever os resultados."

Só mesmo quem o conhece a fundo, como Tácito Barbosa Coelho Monteiro Filho, amigo e parceiro comercial, para sintetizar com assertividade a postura de Emilio Kallas. Tácito segue na análise:

– Além de confiar, ele cuida, prestigia, dá condições e apoia a equipe de trabalho. Mas sabe também corrigir uma rota, se perceber que falta entrega e comprometimento.

Como convive com Emilio, tanto em situações pessoais como profissionais, Tácito mostra como ele se comporta nos distintos momentos:

– Não há diferença! Ele é amigo, solícito, disposto a ajudar e conversar. Ele se preocupa e tem um carinho grande pelos amigos. O Emilio é dedicado aos negócios e às pessoas. Montou uma excelente equipe, preparou muito bem os filhos Thiago e Raphael, e é um dos ícones do Secovi. Ele tem uma visão de mercado incrível, pois, em vez de concorrentes, avalia outras empresas e empreendedores do setor como parceiros que trabalham no mesmo segmento.

Ambição na medida certa

Algumas palavras de sentido amplo são utilizadas, em alguns casos, de forma mais pejorativa ou sem retratar o real valor da expressão. Um desses exemplos é o termo "ambição".

Dentre as muitas definições, segue uma delas: "Ser ambicioso é ter um forte desejo e transformá-lo em uma meta de vida, criando planos e estratégias para alcançá-la. É ter uma autoestima elevada e acreditar que você pode chegar aonde quiser, usando seus próprios meios, como esforço e dedicação, para atingir seus objetivos."

Emilio Kallas explica sobre esse tema importante:

– A ambição faz parte da trajetória de quem pretende crescer na carreira e empreender. Particularmente, confesso que um dos fatores que mais me moveu foi a ambição. Mas falo de uma ambição controlada, positiva, daquela que você não abre mão dos princípios e não cabe a expressão "alcançar a conquista a qualquer preço". Aprecio ter diretores ambiciosos na minha empresa, mas agindo dentro de preceitos éticos de conduta.

Emilio explica com mais profundidade:

– É uma ambição conceitual e não tem nada a ver com ter mais dinheiro. Ambição envolve também a parte material, mas não é a esse contexto que me refiro. Há uma ambição maior, expandida, que envolve conhecer mais sobre os assuntos e deixar um legado para outras gerações. Isso é uma ambição saudável. O ganho econômico é reflexo da sua competência profissional.

Uma das missões de empreender, na qual a ambição está contextualizada, é produzir e gerar riqueza, e a parte financeira precisa ser um desenrolar desses objetivos. A vida ensinou a Emilio que quanto melhor preparado, maior o reconhecimento:

– Quando você vai exercer a sua atividade, como no meu caso, construir prédios, é preciso desempenhá-la muito bem, com conhecimento e qualidade. O resultado disso é ter reconhecimento e retorno financeiro mais expressivos. Para isso, quanto mais se estuda e se aprofunda num assunto, maior será o valor da "moeda" a receber!

Resolver sempre

"Getúlio, você precisa fazer uma pós-graduação. Isso é importante para a sua carreira e também para conhecer e atualizar conceitos e pessoas. A Kallas se responsabilizará pelo investimento."

Como é do seu feitio, Emilio foi direto na sugestão feita a Getúlio Teixeira Khaunis, gerente de obras do Grupo, onde havia iniciado em 2001.

De imediato, Getúlio apreciou e aceitou a proposta, entendendo que havia muitos ganhos com tal iniciativa. Logo ele se matriculou num curso oferecido pela Universidade Presbiteriana Mackenzie, mas uma obra no Rio de Janeiro atrapalhou a participação e o acompanhamento do curso.

O engenheiro então optou por encerrar aquela etapa do trabalho e depois concluir o curso de gerenciamento de obras, no Instituto Mauá de Tecnologia. Em duas décadas de contatos, Getúlio aprendeu a conhecer o modelo de gestão de Emilio Kallas, que ele assim analisa:

– Ele é cauteloso e arrojado ao mesmo tempo. Quando programávamos o início de uma obra para determinado mês, o dr. Emilio nos fazia ver que já poderíamos começar a preparar a terraplanagem um tempo antes do período programado, para que o ritmo pudesse ser mais intenso a partir da data prevista. A sugestão se mostrou acertada.

Emilio aprecia soluções rápidas e que desembaracem os processos. Getúlio exemplifica:

– Quando começamos as obras do *shopping* em Pindamonhangaba, onde o projeto apresentava um terreno de 32 mil metros quadrados de área locável e 50 mil metros quadrados de estacionamento, o dr. Emilio foi decisivo.

Getúlio explica o ocorrido:

– Tínhamos negociado com uma empreiteira que, por questões contratuais, estava com dificuldades de receber a primeira parcela. Era um sábado de manhã e eu estava com o dr. Emilio na Fazenda do Acaso, quando o dono da empreiteira me ligou, explicando o fato. Dr. Emilio ouviu a conversa e quis saber do que se tratava. Depois que apresentei os detalhes, ele imediatamente falou com o diretor financeiro e determinou o pagamento. Pouco tempo depois recebi novamente a ligação do empreiteiro, agradecendo a agilidade da transferência bancária, que já havia sido feita. O dr. Emilio é um homem muito correto e justo!

Com o passar do tempo, Getúlio tornou-se superintendente da Kallas e depois assumiu uma das diretorias do Grupo.

Crescer é parte do processo

> "Estamos passando pelas dores do crescimento. Há alguns anos, tínhamos dez ou onze obras simultâneas. Nossa estrutura era bem menor, com um diretor apenas, dez engenheiros, alguns estagiários. Mas passamos a ter mais de 35 canteiros de obras, mais que o triplo daquilo que produzíamos anteriormente."

O desenvolvimento do Grupo Kallas é realmente impressionante, conforme registro de David de Oliveira Fratel, diretor-executivo de engenharia. Com inteligência gestacional, a estrutura também aumentou seus números, mas em outro patamar:

– Mesmo com substancial elevação dos canteiros de obras, nosso crescimento no quadro de colaboradores não acompanhou a mesma proporção. Isso foi possível graças à aplicação de processos e sistemas e à escalabilidade, responsáveis por elevar a produção sem a necessidade de triplicar a estrutura.

A Kallas posiciona-se como uma das maiores empresas de incorporação e construção civil do país. Outro segredo da companhia é o competente formato de gestão, assim avaliado por David:

– Passei por outras empresas e posso afirmar que o Grupo se diferencia no modelo de gestão. Aqui somos livres para agir, mas com muita responsabilidade. Esse é um dos méritos do nosso fundador e presidente, o dr. Emilio Kallas. Ele te dá segurança e confiança na execução do seu trabalho, assim como espaço e liberdade de ação, mas com cobrança de resultados. Vivemos uma busca incessante pela excelência e uma das cobranças do dr. Emilio é: "sempre há espaço para melhorar".

Degrau por degrau

"No nosso histórico, não nos beneficiamos por determinado acontecimento ou fase econômica. Crescemos ano a ano, organicamente, com acertos na seleção dos terrenos e das obras, escolhendo profissionais competentes e capacitando-os ainda mais, redirecionando alguns caminhos que se mostravam mais seguros em certos tempos, como o de construir para terceiros."

O fundador e presidente do Grupo Kallas, Emilio Rached Esper Kallas, considerado um dos principais empresários do setor imobiliário no Brasil, jamais se deixou levar simplesmente por tendências ou modismos, entendendo que, independentemente desses fatores, o Grupo continuaria a incorporar e construir, ou seja, nada mudaria esse *core business*.

– Quando iniciei a Kallas, a velocidade de investimentos era reduzida e ganhou rapidez e proporção à medida que fomos realizando obras, crescendo e adquirindo credibilidade e respeitabilidade no mercado. Os bons resultados permitem essa ampliação. Tivemos percalços no caminho, como problemas de recebimento em obras que fizemos para a Prefeitura paulista e o Governo do Estado de São Paulo, mas nunca deixei de reinvestir os lucros na empresa.

Emilio expõe pontos que distinguem o Grupo:

– Acredito que dentre os nossos diferenciais estão o olhar acadêmico aliado à experiência prática. Cito ainda o fato de ter definido a cidade de São Paulo como o *habitat* da Kallas, embora atuemos em outras áreas do estado, ou mesmo do Brasil, com projetos específicos.

Entre os pontos do mercado com espaço para evoluir, Emilio destaca:

– As políticas públicas do setor são motivos constantes de preocupações e ajustes. O país é naturalmente burocrático. As políticas de financiamento precisam ser cada vez mais competentes. No nosso segmento, é preciso ter elevado volume de dinheiro para fazer frente à demanda. Nós, da Kallas, estamos atualmente com mais de 80 empreendimentos e em torno de 35 obras em andamento. Isso envolve de 7 a 10 mil colaboradores e atinge até 30 mil trabalhadores de forma indireta.

Em praticamente quatro décadas, Emilio apresenta o principal patrimônio acumulado pelo Grupo Kallas:

– Honestidade dá dinheiro! Em anos de atividades, posso afirmar que o maior patrimônio e capital do Grupo Kallas é a credibilidade. Desde o nosso início pagamos tudo rigorosamente em dia. Quem compra uma obra nossa não tem a preocupação de saber se será ou não entregue. O nosso histórico referenda o negócio. Minha esperança é que o Brasil, um país considerado novo, de trajetória recente, solidifique cada vez mais o conceito de fazer as coisas certas, pelo caminho legal, sem aquele daninho "jeitinho brasileiro".

Família Grupo Kallas

"O Emilio é muito inteligente e correto; o que fala e promete, ele cumpre. O raciocínio é rápido e as conversas com ele são dinâmicas e assertivas. Eu admiro a organização e o tino dele para os negócios. Quando o Emilio banca, pode apostar! E destaco a importância que ele dá para a família."

O diretor de engenharia, Eduardo Henry Haddad, apresenta pontos da personalidade de Emilio. Aliás, o fundador do Grupo Kallas trouxe o sentimento de relação familiar para dentro da empresa, estreitando assim o convívio entre os colegas de trabalho. Eduardo narra como tudo acontece:

– Na Kallas, vivemos o sentimento de família e o de entender que a empresa é a extensão das nossas casas. O ambiente de trabalho é saudável, os funcionários têm sentimento de dono e amor pelo que fazem e pela companhia. O contato com Emilio é ágil. Claro que, com o crescimento da organização, acontecem alguns movimentos, mas essa base da cultura organizacional está mantida.

Fora do ambiente de trabalho, Eduardo encontra com Emilio nas atividades esportivas e sociais no Clube Atlético Monte Líbano. Ali, as conversas são mais descontraídas do que na empresa:

– O Emilio tem uma noção geral de tudo. Ele é exigente, não aceita um trabalho malfeito. É bastante ponderado e nunca repreende alguém em público. Mas se ele levantar as sobrancelhas... pode ter certeza de que há algo que não o agrada – diz, sorrindo, Eduardo.

Gestão de pessoas

Em novembro de 2021, Antonio da Silva assume como gerente de Recursos Humanos (RH) do Grupo Kallas. A entrevista que selou a contratação foi realizada entre Antonio e Luiz Antônio Costa Júnior, diretor jurídico e de RH.

Como aspecto curioso, merece destaque o processo que levou Antonio da Silva a ter segurança para trocar de empresa. Depois de atuar por décadas no Grupo Pão de Açúcar, com algumas idas e vindas, ele decidiu lançar-se à vaga no Grupo Kallas.

Até aí, tudo normal... Mas o fato primordial é justamente saber os motivos que levaram um profissional com tanta experiência em RH e na contratação de profissionais de todos os níveis, com estabilidade de emprego conquistada pela longa jornada, a aceitar tal desafio. Antonio confidencia:

– Além da postura do diretor da área, o Luiz Antônio, apreciei o projeto da proposta de trabalho, de humanização e qualificação, assim como o ambiente familiar e que é muito saudável. Aqui, temos um convívio salutar e contato direto em todos os níveis hierárquicos, inclusive com o presidente. Fiz o que sempre recomendo a quem vai mudar de emprego: estude e conheça a empresa antes de aceitar o cargo e de dizer "sim".

E Antonio então se decidiu:

– A cultura organizacional está fortalecida e o presidente e fundador valoriza a ética e o modelo de gestão competente. O Grupo preza pela qualidade do material humano e pelos aspectos técnicos e inovadores. Tudo que li e conheci da companhia me agradou muito e tomei a seguinte decisão: "É nesta empresa que eu quero trabalhar".

Depois de algumas reuniões virtuais coletivas, o primeiro contato pessoal entre Emilio Kallas e Antonio teve como pauta a situação de alguns colaboradores. O presidente fez questão de acompanhar o caso de perto, deixando para Antonio a seguinte certeza: "Quem bate à porta do dr. Emilio não sai da sala dele sem uma resposta".

Nos minutos iniciais, Emilio quis conhecer um pouco da história de Antonio e de como ele estava se adaptando à empresa. Na sequência, o tema principal tomou conta da reunião.

Depois da conversa com Emilio, além da melhor das impressões, que se confirmou com a rotina de trabalho, Antonio levou também consigo uma resposta pautada pela justiça e pelo humanismo.

Dentro do projeto inicial de trabalho apresentado, além das já existentes, algumas iniciativas foram implantadas pelo setor de RH. Entre elas: a disponibilização de uma linha de crédito fácil, sem burocracia e com juros baixos, oferecida aos funcionários por instituições financeiras parceiras e com aval do Grupo Kallas; mudança da empresa de plano de saúde, ofertando melhorias em todos os sentidos aos colaboradores; vale-refeição com valor acima da média de mercado. São cuidados que fazem a diferença.

Também na hora de preencher as vagas, a busca inicial para ocupá-las é por promover algum colaborador que já esteja na empresa. Caso não haja ninguém prontamente preparado, e desde que não seja um cargo técnico, há ainda a possiblidade de remodelar um funcionário de área antes de buscar alguém do mercado.

Mas durante o ano de 2022, Antonio e sua equipe tiveram que acompanhar um aumento significativo no quadro de colaboradores do Grupo Kallas:

– Começamos o ano tendo 476 colaboradores, e a ampliação se deu numa velocidade incrível: elevamos nosso contingente de funcionários em 35%, fechando o ano com 640 profissionais contratados. Esses números não incluem os trabalhadores das obras.

Claro que uma empresa que tanto contrata, vez por outra também perde seus profissionais. Emilio Kallas faz um alerta:

– Tivemos alguns colaboradores que saíram da Kallas para ganhar 5% ou 10% a mais de salário. Não se deixe iludir por um pequeno ganho financeiro. Antes de aceitar uma proposta, avalie a perspectiva profissional na nova empresa, se o seu trabalho será ou não reconhecido. Muitas vezes, mantendo-se no emprego, logo você alcança ou até supera essa diferença.

Emilio dá ainda uma dica:

– Sugiro, inclusive, a leitura do *best-seller*, do escritor Malcolm Gladwell, *Outliers: descubra por que algumas pessoas têm sucesso e outras não*. A obra aborda, dentre tantos pontos marcantes, que um grande diferencial entre as pessoas é o suporte que cada uma delas têm. É justamente esse amparo que permite que possamos traçar nossos caminhos e nossas escolhas.

* * *

A temporada de 2021 encerra-se com uma grande notícia: no Prêmio Top Imobiliário, promovido numa parceria entre o jornal *O Estado de São Paulo* e a Embraesp, o Grupo Kallas foi indicado em três categorias. Figurando entre as dez melhores empresas do país, a Kallas ficou em sexto lugar nas categorias "incorporadora" e "construtora", além da oitava colocação em "vendas".

Muito feliz com as conquistas, Emilio enviou mensagem aos seus diretores, que compartilharam com seus respectivos times: "Parabéns! As premiações demonstram que estamos no caminho certo! Agradeço e parabenizo a cada um de vocês, assim como aos integrantes das suas equipes, pela qualidade e comprometimento".

Olhares distintos

Entre o final de 2021 e o início de 2022, Emilio e o filho Thiago passaram a ter conversas estratégicas sobre as ações naturais e futuras do Grupo Kallas.

Na avaliação de Thiago, não era mais conveniente colocar "todos os ovos numa cesta só". A "cesta" que ele pretendia diversificar era a pecuária, com a criação, além dos cavalos, também de gado. Thiago até já havia adquirido duas propriedades rurais.

Estando à frente da área de incorporação de imóveis dirigidos às classes média e alta, Thiago expôs ao pai as dificuldades que envolvem esse tipo de segmento:

– Imóveis de médio e alto padrões exigem investimento alto. É preciso ter um terreno destacado, um projeto que encante, cuidado com os acabamentos... Acredito que seja uma área onde haja ciclos de movimentação. Além disso, há uma forte concorrência, que atraiu também profissionais liberais e empresários bem-sucedidos de outros setores, que resolvem construir prédios em grupos; e muitas vezes, pela inexperiência, perdem dinheiro com a iniciativa.

Thiago também analisou a ramificação do negócio do Grupo:

– Nos imóveis econômicos há maior constância, embora tenha ocorrido elevada alta nos custos de materiais e na mão de obra de construção, que, se for totalmente repassada, pode até inviabilizar o projeto. É um segmento que, em algumas oportunidades, gera alta de estoque e desvalorização dos imóveis, pela demanda.

Essas teses de Thiago foram apresentadas justamente para comprovar aquilo que ele entendia ser um caminho a seguir, mediante as mudanças mercadológicas: investir também no agronegócio.

Mas Emilio discordava do filho. Ele apreciava o agronegócio, mas não se mostrava disposto a reduzir os esforços na construção civil para migrá-los para iniciativas no campo. Ele até tinha alguns embates com Thiago, que aos fins de semana viajava para as fazendas: "Não podemos nos dar ao luxo de deixar de trabalhar sábado e domingo numa empresa ligada à construção civil. Tem tudo acontecendo: obras, plantões de vendas...".

Raphael Kallas entre os *top* 10

No ano de 2022, uma notícia deixou a família Grupo Kallas muito feliz, em especial Emilio e o homenageado, Raphael Kallas, que, pela gestão à frente da Kazzas, foi indicado como "*top* 10 entre os CEOs mais inspiradores nos negócios".

A informação foi transmitida pela revista norte-americana *CEO Views*. O texto da matéria apresentava a atuação de Raphael e da Kazzas para construir imóveis que reduzem o déficit habitacional da cidade de São Paulo.

Outro ponto destacado foi aliar a realização dos sonhos de muitos proprietários ao adquirirem a casa própria, oferecendo a eles empreendimentos residenciais a preços acessíveis e de constatada qualidade. Na entrevista, Raphael explicou sobre o primeiro projeto da Kazzas:

– Fizemos o Residencial Parque da Serra, em São Paulo, em parceria com um fundo americano. A aceitação foi tão grande que decidimos construir imóveis econômicos, mas com um padrão superior de qualidade.

Para equilibrar o custo-benefício dos imóveis, a Kazzas passou a focar quatro pilares: sustentabilidade, preocupação com o cliente, qualidade e inovação. Raphael explica a estratégia:

– Como compramos em escala, construímos mais barato e com padrão superior aos imóveis do Programa Casa Verde e Amarela, por exemplo.

Outra informação importante trazida no conteúdo: os incessantes investimentos em inovação realizados pela empresa, que permitem otimizar custos e entregar empreendimentos de forma mais inteligente.

A revista ainda registra, além de alguns números da empresa, o objetivo da Kazzas e do Grupo Kallas no futuro: internacionalizar a marca e expandir o alcance da empresa para a Califórnia, nos Estados Unidos.

Um caminho errado

No ano de 2022, mesmo que muitos duvidassem ou temessem que isso pudesse acontecer em pleno século XXI, eclodiu a guerra entre a Rússia e a Ucrânia.

As fortes imagens sensibilizaram o mundo. Os governantes tomavam suas posições, sendo a maioria delas contrária ao posicionamento do presidente russo, Vladimir Putin, e em favor do comandante ucraniano, Volodymyr Zelenski.

Além das perdas mais importantes, que foram as mortes de civis e militares ucranianos e russos, muitos setores da economia, como no agronegócio, sentiram a elevação de preços e a falta de insumos e produtos.

No caso da construção civil, o aumento dos preços dos materiais, a escassez destes e a dificuldade na contratação de operários influenciaram no custo final dos apartamentos, gerando sérios problemas para as empresas. Isso se dá porque os imóveis são vendidos antecipadamente e a obrigação de entrega-los permanece; são fatores que causam enormes e, na maioria das vezes, insuportáveis prejuízos para as empresas do setor.

Apesar das tendências recessivas, novamente Emilio Kallas garantiu aos colaboradores que não haveria demissões em função do momento econômico e político mundial. Ainda no período, Emilio manteve-se otimista em relação ao mercado. E mais uma vez o empresário comprovou que sua visão ampla estava correta.

Alguns dos seus pares de diretoria sugeriram a suspensão das novas aquisições de terrenos, em função de não haver viabilidade para novos projetos. Mas Emilio ponderou com seu time, trazendo sua visão mercadológica: "Se há um significativo aumento nos preços da mão de obra e dos materiais, isto vai se refletir nos valores das vendas dos imóveis. E quem não estiver atento a esse evento, sofrerá sérias consequências".

Realmente tal fato veio mesmo a se confirmar, com a valorização do metro quadrado dos imóveis. E quem não observou essa ocorrência, registou expressivo prejuízo no período.

É proibido julgar!

Ninguém tem o direito de julgar o próximo, ainda mais quando se aborda o tema da felicidade. As escolhas pessoais e profissionais, daquilo que se pretende ser, fazer e aonde se quer chegar, são individuais. Mas, claro, cada decisão projeta para um caminho.

Emilio Kallas dá sua versão sobre o tema:

– Eu conversava com a proprietária da academia que frequento, e ela comentou que estava se mudando com o marido para Lisboa. Eles querem uma vida mais tranquila, assim como tanta gente que faz essa opção – conta o engenheiro, e complementa: – Confesso que eu jamais teria essa postura, mas eu os admiro e parabenizo pela decisão.

E Emilio demonstra seu ponto de vista:

– Eu prefiro produzir, dar continuidade aos negócios, gerar empregos, superar metas, incorporar e construir imóveis e realizar os sonhos das pessoas. Fico extremamente feliz quando me reúno com os diretores e comemoramos os bons resultados alcançados. Só podemos usufruir daquilo que nós mesmos plantamos.

O presidente entende que, metaforicamente, a Kallas é um "bolo" que serve a muitas pessoas:

– Geramos empregos e as remunerações permitem às pessoas comprarem suas casas, estudarem e formarem seus filhos, viajarem, suprirem suas necessidades, ajudarem seus familiares... e ainda têm as premiações. Os imóveis que construímos geram alegria e realização para quem faz e quem compra. Unimos humanismo com empreendedorismo, e essa é a liga que dá os melhores resultados!

Emilio ainda ensina como ter certas condutas que agregam credibilidade:

– Comportamento é decisivo. Quando se participa de uma reunião, é preciso passar uma energia positiva com o olhar, apresentar postura, gesticular na medida certa. Se você demonstrar fraqueza ou cansaço, fica mais difícil de as pessoas acreditarem e se unirem a você para realizar um projeto ou alcançar um objetivo.

Emilio dá outra dica:

– O esporte nos apresenta excelentes exemplos que podemos aplicar no mundo corporativo. A relação dos técnicos com os jogadores é uma aula de liderança. Se os comandantes sabem utilizar a linguagem correta com seus grupos, conseguem ganhar uma partida, virar um jogo, conquistar o campeonato! E no esporte o resultado financeiro também deve ser dissociado do competitivo; um atleta não vai se dedicar mais ou menos se você der muito ou pouco dinheiro para ele. A competitividade está acima do resultado financeiro.

E associa o exemplo à própria empresa:

– Na Kallas, trabalhamos seriamente e com isso buscamos alcançar os resultados merecidos. Queremos presenciar a alegria dos nossos clientes e sermos reconhecidos. A ambição move o mundo, mas não falo da ambição financeira, da obsessão pelo dinheiro, refiro-me à busca de algo grandioso, que promova empregos, movimente a economia, ajude e transforme a sociedade e, por fim, gere a remuneração. Para se alcançar isso é preciso ter visão global dos fatos, não um olhar dirigido.

Uma das principais características de Emilio Kallas é a disciplina, companheira de longa data:

– Desde a minha infância eu sou disciplinado. Em tudo que faço procuro dar o melhor de mim: no trabalho, no esporte, no lazer, com a família, com os amigos... Confesso que praticar artes marciais me moldou a ser assim. Ser organizado e disciplinado ajuda muito nisso. Eu anoto tudo, me preparo para as reuniões, guardo os cadernos e livros, e ao final de cada ano escrevo as metas que pretendo alcançar na temporada seguinte. Para se organizar, precisa de disciplina; se você a tem, consegue turbinar o alcance.

Um mestre

Num final de expediente, Marly Melo Pereira, assistente da presidência, despachava com Emilio Kallas. Ao terminar, a moça disse ao patrão:

– Dr. Emilio, quero agradecer por todos esses anos de oportunidades profissionais e aprendizados múltiplos. Entre eles, está o de saber administrar o dinheiro. Tenho feito movimentos diferentes nas minhas escolhas pessoais e, com isso, percebo uma sobra maior de caixa. Busco seguir seus exemplos de rever gastos e, sempre que possível, fazer as compras à vista e não a prazo. Muito obrigado, dr. Emilio!

Ele gostou bastante do que ouviu de Marly, a quem registrou também sua gratidão:

– Você está certíssima em agir dessa forma. Eu raramente comprei algo a prazo. Preferia esperar até ter o dinheiro para pagar à vista, fugir dos juros altos e não carregar dívidas. Marly, você é muito importante para o Grupo e a família Kallas. A sua dedicação pela empresa, por todos nós e, em especial, que teve pela minha mãe, emocionam. Você zela e defende a companhia com garra. Jamais esquecerei toda essa sua dedicação. Pessoas éticas como você são necessárias para o bem do mundo.

Amigos de sempre

"A gente não se fala mais tanto nos dias atuais, porque você tem uma agenda bastante movimentada. Mas o carinho e a amizade que temos por você está acima disso. Emilio, você tem o nosso respeito, carinho e admiração!"

A conversa do casal Elisabete Marques Campos e Flávio Ribeiro Campos com Emilio foi, como de costume, descontraída. O casal, que ainda reside em Passos, vez por outra troca conversas com o amigo.

Uma amizade fidelizada, que começou ainda na infância, com Elisabete, pois eles estudavam juntos. Com o marido dela, o médico Flávio, os contatos começaram quando ele iniciou o namoro com Elisabete.

Nos casamentos dos filhos de lado a lado, era certo que eles se encontrassem. E, por vezes, na casa de Manira, nas oportunidades em que o casal estava por São Paulo e queria visitar a mãe de Emilio, que quando podia, procurava estar presente.

Nessas ocasiões, os amigos de Passos se encantavam pela forma como Manira olhava para o filho e se referia a ele. E entendiam a postura da "tia Manira", como eles a chamavam; em todas as situações em que estiveram com Manira, e Emilio não pôde comparecer, presenciavam a ligação do filho, para registrar seu carinho e saber como estava a mãe.

Também quando o filho do casal, Luiz Cláudio, veio cursar direito em São Paulo, Emilio colocou-se à disposição dos amigos, dizendo: "Ele pode contar comigo no que for preciso".

Em defesa do setor

"As 'bandeiras' que defendemos no Secovi são muitas, mas, entre elas, uma das grandes batalhas está direcionada ao plano diretor."

Atuando ao lado de Emilio Kallas no Secovi, Ely Wertheim, presidente executivo da entidade e diretor da Luciano Wertheim Empreendimentos Imobiliários, sabe que boa parte da energia despendida está destinada ao plano diretor, projeto de cidade no que tange aos seus aspectos físico-territoriais, elaborado pelo poder executivo municipal.

O plano diretor envolve temas urbanísticos, visando tornar a cidade mais moderna e prática para seus moradores. Mas Ely salienta a visão de Emilio Kallas diante de toda a discussão:

– Alguns dos pontos destacados pelas prefeituras podem resolver um problema atual, mas criar outros posteriormente. Nisso, o Emilio é também brilhante, pois tem uma visão futurística, que avalia não somente o hoje, mas já projeta para o amanhã.

Por isso, é importante que o Secovi atue conjuntamente com as prefeituras nas elaborações, ou mesmo revisões, do plano diretor; até mesmo para que as incorporadoras e construtoras possam fazer as aquisições de terrenos que vêm a cumprir as regras determinadas.

Ainda na área de incorporação, Emilio Kallas bate bastante na tecla da cultura organizacional, como Ely pontua:

– O Grupo Kallas opera simultaneamente dezenas de obras paralelas. Na nossa companhia, eu e meus irmãos realizamos um número muito menor de empreendimentos. O Emilio sempre comenta sobre a importância de, independentemente do volume de operações, a empresa criar sua cultura organizacional e que, mesmo que passe por constantes mudanças, mantenha sua base intacta; em especial, referente à ética e aos valores.

Ely admira a entrega e participação de Emilio Kallas nas discussões do mercado:

– Como vice-presidente de incorporações do Secovi, é admirável acompanhar e participar da atuação do Emilio. Ele defende as causas dos problemas institucionais, assim como das dificuldades recorrentes, como embargos – processo do qual a Kallas foi vítima no passado.

A forma como o presidente do Grupo Kallas se comporta perante outros empreendedores e membros do setor também é referida:

– Mesmo tendo uma empresa de grande porte, o Emilio tem a generosidade e a humildade de se nivelar a empresários que vivem um patamar e uma realidade bem menor que a do Grupo de empresas dele. É um defensor dos ideais do setor como um todo. Compartilha também seu rico conhecimento: ensina e alerta sobre a função e a forma de pensar em relação à empresa, aos custos, à rentabilidade... É um professor de todos nós no Secovi!

Entidades atuantes

Existem algumas entidades que lutam, discutem e defendem o setor imobiliário; entre elas, destaques para:

Secovi – Criado em 1946, o Secovi-SP representa o segmento em defesa do avanço do setor urbano junto aos parceiros públicos. A entidade, que mantém outras unidades regionais, cuida de todos os campos da cadeia imobiliária: desenvolvedores urbanos ou loteadores, incorporadores imobiliários, empresas de gestão patrimonial, da compra, venda e administração de imóveis.

Apeop – A Associação para o Progresso de Empresas de Obras de Infraestrutura Social e Logística é uma associação civil sem fins lucrativos que congrega empresas privadas que desempenham atividades ligadas à infraestrutura social e logística, incluindo planejamento, estruturação e desenvolvimento de projetos, financiamento, execução de obras e serviços de engenharia e operação de infraestrutura.

Sinduscon – O Sindicato da Indústria da Construção Civil representa as empresas do setor da construção civil que, com suas obras e projetos, contribuem para a geração de empregos, a expansão e o desenvolvimento econômico, e a sustentabilidade ambiental do país.

Abrainc – A Associação Brasileira de Incorporadoras Imobiliárias foi criada em 2013 para representar e fortalecer o setor imobiliário, contribuir para o desenvolvimento econômico e social do país e aprimorar o mercado da incorporação. Também fomenta a oferta de melhores produtos ao público, elabora mais opções de financiamento aos compradores de imóveis, com redução de burocracias, estimula o aperfeiçoamento e a simplificação da legislação, além de ser um elo de equilíbrio nas relações com governo, empresários e consumidores.

CBIC – A Câmara Brasileira da Indústria da Construção tem por missão tratar das questões ligadas à indústria da construção e do mercado imobiliário e ser a representante institucional do setor no Brasil e no exterior. A entidade promove ainda a integração da cadeia produtiva da construção em âmbito nacional, contribuindo para o desenvolvimento econômico e social do país.

Ademi – A Associação dos Dirigentes de Empresas do Mercado Imobiliário, importante entidade do setor no Rio de Janeiro, busca dar representatividade à participação do empresariado nas discussões dos temas de interesse para a indústria da construção.

Plano de sucessão

"Filho... nessa vida eu vendo tudo o que temos! Só não vendo vocês, que são a minha família."

Dizem, sabiamente, que "o tempo é o senhor da razão"... Muitos anos depois daquele passeio que Thiago fazia com Emilio no sítio de Campos do Jordão, a frase que naquele momento lhe causara uma mescla de sentimentos, fazia agora 100% de sentido.

Durante sua trajetória empresarial, em inúmeras oportunidades ele se deparou com a possibilidade de se desfazer, em função de uma proposta recebida, de algum bem. Mas agora, não era apenas um negócio que estava em jogo, e, sim, toda uma relação familiar; pois Thiago decidira vender sua participação no Grupo Kallas – a sociedade que envolvia o pai, Emilio, e o irmão, Raphael.

A decisão pegou a todos de surpresa e aconteceu quando Emilio buscava se definir para dar um passo importante para qualquer empresário: o da sucessão. Tempos antes, numa reunião familiar com Helena, Thiago e Raphael, Emilio até chegou a comentar que, naquele momento, a preferência para a sucessão recaía sobre o filho mais novo. Mas ele também pensava na criação de duas presidências executivas, ficando cada uma delas com um filho.

Entendendo que o ritmo do Grupo Kallas havia se acelerado nos últimos anos, Emilio queria abdicar das responsabilidades executivas, promovendo um dos filhos ao posto de CEO. Ele já vinha estudando e lendo bastante sobre o tema, assim como conversando com alguns amigos que haviam passado pela mesma situação.

Assim que ouviu de Thiago o desenho do caminho solo que traçara para si, Emilio precisou agir com rigor, posicionando-se mais como fundador e presidente da empresa, e menos como pai. Ou mesmo priorizando aquilo que ele entendia ser o melhor para seu terceiro filho: o Grupo Kallas.

Mas, sensibilizado, disse a Thiago: "Da sociedade você pode sair, mas não deixará de ser meu filho querido".

Mesmo assim, aos mais próximos, confidenciou:

– A Kallas é uma empresa familiar e não imaginava que pudéssemos passar por tal situação. Eu sempre idealizei os meus filhos juntos, trabalhando para ampliar os horizontes e as frentes de negócios do Grupo.

A partir do momento em que o fato se mostrava consumado para Thiago, Emilio se reuniu com ele e, juntos, definiram as bases financeiras que envolveriam a saída do filho do Grupo e a aquisição das ações.

Nessa hora, ele não foi nem o fundador da empresa nem o pai, mas Emilio Rached Esper Kallas, reconhecidamente um homem justo, que sabe distinguir o valor e a dedicação das pessoas, como as importantes ações desenvolvidas por Thiago no Grupo, o comprometimento dele na história da empresa... recompensando assim uma relação que nasceu nos braços dele, quando segurou pela primeira vez o filho logo que ele nasceu, e que agora o fazia, metaforicamente, "colocá-lo no chão" para seguir seu caminho com as próprias pernas.

A negociação envolveu um valor monetário, alguns bens e 100% das ações de uma incorporadora estruturada e renomada no mercado, com trinta anos de atividades, para que Thiago também tivesse um CNPJ consolidado para realizar suas obras dali em diante.

Mas Emilio acordou com o filho dois pontos. O primeiro foi que, a partir dali, as conversas sobre o desenrolar de possíveis negócios ocorressem entre Thiago, agora parceiro comercial, e Raphael, que assumiria como CEO do Grupo Kallas, respeitando assim a posição de cada um deles; isso se confirmou, e num dos negócios conjuntos já se previa um empreendimento de alto padrão, no qual Thiago participaria com 30% da sociedade. O outro é que qualquer tema que envolvesse as empresas deles fosse discutido exclusivamente em ambientes comerciais, ou seja, fora dos encontros familiares.

Paralelamente ao desenrolar jurídico, Emilio convocou, em 21 de fevereiro de 2022, uma reunião com todo o quadro de diretores e gerentes, quando, ao lado do outro filho, consolidou a oficialização de Raphael Kallas como CEO do Grupo; Thiago acompanhou o pai e o irmão, mas preferiu não se manifestar. Emilio explicou o novo organograma:

– Fui pego de surpresa com a decisão do Thiago, mas respeito a trajetória que ele pretende cumprir. Quando eu tinha a mesma idade dele, 38 anos, também optei por seguir meu caminho em carreira solo e iniciei as atividades com a Kallas, empresa que havia comprado alguns anos antes e mudado a razão social. Torço para que o Thiago seja tão ou ainda mais feliz do que eu. O Raphael assume como CEO do Grupo; entendo que haja entre ele e eu uma similaridade de postura e pensamentos. E após um período de transição, assumirei a presidência do Conselho de Administração.

O fundador do Grupo Kallas deixou também claro que tinha algumas divergências profissionais com Thiago, mas que o admirava e o amava, e que ele continuava sendo um dos seus herdeiros. E deixou uma missão ao quadro de diretores que acompanhava sua explanação:

– Peço a vocês que ajudem o Thiago, seja com a nossa estrutura ou *expertise* de mercado, nessa trajetória de carreira solo dele!

Na sequência, Raphael teceu algumas palavras, mostrando que a segurança continuava a ser a base da gestão dele, e foi cumprimentado pelo grupo ali reunido.

Após o encontro, Emilio e Raphael tiveram uma longa conversa, na qual o pai mostrou a extensão da responsabilidade que ele acabara de assumir. O cargo de CEO exigiria uma visão global, que incluía temas jurídicos e financeiros, entre outros, e não específica da empresa. Ele também deveria representar e defender a Kallas no segmento e perante as outras lideranças.

Frente às mudanças, com a saída de Thiago e a nomeação de Raphael como CEO, houve toda uma remodelação de cargos, pois dois diretores assumiriam as funções executivas de direção antes exercidas por Thiago, na Kallas, e Raphael, na Kazzas.

As palavras de Emilio – "Fui pego de surpresa com a decisão do Thiago" – expressaram aquilo que ele sentia. Mas, reservado com emoções, pouco deixava transparecer.

Foram tantos anos de convívio pessoal, estando com ele desde a infância, adolescência e fase adulta, além de inúmeras viagens juntos por diversos países. E de convivência profissional igualmente intensa, produtiva e vencedora. Agora, estava preservado apenas o vínculo familiar, a relação de pai e filho. Mas Emilio ainda pensou consigo:

"Meus dois filhos são engenheiros, bem-formados, fizeram pós-graduação e depois MBA fora do país. Acredito que ambos, cada qual com seu estilo e personalidade, estão prontos para seus desafios:

Raphael como CEO do Grupo Kallas, e Thiago como um empresário independente. Talvez a ordem natural seria o Thiago, por ser o mais velho, assumir como CEO, mas sinto que fiz o que realmente era preciso. E darei aos dois, Thiago e Raphael, todo o suporte como colega de trabalho ou de mercado, e de pai."

De fato, nos dias subsequentes, Emilio e Thiago continuaram a se falar e se encontrar; às vezes, o rapaz passava no escritório para dar um "oi" e um beijo no pai, e seguia para, agora, sua própria empresa. Emilio igualmente o admira, pelo filho e pai dedicado e amoroso que é.

Alguns meses depois das mudanças realizadas, um amigo perguntou a Emilio numa conversa reservada:

– Emilio, passado esse tempo, como estão indo os desempenhos do Thiago e do Raphael? Eles estão batendo na sua porta ou ligando mais do que você esperava, menos, ou na medida certa?

O empresário nem pestanejou:

– Na medida certa! Ambos estão agindo com prudência, profissionalismo, inteligência emocional e adaptando-se às suas novas missões. Estou muito feliz com o desempenho do Thiago e do Raphael, que vem inovando a companhia com ações inclusivas, sustentáveis e da área de gestão de pessoas. Eles são trabalhadores, corretos e honestos, e com a minha orientação buscaram se preparar para o importante momento que vivem. A tendência é a de que os dois cresçam em seus caminhos.

Durante anos de trabalho e experiências acumuladas, Emilio sabe da importância de se relacionar com as pessoas, frequentando e atuando em reuniões e entidades, como o Secovi, coletando informações e bons contatos – algo no qual Raphael, naturalmente, deve seguir os passos do pai. Sempre que havia reuniões importantes, ele levava um dos filhos para que marcasse presença.

Mas, claro, conforme mostra Emilio, isso demanda bastante tempo:

– Empreender é algo que te consome 24 horas por dia. É preciso enxergar então a sua empresa e o mercado daqui a três ou cinco anos. Por isso, infelizmente, não é fácil encontrar companhias com mais de trinta anos na nossa área. Empresas sólidas, que foram analisadas por mim quando escrevi minha tese de doutorado, não existem mais.

Onde pôde abrir as portas para Thiago, Emilio continuou a fazê-lo, como nas reuniões com as diretorias dos principais bancos financiadores de imóveis, parte destacada do processo para quem incorpora.

Outro aspecto importante que os dois filhos acompanharam por anos: ao final de cada temporada, é comum que os empresários reservem boa parte do lucro líquido para repartir entre os acionistas. Em praticamente quatro décadas de atividades, o Grupo Kallas jamais ficou um ano sem ter lucro líquido, mas Emilio determinou que, desse montante, apenas 4% ficassem com os sócios e os outros 96% fossem reinvestidos na empresa.

Há muitos anos que nem ao menos salário ou retirada mensal Emilio recebe do Grupo. As despesas são custeadas com recursos provenientes de rendimentos pessoais:

– Nosso tipo de trabalho depende de reinvestimentos sem fim. Se você comprou dois terrenos e com eles teve lucro, essa rentabilidade deve ser aplicada na aquisição de mais três ou quatro terrenos. E assim por diante. O limite é dado pela capacidade de as pessoas administrarem. Em 2022, alcançamos quarenta obras em andamento e sessenta projetos. Tem obras que terminaram e outras que estão sendo lançadas. Desenvolvemos a capacidade de operacionalizar essa grandiosidade de quantidade de obras.

A ficha caiu...

Entre a decisão da saída de Thiago do Grupo Kallas e a formalização do processo, levou algum tempo.

Depois de tudo consolidado, papéis assinados, Raphael como CEO do grupo e Thiago como empresário do setor e parceiro comercial, uma passagem merece registro.

Certo dia, Emilio retornou de um almoço de negócios e se deparou com a sala, até então ocupada pelo filho Thiago, com a porta entreaberta e a luz apagada. Ele havia encontrado com o outro filho, Raphael, momentos antes na empresa. Incomodado com aquilo, andou até o local, acendeu a luz, sentou-se na cadeira que era de Thiago e começou a ter uma sensação estranha, um sentimento de vazio.

Internamente, lamentou pela saída dele da empresa. Ficou a pensar no longo caminho que ainda poderiam percorrer juntos empresarialmente. Thiago não era mais sócio do Grupo Kallas, mas se mantinha como importante parceiro em construções e incorporações futuras.

Emilio sorriu ao lembrar-se de situações divertidas protagonizadas por eles naquela sala, assim como dos embates de ideias, sempre em prol de buscar o melhor para o Grupo.

Mas agora... "vida que segue!". Antes de retornar para a sala dele, Emilio trouxe a imagem de Thiago à mente e fixou o olhar na mesa que até então era ocupada diariamente pelo filho, repetindo um mantra que aprecia para ajudar a superar determinados momentos: "Não chore porque acabou, sorria porque aconteceu". Dita a frase do poeta alemão Ludwig Jacobowski, ele pediu a Deus que protegesse Thiago, Raphael, Helena, a neta Caterina e a ele próprio, abençoando suas escolhas, e retornou recomposto da emoção para a sala de reuniões, onde alguns diretores já o aguardavam.

Conforme o dito popular, "o tempo é o senhor da razão...". Com o passar dos dias, essa decisão se mostrou muito acertada, pois Helena, Thiago, Raphael e Emilio ficaram ainda mais unidos. Emilio e os filhos souberam como administrar com serenidade todo esse processo de mudanças.

Acompanhar novas tendências

"O Emilio é muito exigente, mas muito verdadeiro e respeitoso. Em toda reunião com ele, eu tenho a obrigação de falar sobre o mercado imobiliário, e ele é sempre elegante, gentil e elogia as pessoas."

O economista-chefe do Secovi, Celso Luiz Petrucci, avalia Emilio como um empreendedor de grande percepção e que vai direto ao ponto. Entre as características de Emilio, Celso ainda destaca:

– Em 2017, enquanto todos reclamavam da situação econômica, ele comprava terrenos em excelentes condições de aquisição e deixava dentro de casa, para iniciar as obras em momentos mais propícios. O Emilio constrói com excelência todos os níveis e tipos de apartamentos: Programa Casa Verde e Amarela e os que vão de 200 mil reais a dezenas de milhões de reais. O Emilio se considera conservador, mas eu o acho bem agressivo nos negócios.

A esfera imobiliária tem forte correlação com o desempenho do PIB nacional. O setor da construção civil gera muitos empregos formais e é considerado um mercado peculiar. Os representantes do Secovi, como Emilio Kallas e Celso Luiz Petrucci, entre tantos outros, sempre buscam mostrar para as autoridades governamentais que, mesmo em crise, o segmento continua a operar.

O executivo traça um perfil do mercado:

– Em março de 2020, com a pandemia, se instalou um desastre, mas o mercado cresceu em relação a 2019. Em 2021, os resultados foram ainda melhores do que no ano anterior. O decreto de juros favoreceu muito a construção civil. Alguns fatores travam o mercado, como o cenário político e o econômico, e o baixo crescimento do país.

Em 2021, o Secovi registrou o lançamento de mais de 80 mil unidades residenciais na cidade de São Paulo, sendo que mais de 66 mil foram vendidas. O Programa Casa Verde e Amarela é responsável por 44% dos lançamentos e 50% das unidades comercializadas: "Nós vendemos para quem adquire a primeira moradia, de diversos valores", esclarece Celso.

Outro ponto de destaque, analisado por Celso, é o aumento da busca por imóveis pelas mídias sociais:

– O *e-commerce* ganhou protagonismo com a pandemia. Em torno de 10% a 20% dos clientes que compraram imóveis até 2019 tinham o primeiro contato com o produto imobiliário por meio do *e-commerce*; esse número se elevou significativamente, estando entre 40% e 50%. As empresas investem muito em tecnologia e mídias sociais. E explica:

– Nós temos um déficit habitacional estimado em 6 milhões de famílias, sendo grande parte de São Paulo. Desde que o Emilio assumiu a vice-presidência de incorporação imobiliária do Secovi, em 2010, eu levanto dois pontos da gestão dele: o respeito e a lealdade. Da mesma forma que o considero um grande conselheiro das minhas ações no mercado imobiliário, acredito que ele também aprecie e possa tirar bons *insights* das nossas conversas.

Um ano de desafios

Mesmo com a esperança e o tradicional otimismo brasileiro, e saindo da temporada de 2021 com expressivos resultados, o ano de 2022 apresentou-se com várias dificuldades e incertezas para o mercado da construção civil. A diretora de incorporação, Gil Vasconcelos, relaciona uma sequência de mudanças, começando pelas internas:

– O ano de 2022 ficou marcado por transformações. No Grupo Kallas, tivemos a nomeação do Raphael Kallas como nosso CEO, com quem eu trabalhava diretamente na Kazzas, e também a saída do Thiago da sociedade. O Raphael está pronto para desenvolver seu estilo de gestão e tem o melhor mentor possível, o dr. Emilio.

Ela enumera as variações externas:

– Sob os aspectos mercadológicos, nossos "adversários" são: inflação alta; elevação dos custos das obras; ano eleitoral e de Copa do Mundo; elevação dos juros, sendo que a taxa Selic de 2021 fechou o ano com 9,25% e, em 2022, chegou a 13,75% no desenrolar dos meses; e também o achatamento dos valores dos salários, que não se elevaram nos moldes da inflação. O que faz o mercado imobiliário deslanchar são os juros baixos.

Mas, como costuma dizer Emilio Kallas: "Independentemente das condições do mercado, o que nós sabemos fazer é incorporar e construir obras". E isso ele realmente vem fazendo muito bem. Tanto que, no ano de 2021, o Grupo Kallas lançou empreendimentos acima de 1,2 bilhão de reais. Em 2022, mesmo com todas as dificuldades, o número também foi elevado: 1,3 bilhão de reais. Para 2023, a meta de crescimento é ousada:

em torno de 16%, prevendo alcançar lançamentos de cerca de 1,5 bilhão de reais.

Esse mesmo pensamento e a motivação estão enraizados na forma de atuar de Gil Vasconcelos e na sua posição como motivadora da equipe comercial. A executiva procura ser objetiva em suas mensagens, espelhando assim o modelo de Emilio:

– Nas conversas, o dr. Emilio é bem direto e sincero. Com ele não tem meias palavras. E busco valorizar a minha equipe, assim como ele faz com todos nós.

* * *

"O senhor é muito, muito mais do que um tio. Eu me sinto privilegiada por esse olhar sempre atento da parte do senhor para conosco."

A cada ensinamento, conselho ou algum tipo de ajuda que a sobrinha Juliana Kallas Nassif recebe de Emilio Kallas, ela o agradece, e dele escuta: "Você fez por merecer".

Dentro do legado que transmite, Emilio costuma alertar Juliana: "Aja mais com a razão e menos com a emoção". A imagem de Emilio como um porto seguro vem de longa data. Ele sempre participou dos momentos mais importantes da vida de Juliana:

– Meu tio é muito presente na minha vida e na da minha mãe e irmã. Ele cuida de nós de um modo muito especial. Lembro-me que desde criança, nos churrascos que fazia, como eu não apreciava tanto carne, ele reservava e assava frango para mim. Eu considerava isso o máximo e pensava: "Meu tio me observa, ele sabe daquilo que eu gosto ou não, ele cuida de mim!".

Admiração mútua

"O Romeu Chap Chap é um ícone. Acredito que ele seja o empresário que mais fez o bem para o mercado imobiliário. Desenvolveu todas as suas ações com ética e honestidade. Ele é o presidente eterno do Secovi."

Além de haver um sentimento de admiração mútuo, Emilio Kallas reconhece os feitos do amigo Romeu Chap Chap frente ao setor e ao Secovi. Durante as reuniões na entidade, eles se sentam próximos, oportunidades em que Romeu também registra sua admiração por Emilio, confessando ter no amigo uma fonte de inspiração.

Emilio conta algumas das iniciativas instituídas por Romeu no Secovi:

– Ele é um nome universal. Implantou regras que perduram até hoje, como o trabalho voluntário dos diretores e dos presidentes. As gestões vão se encerrando e os associados e empresários permanecem trabalhando pelo Secovi. Não há também disputa, pois os nomes são colocados e eleitos por consenso. Muito do sucesso do Secovi é mérito do Romeu.

Mas um objetivo que Romeu ainda não alcançou é o de convencer Emilio:

– Nos nossos encontros, ele sempre diz: "Emilio, você precisa ser presidente do Secovi". Eu descontraio e digo: "Um dia, quem sabe?". Mas ainda estou muito envolvido com o Grupo Kallas, o que dificulta dividir meu tempo entre a empresa e o Secovi.

Enquanto esse tempo não chega, Romeu aprova o desempenho de Emilio como vice-presidente de incorporações:

– O Emilio é muito capacitado e tem levado pessoas importantes para fazer palestras no Secovi. Soube enfrentar e vencer as crises empresariais. Eu o respeito muito, principalmente pela seriedade dele, e o tenho como um empresário potencialmente preparado para grandes conquistas.

Mesmo tendo reduzido a atuação com a própria empresa, Romeu Chap Chap participa das discussões e sugestões sobre o urbanismo da cidade e a melhoria dos métodos para as operações. Há também uma entidade paralela, parceira nas elaborações, o Sindicato da Construção Civil do Estado de São Paulo (Sinduscon-SP).

O setor enfrenta certas dificuldades, em especial porque alguns dos insumos consumidos nas obras fazem parte de mercados com oligopólios. E aí entra então a força do Sinduscon, do Secovi e de empresários que são referências para o setor, como Emilio Kallas, Romeu Chap Chap e tantos outros.

Mesmo sem nunca terem feito negócios juntos, Romeu ficou muito feliz quando um dos seus funcionários lhe contou que comprou um dos apartamentos da linha econômica assinados pelo Grupo Kallas, dizendo: "A construção é impecável e ainda entregaram antes do tempo previsto".

Por isso, Romeu gosta de definir o amigo em duas frases curtas: "O Emilio é um homem bom" e "Na vida pessoal e profissional, ele coleciona sucessos".

Dilema empresarial

"Eu me lembro que raramente dormia à meia-noite. Sempre tinha trabalho da escola e, depois, da faculdade para fazer. Repousava no máximo cinco horas por noite. E mal me alimentava, para conseguir cumprir toda a agenda. Graças a Deus o tempo passou e hoje o Grupo Kallas é responsável, direta ou indiretamente, por mais de 30 mil empregos. Não há nada de mérito nisso, faço a minha obrigação!"

Emilio Kallas gosta de relembrar de suas origens, principalmente com os filhos, para valorizar o poder da dedicação aos objetivos. Comprometimento jamais lhe faltou.

Um dilema vivido pelos empresários quando os filhos atingem uma idade entre a adolescência e fase adulta e entram na faculdade é: "O que será melhor para o meu filho? Iniciar já na minha empresa e desde logo aprender como funciona o negócio? Ou empregar-se no mercado e, depois de alguns anos, vir a trabalhar na minha empresa? E, caso tudo se confirme, ele poderá presidi-la no futuro?".

Não há certo ou errado! Cada um acaba desenhando seu próprio destino. O próprio Emilio dera emprego aos filhos de amigos donos de outras construtoras e incorporadoras. No caso dos Kallas, Thiago e Raphael iniciaram logo no grupo familiar. Mas Emilio carrega consigo esta indecisão:

– Há alguns anos, quando o Thiago ingressou na faculdade, eu me questionei bastante sobre isso. Fiquei em dúvida se colocava meu filho em outra empresa, onde ele aprenderia a conviver com certas injustiças, tais como: o engenheiro tem uma boa ideia e o engenheiro-chefe apresenta para o gerente como sendo dele; não ter um bom projeto aprovado em detrimento de outro mais fraco que caiu mais nas graças do superior.

Emilio então fez sua escolha:

– Como engenheiros, em outra empresa eles trabalhariam numa obra, onde teriam contato direto apenas com o chefe. Para falarem com o gerente, poderiam levar de dois a três anos; para despachar com o diretor, seriam mais cinco anos; e para se reunir com o dono, seria quase impossível! Eu mesmo não conheço a maioria dos nossos gerentes e engenheiros de obras. Na nossa festa de final de ano, abraço cada um deles, mas confesso que não sei quem são. Há muitas obras em andamento... Por isso, optei por ter meus filhos comigo desde cedo, aprendendo mais rápido sobre as etapas de uma empresa. E não me arrependo da minha decisão.

Esse questionamento serviu para que Emilio buscasse evitar equívocos na própria companhia:

– Desde que iniciei a Kallas, busco eliminar injustiças e valorizar aqueles que trazem boas ideias e projetos, e também incentivar e motivar os que estão começando conosco. Temos alguns grupos de WhatsApp onde é comum que uns agradeçam e parabenizem aos outros pelo excelente trabalho realizado.

Esse é um dos importantes papéis dos empresários, o de saber fazer a gestão de pessoas:

– Proporcionalmente, o empresário age como um técnico de futebol, para ajudar o grupo a manter uma sequência de conquistas ou mesmo saber virar um jogo durante uma derrota. Trago como exemplo também as crianças, que à medida que crescem, passam a conviver com um mundo real e cheio de dificuldades, mas também de oportunidades.

Em relação à liderança, cada empresa tem seu perfil. Emilio apresenta o do Grupo Kallas:

– Não sou adepto à gestão por conflitos. A empresa pode até agir assim por estilo de governança e ter bons resultados, mas o ambiente fica tenso. No nosso Grupo tudo acontece às claras, em conversas diretas e sem rodeios. Caso haja conflito de ideias e ações, sentamos com as partes envolvidas dos departamentos para conversar e encontrar as soluções. Se o ambiente profissional é saudável, a produção melhora, os colaboradores trabalham felizes e podem ser mais reconhecidos profissionalmente. Isso pode acontecer tanto financeiramente quanto com elogio. Quem consegue algum ganho para a empresa, tem que ser recompensado. Não é isso que aumenta o custo da organização.

Emilio conta uma passagem:

– Um dos nossos diretores alcançou um grande feito e, além de um ganho financeiro, conversei com ele e o elogiei numa reunião de gestores, dizendo: "Parabéns! Você marcou um golaço de bicicleta!". Com certeza, ele ficou duplamente feliz.

Com ações internas e externas, a Kallas se posiciona como um dos principais grupos do mercado. Uma conquista alcançada degrau por degrau, tijolo por tijolo. São praticamente quatro décadas de muito trabalho sério e triunfos, que talvez possam ser resumidas em uma única palavra: credibilidade. Uma marca de quem assina a entrega de, em média, 10 mil apartamentos por ano. Uma trajetória que serve de referência e modelo para quem tem agora a missão de construir sua própria trajetória. Emilio traz ainda o exemplo contado pelo filho:

– Outro dia, o Thiago me disse que teve que circular pela região dos banqueiros, em busca de encontrar um parceiro para financiar uma das obras da empresa dele. Eu ouvi toda a história e, ao final, disse: "Bem-vindo ao mundo real! Parabéns, meu filho, porque você agora precisa ir em busca da viabilização dos seus negócios da mesma forma que eu fiz há quarenta anos". Hoje, eu consigo marcar e conversar com o presidente de um órgão ou instituição; é uma conquista por aquilo que o Grupo representa no mercado. Desenvolvemos um cinturão de segurança muito grande, algo que veio com as nossas aquisições.

Momento muito especial

"Meu Deus... quero agradecer, ó Pai, pelas bênçãos que o Senhor tem proporcionado para mim e minha família. Por tudo que o Senhor tem

permitido para a minha vida, pelo conhecimento oferecido. Hoje é um dia muito especial, do casamento da Joyce e do Raphael, então peço sua bênção para a união deles e que seja o início de uma vida a dois maravilhosa. E que o Senhor continue a proteger a Helena, minha neta Caterina, o Raphael e o Thiago, a mim e às pessoas queridas."

Ajoelhado, com as palmas das mãos coladas em frente ao peito, e de olhos fechados, Emilio Kallas fez sua oração na Capela do Haras do Acaso, onde seria celebrado o casamento do filho Raphael.

Em meio ao movimento de profissionais que montavam a estrutura que receberia centenas de parentes e amigos, Emilio reservou um tempo para orar e agradecer a Deus; aliás, como faz normalmente quando está no Haras. Foi um dia bem corrido, daqueles que não se vê passar, e logo chegou o tão esperado momento: o de abençoar Joyce e Raphael em seu matrimônio.

O ambiente estava lindo, impecável. Tudo preparado com muito bom gosto. Um a um, os convidados iam chegando e se acomodando na ampla área preparada para recebê-los: parentes, amigos, empresários da construção civil... parte do convívio de Emilio no Secovi, no Grupo Kallas, na Poli e no Clube Atlético Monte Líbano se dirigiu a Campos do Jordão para prestigiar o casamento.

Até que, dentro de toda a expectativa, os noivos então caminharam ao altar ali montado para a cerimônia realizada pelo querido amigo Roberto Siufi, o Irmão Agostinho Maria. O pedido para que ele realizasse e abençoasse a cerimônia partiu do próprio Raphael.

Com suas lindas palavras, Irmão Agostinho Maria agregou ainda mais emoção a todos, em especial, aos noivos, a Helena e Emilio, a Thiago e a pequena Caterina, além de cada um dos convidados presentes.

Sorte?

"Nos anos finais da década de 1980, eu adquiri um terreno em Itaquera, na zona leste de São Paulo. Era uma área grande, com pouco mais de um

alqueire. Na época, o valor era ínfimo; a família que era dona do local aceitou a minha oferta e comprei; dei como pagamento seis apartamentos econômicos."

Enquanto contava a história ao engenheiro que seria responsável pela obra sobre aquela aquisição ocorrida há praticamente trinta anos, Emilio assinava o projeto de aprovação do respeitável empreendimento *Arena Kazzas Itaquera*, para a construção de mais de 2.600 apartamentos.

O que muitos chamam simploriamente de "sorte", é por certo um somatório de fatores como: *feeling* ou antevisão dos fatos; conhecer o mercado e os rumos de desenvolvimento, como o da Zona Leste e de diversas áreas; saber correr determinados riscos; definir a hora certa de investir; entre tantos outros.

E para quem gosta realmente de utilizar a palavra "sorte", ela mais uma vez bateu à porta do Grupo Kallas e de Emilio; depois de mais de três décadas, a venda de todas as unidades a serem produzidas estava estimada em mais de 700 milhões de reais.

Quanto ao terreno, logo depois que Emilio o comprou, ao lado dele foi construída a estação de metrô Corinthians-Itaquera, inaugurada em 1988, e o Shopping Metrô Itaquera, que iniciou as atividades em 7 de novembro de 2007. O valor estimado da área está orçado em torno de 100 milhões de reais.

Atenção com a segurança

"O que eu mais aprecio quando viajo para países europeus é jantar num restaurante e poder voltar a pé para o hotel. Você fica tranquilo, sem ter a preocupação de olhar para trás ou para o lado, com medo de ser assaltado. Esse é o caminho que o Brasil precisa seguir!"

O mesmo ponto que incomoda Emilio tira o sossego de milhões de habitantes:

– Nosso Brasil é maravilhoso, mas há muito espaço para desenvolvermos o ensino, a saúde, a segurança e, claro, também a área habitacional.

Sempre precavido em relação aos desperdícios, Emilio entende que pode ter ainda mais sentimento cívico por parte das pessoas:

– Precisamos estar mais atentos e preocupados com o todo: apagar a luz quando não há ninguém no local, desligar o computador depois do uso, fechar a torneira aberta desnecessariamente, não descartar lixo nas ruas... ações que preservem os recursos naturais, que uma hora irão nos fazer falta.

Além da segurança constatada em outros países europeus, Emilio conta mais uma passagem vivida no "velho mundo", como é conhecido o continente:

– Quando estive na Dinamarca, vi cadeiras e mesas ao relento e, em cima delas, havia mantas para as pessoas se aquecerem. Ninguém ousava roubar as peças! A pessoa precisa entender que ser honesto não é virtude, mas obrigação.

* * *

"O que me marca é a visão diferenciada e construtiva do Emilio. Falo isso com dor no coração, mas não é fácil ser empresário no Brasil. O Emilio navega no mercado imobiliário como ninguém. Ele é único!"

Mantendo contatos de longa data com Emilio, Marco Aurélio Abrahão, sócio-fundador da WHG, conversa bastante com aquele que é a principal referência do Grupo Kallas. Pois são nesses diálogos que a antevisão dos fatos de Emilio se faz presente.

Em algumas situações, envolvendo mais pessoas, as conversas são extremamente técnicas, algo que desperta o interesse de Emilio, conforme conta Marco Aurélio:

– Outra característica do Emilio é a de prestar muita atenção quando acontecem reuniões com especialistas. Ele ouve, questiona, dedica tempo àquilo com exclusividade. É como acontece no meu caso. O Emilio não é um especialista em mercado financeiro, e justamente por isso me contatou. Mas, ao mesmo tempo, ele quer saber dos grandes movimentos que podem afetá-lo ou beneficiá-lo. E tem a experiência de tirar o melhor proveito dessa informação.

Ah! Se marcar uma reunião com Emilio, aí vai um alerta: desligue o celular! Ele não gosta que, nesses encontros, as pessoas se dividam entre o tema em questão e outros assuntos. Marco Aurélio presenciou um desses casos:

– Numa das reuniões que tivemos, o Emilio gentilmente pediu para que um dos participantes desprezasse o celular até que as discussões terminassem. Isso foi numa das janelas de preparação do Grupo Kallas para o IPO. Ele quer que a pessoa se dedique por completo àquilo que faz! Mas nunca o vi de mau humor. Ele é muito agradável e educado, e preza demasiadamente a constituição da família.

* * *

Em meados de 2022, Emilio Kallas seguiu com a comitiva do Secovi para a Europa, onde o grupo participaria do *Fiabci International Board of Directors Meeting*, evento organizado pela *Fédération Internationale des Administrateurs de Biens Conseils et Agent Immobiliers* (Fiabci), cuja sede é em Paris, onde também acontece um importante encontro a cada dois anos.

A Fiabci representa a maior entidade mundial do setor imobiliário, com associados de aproximadamente cinquenta países. A Federação participa da Comissão Habitat da ONU e conta com a versão nacional, a Fiabci-Brasil, criada em 1980, com sede em São Paulo e quatro delegacias regionais, localizadas no Rio de Janeiro, Norte-Nordeste, Sul e Centro-Oeste.

No evento, foram debatidos temas relevantes da construção civil mundial, apresentando também as novidades do setor. Como regra, embora a diretoria do Secovi sempre esteja presente em peso, cada participante arca com os próprios custos da viagem. E, geralmente, o grupo brasileiro aproveita para realizar algumas turnês de lazer, como aconteceu em 2022, indo passear na Irlanda e na Escócia.

Novo negócio

"Tínhamos alguns terrenos no 'estoque' e o dr. Emilio lançou o desafio: vamos locar para as empresas do ramo de estacionamento. Mas ele sempre nos diz: 'Sejam empreendedores em suas áreas'. Sugeri então que criássemos a nossa própria empresa de estacionamentos. Ele aprovou e montamos a Kapark."

Da conversa entre Emilio Kallas e Luiz Antônio Costa Júnior, diretor jurídico e de RH, nasceu a primeira unidade de um empreendimento que, conforme ainda projetou o executivo, pode alcançar largos patamares:

– Uma das boas redes de estacionamentos, a Pare Bem, com quarenta unidades, foi negociada por 12 milhões de reais. Temos um grande mercado para captar terrenos adequados, que é uma das nossas *expertises*, e ampliar a rede. Como bem conheço o dr. Emilio, sem limites na hora de empreender, certamente haverá carta branca para provocarmos a expansão.

Além de diretor do Grupo, Luiz é um dos integrantes do Conselho Consultivo do Grupo Kallas, que foi retomado com o processo do IPO e que conta, além dele, com Matheus Kuhn, CFO e diretor de RI, e Raphael Kallas, além de dois membros externos, Felipe Prata e Basilio Jafet, tendo Emilio Kallas como presidente.

Mesmo já listado na Bolsa, mas sem oferecer seus papéis, o Grupo vem de alguma forma "mostrando a cara" e "conversando" com o setor financeiro. Luiz explica:

– Colocamos algumas debêntures no mercado, que são títulos de crédito emitidos por empresas e negociados no setor de capitais. Fizemos essa operação para, se é que se pode assim dizer, elevar nosso *score*. Ou seja, recebemos os investimentos pelas debêntures, cumprimos rigorosamente os compromissos assumidos e elevamos ainda mais o nosso conceito e o crédito no mercado. Digamos que é um "namoro" com o mercado financeiro antes de decidirmos operar na Bolsa.

Qual o motivo então de o Grupo Kallas querer lançar futuramente seus papéis? Luiz desvenda o "mistério":

– O dr. Emilio é um empresário agressivo comercialmente. Ele entende que os investimentos recebidos elevarão o patamar do Grupo.

Estender a mão

"Tio Emilio, o senhor é meu convidado para um jantar que estou organizando e preparando, em comemoração à inauguração do meu novo apartamento. E assim como aconteceu nos meus outros dois imóveis, tais conquistas não seriam possíveis sem a sua ajuda!"

O tio e mentor Emilio Kallas está sempre presente nos momentos importantes da vida de Rodrigo Moreira Kallas, CEO da Kallas Mídia Out of Home.

Aos 26 anos, quando voltou a morar em São Paulo, Rodrigo comprou um pequeno apartamento e, logo depois, um outro maior – em um dos prédios construídos pela Kallas: o Quatro Estações. Emilio preparou uma condição de compra muito especial para o sobrinho.

Mais um tempo se passou, e Rodrigo se desfez do Quatro Estações para investir num imóvel de área ampliada. Novamente, Emilio abriu as portas da Kallas e manteve a condição e o preço diferenciados. Ali ele morou com a esposa e constituiu família; o casal teve duas filhas.

Alguns anos se passaram e, em 2017, Rodrigo quis dar um salto na moradia, adquirindo um apartamento ainda maior. Pois na conversa com Emilio, surgiu uma oportunidade para que o rapaz adquirisse a cobertura no mesmo prédio – mais uma vez, numa condição de compra fantástica.

Em 2022, Rodrigo pagou a última parcela e quitou o imóvel. Paralelamente, ele se separou e veio a morar sozinho no apartamento, que passou por grande reforma. Para celebrar esse novo ciclo, aproveitando seu *hobby*, o de ser *chef* de cozinha, Rodrigo então convidou e reuniu pessoas especiais do seu convívio num jantar. E, claro, a cadeira do tio estava reservada. Por isso, a gratidão que Rodrigo tem por Emilio:

– Até hoje meu tio me ajuda e orienta com investimentos. Ele é pragmático, decidido, forte e um ser humano na acepção da palavra! Foi um grande e querido filho para a minha vó, estando sempre preocupado em oferecer a ela o melhor. Ele seguiu sozinho e criou uma enorme companhia. Meu tio tem a minha total admiração!

Redirecionamento político

Em 2022, o Brasil viveu um novo processo de eleições presidenciais. Como já se previa, uma disputa acirrada estabeleceu-se no segundo turno entre os candidatos Jair Messias Bolsonaro, que buscava a reeleição, e Luiz Inácio Lula da Silva, que tentava assumir o posto do país pela terceira vez.

Durante as campanhas, os dois candidatos e assessores se reuniram com diretores do Secovi para apresentarem suas propostas e projetos voltados à construção civil, assim como ouvirem detalhes sobre as necessidades do setor.

Logo que teve início a apuração, voto a voto, a população acompanhou o processo até o anúncio de Lula como novo presidente brasileiro, vencendo o pleito de forma apertada, com 50,9% dos votos válidos, excluindo-se os brancos e nulos, contra 49,1% de Bolsonaro.

Pela primeira vez na história do país um candidato se elege pela terceira vez à presidência; igualmente, foi a primeira vez que um presidente no posto não conseguiu ser reeleito. Além disso, aquela foi a disputa mais acirrada de toda a história política do Brasil.

A seriedade no casamento

> *"Quando a gente se casou e partimos juntos para constituir a nossa família, o Thiago era bem pequeno. Depois nasceu o Raphael. Crescemos juntos. O Emilio é um pai que qualquer filha ou filho gostaria de ter. E como marido, sou suspeita para falar! Temos uma cumplicidade muito grande nesses praticamente 35 anos de união."*

A esposa de Emilio, Maria Helena Esper Kallas, descreve em algumas palavras um relacionamento que, entre namoro e matrimônio, caminha para completar quatro décadas. E conta uma característica já bem conhecida de Emilio:

– Ele sempre se entregou à família. Foi um filho brilhante e é um marido e pai muito dedicado. Desde cedo conversava com os filhos e os preparava para a vida. É o melhor professor que os meninos poderiam ter. O Emilio ensina com atos e palavras.

Outro destaque também conhecido e apresentado por Helena:

– O Emilio é "refém" dos valores que ele carrega. Ele é inteligente e muito culto, pois lê e estuda bastante sobre todos os assuntos. É um homem sério, íntegro, honesto, justo, centrado, que ajuda muitas pessoas e que cumpre a palavra dada. Às vezes, ele me pede para assinar documentos; eu assino e não leio. Costumo brincar e dizer para ele: "Você nunca passou um cheque pré-datado". Apesar da descontração, Emilio realmente jamais deu um passo maior do que a perna permitisse. Isso explica o fato de muitos quererem fazer negócios com ele.

E se há cumplicidade na relação, Emilio tem direito à "réplica":

– Estar bem em casa é um privilégio. Você tem força para superar tudo. A Helena é uma mãe exemplar, excelente esposa e dona de casa. Quando a mulher tem filhos, nem sempre dedica o mesmo amor ao marido. A Helena consegue cumprir todos esses papéis com equilíbrio. Ela é uma *chef* de cozinha maravilhosa e, por isso, preciso tomar cuidado para não engordar.

Emilio ainda conta sobre o acordo feito com a esposa:

– A Helena é advogada com pós em Administração Financeira pelo Insper. Mas houve um entendimento entre nós de que, apesar de ser bastante qualificada, ela não trabalharia fora, se dedicando à educação dos filhos e à administração de alguns bens da família, tais como o Haras de Campos do Jordão e as fazendas de Taubaté e Caçapava, onde criamos bois em confinamento.

Nesses anos todos, Helena se manteve como confidente do marido nos mais diversos momentos. Os mais difíceis foram aqueles em que a economia do país fraquejou:

– O Emilio pegou as oscilações de muitos planos de governo. Ele é um otimista nato, mas aquilo que mais o entristece é ter que demitir alguém. E sabe com inteligência e sensibilidade discernir momentos de trabalhar e de estar com a família, e não deixar que uma situação interfira na outra.

O casal procura dividir as férias em três viagens de dez a doze dias por ano. Além disso, curte os imóveis de lazer na praia e no campo, o preferido de Emilio e Helena.

Depois da pandemia, e com a maior utilização dos recursos digitais de comunicação, Emilio se sentiu mais livre para, por exemplo, ir para Campos do Jordão numa quinta-feira:

– A tecnologia nos permite estar um pouco mais ausentes fisicamente do trabalho, mas igualmente presentes nas reuniões e decisões marcantes. Participo de reuniões virtuais com meus diretores, parceiros comerciais e o pessoal do Secovi; fazemos encontros com mais de 140 incorporadores e mais os membros da diretoria, e são bastante produtivos.

Um ponto em que não há consenso entre o casal acontece quando a "bola rola":

– Eu não aprecio futebol e o Emilio adora. Ele assiste aos jogos na televisão, em especial os do São Paulo, time do coração dele. Inclusive, foi com os meninos assistir a alguns jogos de Copas do Mundo e ficaram maravilhados. Na Copa de 2014, no Brasil, eles não perderam nenhuma partida da seleção brasileira. Eu curtia os jogos na época do "Ronaldo Fenômeno" e a Fórmula 1 com o Ayrton Senna. Mas quando tem Copa, costumo decorar a casa e reunir os meninos e os amigos. Embora nunca tenha estimulado os filhos a irem assistir a jogos no estádio, o Emilio os incentiva à prática de esportes.

Os pingos nos "is"

"Uma das minhas características é deixar tudo registrado e escrito, legalizado e muito bem-organizado."

Realmente, essa é uma forte marca de Emilio Kallas e que vale tanto para os temas pessoais quanto profissionais:

— Desde que comecei a pensar que a empresa poderia crescer e se solidificar, já venho tomando providências no sentido de deixar tudo acertado e dentro de um modelo que entendo ser justo. Um bom exemplo é o testamento, no qual já incluí, além dos meus familiares, pessoas que eu quero recompensar, como forma de agradecer a dedicação para comigo, meus familiares e a empresa. Assim, preservo essas pessoas e evito qualquer embate futuro.

Mas nem todos têm essa clareza e racionalização de ideias de Emilio:

— Há pessoas que não fazem plano de sucessão para a empresa, não definem uma possível divisão de bens, entre outros aspectos. E quando elas faltarem, fica uma gama de problemas a serem resolvidos. O livro *A lógica do Cisne Negro*, do autor Nassim Nicholas Taleb, trata bastante sobre os imprevistos que mudam os rumos das situações. É preciso ser racional e entender que isso faz parte do nosso destino, e ser muito organizado. Quem não é regrado provoca desarranjos e pode levar a empresa e muitas pessoas para o buraco.

Andar na linha

Um dos pontos a se ressaltar é o tempo que Emilio Kallas trabalhou com obras públicas:

— Muita gente ganha dinheiro, mas também muitos quebram ou enfrentam dificuldades. Eu sou bastante cuidadoso com a ética, pela convicção, e pensando também no exemplo dado aos meus filhos. Jamais imaginei fazer algo errado para alcançar determinado objetivo.

Inclusive, como já amplamente registrado, Emilio deixou de priorizar obras públicas; as que a Kallas construiu para a prefeitura e o estado de São Paulo, ele levou décadas para conseguir receber:

— A Kallas foi vítima do não cumprimento das regras e do não pagamento por parte do governo. Só conseguimos superar os vários problemas que tivemos com alguns órgãos públicos porque mantemos o nosso caixa mais alto. Seguimos o caminho jurídico e ganhamos todas as ações. Passivos da década de 1990, só recebemos mais de trinta anos depois. Inclusive, parte dessa dívida foi paga em 2021 e 2022. A dívida se transformou em precatório e só conseguimos receber porque foi criada uma lei na qual, concedendo 40% de desconto sobre o valor total, entraríamos num "fila" menor. E foi o que nós fizemos!

Um time de líderes

Uma linha de gestão afinada com os profissionais em cargos de liderança na empresa.

No Grupo Kallas, Emilio atua em total sintonia com seus gestores. Com a nova composição da diretoria, onde Raphael Esper Kallas assumiu o posto de CEO, Emilio está no dia a dia da organização e assumiu ainda mais a posição de destaque nas decisões estratégicas. Ele avalia a performance do seu time:

– Nossas equipes são muito eficientes e têm nos levado a expressivos resultados. Sabem usar a inteligência emocional para motivar seus comandados. A nossa responsabilidade é saber reconhecer seus talentos e fazê-los participar daquilo que alcançamos em questão de dividendos. Percebo a realização deles com o nosso desempenho, e também pela forma como buscamos recompensá-los. Foi desenvolvido um sistema de bônus, que vem se aprimorando e ficando mais objetivo com o tempo.

Emilio comemora:

– Se você consegue transferir proporcionalmente parte do sucesso da empresa para os colaboradores, com certeza alcançará o resultado motivacional. E se você que é acionista sente orgulho da empresa, os colaboradores também sentem.

Há uma grande preocupação com a área de gestão de pessoas no Grupo Kallas. Aos colaboradores, conforme conta Emilio, são ministradas aulas sobre finanças pessoais:

– Observamos alguns dos nossos colaboradores endividados, que levantam dinheiro nos bancos para cobrir dívidas. São temas diversos e de grande utilidade. Eu costumo dizer: "quem sabe esperar, sai mais bem-sucedido". Se a pessoa pretende comprar um televisor parcelado em abril, pode esperar mais um ou alguns meses para economizar dinheiro e pagar à vista, por um preço melhor do que o financiado. Muitas vezes, o consumidor atrasa um pagamento importante, para trocar o celular ou comprar algo que não é prioritário. Isso abala a estima. Oferecemos então aulas para nossos funcionários conquistarem os objetivos no tempo certo. Particularmente, mesmo sendo ainda criança, procuro já nortear a minha neta.

E a orientação se estende aos parceiros comerciais:

– Fazemos também *coach* para nossos empreiteiros. Direcionamos sobre como se portar com o dinheiro e a parte contábil, conscientizando em relação à diferença que há entre o valor total recebido no contrato e quanto desse montante é realmente lucro. Só depois de pagar os salários e os impostos, materiais, entre outros gastos, é que o empreiteiro poderá considerar que a sobra representa seu lucro.

A linha de atuação do Grupo Kallas envolve a incorporação e a construção de apartamentos, loteamentos, *shoppings*, hotéis, que são projetados ou mesmo reprojetados.

Defina aonde quer chegar

"Eu não penso em sair do Brasil. Aqui a temperatura é maravilhosa, o país está recheado de riquezas naturais, o brasileiro tem espírito trabalhador. Somos um povo miscigenado e todos se respeitam... Poderíamos deixar um legado bem melhor para os nossos filhos."

A racional análise de Emilio Kallas apresenta um Brasil verdadeiro e que esbanja riquezas, é próspero e ainda busca se posicionar entre as principais economias mundiais: "O Brasil precisa deixar de ser o país do futuro para ser o país do presente" – costuma alertar Emilio.

A burocracia e o excesso de leis que se confrontam tornam o sistema lento, em especial para quem quer empreender. No setor da construção civil, mesmo com os avanços, a morosidade nos processos continua a ser uma "pedra no sapato" das empresas do segmento. Emilio contextualiza:

– Ainda existe um excesso de leis, mas aos poucos está melhorando. Carecemos de reformas importantes, como a administrativa, tributária e da previdência. Necessitamos desinchar a máquina do governo e cuidar da saúde das empresas. Sou favorável às parcerias público-privadas, as PPPs. Como exemplo, cito o Parque do Ibirapuera, cartão-postal da cidade de São Paulo. A prefeitura atribuiu a concessão a algumas empresas. O resultado é: o governo gasta menos, o parque está mais limpo e preservado, surgiram lojas e prestadores de serviços para atender melhor à população, o ambiente está sendo mais monitorado, ou seja, tudo aperfeiçoa a experiência de quem frequenta e gera empregos.

Mas o próprio setor da construção civil, segundo Emilio, tem um bom exemplo, que serve de argumento para se repensar no modelo tributário:

– Na área da incorporação, nós temos um imposto, o Regime Especial de Tributação (RET), instituído pela Lei nº 10.931/2004, cujo percentual a ser pago é de 4% do valor da obra, cumpridas todas as etapas acordadas legalmente. É uma regra bem estabelecida: faturou 100 milhões de reais, paga 4 milhões de reais. Quanto mais clara a legislação e a definição do imposto, melhor para todos: estado, empresa e clientes. Eu até acho que 4% é um percentual elevado, porque ao final, a incorporadora fica com um lucro entre 12% e 13%. Mas isso nos leva a ter que nos adaptarmos e a aumentar a produção para elevar o ganho. Pagamos e dormimos tranquilos. E assim, ninguém da Receita Federal precisa te "visitar".

O presidente da Kallas também mostra a importância de agir de forma cívica e patriótica:

– No Brasil, há aqueles que querem construir e, infelizmente, os que vieram para destruir. Não há como crescer e se desenvolver na vida sem uma grande dose de esforço. Tem gente que não se dedica e critica quem consegue construir uma trajetória de sucesso, associando isso à sorte. Ou mesmo ficam imaginando que a pessoa alcançou sucesso porque é desonesta.

E Emilio finaliza:

– Precisamos lutar por nós mesmos e, automaticamente, isso corrobora com o Brasil: pagando impostos, gerando empregos e riqueza, fazendo a economia funcionar. Eu respeito a decisão de cada um. Quer acordar tarde, trabalhar e produzir pouco? Sem problemas... Mas não venha criticar pessoas como eu, que sempre trabalhei de doze a quatorze horas por dia e, por isso, alcancei um nível de produção e resultados satisfatórios. Em vez de recriminar e ter inveja do sucesso alheio, busque aprender com quem venceu na vida!

"Honestidade dá dinheiro"

A frase criada por Emilio Kallas representa seu mantra no mundo empresarial. Isso explica o volume de pessoas interessadas em se relacionar e fazer negócios e parcerias com ele e o Grupo. Exatamente como aconteceu, entre tantos outros exemplos e como já citado, com um amigo do clube Monte Líbano, Rubens Al Assal.

Depois de algumas conversas, Emilio e Rubens pensaram em fechar uma parceria para um projeto de loteamentos. O "sim" final só poderia ser dado depois de Rubens consultar os sócios que, quando souberam com quem seria fechada a sociedade, foram unânimes: "Com o Emilio, sim!".

Emilio apresenta a "receita":

– Nós temos que fazer boas negociações. Não existe, como se dizia no passado, "negócio da China", numa alusão a algo fora de série. Negócio bom é aquele que deixa as partes envolvidas satisfeitas: o chamado "ganha-ganha". Não precisa ser algo antagônico. Por exemplo: um tem o terreno, e o outro quer comprar o terreno. Para um ganhar, o outro não precisa perder. Proporcionalmente, ambos podem alcançar seus objetivos com a negociação.

Para reforçar a tese de que "honestidade dá dinheiro", alguns dos empresários do setor, sendo três deles sócios, assim como Emilio, do Clube Monte Líbano, deixaram de construir e simplesmente entregaram seus terrenos, sem consultar outros empresários e fazer "leilão" no mercado, para que fossem incorporados pelo Grupo Kallas. Mais um ponto que reflete a respeitabilidade de Emilio Kallas e a confiança que a empresa expressa no mercado.

Acreditar no empreendimento

"Colocar seu sobrenome na razão social da empresa comprova que você acredita naquilo que faz. É um ponto de credibilidade."

Realmente, cravar o nome da família como referência da própria empresa, como fez Emilio Kallas, é um ato de coragem e multiplica a responsabilidade que, por si só, já é enorme. Em 1988, ele comprou uma empresa já constituída em 1983, mas logo mudou a razão social de Nova Forma Projetos, Administração e Construções Ltda., para Kallas Engenharia Ltda.

Daí por diante, conforme explica Emilio, segue-se uma sequência de atos necessários pela saúde e continuidade da empresa:

– A melhor forma de mostrar confiança no seu negócio é reinvestir o lucro. Na Kallas, 96% do lucro líquido são reaplicados na empresa.

Saber correr riscos

Os riscos estão nas "receitas de sucesso" do mundo empresarial. Sempre que se pensa em empreender ou ampliar um negócio, deve-se computar uma parcela de risco.

O importante é que a empresa crie "musculatura" para suportar momentos difíceis. Emilio explica que, quanto mais a companhia cresce e se estrutura, mais sólidos ficam os negócios:

– Há quase vinte anos fizemos uma obra com quatrocentos apartamentos. Isso, na época, representava certo risco para a empresa, pelo poder econômico da Kallas. Alocamos um grande montante em dinheiro num único empreendimento.

Passadas quase duas décadas, a situação é bem diferente:

– Atualmente, realizamos juntas dezenas de obras. E se, por acaso, necessitarmos de aporte financeiro do mercado, a nossa história por si só já é suficiente para validar a captação de dinheiro ou financiamento.

Em contrapartida, pela expressividade da Kallas, Emilio pode também tocar um empreendimento com recursos próprios:

– Fizemos uma obra no bairro da Água Branca, zona oeste da capital paulista. No meio do caminho, algumas associações locais tentaram barrar a construção, com alegações infundadas. Mesmo assim, perdemos um tempo até que tudo fosse ajustado. Em função disso, buscamos levantar financiamento com bancos que são nossos parceiros há anos. Mas, devido à possibilidade de embargo, eles não se dispuseram a financiar. Sem problemas! O projeto precisava de 40 milhões de reais. Realizamos aporte com recursos próprios, sem que os outros projetos fossem prejudicados. Nossa condição permite agir dessa forma!

De pai para filho

"Somos muito calmos, racionais e analíticos. Conseguimos pensar com frieza e pouca emoção. Não fazemos nada por impulso. Meu pai é uma das pessoas mais inteligentes que conheço e com quem convivo, e, mesmo assim, está sempre pronto para as novidades e para ampliar seu conhecimento. Tem uma didática única, é um grande professor e educador."

Tem aquela história: "Tal pai, tal filho". Comprovadamente, há similaridades entre os perfis e personalidades de Emilio e Raphael Kallas, que devem ter pesado na decisão para o que jovem executivo assumisse a posição de CEO do Grupo:

– Meu pai é *expert* em construir e fidelizar relacionamentos, porque é muito atencioso. Nós nos assemelhamos nesse aspecto. Dentro do legado transmitido, meu pai costuma dizer: "Nada se faz sozinho". Muitos negócios são realizados pela relação amistosa e de amizade, mas temos que retribuir a confiança com seriedade e qualidade de trabalho – explica Raphael.

Outro ponto de semelhança entre eles: ambos precisam de um tempo para suas reflexões. Raphael conta como isso se procede:

– Participamos na empresa de encontros e reuniões, mas depois vamos para as nossas salas trabalhar, escrever, organizar e refletir. Onde quer que ele e eu estejamos, precisamos estar por um tempo isolados nos nossos cantos. Temos esse lado de desapego. Amamos nos relacionar com as pessoas, mas queremos nosso tempo.

Cada qual viveu suas fases e seus momentos e, claro, com Raphael, a vida se tornou mais globalizada:

– Acredito que meu pai seja um pouco mais analítico do que eu. E talvez eu esteja algo à frente em relação às inovações. Tive algumas possiblidades na vida, propiciadas por ele, de conviver com as inovações. Por exemplo: estudei fora do país, conheci pessoas de diferentes culturas, tenho amigos espalhados pelo mundo, criei uma visão globalizada. Ele nos permitiu, a mim e ao meu irmão, aproveitarmos as oportunidades oferecidas por ele.

Mesmo com tantos pontos em comum, há aqueles que se diferem:

– Em relação ao equilíbrio entre trabalho e vida social, acredito que eu consiga fazê-lo melhor do que meu pai. Nós dois trabalhamos bastante, mas consigo criar os meus limites. A explicação é óbvia: na minha idade, meu pai era funcionário de uma empresa e depois montou a própria companhia, o que exigiu dele um comprometimento exaustivo, pois cuidava de tudo. Quando eu era criança ou adolescente, dos vinte dias de férias, meu pai ficava quatro ou cinco com a gente, porque tinha que trabalhar, e minha mãe cuidava de tudo. Espero poder conviver mais com os meus filhos.

A amplitude da empresa torna a agenda de Raphael maleável:

– Devido ao nível alcançado pela Kallas, há vários colaboradores em funções estratégicas e, assim, posso me posicionar realmente como presidente executivo. Aliás, aceitar o posto de CEO, ainda em meio à saída do meu irmão da empresa, foi a decisão mais difícil da minha vida. Mas a confiança depositada pelo meu pai, e as palavras de apoio, me deram força e confiança para aceitar o desafio.

Chegar a CEO do Grupo fez Raphael valorizar as conquistas de Emilio:

– Até hoje é difícil mensurar o tamanho da empresa e do legado transmitido pelo meu pai, tal a enormidade de ambos. Mas consigo imaginar e ter a real noção das dificuldades encontradas por ele para consolidar a carreira e a companhia. Imagino as complicações de conseguir levantar um empréstimo no início da Kallas. Ele tem, entre seus méritos, um fator importante: na parte financeira, é muito seguro, pés no chão.

Outra parte do legado:

– Entre tantos aprendizados, destaco a humildade. Assistir a um homem culto como ele ainda querendo aprender com as pessoas e os livros me leva a pensar: "Quem sou eu para imaginar que sei alguma coisa?". Meu pai também me ensinou a ser mais frio e econômico no ato de demonstrar as emoções. Elogiar, parabenizar, mas sem declarações mais efusivas. Até comigo e o Thiago ele sempre foi mais reservado nas declarações. Mas agora eu e meu irmão o vemos mais solto com a minha sobrinha. O papel de avô tocou o coração dele!

Merece destaque ainda a força das palavras de Emilio. São verdadeiras doses de energia:

– Todas as vezes em que eu não me sentia bem, ele levantou meu astral, me inspirou e motivou. Lembro-me de quando eu repeti de ano na universidade: em vez de "caça às bruxas", ele conversou reservadamente comigo e me fez avaliar onde eu havia errado e traçar um plano de mudança comportamental, para que isso não se repetisse nos anos seguintes. É um grande mentor. Espero repetir esse modelo dele com os meus filhos.

Em relação a Raphael, além da participação ativa no Grupo Kallas, e de estar sempre pronto a ouvir sugestões ou tirar suas dúvidas, uma passagem deu a Emilio Kallas a certeza de que ele estava pronto para assumir a gestão executiva da companhia:

– Uns dois anos antes de ele ser o CEO, nós conversávamos e ele me disse: "Pai, a empresa não é nossa e, sim, de um conjunto de pessoas que se dedicaram e se dedicam a ela e a nós". Ali eu me certifiquei de que ele estava maduro para um salto maior, justamente pela consciência de entender que o sucesso da empresa está ligado diretamente à dedicação e ao comprometimento do nosso grupo de trabalho.

Nessa longa relação de Emilio e Raphael, ou entre pai e filho, e mais recentemente entre presidente do Conselho e CEO, o executivo destaca momentos marcantes:

– Às vezes, meu pai não expressa todo o amor que tem por nós com palavras, mas esbanja isso com o carinho e o cuidado dos atos dele. Quando me formei no MBA, a formatura aconteceu em novembro de 2021, em meio à pandemia e depois de três adiamentos. O evento foi realizado na sede da Universidade, na Califórnia. Era na UCLA, a faculdade dos meus sonhos.

Ter Emilio na plateia, deixou Raphael sensibilizado:

– Pois no dia da formatura meu pai estava lá presente, depois de ter viajado e se submetido aos riscos de se contaminar com o coronavírus. Minha mãe não pôde estar presente, pois não conseguiu renovar o visto norte-americano. Vê-lo ali sozinho no auditório foi uma das maiores emoções da minha vida. Mais um exemplo, entre tantos, do quanto ele nos ama.

Um mercado diferente

Com o passar dos anos, o setor da construção civil se profissionalizou e se tornou um dos mais inovadores da economia do país. Se fizermos um comparativo com algumas situações que aconteciam há quarenta anos, pode-se constatar enorme diferença.

Naquela época, havia incorporadores que faziam falcatruas e agiam de má-fé: construíam um pé-direito alto e uma laje entre os andares, criando assim mais um pavimento de apartamentos. Algumas empresas vendiam os imóveis e no contrato não estava prevista a colocação de elevadores no prédio, que depois se cobrava por fora. Mas ainda bem que isso tudo ficou no passado, conforme relata Emilio:

– Na época, não havia participação do Ministério Público e de vários controles que hoje existem. Faz muitos anos que não há mais espaço para esse tipo de postura antiética. Uma planta só é aprovada depois de ser analisada de todas as formas. Não se pode construir uma parede a mais no projeto aprovado.

Entre os responsáveis pelas mudanças, Emilio elege um deles como referência:

– O Romeu Chap Chap foi o grande protagonista dessa revolução ética. Ele levou essa mentalidade para o Secovi e a compartilhou com os outros incorporadores. O Secovi é uma entidade diferente, onde não há espaço para interesses pessoais. Mesmo o Romeu tendo destaque, ele contou com a parceria de outros empresários e executivos sérios.

Marcos da incorporação

O setor de incorporação veio se profissionalizando com o tempo, ganhando representatividade, estrutura e transformações que o apontam como um dos mais importantes na economia brasileira. Emilio Kallas explica alguns desses pontos significativos:

– Em 16 de dezembro de 1964, foi criada a Lei da Incorporação de número 4.591. Basicamente, se pegava um terreno e fazia um projeto de prédio, que se dividia em apartamentos. A partir dali, as pessoas passaram a aprender a morar em comunidade.

Mas, infelizmente, surgiram algumas disposições "leoninas", explicadas por Emilio:

– Havia empresas que colocavam aquelas centenas de cláusulas contratuais, algumas com letras minúsculas, lesando assim os compradores. Ou seja, o cliente pagava pelo imóvel e depois ainda precisava arcar com outros custos que ele nem imaginava. Mas o Ministério Público agiu corretamente e eliminou esses oportunistas, tornando os modelos de contratos padronizados e transparentes, inclusive com índices de correção.

As explicações seguem:

– Em 2004, foi criada a Lei nº 10.931, do Patrimônio de Afetação, que representa um regime de tributação aplicado às incorporações imobiliárias e que envolve todas as etapas: da construção à comercialização das unidades de um prédio. Tal mudança trouxe uma separação importante entre o patrimônio completo da empresa e o patrimônio relacionado e referente especificamente àquela construção. Isso abrange, além de aspectos financeiros, o conjunto de bens, direitos e obrigações relacionados àquela obra. Eu mesmo acompanhei empresas que enfrentavam sérias dificuldades financeiras, mas que conseguiram finalizar com sucesso as obras, justamente pela separação provocada pela Lei do Patrimônio de Afetação.

Mais um ponto ressaltado por Emilio, como consequência dos IPOs:

– As empresas de capital aberto sofrem forte vigilância da Comissão de Valores Mobiliários, a CVM; são obrigadas a publicar balanços trimestrais auditados por boas empresas. Isso é muito bom, porque agrega transparência. Acredito que esse é também um forte marco da profissionalização do segmento da incorporação.

Aliado a isso, houve melhor preparação de modo geral:

– O nível de profissionalização, tanto dos empresários como de seus sucessores e colaboradores, se elevou muito. Não basta entender de engenharia, mas, sim, ter uma visão geral do negócio. Antes o engenheiro fazia o cálculo estrutural, mas hoje, os programas de computadores já realizam isso. Então, na nossa profissão, houve a exigência de uma grande abertura de atuação. Com isso, a empresa que não for eficiente, não sobrevive.

E como último ponto, Emilio apresenta:

– Temos também a criação das Leis do Consumidor, enumerando assim direitos e deveres de ambas as partes, ou seja, de quem vende e de quem compra. Com isso, resta pouco a discutir, pois cada um já sabe até onde vão os direitos e os deveres de um e de outro.

Descobertas

Depois da saída de Thiago Esper Kallas do Grupo, e como já ressaltado, Emilio deixou de ser o sócio dele, mas continua a ser o pai que o ama. Certamente, sempre que tomamos decisões, os efeitos totais dos nossos atos vão aparecendo com o desenrolar do tempo. Thiago relata sobre o tema:

– Sei que meu pai ficou triste com a minha saída da empresa, mas sem o *stress* profissional, natural quando se trabalha com contato diário, abrandou nossa relação. Nossos encontros, fora uma ou outra reunião conjunta, ficam voltados para os momentos familiares e tranquilos, entre pai e filho.

Embora tenha que se preocupar com os próprios negócios, Thiago torce pelo pai e o irmão, e para a realização de um sonho antigo de Emilio:

– Acredito que quando o Grupo Kallas lançar os papéis no mercado financeiro, a empresa, que já é muito grande, vai deslanchar e se desenvolver ainda mais rapidamente. Participei de forma ativa do processo e sei o quanto meu pai anseia por esse momento. No entanto, como é do feitio dele, nada acontecerá de forma equivocada ou irresponsável. Ele é um dos empresários mais brilhantes dentre os que militam na construção civil.

O estilo de Emilio, e que o levou a se tornar um grande líder, mostra para Thiago um caminho a ser seguido, mas com algumas adaptações:

– Desde que iniciou a Kallas, meu pai carregou a empresa nas costas, atuando e decidindo em todas as áreas. Aprendi e aprendo muito com ele e sua liderança assertiva, mas entendo que na minha empresa eu posso criar um modelo mais aberto e com maior liberdade de ação do que ele vivenciou nos primeiros anos e décadas da Kallas.

Mas não dá para dispensar as orientações vindas de Emilio:

– É maravilhoso poder ouvi-lo sobre situações pessoais e profissionais do cotidiano. Hoje ele não é mais meu chefe ou sócio, então conversamos bastante e num tom mais suave e agradável. Mesmo que eu tome as decisões fundamentado naquilo em que acredito, o aconselhamento dele tem grande valor.

Ser feliz

"Muito se fala sobre a filosofia e o conceito do ikigai, que representa ter uma razão para levantar-se da cama: ser realizado no trabalho, ter uma sadia estrutura familiar e social, alimentar-se bem e ter boa condição física..."

No idioma japonês, *ikigai* significa "razão de viver", "objeto de prazer para viver" e "força motriz para viver". Ainda dentro do modo de pensar oriental, todos nós temos um *ikigai* e a maior luta individual é mergulhar dentro de si mesmo para encontrá-lo. Ao se aprofundar e ler sobre o tema, Emilio reflete:

– Eu imaginava que gostar da natureza era algo romântico, mas ao ler o livro *Ikigai: Os segredos dos japoneses para uma vida longa e feliz*, escrito por Héctor García e Francesc Miralles, percebi que devemos aproveitar todos os momentos e situações. Estar na natureza, num parque, observar as pessoas, me deixa feliz. É importante ter esse olhar observador.

Um aspecto importante é compartilhar aquilo que sentimos:

– Quando você é feliz, dá valor à vida e consegue fazer as pessoas ao seu redor igualmente felizes. A vida é um presente de Deus e devemos prezá-la. Quanto mais disciplinados formos, melhor será a nossa qualidade de vida. Você só consegue estar leve, feliz e realizado se amar o que faz.

Emilio conta algumas regras para ajudar nessa dinâmica:

– Converso bastante com os meus filhos e os meus diretores para que resolvam as situações desgastantes o mais rápido possível, para que não fiquem remoendo e poupem, assim, as energias. E também para que não desperdicem força, tempo e intelecto com ocorrências infrutíferas.

Para isso, é preciso aprender a dizer "não":

– Desenvolvi a capacidade de lidar com o "não" pelas minhas necessidades. A palavra "não" tem múltiplos sentidos. Pode encerrar uma negociação, demonstrar desinteresse por algo, ou mesmo dizer: "Não agora!". E quem sabe dizer "não", precisa aprender também a recebê-lo. Ouvir uma negativa pode colocar igualmente um ponto final em algo que você está oferecendo, mas também fazê-lo entender que talvez aquela não fosse realmente a melhor porta a bater; ou, ainda, levá-lo a repensar o seu projeto. O meu filho Raphael tinha certas dificuldades em dizer "não", mas evoluiu muito nesse sentido, principalmente como CEO do Grupo. Costumo dizer que "quanto mais você sobe na carreira, mais 'nãos' terá que dizer" – crava Emilio.

E para quem aprendeu a se relacionar tão bem com o "não", a pergunta é inevitável: "Emilio, qual foi o 'não' mais difícil que você falou na sua vida?". A resposta surpreende:

– Profissionalmente, vivemos certas divergências e situações em que não conseguimos encontrar um meio-termo. Com certeza, o "não" mais duro que falei foi para o meu filho Thiago, ao dizer a ele que não seria o meu sucessor. Thiago então decidiu seguir a carreira solo, e eu dei total apoio. Torço por ele como empresário e principalmente como pai. É um rapaz brilhante e continuará a navegar no sucesso. Mas confesso que ainda carrego comigo esse "luto", essa dor de não ter mais ele conosco na empresa.

Gente saudável e feliz

Com a mudança no organograma da empresa, a remodelação dos cargos de diretoria e a ida de Raphael para o posto de CEO do Grupo Kallas, o novo gestor trouxe consigo alguns conceitos para serem implantados ou ampliados na empresa.

Uma das áreas onde as transformações têm acontecido é o RH, em especial, em gestão de pessoas. Dentro da política já implantada há anos, a regra é investir ainda mais no desenvolvimento profissional dos colaboradores.

Alguns dos conceitos e inovações, Raphael trouxe do aprendizado adquirido em seu MBA, na Califórnia. Entre eles, a relação dos colaboradores com a natureza, criando momentos de interação, como fazer ginástica e plantar árvores nos parques.

Paralelamente a isso, o departamento intensifica a política interna de remuneração, equiparação salarial e outros tópicos, trazendo ainda mais processos para a área. E para o melhor desenvolvimento das ações, as atividades foram divididas pelos analistas de RH e que atendem às áreas específicas: financeira, engenharia, vendas, incorporação. Há ainda um forte trabalho de recrutamento, tal a velocidade nas contratações, conforme apresenta o diretor da área, Luiz Antônio Costa Júnior:

– Temos uma alta demanda de contratações que varia de cinquenta a oitenta novas vagas mensais. Nossa rotatividade (*turnover*) na empresa é baixa. As pessoas trabalham por muitos anos (até décadas) na Kallas. E o RH precisa encontrar esses novos profissionais que se encaixem na filosofia da empresa. Tivemos também uma grande expansão das áreas. No departamento jurídico, por exemplo, éramos em dois profissionais e passamos a ter um grupo de vinte; isto aconteceu igualmente em outros departamentos.

As inovações continuam:

– Partimos para a discussão de plano de carreira e da política de bônus, que até então recaía sobre áreas específicas. Antes, cada gestor analisava as pessoas abaixo dele, montava um dossiê e levava ao Conselho de Administração, que decidia se daria ou não o prêmio. Agora, buscamos definir processos e padrões para que todos se beneficiem.

Investir em segurança do trabalho e prevenção de acidentes já está no DNA da companhia, conforme explica Luiz:

– O RH atua muito próximo da engenharia. Temos um técnico de segurança em cada obra, para evitar acidentes, e os capacitamos em todos os programas para garantir a integridade física dos nossos colaboradores e prestadores de serviços. Nessas várias décadas de história da Kallas, tivemos apenas um óbito, ocorrido porque o funcionário não cumpriu as regras de segurança determinadas. Também o nosso número de acidentes é bastante reduzido.

Iniciamos ainda com o Banco Bradesco uma parceria que permite a abertura de linhas de crédito para os colaboradores do Grupo Kallas. Como os descontos das parcelas são feitos nas folhas de pagamentos, há o benefício de negociar valores com custos muito mais baixos que do mercado:

– Temos noção da possibilidade de endividamento de alguém do nosso time. Quando isso acontece, somos notificados pelo banco com o qual trabalhamos, mas são casos isolados. Internamente, também criamos uma política de, no caso de doença do colaborador ou familiar, emprestar-lhe até um salário do mesmo valor que ele recebe para ajudar com as despesas.

Há ainda diversos convênios com restaurantes, parcerias com faculdades e outros estabelecimentos, que provêm descontos para o quadro de funcionários. O próprio Luiz narra uma passagem pessoal:

– Certa vez, eu estava saindo de férias e iria viajar para Cancún, no México. Pois eu fui me despedir do dr. Emilio e de lá saí com um envelope. Era um presente dele, um valor em dólar para ajudar com as despesas da viagem. Isso marca pela gentileza e reconhecimento.

Mostrar quem faz o Grupo Kallas ajuda a explicar a expressividade da empresa no mercado. Uma companhia de faturamento bilionário, que toca simultaneamente dezenas de canteiros de obras e empenha em todos eles a mesma vitalidade e qualidade; que passa a pleitear o posto dentre as melhores organizações para se trabalhar no Brasil; e que está sempre bem-posicionada entre as principais empresas no Prêmio Top Imobiliário – realizado em parceria pelo jornal *O Estado de São Paulo* (Estadão) e a Embraesp –, tanto como incorporadora quanto construtora, e mais recentemente também na área de vendas.

Emilio comemora cada uma das conquistas e compartilha com seu time de liderança essa alegria por meio de mensagens:

Parabéns, Grupo Kallas!

Posicionamo-nos entre as grandes empresas do setor!

Sensacional!!! Muito orgulhoso!!! Parabéns a todos!! Esse prêmio é de todos nós!

Nós crescemos em relação a 2021... ninguém segura este Grupo!!!

Só tenho motivos para agradecer a todo o time! Vocês não imaginam o que significa este prêmio para mim. Mas o meu maior prazer é ter este grupo que vocês representam e lideram.

Muito obrigado milhões de vezes...

Pessoal... Parabéns! Vocês são demais.

Abraço a cada um de vocês e acreditem que é uma honra estarmos juntos.

Emilio

Emoções à parte

"Apesar de toda a responsabilidade profissional que tenho no Grupo Kallas, sinto que convivo 100% do tempo entre amigos. Estamos todos no mesmo barco e na empresa impera o sentimento de dono."

O CFO e diretor de RI do Grupo Kallas, Matheus Kuhn, sente-se totalmente adaptado à companhia, em especial pela cultura organizacional implantada por Emilio, que vem sendo mantida e adaptada por Raphael Kallas na função de CEO:

– Trabalhamos com brilho nos olhos. Defendemos a Kallas e lutamos para mantê-la muito bem-posicionada no mercado. Toda a minha equipe é altamente comprometida. Trabalhamos com agilidade em todos os níveis da empresa. E agimos com carta branca. Nas reuniões que tenho com o dr. Emilio, o Raphael e os meus pares de diretoria, quando necessário, apresento determinado problema em questão, já seguido de possíveis soluções.

Uma das novidades apresentadas na atuação de Matheus envolveu o patrimônio pessoal de Emilio e da família Kallas:

– Em 2022 conversei com o dr. Emilio sobre a importância de separarmos ainda mais os negócios da família dos da empresa. Ele deu sinal verde e criamos o *Family Office*, onde estão braços de negócios, como um hotel no Rio de Janeiro, agronegócio, uma empresa de estacionamento, a Kapark, sociedade em *shopping center* e hotel em São Paulo, com mais de 200 aptos, e uma enorme soma de dinheiro que aplicamos no mercado financeiro, por meio de um fundo exclusivo e fechado, entre outros.

Eu não tomo decisões que impactam sem comunicar ao Raphael e ao dr. Emilio. Isso cria um laço confiável.

Por ser uma empresa familiar, pode-se dizer que a entrada de Matheus Kuhn, agregando a experiência vivida num banco internacional como o Santander, trouxe também certa frieza necessária em determinadas tomadas de decisões. Às vezes, a prescrição é de um "remédio amargo", mas que, conforme Matheus, precisa ser feita:

– A decisão de transformar a companhia numa sociedade anônima de capital aberto traz certas consequências e exigências, como a publicação de resultados, diligências, manutenção de contato com investidores... Mas conversei bastante com o dr. Emilio e o Raphael sobre a importância de mantermos essas atividades para estarmos prontos para o momento que pretendermos lançar papéis no mercado. Busco o melhor para o Grupo e a família Kallas, com ações racionais e sem o sentimento de paixão envolvido.

Em praticamente quase três anos de convívio profissional, Matheus guarda com carinho algumas passagens vividas ao lado de Emilio:

– Ele sempre me diz: "É difícil criar um filho". Estou pronto para esta responsabilidade, com o nascimento da minha primeira filha. Mas as palavras do dr. Emilio e o modelo de criação da dona Helena e dele servem de exemplo para a conduta que pretendo ter na educação dos meus filhos, preservando a família e os valores.

Mesmo estando presente no dia a dia da empresa, ao promover a sucessão e assumir a presidência do Conselho do Grupo Kallas, Emilio apresenta-se como a grande referência da organização:

– Para nós, ter um consultor, mentor e guia como o dr. Emilio é um privilégio. Às vezes, recebo *e-mails* dele tarde da noite e procuro responder com agilidade e alegria. E ele aprecia isso, o nosso comprometimento e engajamento. Tem uma passagem que não me esqueço. Estávamos o Raphael e eu na sala do dr. Emilio, choramingando pela situação indefinida do mercado. Depois de ouvir as nossas "lamentações", ele bateu a mão na mesa e disse: "Vocês acham que a situação está difícil? Pois difícil foi o confisco do governo Collor, que nos deixou sem dinheiro. Tive que me virar em dez para arrumar recursos para pagar os nossos colaboradores e compromissos. Então, chega de conversa mole e vamos trabalhar", disse ele em tom sério, mas deixando um sorriso de canto de lábio.

E para finalizar, Matheus traz uma frase bastante utilizada pelo empresário:

– Aprecio quando ele diz: "Só vale quando o comprador pingar o dinheiro na sua conta. O que ele prometeu, não vale". Essa é a pura verdade. Precisamos mesmo ser céticos. Afinal, uma situação só se consolida com papel assinado e dinheiro na conta.

Momento imaturo para decidir

"Alguns colegas dos meus filhos queriam fazer administração de empresas, mas eu orientei o Thiago e o Raphael para que cursassem engenharia. Eu até dizia que administração é uma pós-graduação, para ajudar na visão da empresa e como gestor. Os dois estudaram engenharia e me agradecem muito pelas orientações."

Desde cedo, e com total aval da esposa, Helena, Emilio Kallas esteve atento aos passos dos filhos. A preocupação era a prepará-los para a vida:

– Acredito que os pais são os grandes educadores dos filhos. Erroneamente, alguns transferem 100% dessa responsabilidade para as escolas. Devemos estimulá-los desde cedo a terem responsabilidades: estudar, ser bom aluno e passar de ano, organizar o quarto, arrumar a própria cama, guardar os brinquedos... e se fizerem tudo certinho, recebem as recompensas de jogar bola e brincar com os amigos, passear...

E quando os filhos chegam aos 16, 17 anos, um dos grandes dilemas da garotada é justamente a falta de maturidade e de conhecimento diverso para definir uma carreira. Emilio reforça:

– Muitos dos jovens escolhem uma profissão, mas sem ter a mínima noção do que sua atuação representa na prática. E nisso os pais são decisivos, para poderem orientar os jovens nesse momento de indecisão. Uma situação na qual será preciso escolher não só a carreira, mas também o alcance que ela pode trazer em termos de projeção futura. Tem gente que define uma profissão na adolescência e aos 40 anos está infeliz e morando com os pais, por falta de condições financeiras para se sustentar.

Emilio desde cedo procurou incluir os filhos no negócio da família:

– Quando ainda eram crianças, aos fins de semana, eu levava o Thiago e o Raphael comigo nas minhas idas aos empreendimentos, para que se familiarizassem com o ambiente. Eles observavam que eu amava o que fazia, pois estava sempre disposto e feliz. Isso pode tê-los influenciado e fazer com que se encantassem com a construção civil. Eu nunca os obriguei, mas sempre os incentivei a serem engenheiros.

Desde cedo, Emilio já sabia que seria engenheiro. Assim como orientou os filhos, recebeu a mesma luz dos pais. Depois de formado, antes de se preocupar apenas em ganhar dinheiro, sua maior busca foi pelo aprendizado:

– Quando estava no quarto ano da faculdade, troquei de emprego e larguei um salário muito bom como estagiário para ganhar menos da metade e adquirir mais conhecimento. Para muitos, isso pode parecer um retrocesso, mas o ganho aparece tempos depois e de forma substancial. O jovem é afoito, quer crescer rápido na empresa. Às vezes, somos vítimas da falta de ética de alguns concorrentes, que oferecem um pouco a mais de salário e tiram alguns dos nossos funcionários. Quem é alvo dessas propostas, precisa colocar na balança se ganhar um pouco a mais compensa, em função da perda profissional que pode haver. Mesmo assim, continuamos acreditando nas pessoas e oferecendo aos nossos colaboradores capacitação e as melhores condições profissionais.

* * *

Há uma confusão de conceitos entre o verdadeiro papel e a representatividade de um patrono e de uma matriarca. Emilio esclarece:

– Tornei-me o patrono da família, herança adquirida da minha mãe. Patrono e matriarca não estão ligados à força do dinheiro, mas, sim, à referência de poder orientar e aconselhar. Além das conversas que tenho com a Helena, os meus filhos, a minha irmã, as sobrinhas, os sobrinhos, os primos e as primas abrem o coração comigo e falam de tudo um pouco: casamento, trabalho, filhos, a compra de um bem... Minha casa e meu escritório estão abertos para recebê-los com todo o carinho e a atenção que eles merecem e necessitam!

* * *

Assim que foi encerrado o processo de separação conjugal de Thiago Esper Kallas, o filho de Emilio oficializou a união com a noiva Paula Almeida de Camargo.

O casal recebeu os cumprimentos de familiares e Emilio teve uma conversa com o filho e a nora, desejando-lhes felicidades no matrimônio.

Ultrapassar fronteiras

Entre os planos futuros e que vêm sendo traçados entre Emilio e Raphael Kallas está a possibilidade de internacionalizar a marca:

– Atuar fora do país está entre os nossos objetivos. O Raphael tem mapeado a possibilidade com muitos amigos na Califórnia, mas isso só deve acontecer depois que lançarmos papéis na Bolsa de Valores. Inclusive, o Raphael já fez vários estudos e se reuniu com diretores de um fundo americano da Califórnia com o qual já temos parceria. O mercado norte-americano incentiva o nosso modelo de negócio, porque permite à incorporadora levantar dinheiro a um bom custo no mercado financeiro. E quanto mais projetos você desenvolve, mais recursos você consegue levantar nessas condições.

A semente já está plantada; para Emilio, agora é preciso regá-la e adubá-la para que se torne uma frutífera árvore:

– O Raphael fala muito bem o inglês e domina a cultura norte-americana. O país abre portas e incentiva o empreendedorismo de forma desburocratizada. Para exemplificar, teve uma época em que ficamos esperando por um bom tempo a Caixa Econômica Federal liberar o financiamento de uma obra; simultaneamente, a nossa empresa tinha aplicado no banco um montante que representava três vezes o valor que seria disponibilizado.

Culturalmente, os pensamentos e a agilidade são diferentes:

– Já nos Estados Unidos, uma boa ideia atrai financiadores. Quando eu comecei, tive que juntar dinheiro para iniciar o negócio. Por isso, estou otimista. Certamente, tudo que conquistamos no Brasil servirá de currículo nos Estados Unidos. Devemos alugar um apartamento em Miami, para já criarmos conexão com os fundos e sentirmos como é o país. É o primeiro passo para o arrojado projeto que pretendemos implantar daqui a cinco anos. Afinal, sonhar pequeno e sonhar grande dá o mesmo trabalho; a diferença é a energia necessária para realizar cada um deles. E a nossa energia, do Grupo Kallas, é enorme e capaz de concretizar grandes sonhos! – diz com orgulho Emilio.

Quadro real

"Vivemos um momento de muita atenção. Não conseguimos repassar para o preço dos imóveis todos os nossos custos e são necessários muitos estudos para conseguir viabilizar um empreendimento. Esse é o problema atual. Pela valorização imobiliária, não está havendo movimentação de devolução de imóveis por parte dos compradores. Isso acontece mais quando há desvalorização do bem."

Esse foi o quadro traçado por Emilio Kallas para o desenrolar da temporada de 2022. Um ano cheio de nuances e fatores que provocaram incertezas econômicas e abalaram a confiança de alguns empresários e investidores, assim como da população em geral.

Juridicamente, precisa haver certos ajustes que deem mais garantias às empresas do setor:

– A construção civil é o único setor econômico no qual a pessoa não compra, e, sim, faz a opção de compra. Isso abre brecha para que, quando o mercado desfavorece ao comprador, ele queira devolver o bem; mas quando está em alta, queira levar a melhor na situação e fazer valer a opção de compra – explica Emilio.

Números expressivos em 2022

Assim como o Grupo Kallas, o setor da construção civil acreditou que o ano de 2022 alcançaria bons resultados, tanto que projetou o PIB do setor em 6%. Dessa forma, o Secovi-SP fez um amplo estudo do segmento ao apresentar os números da cidade e do estado de São Paulo, e também em âmbito nacional.

Ao final da temporada, a boa expectativa se confirmou, a começar pelo comparativo das taxas de juros do INCC de 2021 (13,9%) e de 2022 (9,3%); a tendência de queda dos juros se mantinha para o ano de 2023.

Em relação ao Valor Global Vendido (VGV) na cidade de São Paulo, alcançou a expressiva marca de 33,7 bilhões de reais, sendo 77% (26 bilhões de reais) do valor para imóveis econômicos e 23% (7,7 bilhões de reais) oriundos de outros mercados. No total, foram comercializadas na capital paulista 69.340 unidades, sendo 51% (35 mil) de imóveis econômicos e 49% (34,3 mil) de outros mercados.

Quanto ao Valor Geral Lançado (VGL), atingiu 41,2 bilhões de reais: 83% (34,1 bilhões de reais) de imóveis econômicos e 17% (7,1 bilhões de reais) referentes a outros mercados.

Para conhecer em detalhes o desempenho do segmento da construção civil de São Paulo no ano de 2022, e de outras temporadas, com abordagens dos aspectos econômicos, comerciais, dos lançamentos de imóveis, assim como o mercado imobiliário nacional, tanto em oferta de imóveis residenciais e comerciais para compra e locação, além de dados dos financiamentos do setor, entre outros, acesse o *QR Code* dos estudos desenvolvidos sobre Pesquisas e Índices do Secovi-SP.

Link: http://www.secovi.com.br/pesquisas-e-indices

Ser um bom sócio é...

Depois de anos no mercado, tendo consolidado inúmeros projetos com parcerias e sociedades importantes, em que muitas delas deram certo e algumas poucas nem tanto, Emilio Kallas dá a receita para que o desenvolvimento conjunto seja satisfatório:

– Um acordo de negócio envolve confiança, responsabilidades e grande empatia. Colecionei na minha trajetória parceiros exemplares; em contrapartida, busco agir da mesma forma. Mas é preciso ter cuidado na escolha de um sócio, pois, se os pensamentos e ritmos divergirem, isso pode atravancar o bom desenvolvimento do projeto.

Emilio esclarece:

– Tive sócios que queriam participar das aprovações das propostas de vendas que recebíamos, mas o sujeito parava de trabalhar na sexta-feira às 17h e só voltava às 9h da segunda-feira. E o que acontecia? No nosso mercado, o final de semana é altamente vendedor de imóveis. É quando os compradores aproveitam o tempo livre para visitar os *stands*. Eles comparecem a sós ou com a família e, gostando do apartamento, formalizam suas propostas. E a reposta da equipe comercial, composta de corretor, gerente e diretor, precisa ser ágil: dizer se aceita as condições apresentadas ou se propõe novo formato para a concretização da venda. E se depender do "sim" ou "não" do sócio que está na praia, lá se vai o fator emoção do cliente que impulsiona a decisão de comprar o imóvel. Infelizmente, tivemos algumas experiências desagradáveis nesse sentido.

E Emilio sentencia:

– Já chegamos a aprovar proposta às duas da madrugada! Quando muda o mês e podem ocorrer reajustes de taxas, os *stands* ficam lotados e, mais do que nunca, precisamos atuar com inteligência e rapidez nas decisões. Portanto, além de honesto, o sócio precisa também ser ligeiro como você nas ações e deliberações.

Alerta 24h por dia

Aquele que pretende empreender não pode desligar do negócio em nenhum minuto. Precisa estar atento e ligado 24 horas por dia, esteja ele no expediente, em casa, no lazer, lendo um livro, assistindo à televisão, ouvindo rádio, na internet... a todo instante podem surgir bons *insights* para serem aplicados na empresa. Emilio Kallas age assim e acredita que o filho, como CEO do Grupo, tenha essa mesma postura:

– Converso bastante com o Raphael, analisamos o nosso potencial e a capacidade produtiva, e alinhamos nossos passos para que a empresa esteja fortalecida no presente e projetada e preparada para o futuro. Nossa meta é efetivamente estar entre as três principais companhias do setor daqui a cinco anos. Isso talvez provoque uma mudança de estratégia, como recorrer mais aos financiamentos. Faremos isso dentro da cultura da empresa: acelerar com responsabilidade e na velocidade permitida, sem fazer loucuras.

Observador, Emilio tem aprovado a postura e o desempenho de Raphael, principalmente na política externa da companhia:

– Como CEO, ele tem participado e se posicionado nas reuniões do Secovi e de encontros importantes, com líderes do setor e de empresas que fomentam a nossa área, como presidentes de grandes bancos e grupos. Dentro da impulsividade do jovem, eu sempre alerto: "Raphael, foque aquilo que você faz. Se está numa reunião e tem outra na sequência, tire o melhor proveito da conversa que está acontecendo e deixe para pensar no segundo encontro quando o primeiro terminar".

Mas empreender é um verbo que cada um pratica como prefere. Emilio o faz sem contraindicação:

– Enquanto pensamos em crescer, contratar gente e girar a economia, observo pessoas que querem travar e reduzir o volume de negócios. Eu respeito, mas discordo. Quando projeto crescer, imagino toda uma cadeia de benefícios que a ação provoca e, claro, tudo leva a um aumento de produtividade e de rentabilidade. Eu penso na empresa 24 horas por dia. Se a gente estiver jantando e você me der uma boa ideia, eu guardo para mim e vou avaliar, para ver se cabe no meu negócio. Quando você ama o que faz, alimenta constantemente a empresa de melhorias.

Mais um ponto importante: para alcançar as conquistas, é preciso ser proativo. Emilio minucia:

– Rezar é importante, mas ficar pedindo ajuda a Deus e não se empenhar para merecer esse socorro é hipocrisia. Da mesma forma, seria como querer ganhar na loteria, mas não jogar. Esses, sim, são sonhos impossíveis. Por exemplo: em novembro de 2022, lançamos um empreendimento maravilhoso na zona leste, posicionado ao lado do metrô e do *shopping*. Fizemos a lição de casa para que ele tivesse sucesso: boa localização, apartamentos bem-construídos, um belo *stand* de vendas, toda a infraestrutura para a equipe, reunimos mais de 1.300 corretores para conhecerem e trabalharem o projeto... Depois de tantos esforços e dedicação, aí, sim, eu posso pedir a Deus que abençoe e nos ajude com o empreendimento.

* * *

Guardadas as devidas proporções, Emilio explica que a vida empresarial é como um jogo:

– Empresário precisa ter a qualidade de saber ganhar e perder. Devemos trabalhar para, dentro dos preceitos éticos, ganhar em todas as negociações, sabendo respeitar também o ganho de quem está do outro lado da mesa. E, se tiver alguma perda, ter a nobreza de admitir. Mas é difícil quando essa perda é provocada por alguma injustiça.

Assim aconteceu com as finalizações dos pagamentos das obras públicas realizadas para a prefeitura e o governo de São Paulo nos anos 1990:

- Os "cadeiões" do governo de Luiz Antônio Fleury Filho, que veio a falecer em novembro de 2022, só foram liquidados em 2020 e pela opção feita de precatórios, perdendo 40% do valor real.
- O pagamento das obras realizadas pela prefeitura paulista nos tempos de Luiza Erundina, em 1990, seguiu o mesmo caminho. O Grupo Kallas veio a receber igualmente depois de muitos anos, em 2022, renunciando a 40% do montante, por "mudar de fila" para precatórios, e assim conseguir ter o dinheiro na conta com mais agilidade.
- Já em relação às obras realizadas nas três penitenciárias nos tempos do governador Mário Covas, o Grupo Kallas ainda não conseguiu receber.

Uma história de quatro décadas

Em maio de 2023, o Grupo Kallas celebrou um ciclo de 40 anos de atividades intensas, período em que se firmou entre as principais empresas do setor do Brasil.

Realizado com as conquistas, Emilio Kallas registou sua felicidade pelos rumos que a empresa ainda poderia seguir:

- O Brasil é um país maravilhoso e que sempre oferece inúmeras oportunidades. Nesses 40 anos de história, nos mantivemos focados e fieis aos nossos valores. É com esta mesma receita que pretendemos seguir o nosso caminho e realizar os sonhos de milhões de brasileiros que buscam a aquisição de imóveis.

Mensagem final: Emilio Kallas

A base de tudo

Caro leitor, agora você já conhece um pouco sobre a minha trajetória. Quero aqui trazer alguns conceitos que talvez você já tenha lido no livro, mas com um olhar mais aprofundado sobre eles.

Como você percebeu, considero que tive uma vida feliz, cercada do carinho dos meus pais, com o companheirismo dos meus irmãos, e depois formei a minha família, com minha esposa, Helena, meus filhos Raphael e Thiago, minhas noras e a minha neta Caterina.

O caminho foi duro, com bastante trabalho e muita organização e responsabilidade. O que observamos e aprendemos com nossos pais, como é natural, formam a nossa personalidade. Da minha mãe, Manira, acredito ter herdado a força, o interesse pelo conhecimento e cultura, e o poder de realização. Do meu pai, Jorcelino, carrego o modelo da ética, do caráter, da honestidade e de me pautar pela justiça nas tomadas de decisões.

Minha mãe inspirava pela ousadia de pensar no hoje com o olhar do amanhã. Baseava-se em frases brilhantes, ditas pelo meu avô materno, como: "Faz o fermento que depois o bolo cresce". Assim, cuidei muito do fermento e deu certo. O "bolo", o Grupo Kallas, realmente vem crescendo com essa receita caseira.

Desde que comecei a trabalhar, sempre poupei a maior parte daquilo que ganhava, tirando apenas o dinheiro suficiente para as despesas básicas e necessárias. Com o tempo, o "poupei" deu lugar ao "investi".

Assim acontecia quando eu fazia consultorias ou era funcionário, fosse como professor ou engenheiro. E continuou dessa maneira quando montei a minha empresa. Acredito que esse seja um aprendizado útil para ser absorvido por você.

Aliás, aqui abro um parêntese: é comum as pessoas dizerem "Se eu pudesse voltar no tempo, não mudaria nada na minha trajetória". Realmente, eu também procuraria viver e agir com a mesma intensidade e da forma como tudo aconteceu. Até mesmo o maior obstáculo que apareceu na minha carreira e na história da Kallas, o embargo do Sky House, eu consegui reverter numa importante oportunidade e tirei do ocorrido uma grande lição: a de estabelecer que, a partir de então, cada uma das nossas obras representasse, no máximo, 10% do nosso movimento produtivo e econômico.

Mas, repensando agora a minha vida, com o olhar e a experiência de hoje, vou confessar a você que eu realmente mudaria algo na minha trajetória profissional. Naquele momento, eu não tive essa visão, ou até mesmo iniciativa, mas certamente eu teria encurtado o período de treze anos em que trabalhei numa empresa do setor, na qual acredito que tive perdas financeiras e, em especial, de aprendizado e crescimento profissional. Teria criado a Kallas mais precocemente. Não digo isso em tom de arrependimento, mas de algo que eu gostaria de ter provocado e vivido antes do tempo em que aconteceu.

Outro ponto que compartilho aqui: o empresário deve ter menos posses do que a empresa que ele criou. Ou seja: o fortalecimento econômico precisa estar dirigido para a empresa. E, claro, a companhia estando forte e sólida, ela cuida dos acionistas e das respectivas famílias.

Tem quem não sustente os negócios justamente por fazer o inverso, ser mais rico do que a empresa; garantem um bom patrimônio para si e, com a falta de dinheiro na corporação, precisam levantar capital no banco para investir ou pagar as despesas. Também conheço empresários que

O Haras Rancho do Acaso localizado em Campos do Jordão – SP, onde há uma Capela e a família Kallas sempre recebe parentes e amigos

Emilio com os filhos Raphael e Thiago Kallas

Emilio com a sua mãe, Manira

Registro da formartura dos filhos Thiago e Raphael Kallas

A casa da familia Kallas sempre está cheia de amigos e parentes

Andar a cavalo é uma das paixões de Emilio, assim como os animais

O casal Helena e Emilio com Manira e o irmão dela, Nagib

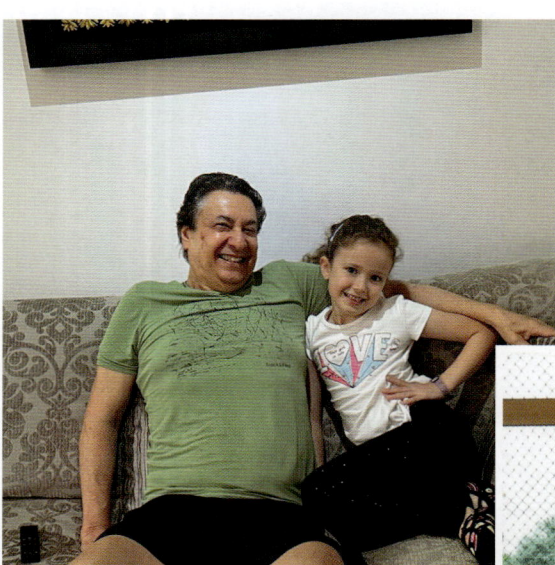

Helena e Emilio com a neta, Caterina

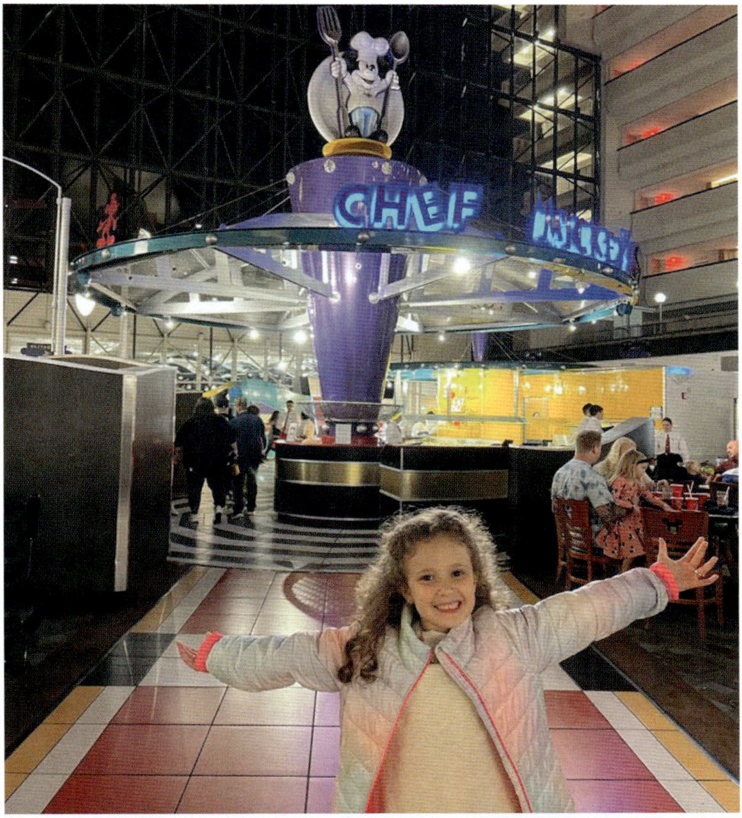
CHEF

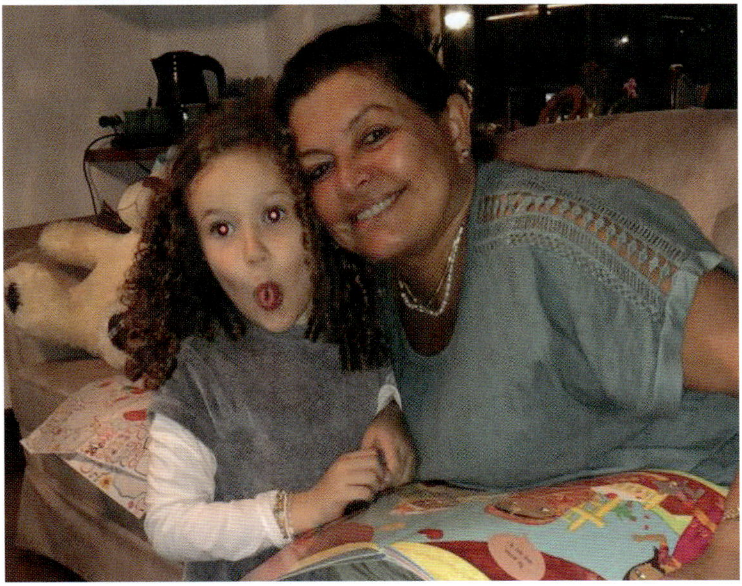

O casal Helena e Emilio com os filhos Thiago e Raphael, realizando algumas viagens no Brasil e no mundo

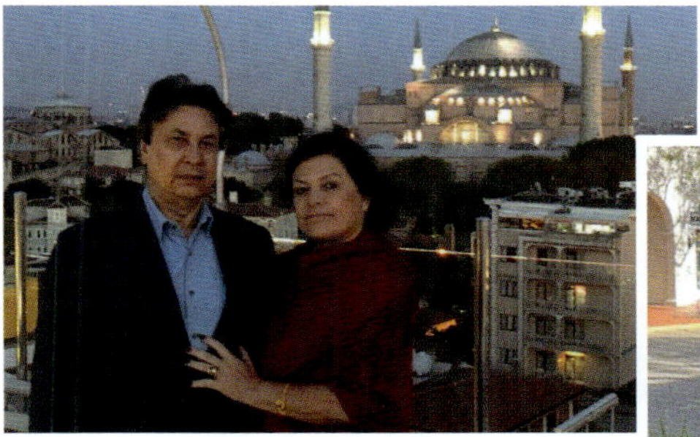

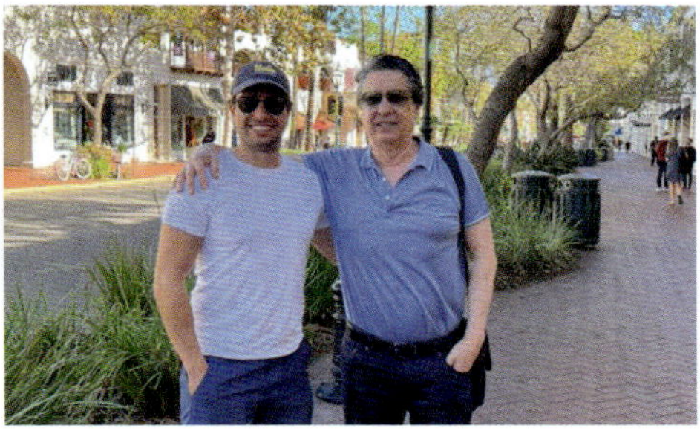

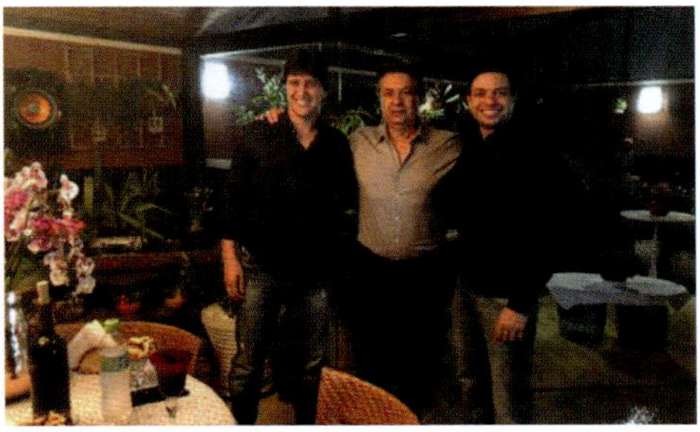

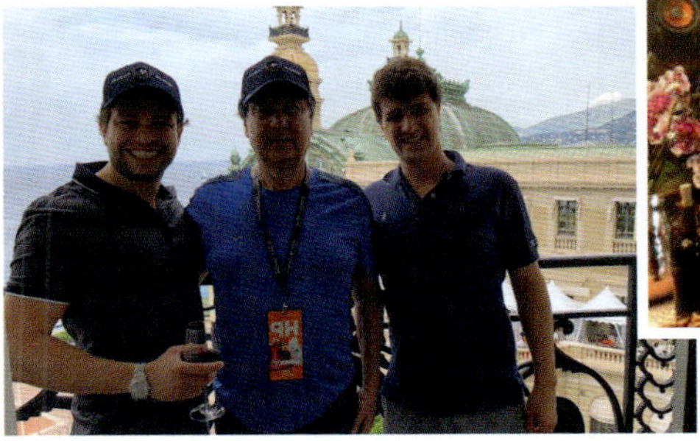

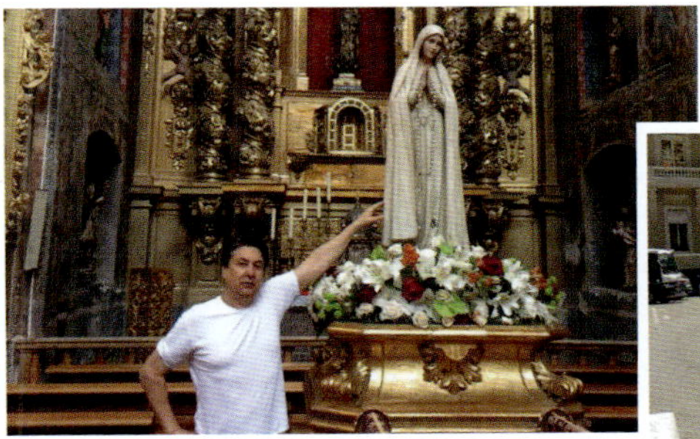

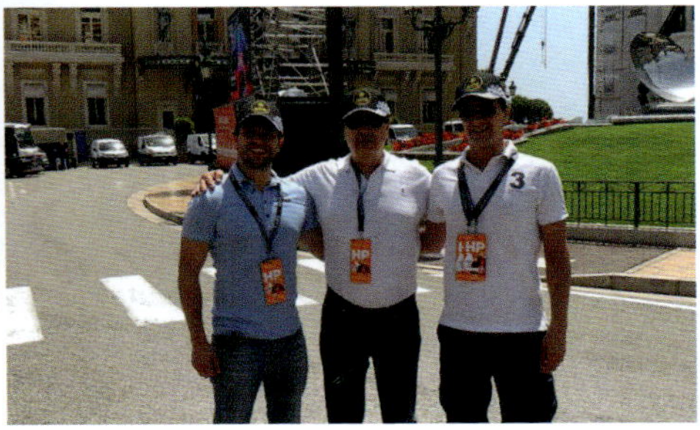

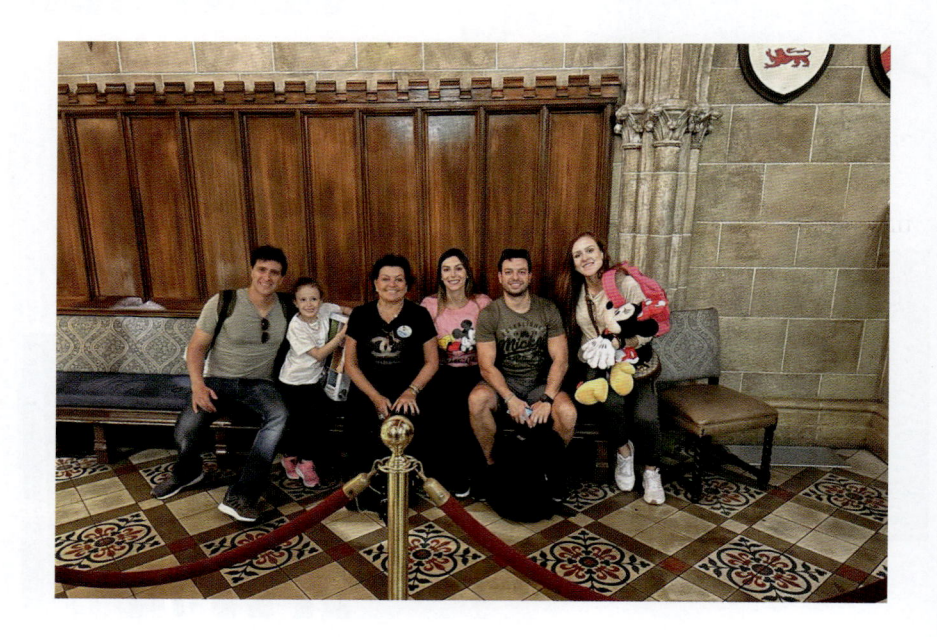

Helena e Emilio Kallas, uma união que desafia o tempo. Juntos constituíram uma família sólida

têm avião, mas não têm dinheiro para comprar terrenos e criar empreendimentos. E aí, basta uma "tosse" para que a empresa quebre.

Nos primeiros anos da Kallas, eu retirava o que era possível para o meu sustento apenas depois de todas as necessidades da empresa terem sido quitadas. Daquilo que eu reservava para viver, ainda conseguia destinar uma parte para alguns investimentos que se mostraram assertivos e me deram tranquilidade.

Sendo assim, com o passar dos anos, passei a não ter mais retiradas, pois criei meus próprios rendimentos de alguns investimentos acumulados com o tempo. Então, não tenho salário, bônus nem fico com parte do lucro líquido ao final de cada temporada; e quando isso acontecia, reaplicava de 96% e, às vezes, até 100% do lucro.

O líder tem por obrigação dar o exemplo. Não adianta pedir aos colaboradores para tomarem cuidado com os custos, se o próprio dono da empresa não age assim. Vivenciei casos em que os funcionários perderam a confiança quando constataram que os acionistas "sangravam" a companhia. Num caso assim, na primeira oportunidade, eles trocam de emprego. Por isso, temos colaboradores com longo tempo de casa, pois observam nosso modelo de gestão e os constantes investimentos que fazemos no Grupo Kallas, produzindo mais obras, contratando mais gente, entre outros fatores, dando-lhes mais segurança profissional.

Um segundo mandamento que aprendi, contado igualmente pela minha mãe, é: "A roda nem sempre gira para o mesmo lado". Se o ano está ótimo para a sua empresa, não significa que o ano seguinte vai ser igual. Então, crie um caixa forte nos momentos de alta. Se você não tem uma boa reserva, terá problemas.

Eu superei todos os planos econômicos, como dos governos Sarney e Collor, e as crises internas e externas, na administração de Fernando Henrique Cardoso, Luiz Inácio Lula da Silva e Dilma Rousseff, assim como os tempos de pandemia da gestão do presidente Jair Bolsonaro, porque entendi que se uma temporada está boa, talvez a outra não siga pelo mesmo rumo.

Suplantei também as crises do meu setor, além de sobrepujar o maior dos obstáculos da minha empresa, quando a obra do Sky House foi embargada; proporcionalmente, falamos de um empreendimento da ordem de 160 milhões de dólares. Mas, como você já leu, conseguimos reverter essa situação e o Sky House foi altamente lucrativo, impulsionando minha empresa e elevando-a de patamar.

Dentro ainda desse tema, alerto para que você tenha um bom padrão de vida, que more bem, ande num bom carro, tenha seus momentos de lazer a sós e com a família. Mas cuidado com os excessos e desperdícios, pois eles são aquilo que chamamos de "gargalos", por onde se dá vazão às perdas. E quanto maiores e diversos forem os gargalos, maiores serão as perdas desnecessárias.

Esse tipo de pensamento certeiro necessita de cúmplices: pessoas que estão ao seu lado e compartilhem dessas crenças. No meu caso, minha esposa, Helena, compactua dos mesmos pensamentos; meus filhos, idem. Temos uma confortável condição de vida, mas dentro daquilo que é necessário para sermos felizes. Quando não estou trabalhando, as minhas alegrias são preenchidas ao andar a cavalo, ir ao clube, nadar, fazer ginástica, ficar com a família e encontrar alguns amigos.

Às vezes, a Helena e eu andamos pela propriedade que temos em Campos do Jordão, e ali nos surpreendemos com a beleza da natureza, das árvores, das plantas, dos animais que lá estão. Aprendi com isso que, além do olhar atento às novidades, vale admirar novamente e com mais atenção, provocar um "reolhar" daquilo que você já observou, porque, tenho certeza, isso o fará absorver algo que, mesmo já tendo conhecido, ainda não havia lhe despertado.

Verdadeiras heroínas e verdadeiros heróis

Tenho acompanhado histórias de pessoas fantásticas e que nesses muitos anos têm se dedicado à Kallas com grande afinco. Percebo isso não só nas minhas empresas, mas também conversando com outros empresários e executivos.

Entre empregos diretos e indiretos, movimentamos em torno de dezenas de milhares de pessoas: de acordo com o número de empreendimentos que realizamos simultaneamente, concentramos em torno de 6 a 8 mil colaboradores em nossas obras; para cada um desses postos de trabalho, são gerados mais cinco empregos em empresas parceiras e áreas coligadas; e temos ainda mais 1.200 corretores trabalhando na área comercial dos nossos projetos e lançamentos. Posso dizer que eu os considero meus filhos. Digo isso não no sentido paternalista, mas de ter enormes responsabilidades perante eles, inclusive sendo modelo de liderança.

São pessoas incríveis, que acordam cedo, alguns ainda na madrugada, e se dedicam muito para levarem até suas casas o sustento das respectivas famílias. Gente que tem princípios e quer criar os filhos dentro da linha correta de conduta. O brasileiro é um dos povos que mais valoriza o bem, estando entre eles primordialmente a casa própria; isso faz com que dificilmente deixem de pagar as prestações.

Pessoas assim expressam a melhor versão do povo do nosso país: gente que tem ética, paga seus impostos, dá o melhor exemplo de conduta para seus filhos. Um dos nossos colaboradores, que é motorista, doa todo mês cinquenta reais para uma instituição de caridade. Que lindo exemplo!

Gente assim representa os nossos verdadeiros protótipos de heroínas e heróis nacionais. Uma vasta relação composta pelos nossos colaboradores, professores, profissionais da área da saúde, da segurança, gente do comércio, do atacado e do varejo, das indústrias, da prestação de serviços, do agronegócio, do terceiro setor... Gente que nos dá orgulho de ser brasileiros!

Cumpra com perfeição o seu papel

Uma vida boa é uma vida completa! E como é possível alcançar essa realização? Desempenhando da melhor forma possível todos os papéis a que somos submetidos. Seja o melhor marido, pai, filho, irmão, patrão, chefe, empresário, amigo, vizinho... seja uma pessoa diferenciada em relação à sociedade.

Outro aspecto envolve nosso desempenho nos negócios: evite ser mais um entre tantos profissionais, busque fazer a diferença. Estude e vá fundo na busca pelo conhecimento daquilo que você faz. Também tenha uma cultura eclética, para que você possa conhecer e entender as mudanças e transformações do mundo.

Em relação à carreira, seja você empresário ou colaborador de uma empresa, digo que a dedicação precisa ser intensa. Dê sempre o seu melhor, não economize energia. Procure surpreender quem está na expectativa de receber o resultado do seu trabalho, seja um cliente ou um superior.

Às vezes, eu ouço as pessoas me dizerem: "Emilio, você é inteligentíssimo e ainda trabalha tanto!". Eu agradeço pelas palavras, mas entendo que grandes resultados não acontecem apenas porque você trabalha em demasiado, e, sim, porque, aliado a isso, desempenha suas tarefas munido de conhecimento e de qualidade. Eu valorizo muito a entrega e a quantidade realizada de trabalho, e quando isso está aliado a uma ótima formação, faz grande diferença.

Confesso que a inteligência que me atrai é a emocional, porque se mostra completa. Digo isso porque, por meio da inteligência emocional, pessoas desempenham suas atividades e adquirem conhecimento, sensibilidade e capacidade, sabem utilizar da melhor forma o somatório desses fatores em benefício próprio.

A inteligência emocional traz equilíbrio, estratégia, posicionamento; faz com que as pessoas nos notem e nos diferenciem. Ela nos leva exatamente até onde estão as principais oportunidades. A inteligência emocional, enfim, nos faz ser fortes e entender o nosso real propósito de vida; um propósito voltado diretamente à missão social que assumimos.

Isso me faz lembrar de uma passagem. Certo dia, cheguei à sede do Grupo Kallas e estava incomodado com algumas notícias que havia recebido, que envolviam mudanças descabidas de leis que prejudicariam o mercado, e também de como a burocracia atrapalha o desenvolvimento dos projetos. Eu, inclusive, passei a questionar até onde valeria a pena continuar a me submeter e essas situações após alcançar tantas conquistas.

Logo que passei pela porta da recepção, me deparei com uma das nossas funcionárias que educadamente me cumprimentou e que, como eu, se dirigiria ao segundo piso do escritório, onde fica minha sala. Como ela estava na minha frente, subiu primeiro a escada e pude notar que ela estava com uma vestimenta desgastada, bem surrada.

Aquilo mexeu muito comigo, pois ajudou-me a rever o real papel que eu desempenho dentro da sociedade e da economia do país, gerando empregos, oportunidades, conquistas, segurança e permitindo às pessoas terem uma vida digna.

Se a moça vestia uma calça surrada, imagine se não tivesse aquele emprego... e, ainda, com o salário, poderia então realizar o desejo da aquisição de uma nova roupa.

Ou seja, ali eu entendi que no papel a ser por mim desempenhado não cabia nem havia espaço para a possibilidade ou mesmo pensar em desistir. Eu preciso continuar a empreender não por mim ou pela minha família, mas pelos nossos milhares de colaboradores e pela segurança que eles representam para seus familiares. Essa é uma certeza que tenho e a compartilho com os meus filhos!

Para fechar: tenha uma vida saudável e sem excessos alimentares. Preocupe-se com sua parte física. Se você estiver em ordem, consegue ser múltiplo nas suas atividades. Eu me interesso por esportes, mas gostaria de ter iniciado a prática mais cedo. Entretanto, a necessidade de trabalhar por muitas horas diárias e a condição financeira impediam que eu tivesse tempo e dinheiro para aplicar em atividades esportivas.

Então, invista em você, e na sua saúde espiritual, mental e física!

Amar o que faz

Desde que iniciei a Kallas e contratei o primeiro funcionário, procurei oferecer a ele um ambiente de trabalho saudável. Não há realização maior do que trabalhar com felicidade e na plenitude da satisfação.

Eu sou assim: amo aquilo que faço. Saboreio minha agenda de trabalho. E sei que o mundo corporativo precisa conciliar cobrança com resultado. No Grupo Kallas, somos muito competitivos, mas agimos com carinho e respeito pelo nosso time, que procuramos valorizar em todos os aspectos.

Estamos no caminho certo! Como sei disso? Pela nossa baixa rotatividade no quadro de profissionais e pelo prazer que vejo nas pessoas por estarem conosco e defenderem a camisa da Kallas.

Legado dos pais

Quanto perguntavam à minha mãe, Manira, "Você não tem medo de deixar os seus filhos morarem longe tão novos, tão cedo?", pois a esses questionamentos ela respondia: "A nossa obrigação é a de criar os filhos para o mundo. Isso os ajuda a tomar as rédeas das próprias decisões".

Pelas palavras, é possível perceber a força dessa mulher. Minha mãe cultivava uma saborosa ambição pelo meu futuro e os dos meus irmãos. Junto do meu pai, proviam com dificuldades os nossos estudos em bons colégios e certos custos de moradia, como aluguel e despesas fixas, além de alimentação e locomoção.

Eles abriram mão do próprio conforto para nos tornar profissionais bem-preparados e pessoas éticas e corretas; meus pais batiam fortemente nas teclas dos valores. Eu e meus irmãos absorvemos esses ensinamentos e, igualmente, os transferimos para os nossos filhos.

Por isso, eu me lembro com carinho do momento em que entreguei para eles, em Passos, o presente que consegui comprar com meu primeiro salário: um televisor grande, colorido e importado. Confesso que ver o rosto de felicidade dos meus pais foi muito especial, uma passagem que guardo com enorme carinho.

Muitas vezes, temos que aliar o amor e a dor para levar aprendizados para as nossas gerações futuras. Tem aquele antigo ditado que diz: "A mão que bate, afaga". Sei que nos dias atuais esse pensamento caiu em desuso, mas vale, sim, pela leitura daquilo que transmite.

Não tenha medo de repreender e dizer "não" a um filho. Faça-o sempre que necessário; pois, se você não o fizer, o curso da vida mostrará que nem sempre tudo acontece da forma como esperamos e nos é conveniente. Em certas situações, tive que dizer aos meus filhos: "Você não pode fazer desse jeito. Esse caminho que você pretende seguir é equivocado. Mas eu estou aqui ao seu lado, para o que você precisar". Esse é o sentido da frase "a mão que bate, afaga".

Gasto ou investimento?

Este é um enorme dilema que carregamos conosco. Estou gastando ou investindo o dinheiro?

Mas, cá entre nós, as dúvidas em relação ao questionamento são fáceis de serem esclarecidas. Para isso, é importante ser sincero e não querer enganar a si próprio!

Gasto ou investimento? O gasto deprecia e perde valor; satisfaz o nosso desejo material. O investimento agrega em patrimônio e valoriza; realiza o nosso lado empreendedor.

Para melhor entendimento dos conceitos, nada como exemplificar. Precisa de roupa? De um par de sapatos novos? De um carro? Prepare-se para gastar.

Pois bem: você vai a uma concessionária e compra um carro zero. Saindo da loja, naturalmente o veículo já desvaloriza em torno de 20%, e a cada ano, mais valor perderá. Você pode dizer: "Ah, mas eu mereço ter um carro novo". A discussão não é essa, mas, sim, qualificar o destino do dinheiro.

Alguns gostam de fazer a seguinte sequência de perguntas antes de uma compra: "Eu quero?", "Eu preciso?". Porém, as duas últimas questões são as decisivas: "Eu posso?" e "Eu devo?".

Muitas vezes, queremos algo e precisamos disso, mas você vai utilizar o cheque especial do banco para comprar? Vai provocar um endividamento desnecessário em vez de esperar um momento mais propício?

Se mesmo assim, provocando um desconforto financeiro, você estiver disposto a fazer a compra, há ainda uma chance de desistir com a última pergunta "Eu devo?". E a reposta é: "Não deve!".

Eu mesmo me vi em várias situações dessas durante a minha vida. Por muito anos, racionalmente, eu já desistia de comprar algo desejado numa das quatro fases dos autoquestionamentos.

Chegamos agora ao conceito do investimento. Seja você empresário, executivo ou colaborador de uma empresa, investir é projetar ainda mais aquilo que você faz: investir em estrutura e na melhoria dos processos, em máquinas, na frota da empresa, na qualificação dos colaboradores, em equipamentos... em imóveis e, por isso, é importante que você faça uma boa compra, para ter ganho imobiliário com a aquisição, já que haverá despesas fixas, como condomínio, IPTU, entre outras.

Invista em você, na sua carreira, nos estudos e em cursos. Mas dedique-se e estude para aprender, e não simplesmente para ganhar e ostentar o diploma. Encontrei com um amigo que me disse: "Meu pai não me incentivou a estudar". Entendo que isso foi um equívoco do homem, mas o erro maior foi cometido pelo meu amigo, que também não se interessou por ter a iniciativa de ir em busca do conhecimento específico e cursar uma universidade.

Faço questão de ser repetitivo: a educação é um investimento espetacular. Na minha casa, todos estudaram bastante: minha esposa, meus filhos e eu. Estudo é o que move o mundo, para você se sentir bem, elevar a estima e se preparar adequadamente.

No meu caso, primeiro fui buscar a formação técnica e profissional, a de engenheiro, e depois me especializei em economia, gestão e administração financeira. Todos nós precisamos aprender a administrar financeiramente uma empresa ou mesmos as conquistas pessoais.

Quanto aos meus filhos, estudaram em bons colégios e tiveram a possibilidade de fazer um excelente MBA fora do país. Com isso, eles estão aptos a trabalhar em qualquer lugar do mundo. Quem se prepara e dispõe de capacidade diferenciada, tem menos receio das turbulências que podem acontecer.

Talvez para ajudar ainda mais a elucidar, costumo dividir a saída de dinheiro, desde que não seja para uma necessidade emergencial, entre investimento e lazer com prazer. Todo dispêndio de valor vai cair numa dessas duas categorias. Inclusive, sugiro que você busque alguns livros sobre economia que ensinam com clareza o tema.

Quando adquiri a propriedade de Campos do Jordão, foi por prazer. Assim, os investimentos feitos lá talvez não sejam recuperados caso eu me decida pela venda da propriedade. Eu ainda queria uma fazenda na metade do caminho entre São Paulo e Campos do Jordão. Comprei em Taubaté. Não foi a melhor aquisição, mas satisfazia às minhas necessidades.

Por isso, é determinante definir os investimentos e os gastos a partir das perguntas apresentadas. Entendo que não trabalhamos apenas para acumular riquezas, mas temos que saber definir a hora apropriada para que os investimentos tragam rendimentos, que depois de um tempo permitam certos dispêndios, e não fazer com que os gastos, excessivos ou não, diminuam nosso poder de investir.

São conceitos que sempre compartilhei com os meus filhos, Thiago e Raphael. Eles os assimilaram e sabem distinguir perfeitamente investimento de gasto, o que me deixa bastante tranquilo.

Ressalto ainda a importância de se ter uma boa reserva financeira. Digo isso para um momento de necessidade, que pode surgir inesperadamente. A vida não sorri para nós o tempo inteiro. Os caminhos têm pedras nas quais podemos tropeçar. Lembra-se da frase do meu avô? "A roda nem sempre gira para o mesmo lado"...

Refiro-me, por exemplo, a um problema de saúde no qual será preciso um aporte. Vi pessoas que esbanjaram dinheiro em viagens e depois não tinham recursos para pagar um procedimento cirúrgico. Por isso, devemos nos preocupar em garantir um bom futuro para quando a idade chegar, pois o custo fica elevado com gastos que envolvam a saúde, os remédios, entre outros.

A vida tem ficado mais longeva, o que prolonga também esse custo mais alto. Um importante antídoto é ter boa forma física, praticar exercícios e se alimentar bem e com moderação.

Então, o custo de sustentar algo que lhe dá prazer é elevado. E o sustento não pode ser mais alto do que o benefício que lhe traz. Preocupe-se primeiro em garantir as necessidades básicas: saúde, alimentação, moradia e educação completa. Não desvie recursos destinados a isso para comprar carro ou ter lazer; esses gastos precisam sair de um dinheiro extra.

Tenha ainda em mente uma outra situação que, para quem é jovem, fica mais difícil de entender: à medida que envelhecemos, produzimos menos e gastamos mais. E nessa hora, desde que você tenha feito a lição de casa, ter um dinheiro guardado traz segurança e tranquilidade.

Nessa fase da vida, quando os pais precisam de sossego e de evitar expensas extras, ainda há filhos que moram e se socorrem dos recursos deles. Quem ama os pais precisa cada vez mais aliviar suas cargas de gastos. Sim, digo "gastos" porque, com a idade, se faz mais despesas e menos investimentos.

Bem-feito ou malfeito?

Costumo dizer que realizar um serviço bem-feito ou malfeito dá o mesmo trabalho. Você precisa acordar cedo, comprar material, estudar a ação e realizar o serviço. Mas a diferença está no empenho, no esforço, na técnica, no conhecimento e no zelo da ação. E, claro, tudo implica na qualidade do resultado!

No Grupo Kallas, construímos imóveis para todos os públicos: de baixa, média e alta renda. A diferença entre os produtos que entregamos está apenas nos materiais. Todos os nossos projetos e empreendimentos, independentemente do valor dos imóveis, são produzidos pelo nosso time qualificado, com parceiros fidelizados, recebendo o que há de melhor em estrutura e mão de obra.

Ou seja, mesmo com o diferencial de preço e material, todas as nossas construções são muito bem-feitas. Os clientes da classe econômica recebem a mesma atenção dos compradores de alto luxo. A Kallas nasceu dentro desse conceito.

Nossa diretora da Kazzas, que produz a linha econômica, me contou que presenciou a compradora de um dos nossos imóveis dizer emocionada: "Jamais imaginei que eu poderia morar num prédio com piscina, espaço para fazer churrasco e tanto conforto". Isso, sinceramente, me realiza e me deixa feliz e sensibilizado, e com o sentimento de estarmos cumprindo a nossa missão. A vida é boa quando você está feliz e fica melhor ainda quando as pessoas estão felizes por sua causa.

Procuro fazer tudo com qualidade e perfeição. É uma autocobrança que trago comigo, como um DNA. Por isso digo que, desde cedo, a criança precisa entender que deve deixar o quarto e a cama arrumados. Ao agir assim, cria um conceito de organização e de correção nas atitudes.

Essa mesma criança já começa a desenvolver princípios e se destacar desde a infância. Respeita os pais, vai bem nas etapas da educação infantil, do ensino fundamental e do ensino médio. Cria boas referências e amizades. Também se prepara para seguir uma carreira substanciosa e carregará consigo essa mesma mentalidade, lucidez e maturidade por toda a vida. Entra na "espiral positiva", conceito aplicado às pessoas e equipes de alta performance.

Além disso, agindo corretamente e com foco, seremos recompensados. Para você ter ideia, tecnicamente as empresas do setor gastam de 1% a 1,5% do custo da obra com manutenção. O nosso custo está em 0,7%, ou seja, bem abaixo daquilo que é orçado. Então, o bem-feito gasta menos, não exige retrabalho ou mais materiais. É isso que nos leva a ter uma trajetória vencedora, pois você inspira segurança e confiança.

Certamente, quem age pensando em fazer bem-feito contribui com seus atos para a formação de uma sociedade ainda melhor e que, infelizmente, apresenta tanta gente carente.

No mundo, há espaço para todos; uns terão mais destaques, outros menos. Certamente, realizar tarefas bem-feitas o projetará a posições e conquistas melhores. Veja a composição de uma empresa, onde há todos os níveis profissionais e salariais. Quem alcança os postos de evidência, além do merecimento, precisa entender que desempenha uma posição social que lhe permite ajudar quem está em situação antagônica.

Entendo que quanto mais você realizar e ajudar as pessoas, mais feliz e abençoado será. Existem muitas instituições sérias de assistência às pessoas necessitadas e carentes.

Outro aspecto importantíssimo e que dá sustentação a toda essa tese: siga pela trilha sem ferir os valores e princípios éticos e morais. Não deixe que a ambição daninha e a obsessão pelo sucesso o façam passar por cima de tudo e de todos.

Um fato é ser resiliente, persistente, para seguir um objetivo com força e dedicação. Agora, querer realizar na base do "custe o que custar" é preocupante. Não pode passar por cima da ética, da honra, dos princípios e da honestidade.

Quem percorre esse caminho traz consigo a infelicidade. Há muitas maneiras de ganhar dinheiro, mas todas elas vêm de uma mesma fonte e atividade: o trabalho!

O trabalho desenvolvido com seriedade, ética e competência!

Sucessor ou herdeiro

Já mencionei toda a preparação que os meus filhos tiveram para se tornarem profissionais competentes e éticos, assim como seres humanos que sabem a missão de transformar vidas por meio do empreendedorismo e dos relacionamentos. O resultado disso é que eu qualifico ambos, Thiago e Raphael, como sucessores e, não, herdeiros.

Para contextualizar, avalio como sucessores aqueles que têm total capacidade de dar sequência a uma empresa familiar com equilíbrio e segurança. Além disso, na condição de sucessor, o novo comandante deve manter a história e a cultura organizacional, agregando a elas inovações e atualizações de conceitos.

Inicialmente, e justamente por entender que meus dois filhos têm total capacidade de comandar o Grupo Kallas, eu imaginava dividi-la em duas áreas e, automaticamente, em duas presidências, cabendo uma delas a Thiago e outra a Raphael, fixando-me na presidência do Conselho.

Mas no meio do caminho, uma mudança estratégica: o Raphael assumiu como CEO do Grupo e o Thiago decidiu seguir os rumos empreendedores dele, comandar os negócios dentro do modelo que ele acredita. Confesso não ser aquilo que eu imaginava... pensava em unir e multiplicar o talento de ambos. Mas dentro desse novo quadro, torço na mesma intensidade pelos meus dois filhos.

Cada qual tem seu estilo, sua personalidade e conduta. Avaliando mais friamente, consigo perceber que eles devem estar mais confortáveis e absolutos em suas ocupações. Como eu disse, ambos são sucessores. Sou privilegiado por isso. Muitos amigos me parabenizam pelo brilhantismo dos meus filhos. Com vários deles eu retribuo as palavras, pois eles também têm filhos muito bem-preparados e atuando ativamente nos negócios. Mas, em alguns casos, sinto que grandes empreendedores não tiveram a sorte ou a condição de ter os filhos trabalhando ativamente em suas empresas.

Alguns se tornaram grandes empreendedores em outras áreas, seguindo suas vocações. Já outros, conhecidos como herdeiros, preferiram se acolher dentro do "guarda-chuva" que a empresa dos pais representa, garantindo excelente condição de vida, sem a "necessidade" de trabalhar nos negócios da família.

Dentro disso, filhos sucessores desenham seus próprios trajetos e darão sequência ao objetivo de perpetuar a empresa. O mérito do(a) empresário(a) e fundador(a) é saber o momento certo de tornar e indicar uma filha ou filho, neta ou neto como sucessor(a), fazendo uma transição tranquila e com bastante segurança.

Esse mesmo mérito deve ter quem criou a empresa e a comandou por décadas para, com frieza e realismo, entender e aceitar se, entre seus filhos ou netos, não houver ninguém pronto ou preparado para assumi-la.

Nesse caso, restam duas opções: vender a companhia ou profissionalizá-la, criando mecanismos jurídicos e tributários que blindem a organização – que passaria a ter uma gestão fora da família – e, assim, garantindo a segurança financeira.

Atenção aos mínimos detalhes

Na minha área de atuação, há uma grande preocupação jurídica em tudo o que fazemos. Nas compras dos terrenos, nos contratos com os prestadores de serviços para as etapas da incorporação, nas vendas dos imóveis, nos financiamentos, nos processos de loteamentos, quando somos contratados para construir para terceiros... tudo envolve a assinatura de cláusulas contratuais que, se não forem muito bem escritas, revistas e preparadas, podem gerar problemas futuros para todos os lados.

Isso é tão relevante que no Grupo Kallas instauramos um sistema no qual, além de todo o trabalho e suporte jurídico, nossos engenheiros também têm a responsabilidade de ler os contratos do começo ao fim.

No passado, em determinada negociação, chegamos a ter um problema justamente pela presença de uma cláusula contratual que não nos era favorável e que, mesmo assim, passou despercebida. Valeu pelo aprendizado!

Digo isso para alertá-lo sobre a preocupação que você deve ter na hora de aceitar e assinar um contrato de trabalho, compra, aluguel ou de prestação de serviços. Infelizmente, nem todos fazem uma leitura detalhada e aprofundada daquilo que irão assinar. As pessoas se preocupam em conhecer superficialmente os assuntos. Se as partes cumprirem fielmente aquilo a que se propuseram, possivelmente não haverá efeitos contrários. Mas, e se o processo não andar conforme o esperado? Nesse caso, é preciso estar ciente das cláusulas que preservam as partes.

Vou dar um exemplo da minha área: a incorporadora promete que entregará a obra para ocupação dos moradores em dezembro. Contratualmente, caso ocorra um atraso na entrega, a multa já deve estar preestabelecida, para que não haja surpresas entre as partes.

Outra "economia" que alguns fazem e depois pode provocar problemas que teriam sido evitados: não hesite em contratar um advogado especialista no assunto para lhe dar suporte na hora de assinar um contrato. É uma ação que lhe dará bastante segurança no futuro.

Não se "apaixone" pela obra

Tenho lá minhas ressalvas com a paixão. Aliás, tudo pode até começar por ela, mas esse é um sentimento que, caso não seja transformado em amor, não se sustenta.

Vou seguir por um caminho que, acredito, seja mais claro de explanar. Duas pessoas se conhecem por um sentimento de paixão e começam a namorar. Mas, para que esse envolvimento seja crescente e possível de ser transformado numa relação saudável e forte no futuro, em noivado e depois casamento, precisa de um *upgrade*: tornar-se amor. A paixão nos faz ser mais irracionais e menos receptivos e atentos às necessidades de mudanças; refiro-me agora, além dos relacionamentos, à carreira e aos negócios.

Dentro do nosso ramo, algumas modificações se mostram necessárias nos empreendimentos, como a criação de Espaço Pet e, a partir da pandemia, áreas de trabalho e *office* nos ambientes comuns dos edifícios.

Eu amo o que faço! Eu amo a Kallas. Por isso, em mais de quarenta anos de trajetória empresarial, aceitei definir certas mudanças no nosso modelo de atuação, porque entendi que seriam mais adequadas dentro da situação vivida.

Somos incorporadores e construtores, mas em determinados momentos em que havia risco mercadológico, compreendi que seria melhor ser contratado para construir para terceiros simultaneamente ao trabalho dentro da nossa *expertise* de atuação. Ou seja, pelo amor à empresa, aceitei redirecionar um caminho em função de determinadas oportunidades observadas no mercado, que se apresentavam viáveis e, naquelas ocasiões, mais seguras. Em outras circunstâncias, mostrou-se mais favorável tocar as nossas próprias obras do que construir para terceiros.

O nosso segmento exige esse olhar de saber avaliar rumos e conveniências. Por isso, criamos no Grupo Kallas uma área de novos negócios, que além de adquirir terrenos também está atenta às boas possibilidades existentes.

Ainda por amor à sua empresa, você pode e deve repensar um projeto. Já aconteceu conosco em alguns momentos, quando observamos que, em função da instabilidade econômica e da consequente devolução de apartamentos e queda nos preços dos imóveis, seria inteligente adiar alguns lançamentos, reduzindo assim estrategicamente a intensidade pelo bem da empresa.

Por exemplo: num ano vivemos juros baixos, o que estimula os compradores a investirem; já no outro, há uma elevação significativa de juros, inibindo as compras. Essa é a realidade do Brasil. Inclusive, sou constantemente convidado para ministrar palestras dentro e fora do país e explicar os mecanismos da inflação.

Desde que me conheço por gente ouço dizer: "O Brasil está em crise". Ora, se essa é a realidade no nosso país, vamos aprender a comandar os negócios e as nossas vidas dentro desse quadro de instabilidade econômica.

Logo depois que montei a Kallas, Fernando Collor de Mello foi eleito presidente do Brasil, aplicou o confisco e limpou o caixa de todos. E cá estamos nós, décadas depois, firmes e fortes! Essa é a nossa realidade: não vamos virar uma Suíça! Então, aprenda a navegar conforme a maré; ora em águas calmas, ora em águas revoltas.

Por isso, sua empresa precisa ser ágil, não pode perder o *timing*. Sei que o Grupo Kallas é uma das grandes corporações do segmento da construção civil do país, mas sempre procurei administrá-lo de forma que permitisse manter celeridade nas ações, num redirecionamento de rota. E não deixar a empresa pesada, lenta, como se fosse um "gigante adormecido".

Eu digo para os meus filhos e colaboradores: a empresa é como um Boeing, complicado de pilotar. Quando está lá em cima, chegamos rápido ao nosso destino. Mas quando embica para baixo, é difícil segurar. Isso explica a atenção e os estudos mercadológicos, e a obrigação de agir rápido nas necessárias trocas de rotas.

Mas para comandar as iniciativas, volto a bater na tecla do conhecimento do setor e daquilo que você faz, acompanhando o panorama local, nacional e as movimentações do segmento no qual você está inserido.

O ser humano...

Em todas as áreas e condições sociais, nós conhecemos e convivemos com gente de essência boa e ruim, honesta e desonesta, grata e ingrata; e essa situação muda em dois tempos, de um lado para o outro.

Infelizmente, nesses anos todos, tive algumas decepções com as pessoas. Acredite: quem, por algum motivo, age errado, nunca fica bem e em paz consigo. Embora isso me deixe chateado e triste, não generalizo, achando que todos irão se portar da mesma forma. Eu continuo acreditando nas pessoas!

Muitas vezes, o que pode mudar um comportamento são as armadilhas que a vida apresenta e faz colocar em xeque os valores; algo que jamais deveria acontecer. São os perigosos atalhos da vida!

Você já conheceu meu pensamento sobre o que chamo de "verniz", que são conquistas supérfluas diante daquelas realmente importantes. Quando meu filho Raphael se casou com a Joyce, em 2022, comentei que o casamento foi maravilhoso e celebrado numa linda festa, mas que tudo aquilo era "verniz"! O que fica de mais rico é o amor, o companheirismo e a cumplicidade de um para com o outro.

Aliás, a Joyce tem grande valor. É graduada em engenharia pela Poli e depois cursou mestrado no Insper. Certamente, com o fruto de tanto conhecimento e do possível sucesso profissional que ela vai conquistar, com o tempo poderá investir em alguns "vernizes". Mas, antes disso, tem toda uma trajetória de investimentos em conhecimento e qualificação.

Há uma grande confusão no seguinte conceito: "O que define uma pessoa bem-sucedida"? Socialmente, quem é bem-sucedido(a) ganha mais dinheiro, tem uma vida mais farta. Mas eu questiono essa avaliação. Um cientista pode não receber a remuneração merecida, mas tem valor inestimável por tudo aquilo que sua atuação profissional provoca em descobertas.

Gente bem-sucedida tem equilíbrio em tudo o que realiza e, com isso, pode alcançar mais sucesso econômico. Quanto mais você se preocupa e se envolve com o meio como um todo, mais sucesso alcança. É como uma recompensa pelo comportamento ético, correto e produtivo.

É normal que você tenha preferências, mas seus valores precisam estar intactos. Uma família ou empresa com gente desonesta não vai para frente, e isso se estende ao estado e ao país. E a educação tem um peso enorme na decisão desse rumo.

Em pleno século XXI, é inadmissível termos vivido uma guerra como a da Rússia contra a Ucrânia, que vitimou muitas pessoas.

Onde tem honestidade, a chance de prosperar é maior. O funcionário honesto ganha bônus, sobe de cargo, conquista respeitabilidade na empresa. É um crescimento sustentável. Gosto de dizer: "Honestidade dá dinheiro".

Um negócio não pode ser bom só para um lado. Se vai comprar um terreno, programe-se para colocar alguns apartamentos para o proprietário e vendedor da área. Quem quer tudo para si, acaba fazendo poucos negócios. Precisa ser empático e se colocar na posição do outro; isso vale para tudo na vida!

Sabe, uma atividade física que eu aprecio e que deixa muitos aprendizados são as artes marciais; pratiquei judô, *taekwondo*, caratê e *hapkido*. Mesmo não sendo um grande especialista, sempre fiz estudos nessa área, para entender melhor a filosofia dessas modalidades.

As artes marciais se pautam pela disciplina, trabalhando o equilíbrio corporal e mental, assim como a organização e a determinação. Além disso, também ensinam a lidar com as frustrações. Nos combates, há apenas um ganhador. Aprende-se, então, a conviver e a avaliar com sentimentos opostos, como os da vitória e derrota.

Na vida profissional também é assim. Temos que lidar com altos e baixos; mas, certamente, vence quem se mantém em postos mais altos e aprende com as dificuldades. Nessa hora, é preciso ser estoico e perseverante, ter pensamento positivo: "Vai dar certo!".

O olhar do amanhã

Futuro... Não projete o futuro sem que você utilize o aprendizado do passado para ser proativo, produtivo e resiliente no presente. Graças a esse modelo, o Grupo Kallas deixou de ser dependente de mim. Acredito que eu tenha me transformado na referência, mas a organização, como se costuma dizer, anda sozinha, pois há pessoas competentes zelando por ela.

Empresas precisam ser feitas para durar e não podem ter centralização de poder. Observo transformações na companhia que certamente eu não teria disposição para implantar. A renovação é determinante na continuidade. Ampliamos nosso horizonte, sem perdermos a essência!

Eu me preocupo ainda desde sempre com a minha família. Quando os meus filhos eram pequenos, o Raphael assistia ao filme *O Rei Leão* e ficava com temor de que eu morresse. Eu tinha medo de faltar e fazia seguro de vida, para, caso algo acontecesse, garantir os estudos e o futuro deles, assim como dar certa segurança para a Helena. O mesmo acontece agora, com a minha neta.

Assim como tive condições de permitir aos meus filhos estudar em boas escolas e poder cursar pós-graduação e MBA nas melhores universidades do Brasil e do exterior, eu me preocupo com o futuro da minha neta, a Caterina, filha do Thiago. Entendo que essa é uma responsabilidade do meu filho, mas quero deixar esse investimento garantido, como um presente de avô.

Aliás, garantir o futuro dos meus ainda me preocupa. Digo isso em relação à Helena, à minha neta, aos meus filhos, à minha irmã e às sobrinhas, a algumas pessoas que me acompanham há tanto tempo... seja materialmente ou com aconselhamentos. Mas eu agradeço a Deus todos os dias. Nossa família é abençoada. E Ele me permitiu ter uma vida profissional que me enche de orgulho.

Conceitualmente, entendo que a melhor maneira de as pessoas superarem obstáculos é estudando. Quem se qualifica tem uma profissão e cria a "própria vara para pescar". Eu sempre procurei transmitir isso para todos. Por isso, instituímos a Universidade Corporativa Kallas de qualificação, na qual oferecemos cursos gratuitos para os nossos funcionários. Mais do que apenas cumprir os módulos, incentivamos as pessoas a estudarem e se qualificarem.

Portanto, trabalhem e estudem, que as recompensas surgirão!

Tempo de abrir o coração

Talvez dentro da minha incompreensão sobre alguns pontos, distração, bloqueio interno ou mesmo desconforto com os vocábulos, eu tenha expressado aquilo que busco demonstrar, ou dizer, mais com atos do que com palavras.

Durante toda a minha vida, a família foi a minha maior riqueza, o maior patrimônio que construí. Quando eu era criança, ela era representada por minha querida mãe, meu pai e meus irmãos.

Dentro da lei natural da vida, crescemos, nos relacionamos e constituímos e nos transformamos, então, em esteios das nossas próprias famílias. No seio familiar tenho como alicerces: minha incrível esposa, Helena, meus não menos incríveis filhos Thiago e Raphael, e um anjinho chamado Caterina, a minha neta.

A vocês quatro, eu tenho uma confissão a fazer. Na verdade, talvez pagar uma dívida e pela qual tenho certeza de que vocês já me perdoaram. Mas o meu coração pede que expresse um sentimento que vocês bem sabem que tem tamanho imensurável, e que eu carrego comigo no peito.

Pois, mesmo antes de verbalizar isso pessoalmente a cada um dos quatro, aproveito essas linhas finais da minha biografia, na qual vocês são determinantes e ajudaram a construir, para dizer que:

Eu amo muito você, minha especial esposa e companheira de todas as horas, Helena. Obrigada por cada palavra, cada alerta, cada gesto de carinho e por uma vida inteira de dedicação irrestrita.

Eu amo muito você, meu filho Thiago; ainda sinto com carinho os momentos em que eu o pegava no colo. Você cresceu, tornou-se um homem admirável e eu o respeito muito por isso.

Eu amo muito você, meu filho Raphael. Não me lembro de ter-lhe dito isso diretamente, mas sei que você sempre quis ouvir de mim. Talvez eu tenha estado mais preocupado em mostrar do que em dizer o quanto te amo e respeito.

E, por fim, eu amo muito você, minha pequena Caterina. Estarei mais atento para que, com você, eu não leve tanto tempo, assim como fiz com a Helena, o Raphael e o seu pai Thiago, para dizer e repetir essa tão linda palavra de quatro letras e que expressa o nobre sentimento do amor!

* * *

Então, se você também se descuidou como eu, estando mais preocupado em demonstrar do que em dizer que ama as pessoas importantes na sua vida, não perca mais tempo! Faça isso já!

E se você é mais sensível e já expressou por meio da fala o amor que sente por quem é especial na sua trajetória, saiba que nunca é demais dizer e repetir por diversas vezes "Eu te amo!".

Eu mesmo mal posso esperar que a Helena, o Raphael, o Thiago e a Caterina leiam este trecho do livro, para que eu possa externar para eles o que acebei de escrever aqui: "Eu te amo!". "Eu amo vocês"!

E a você, leitor, obrigado por ter chegado comigo até este momento da minha trajetória! Espero que aquilo que eu vivi, com meus erros e acertos, aprendizados, conceitos e valores de vida, possa levá-lo a uma profunda reflexão e, principalmente, que seja útil na sua vida pessoal e profissional!

Encerro com a frase do poeta, filósofo, empresário e múltiplo Fernando Pessoa: "Tudo vale a pena quando a alma não é pequena!".

Se, para você, tudo tem valido a pena, parabéns; você está em sintonia com a sua alma! Se há dúvida em relação a estar ou não valendo a pena, sugiro que você eleve a sua alma!

Eu, particularmente, acredito que tudo vale a pena! E, principalmente, que VIVER VALE A PENA!

Desejo a você muito sucesso. E que Deus nos abençoe e ilumine!

EMILIO RACHED ESPER KALLAS

Posfácio

Uma trajetória irretocável!

Honrado! Lisonjeado! Esses são apenas alguns dos muitos adjetivos que eu posso usar como registro da alegria e emoção de ter recebido do meu querido amigo, Emilio Rached Esper Kallas, o convite para escrever algumas palavras na biografia dele, escrita pelo Elias Awad!

Li atentamente o texto e com ele aprendi, me deliciei com as histórias, revivi passagens familiares semelhantes e peculiares na cultura árabe, me diverti, relembrei de vários momentos do setor imobiliário e das nossas inúmeras reuniões, viagens e eventos do Secovi-SP, nos quais, conforme narrado no livro, procuramos nos sentar próximos e conversar bastante.

A envolvente narrativa da biografia do Emilio Kallas nos confirma que realmente somos frutos das nossas atitudes, escolhas, empenhos e decisões! O livro mostra cada um dos degraus, alguns onde houve tropeço e que o Emilio soube brilhantemente transformar em aprendizado, motivação para seguir adiante e oportunidade, de uma escada que ele vem subindo e que o projeta a um patamar de sucesso com ainda grande espaço para ser ampliado.

Quantas vezes um construtor e incorporador anda no fio da navalha! Seja por uma penada do governo ou por um fato alheio à sua vontade, de um momento para o outro, você é jogado no "olho do furacão".

Eu me identifiquei demais com a história de vida do Emilio, pois, guardadas as devidas proporções, me vi no seio de uma família unida e cercada de religiosidade e preservação da ética e da moral nas palavras e nos atos.

O Emilio sempre foi um companheiro de lutas, soube, com maestria, absorver o exemplo de seus pais, brilhantes educadores, e transformá-lo e adaptá-lo com o transcorrer do tempo, gerando também dois filhos preciosos, Thiago e Raphael, que respeitam e praticam seus valores éticos e morais e que são também preservados pela esposa Helena. Eles colocam todos os seus conhecimentos em benefício do setor imobiliário.

Aqui vai um alerta: não pense em propor ao Emilio nada que venha a ferir a ética e a moral!

O livro apresenta ainda um homem e empresário de elevado conhecimento, eclético, que se aprofundou na prática e na teoria, de convicções fortes. E ainda desnuda o homem e o empresário Emilio Kallas, mostrando peculiaridades do marido, pai, filho, amigo, empresário, empregador, parceiro comercial... e o mais importante de tudo, pois, convivo com o Emilio em diversos desses seus "papéis" de atuação: ele é único, sempre o mesmo! Não há um personagem por trás de cada um dos "Emilios"!

É pautado nisso que ele prosperou e venceu!

Sempre afável, educado e atencioso, disposto, inteligente, empreendedor, prestativo, participativo, focado e pronto para uma boa conversa e ser um bom ouvinte!

Na atual condição de Vice-Presidente de Incorporação do Secovi, contribui concretamente para o setor. Sua visão de mercado e do mundo nos traz sempre uma nova perspectiva e oportunidade de identificar o melhor caminho a seguir.

Confesso que pelas páginas da biografia conheci um Emilio ainda muito maior do que aquele a quem eu já respeitava e admirava. Um Emilio que, assim como faz com a família e os negócios, observa e cuida das pessoas, provendo a elas oportunidades múltiplas, em especial, a do ensino e qualificação pelo estudo por meio de cursos e atividades afins.

Por isso, quero terminar este texto com duas frases, às quais você já leu no livro, mas que para mim representam a melhor forma de expressar o querido amigo e empresário vencedor Emilio Rached Esper Kallas: "O Emilio é um homem bom" e "Na vida pessoal e profissional, ele coleciona sucessos"!

Parabéns, Emilio! E obrigado pelo seu carinho e amizade!

Você nos dá orgulho de ser brasileiro!

ROMEU CHAP CHAP
ENGENHEIRO

Relação de entrevistados

Alessandro Vedrossi
Alfredo Sacchi Filho
Ana Lucia Abib de Barros
Antonio Carlos Sacchi
Antonio da Silva
Augusto Ferreira Velloso Neto
Basilio Chedid Jafet
Celso Luiz Petrucci
Celso Russomanno
Claudio Alberto Cury
Claudio Bernardes
Conrado Moreira Kallas
Cristiano Mazutti dos Santos
David de Oliveira Fratel
Eduardo Henry Haddad

Ely Wertheim
Elisabete Marques Campos
Esper Georges Kallás
Fabiana Gonçalves Cabral
Felipe de Moura Prata
Flávia Marques
Flávio Ribeiro Campos
Getúlio Teixeira Khaunis
Gil Vasconcelos
José Luiz Najm Saade
José Roberto Bernasconi
Juliana Bonacorsi de Palma
Juliana Kallas Nassif
Luiz Antônio Costa Júnior
Luiz Roberto Rached Esper Kallas

Marcia Rached Esper Kallas
Maria Helena Esper Kallas
Maria Helena Rached Aidar
Marcelo Cyrillo dos Santos
Marcelo Terra
Márcio Rached Millani
Marco Aurélio Abrahão
Marcos Ernesto Zarzur
Marly Melo Pereira
Matheus Kuhn
Meire Esper Kallás
Mike Zafra
Newton Ishimitsu
Neide Catarina Benedito Farias
Odair Garcia Senra
Paulo Germanos
Raphael Esper Kallas
Ricardo Sayon
Roberto Correa de André
Roberto Gerab
Roberto Salim Saba
Roberto Siufi (Irmão Agostinho Maria)
Rodrigo Moreira Kallas
Rodrigo Uchôa Luna
Romeu Chap Chap
Ronaldo de Moraes Silva
Rosenilda Ferreira da Costa (Dida)
Rubens Al Assal
Sérgio Dib
Tácito Barbosa Coelho Monteiro Filho
Tatiana Kallas Nassif
Thiago Esper Kallas

Algumas obras de Elias Awad (Novo Século):

- *Emilio Kallas* – Biografia do fundador do Grupo Kallas
- *Viver e deixar viver* – Biografia de Samuel Klein, fundador da Casas Bahia (8ª edição);
- *A Arte de Inspirar Pessoas e Encantar Clientes* – Biografia de Mário Gazin, fundador da Gazin Holding (2ª. edição);
- *José Aroldo Gallassini, uma visão compartilhada* – Biografia do presidente da Coamo, principal cooperativa agrícola da América Latina (2ª. edição);
- *14 motivos para viver, vencer e ser feliz* – Trajetória de Oscar Schmidt, maior ídolo do basquete brasileiro (2ª Edição);
- *Cultura Organizacional* – Livro sobre Cultura Organizacional das empresas e o Case do Grupo Gazin;
- *Negócios & Música* – Biografia de Celso Ricardo de Moraes, presidente do Conselho do Grupo CRM (Kopenhagen, Lindt Brasil e Chocolates Brasil Cacau);

- *Sucessão: Decisiva e Necessária* – Case de sucessão de empresa familiar do Grupo Gazin;

- *Ensina-me a Ensinar / Ensina-me a Aprender* – Box com dois livros sobre a trajetória de Affonso Brandão Hennel, fundador da SEMP Toshiba e da SEMP TCL – livro traduzido para o idioma chinês;

- *Sucesso em Palavras* – 16 biografias de alguns dos principais empreendedores do Brasil, como Chieko Aoki, Viviane Senna, Sônia Hess, Alberto Saraiva, Washington Olivetto, João Carlos Martins, entre outros;

- *Mr. Fisk* – Biografia de Richard Hugh Fisk (Fundação Richard Hugh Fisk) – livro traduzido para o idioma inglês;

- *Nunca é tarde para realizar* – Biografia de Vicencio Paludo, fundador da Vipal Holding – livro traduzido para os idiomas inglês e espanhol;

- *Julio Simões* – Biografia do fundador da JSL Logística / SIMPAR – livro traduzido para o idioma inglês;

- *Armindo Dias* – Biografia do fundador do Grupo Arcel e da rede de hotéis Royal Palm Plaza;

- *João Uchôa* – Biografia do fundador da Universidade Estácio de Sá;

- *Sorte, Peito e Jeito* – Biografia de Sidney Tunda, fundador do Grupo Uniar, principal empresa de vendas de ar-condicionado da América Latina – Poloar e STR;

- *Fazer o que ama, amar o que faz* – Livro de textos e reflexões de Elias Awad;

- *Nas asas de um sonho* – Biografia de Roberto Vascon;

- *A indústria do sucesso* – Biografia de Domingos Rigoni, fundador da Movelar.

Contatos
eliasawad@eliasawad.com.br
palestras@eliasawad.com.br

Site
www.eliasawad.com.br
Programa Biografias
www.youtube.com/eliasawad

grupo novo século

Compartilhando propósitos e conectando pessoas
Visite nosso site e fique por dentro dos nossos lançamentos:
www.gruponovoseculo.com.br

:ns

- facebook/novoseculoeditora
- @novoseculoeditora
- @NovoSeculo
- novo século editora

gruponovoseculo.com.br

Edição: 1ª
Fonte: Sitka Banner